일제의 독도·울릉도 침탈 자료집(4)
- 신문기사(1897~1910)

일제침탈사
자료총서 05

일제의 독도·울릉도 침탈 자료집⑷

-신문기사(1897~1910)

동북아역사재단 편

동북아역사재단
NORTHEAST ASIAN HISTORY FOUNDATION

일러두기

- 이 자료집의 번역문은 기사 원문의 문장 형태를 유지하면서 쉽게 읽을 수 있도록 기사 내용을 현대문으로 작성한 것이다.
- 1897년부터 1910년 사이의 기사를 날짜순으로 배열했다.
- 기사 제목은 원문 그대로 실어 기사 검색 사이트 등을 통해 해당 기사나 관련 기사를 쉽게 찾아볼 수 있게 하였다.
- 원문과 대조해 볼 수 있도록 함께 실은 기사 이미지는 국립중앙도서관의 '대한민국 신문 아카이브'에서 제공하는 기사 이미지를 편집한 것이다.
- 신문의 인쇄 상태가 좋지 않아 알아볼 수 없는 글자는 '□'로 표시하였다.
- 본문 말미에 인명별, 사항별 찾아보기를 첨부하여 목적별로 기사를 찾아볼 수 있게 했다.

| 발간사

일본 제국주의의 식민 침탈에서 벗어난 지 75년이 되었지만, 그 역사가 아직도 한일 관계에서 큰 걸림돌로 작용하고 있습니다. 21세기에 들어 일본 정부의 독도 영유권 주장은 점차 도를 더해 가고 있으며, 최근에는 일제의 강제동원 문제와 한국 대법원 판결, 일본군'위안부' 문제 해결 방안 등으로 갈등이 불거졌습니다. 급기야 그 불이 무역 분쟁, 안보 문제까지 옮겨 붙었습니다.

한일 간의 역사 문제는 우선, '식민 지배'라는 역사를 어떻게 볼 것인가라는 역사 인식에서 기인합니다. 우리는 언제나 오늘날의 입장에서 과거의 역사를 바라보고, 다시 미래로 나아갑니다. 과거 침략의 역사를 미화하면서 평화로운 미래를 얘기하는 것은 불가능합니다. 식민 지배로 인한 잘못을 인정하고 반성하지 않으면 다시 전쟁이 일어날 위험성이 있고, 인권을 존중하지 않는 군국주의 부활을 획책할 수도 있습니다. 따라서 역사를 보는 미래지향적 인식이 필요합니다. 그리고 이 인식을 한일 양국이 공유해야 할 것입니다.

지금의 한일 역사 문제는 '과거'의 '사실'이 명확하게 규명되지 않은 것에서도 연유한 점이 있습니다. 해방된 이후 일제강점기에 대한 개인적인 연구는 다수 이루어졌으나, 학계나 정부 차원에서 식민 지배의 실상을 체계적으로 연구 정리하고, 관련되는 자료집을 모아 정리하지 못하였습니다. 지금까지 항일, 독립운동사에 대한 연구와 자료집은 많이 출간되었지만, 일제의 통치 자체를 정리하지 못한 것입니다.

또한 일제의 식민 침탈의 실상을 국민에게 알리고 교육하는 것도 체계적이지 않았습니다. 초등학교에서 고등학교에 이르는 학교의 역사 교육은 나름대로 성과가 있었지만, 학교를 떠난 이후의 일반 시민교육에는 사실 무관심하였습니다. 그러자 최근에는 일제의 한반도 강점과 식민 지배로 인한 피해를 부정하는 인식 아래, 일제강점기에 한반도가 근대화되었고,

수탈이나 강제동원은 꾸며진 이야기라고 주장하는 책이 시중에 나오기도 했습니다. 역사 인식이 명확하지 않았던 일부 국민들이 여기에 호기심을 가졌고, 또한 이를 넘어 찬동하는 사태도 일어났습니다. 이런 책에서 부정한 것은 일제 침탈의 역사뿐만 아니라 항일 독립운동의 역사, 나아가 우리 민족사 전체였습니다.

우리 학계는 일찍부터 일제 침탈의 역사를 체계적, 객관적으로 정리해야 한다는 점을 잘 알고 있었지만, 차일피일 미루다가 너무 많은 시간이 흐르게 되었습니다. 이에 더 늦기 전에 우리 재단이 중심이 되어 한국학계의 힘을 모두 모아 일제침탈사 연구를 집대성하고, 관련된 자료를 수집하여 체계적으로 정리하고, 일제 침탈 실상을 바로 알리기 위한 국민 대상의 교양서 발간을 기획하게 되었습니다. 2020년부터 사업을 시작하였고, 앞으로 몇 개년에 걸쳐 이를 수행할 예정입니다. 일제침탈사 편찬 사업은 크게 세 부분으로 나누어, (1) 일제 침탈의 전모를 학문적으로 정리한 연구총서(50권), (2) 문호개방 이후 일제강점기에 이르는 기간의 일제 침탈 자료총서(100여 권), 그리고 (3) 일반 국민이 일체 침탈을 올바르게 알 수 있는 주제를 쉽게 풀어쓴 교양총서(70여 권)로 구성하고자 합니다.

그동안 일제의 침탈상을 밝히려는 연구가 없었던 것은 아닙니다. 관련 자료집도 여러 방면에서 편찬된 바 있습니다. 그러나 모든 분야를 망라해 학계의 연구 성과를 종합하고 관련 자료를 편찬하는 일은 이번이 처음입니다. 무엇보다 일반 시민들이 과거 제국주의 시대 우리가 겪었던 침략과 수탈의 역사를 또렷하게 직시할 수 있게 하는 종합 자료집은 드물었습니다. 따라서 정치·경제·사회·문화 등 모든 방면에 걸쳐 침탈의 역사를 알기 쉽게 기록하고 그에 대응한 자료를 모아 번역함으로써 시민들에게 일제 식민 지배의 실체와 침탈의 실상을 전하고자 합니다.

이 자료집은 대한제국기에 발행되었던 신문 기사 가운데 독도·울릉도와 관련된 것을 모은 것입니다. 검찰사 이규원의 조사에 따르면 1868년 일본에 근대정부가 들어선 직후부터 일본인이 울릉도에 들어왔으며, 1882년 현재 78명이 불법으로 벌목을 하여 반출했습니다. 이러한 일본의 침탈에 대응하기 위해 조선 정부는 1882년 울릉도 개척령을 반포하고, 1883년 육지 주민을 이주시켰습니다. 그리고 1895년 울릉도 전임 도감제를 실시했습니다. 대한제국 정부는 라포르트(E. Laporte) 조사(1899), 울릉도 도감 배계주 조사(1899), 내부시찰관 우용정의 조사(1900)를 근거로 여러 차례 일본인 퇴거를 요구하는 등 외교적 조치를 취했으며 「대한제국 칙령 제41호」를 반포하고 행정제도를 개편하여 독도와 울릉도 관리를 강화했습니다. 그러나 일본인의 불법 입도와 경제 침탈을 막기에는 역부족이었습니다. 일본은 1903년경에는 독도에서 강치조업을 시작했고, 1905년 러일전쟁 중에 불법으로 독도를 편입했습니다. 대한제국이 일본의 불법적인 독도 편입을 처음 인지한 것은 을사늑약 이후인 1906년 3월이 되어서였습니다. 이 자료집에 실린 기사는 단편적이기는 하지만 일본이 독도와 울릉도를 어떻게 침탈했는지, 조선과 대한제국이 독도와 울릉도를 지키기 위해 어떤 정책을 펼쳤는지를 동시대적 시점에서 생생하게 보여줍니다. 그리고 울릉도 도감 또는 군수가 중앙 정부에 보고한 울릉도 현황을 통해 당시의 울릉도 인구, 경제 구조, 생활상, 자연재해 등을 알 수 있습니다. 해제를 참고로 기사를 읽어보시면 일본이 대한제국을 침략하는 과정에서 제일 먼저 빼앗아 간 것이 왜 독도인지 실감하실 수 있을 것입니다. 이 자료집이 일본의 독도와 울릉도 침탈의 역사를 이해하는 데 기여할 수 있기를 기대합니다.

2020년 11월

동북아역사재단

이사장

| 책의 해설

이 자료집은 동북아역사재단이 2010년 및 2011년에 조사·수집한 울릉도·독도 관련 신문 기사 중 1897~1910년 사이의 관련 기사 226건을 모은 것이다. 당시 재단은 1884년 한성순보 창간 후부터 1945년 일제강점기까지 관련 기사 650여 건을 조사하고, 활자화(입력)한 기사 내용 모음집을 재단 내부자료로 만들어 연구자에게 제공해 왔다. 단 다수의 기사가 한글 고어나 순한문체, 또는 국한문 혼용체로 되어 있기 때문에 해당 언어 전공자가 아니면 접근하기 어려웠던 점이 있었다. 이에 2019년, 기사 내용을 현대문으로 고치고 원문 대조가 가능하도록 기사 이미지를 첨부한 체재로 재편집하였다. 그리고 그 중 일제의 독도 침탈사와 관련이 깊은 1897~1910년 사이의 기사를 발췌하여 『일제의 독도·울릉도 침탈 자료집(4)-신문기사(1897~1910)』으로 간행한 것이다.

이 자료집에는 일본인의 울릉도·독도 침탈이 심화되면서 그 끝에 독도 침탈로 이어지는 과정을 단락적이긴 하나 동시대적 시점에서 생생하게 보여주는 기사들이 다수 수록되어 있다. 다음은 이 기사들을 배경과 함께 설명하고자 한다.

일본인의 울릉도 침탈과 「대한제국 칙령 제41호」

일본인의 울릉도 침탈은 이미 개항 이전부터 시작되었다. 1881년 강원감사 임한수는 울릉도 수토관으로부터 보고 받은 일본인의 울릉도 불법 벌목 및 반출 적발 사실을 통리기무아문에 보고했고, 통리기무아문은 다시 고종에게 보고했다. 고종은 일본 외무성에 서계를 보내 항의하는 한편 사실 조사를 위해 이규원을 검찰사로 임명했다. 이규원은 그 다음 해인 1882년에 울릉도 조사를 실시했다. 이 보고서에 따르면 당시 일본인 78명이 사동에서 통구

미로 이어지는 해안가에 「대일본국 송도(松島) 규곡(槻谷)」이라는 표목을 세워 놓고 벌목을 하고 있었다고 한다. 이 표목이 세워진 때가 메이지(明治) 2년(1869) 2월 13일인 것으로 보아 이들은 일본에 근대 정부가 들어서자마자 울릉도 도해를 감행한 것 같다.

이후 이 문제는 대내적으로는 조선의 울릉도 관리 정책 강화로 이어졌고, 대외적으로는 일본 정부에 항의하여 일본인의 울릉도 도항 금지령을 이끌어내기에 이르렀다. 고종은 울릉도를 개척하고 일본 정부에 항의하자는 이규원의 건의를 받아들여 조선 숙종조 이래 지속되어 온 울릉도 수토 정책을 폐지하고 울릉도 개척 방침을 확정했다. 울릉도 관리자(도장)도 임명했다. 이에 따라 그다음 해인 1883년, 본토에서 두 차례에 걸쳐 16가구 54명이 울릉도로 이주했다. 이와 함께 정부는 김옥균을 동남제도 개척사로 임명하여 본격적으로 울릉도 개척에 임했다. 한편 일본 정부에 항의하여 1883년 일본 공사 다케조에 신이치로(竹添進一郎)는 예조판서 이병문에게 일본인의 울릉도 벌목 금지를 약속했고, 일본 태정대신(太政大臣) 산조 사네토미(三條實美)는 일본인의 울릉도 도항 금지령을 내렸다. 1889년에는 독판교섭통상사무 민종묵이 일본 어민들의 울릉도 내 불법행위에 대해 일본 공사관에 항의하고 처벌과 배상을 요구하기도 했다.

그러나 일본인의 울릉도 도항과 벌목 문제는 해결되지 않았다. 이 문제는 1889년 어업허가증을 가진 일본 어선에 대해 전라·경상·강원·함경 4도 근해에서의 어업을 허가한 「조일통어장정」이 체결된 것을 배경으로 오히려 심각해져 갔다. 울릉도 부근 바다는 「조일통어장정」이 적용되는 지역이 아니었지만 역시 일본인들이 몰려든 것이다. 이에 조선 정부는 조종성을 수토관에 임명하여 다시 울릉도 현황을 조사하고, 1894년 공식적으로 울릉도 수토제를 폐지하고 울릉도에 전임 도장을 두는 제도를 실시했다. 그다음 해인 1895년에는 도장제를 도감제로 바꾸고 초대 도감에 울릉도민 배계주를 임명했다.

이 자료집은 1895년 전임 도감제 실시 이후 일본인의 울릉도 침탈 상황을 보여주는 기사로부터 시작된다. 울릉도민에게 도감제 실시 취지를 설명하는 내부(內部) 고시문 인용 기사(1897년 4월 6일 『독립신문』 「닉부에셔 울능도 인민의게」)에서 시작하여 초대 도감 배계주가 1899년에 밀반출된 목재를 찾고자 일본 시마네현 마쓰에로 가서 소송을 제기한 사건의 경과를 보여주는 기사가 포함되어 있다. 또, 울릉도 도감을 통해 대한제국 정부에 보고된 일본인의 울릉도 삼림 벌채 및 횡포, 울릉도민과의 갈등에서 벌어진 여러 사건들과 대한제국 정부가 이에 대처한 관련 기사가 포함되어 있다.

대한제국 정부는 울릉도 도감의 울릉도 현황 보고에 따라 현지 조사를 실시하고 이에 근거하여 일본 공사관에 일본인 송환을 요구했다. 1899년 내부(內部)는 해관총세무사 백탁안(柏卓安, John Mcleavy Brown)에게 위탁하여 서양인 일원(一員)을 파송하여 그 섬의 정형을 조사하고 보고하게 했다. 이에 부산 해관 세무사 서리 라포르트(E. Laporte, 羅保得)가 선정되어 1899년 6월 하순 배계주와 함께 울릉도 조사를 실시하고 보고서를 제출했다. 이 보고서의 개요는 『황성신문』 1899년 9월 23일 「鬱陵島事況」에서 볼 수 있다. 정부는 이를 참조하여 일본 공사관에 일본인 송환을 요구했고 일본 정부가 이에 응했음을 알 수 있다. 즉 일본인 송환을 위해 원산에 주둔 중인 경비함을 파견하여 일본인을 설득하여 귀환시키려 했으나 결국은 유야무야되었고(『황성신문』 1899년 9월 28일 「日使照復」 등 기사), 이후 일본 정부는 아예 태도를 바꾸어 일본인 송환을 거부하기에 이르렀다(『황성신문』 1899년 11월 27일 「鬱陵島와 日使」 등 기사).

일본인의 울릉도 입도와 산림 벌목 문제는 러시아의 군대를 울릉도에 끌어들이는 계기가 되었다. 아관파천(1896) 후 압록강·두만강 유역과 울릉도 산림 채벌권이 러시아 블라디보스토크 사람 브리너(Y.I. Brynner)에게 넘어갔다. 이후 한국인, 일본인 등이 해당 지역에서 벌목을 하는 것이 알려지자 러시아는 대한제국 정부에 해당 지역의 삼림 보호를 요구하거나 일본 정부에 항의하는 등의 조치를 취했다(『황성신문』 1899년 8월 15일 「森林保法」 등 기사). 1899년 10월 26일에는 러시아 동양 함대 아드미랄 꼬르닐로프호가 울릉도에 접안하여 일본인 동향을 살피고 가는 사건이 발생했다(『독립신문』 1899년 11월 14일 「아라사 함디」 기사 등). 이때 천장절(天長節, 메이지 천황 탄생일, 11.3)을 기념하기 위해 일본인이 세운 국기를 부수고 울릉도가 러시아령이라는 선언을 했다고 한다. 울릉도에 병영을 설치할 조사를 했다는 기사도 있다(『황성신문』 1899년 12월 5일 「鬱陵島의 俄國經營」).

이와 같은 상황을 배경으로 대한제국 정부는 울릉도 관제 개편에 대한 논의를 시작했다. 먼저 1898년 5월 26일, '지방 제도 중 울릉도 도감 설치 건'이라는 칙령 12호를 반포하여 도감을 판임관 대우로 한다는 방침을 세웠다. 그러나 이는 명목상 개편으로 그치고 실질적개편은 내부 시찰위원 우용정의 울릉도 조사 이후에 이루어졌다. 1900년 5월 우용정은 감리서 주사 김면수(金冕秀), 해관 세무사 프랑스인 라포르트, 일본 부영사 아카쓰카 마사스케(赤塚正輔), 일본 경부(警部) 와타나베 다카지로(渡邊鷹治郎), 대한제국의 순검 신태현·김형욱, 일본 순검 2명과 함께 울릉도에 입도했다. 그리고 6월 중 일본인들의 울릉도 벌목 현황 등을 조사하고 보고서를 제출했다. 정부는 이 보고서를 참고로 울릉도 관제 개편 방향을 정해 1900년 10월 "울릉도를 울도로 개칭하여 강원도에 부속하고, 도감을 군수로 개정하여 관제 안에 편입하고 군등(郡等)은 5등으로 할 것"을 정한 「대한제국 칙령 제41호」를 반포하였다. 이 자료집에는 1900년 10월 29일 『황성신문』 「勅令第四十一號」 기사를 포함하여 관련 기사가 수록되어 있다.

「대한제국 칙령 제41호」의 석도와 독도

「대한제국 칙령 제41호」는 울릉도의 부속 섬도 정하고 있다. 울도 군수가 관할하는 지역으로 "울릉 전도(全島)와 죽도(竹島), 석도(石島)"를 정하고 있는데 '울릉 전도'는 울릉도 본 섬을 가리키며 '죽도'와 '석도'는 울릉도 부속 섬으로 '죽도'는 지금의 대섬(죽도)을 가리키며 '석도'는 독도를 가리킨다. 한편 '석도'가 지금의 관음도를 가리킨다는 주장이 일부 있었으나 그동안 많은 연구자가 심층 연구를 통해 '석도'가 독도임을 밝혀 왔다. 이 자료집에도 '석도'가 독도임을 알 수 있는 기사들이 포함되어 있다.

하나는 1899년 6월에 추진된 라포르트의 울릉도 조사보고서를 소개한 1899년 9월 23일자 『황성신문』 「울릉도사황(鬱陵島事況)」 기사다. 기사는 "울진 동쪽 바다에 한 섬이 있으니 울릉(鬱陵)이라. 그 부속한 소륙도(小六島) 중에 가장 두드러진 것은 우산도(于山島), 죽도(竹島)이니" 『대한지지(大韓地誌)』에 이르기를, "울릉도는 옛 우산국(于山國)이라"로 시작된다. 이 부분은 기사 작성자가 라포르트의 보고서를 소개하기 위해 기사 작성자의 울릉도에 대한 지식과 인식을 바탕으로 울릉도 역사를 개술(槪述)한 부분이다. 이후 기사 작성자는 섬의 생산물, 가지어(可之魚, 강치), 곽조(藿鳥, 깍새), 울릉도 수토 제도, 울릉도 도감 배계주, 동남제도개척사 겸 포경사 김옥균 등에 대해 기술하고, 1899년 봄 배계주가 일본인 침탈에 대한 방어책을 세워 달라고 내부에 요청한 것에 대해 내부가 해관 세무사에게 위탁하여 울릉도를 조사하여 보고하게 한 보고서를 소개한다고 쓰고 있다.

여기서 기사 작성자가 울릉도의 부속 섬으로 '소륙도'를 들고 그중 가장 두드러진 것으로 '우산도(于山島)'와 '죽도(竹島)'를 거론했다는 점은 주목할 만하다. 주지하다시피 전통적인 울릉도 부속 섬에 대한 인식은 우산도 한 섬이었다. 『신증동국여지승람』(1530) 「팔도총도」에서 동해상의 섬을 울릉도와 우산도 두 섬으로 그린 이래 조선 시대 문헌과 지도에는 우산도가 항상 울릉도와 함께 등장한다. 우산도는 울릉도와 한 쌍의 섬 또는 부속 섬으로 인식되어 왔다. 일본에서도 마찬가지인데 울릉도가 '죽도(竹島)'라는 이름으로 일본에 알려진 17세기 이후, 관련 기록에는 반드시 '송도(松島)'라는 이름의 독도가 함께 기록되어 왔다. 한일 양국 간 독도를 울릉도의 부속 섬 또는 한 쌍의 섬으로 인식해 왔다는 것이 역사적 사실이다. 반면 기사 작성자의 울릉도의 부속 섬에 대한 인식은 '소륙도', 즉 여러 섬 (또는 바위)을 부속 섬으로 보는 인식이다. 이 인식은 우산도 한 섬을 울릉도와 연계시켰던 그 이전의 인식과는 다르다. 즉 울릉도와 부속 섬에 대한 인식이 확대된 것을 말해준다.

이와 같은 인식의 확대는 숙종 이래 수토 정책이 추진된 결과일 것이다. 1693년 안용복·박어둔의 일본 납치 사건을 계기로 벌어진 조일간의 울릉도 귀속에 대한 논쟁(울릉도쟁계)을 계기로 조선 정부는 태종·세종 이래의 울릉도민 쇄환 정책을 폐지하고 정기적으로 수토관을 보내 관리하는 수토 정책을 추진하게 되었다. 첫 수토관으로는 1694년 삼척첨사 장한상이 파견되었고, 수토관 파견은 1895년 공식적으로 울릉도 수토제가 폐지될 때까지 200여 년간 이어졌다. 이들은 울릉도 지형과 산물 등을 조사하여 보고했고 그 과정에서 울릉도 주변의 작은 섬이나 암석들을 조사해 보고한 것으로 보인다. 기사 작성자는 이와 같은 수토 정책의 결과로 울릉도와 부속 섬에 대한 인식을 계승했던 것으로 보이는데 특히 18세기 말 이래의 인식을 공유했던 것 같다. 울릉도의 부속 섬 중 두드러진 것으로 든 죽도가 수토관 월송만호 한창국의 울릉도 수토(1792.4.22.~4.30.) 기록에서 처음 나오기 때문이다. 한창국은 저전동(저동) 앞에 세 개의 섬이 있는데 북쪽의 것이 방패도(防牌島), 가운데 것이 죽도(竹島), 동쪽의 것이 옹도(瓮島)이며 세 섬 사이의 거리는 100여 보(步)에 불과하고 섬의 둘레는 각각 수십 파(把)라고 보고했다. 덧붙여 죽도의 명칭과 위치는 1882년 이규원 검찰사가 작성한 「울릉도 외도」에서 명확해진다.

그렇다면 기사 작성자가 '소륙도' 중 두드러진 섬으로 우산도를 거론한 것은 매우 이상하다. 수토 정책을 배경으로 울릉도와 부속 섬에 대한 확대된 인식에 근거한 지명이었으면 죽도와 함께 수토관 보고서를 통해 알려진 방패도나 옹도 등 다른 한 섬의 이름이 거론되는 것이 자연스럽다. 방패도는 이규원 보고서에서 도항(島項, 또는 섬목, 또는 깍세섬, 지금은 관음도라고 함), 옹도는 위치로 보아 노고암(老姑巖)으로 보이는데 노고암이 어떤 섬인지는 특정할 수 없다. 이와 같이 보면 객관적으로 '소륙도' 중 두드러진 섬은 죽도와 방패도/도항이다. 이는 지금의 시점에서 보아도 타당한 해석이다. 울릉도를 가까이서 둘러싸고 있는 작은 섬과 암석들 중 제법 큰 것이 죽도와 관음도 두 섬이기 때문이다.

그러나 기사 작성자는 관음도가 아닌 우산도를 들고 있는데, 관음도가 우산도로 불린 적이 없는 것이 확실한 만큼 이 우산도는 명백히 관음도는 아니다. 죽도가 우산도에 비정된 적은 있다. 한창국 이전, 수토관 박석창이 죽도라는 명칭은 없으나 죽도의 위치에 '소위 우산도'라고 표기한 「울릉도 도형」(1711)을 정부에 제출한 것은 잘 알려져 있다. 그러나 관음도는 서항도(鼠項島)로 기록된 적은 있으나[『한국수산지』(1910)] 우산도로 기록된 흔적은 전혀 없다. 즉 기사 작성자가 울릉도의 부속 섬 '소륙도' 중 두드러진 섬으로 기록한 우산도는 위치적으로 울릉도 가까이서 이 섬을 둘러싸고 있는 도항 등의 작은 섬이나 암석에 해당하지 않는 섬이라는 것은 확실하다. 그렇다면 이 섬은 조선 시대 이래의 전통적인 울릉도·우산도 기록에서 온 우산도이면서 동시에 18세기 이래 수토 정책, 19세기 개척 정책을 배경으로 사람들에게 인지된 지리적 실체로서 우산도의 두 측면을 가지고 있는 것으로 보아야 한다.

조선 시대의 문헌과 지도를 살펴보면 전통적인 우산도 기록에는 2가지 계통이 있다. 하나는 단순히 동해상의 두 섬 중 하나로 기록해 온 것들이 있다. 『신증동국여지승람』의 「팔도총도」(1530) 이래의 기록이다. 또 하나는 우산도를 위치상 또는 명칭상 독도로 비정한 기록이다. 『세종실록』 「지리지」(1454)에서 "동해에 두 섬이 있으며 서로 거리가 멀지 않아 날씨가 맑으면 바라볼 수 있다"는 기술, 우산도가 일본의 송도(독도)라고 주장한 안용복의 증언(1696), "여지지에 이르기를, 울릉도와 우산도는 모두 우산국 땅이며, 우산도는 일본인들이 말하는 송도(松島)이다"라는 기술이 있는 『동국문헌비고』(1770)와 『만기요람』(1808) 등이다. 이 두 계통의 기록 중 기사 작성자가 어느 계통의 기록을 참고했는지는 모른다. 그러나 우산도라는 명칭이 조선 시대 이래의 울릉도·우산도 기록에서 온 것은 확실하다.

그러나 이 우산도를 단순히 고전적상의 명칭을 끌어다 쓴 것에 불과하다고 단정할 수 없다. 당시는 18세기 이래의 수토 정책으로 울릉도에 대한 것이 어느 정도 구체적으로 알려져 있던 때였고 그 위에 1882년의 개척 정책 추진으로 사람이 살게 되면서 이미 세상에 명명백백히 드러난 섬이 되었을 때였다. 즉 기사 작성자가 말한 울릉도의 부속 섬인 우산도는 단순히 조선 시대 이래의 기록상 명칭인 우산도가 아니라 당시의 조사와 거주를 통해 사람들이 인지하거나 체험했을 지리적 실체에 대한 명칭으로서 우산도였을 가능성이 크다. 그리고 이 우산도가 위치적으로 울릉도 가까이서 이 섬을 둘러싸고 있는 작은 섬이나 암석에 해당되지 않는다는 점에서 우산도의 지리적 실체는 독도일 가능성이 크다.

「대한제국 칙령 제41호」에서 언급한 울릉도의 부속 섬도 「울릉도사황」과 연관지어 생각해 볼 수 있다. 「대한제국 칙령 제41호」에는 라포르트와 배계주 조사를 통해 수렴한, 당시의 울릉도 조사와 체험으로 보편화된 울릉도의 부속 섬에 대한 일반적 인식이 반영되어 있을 것이고 그 인식은 「울릉도사황」에서 보이는 인식일 것이기 때문이다. 즉 '소룩도' 중 가장 두드러지는 섬 우산도와 죽도가 울도 군수가 관할하는 섬인 석도와 죽도로 명기된 것으로 보인다. 여기에서 「울릉도사황」의 우산도는 석도라는 추론이 가능한데, 위치적으로 울릉도 가까이서 이 섬을 둘러싼 어떤 작은 섬과 암석도 석도라는 명칭이 붙은 적이 없다는 점에서 이 추론은 정당한 것으로 인정된다.

한편 이 추론은 「울릉도사황」의 우산도가 「대한제국 칙령 제41호」에서 석도로 명기된 이유에 대한 설명을 필요로 하는데 현재 그 이유가 명기된 자료는 남아 있지 않다. 그러나 우산도라는 명칭 그 자체를 근거로 추정해 볼 수 있다. 18세기에 등장한 죽도라는 명칭과 달리 우산도라는 명칭은 조선 시대 이전의 고전적에서 울릉도를 가리키는 명칭으로도 혼용되어 쓰였다. 이에 혼동을 피하기 위해 개칭을 한 것일 가능성을 생각해 볼 수 있다.

그리고 석도라는 명칭이 가리키는 지리적 실체는 순우리말로 돌섬으로 불렸던 섬이라는 것은 확실하다. 순우리말 명칭을 한자로 표기하는 데는 일정한 원칙이 있다. 같은 뜻을 가진 한자들로 표기하거나, 같은 뜻과 같은 소리를 가진 한자를 합쳐 표기하거나 또는 같은 소리와 같은 뜻을 가진 한자를 합쳐 표기하거나, 같은 소리를 가진 한자들로 표기하는 것이다. 이를 근거로 보면 석도(石島)는 돌섬이나 돌도, 석섬, 돌섬의 한자 표기 명칭이 되는데 이 중 가장 자연스러운 순우리말 명칭은 돌섬이다. 그런데 울릉도 가까이에 있는 두드러진 작은 섬 중 돌섬에 해당하는 섬은 없다. 앞서 언급했듯이 두드러진 작은 섬은 죽도와 관음도인데 두 섬 모두 돌섬이 아니며 명확히 죽도와 도항이라는 한자어로 표기되어 온 것이다. 따라서 석도는 그 외의 섬 돌섬을 가리키고 있고 석도가 「울릉도사황」의 우산도라는 점을 감안하면 이 섬은 독도로 볼 수 있다.

석도가 독도라는 또 하나의 근거는 당시 독도에 대해 '독도(獨島)'라는 기록 명칭이 사용되었다는 점이다. 일본 군함 니타카호의 행동일지[『軍艦新高行動日誌』(1945.9.25.)]는 독도를 가리키는 량코도암에 대해 "한국인은 이를 독도(獨島)라고 쓰고 우리나라 어부들은 량코도라고 부른다"는 기록을 남겼다. 여기서 순우리말 명칭의 한자 표기 원칙에 따라 보면 독도(獨島)는 '홀로 섬', '홀로 도', '독도', '독섬'의 한자 표기 명칭이 된다. 이중 자연스러운 순우리말 명칭은

'독섬'인데 이 명칭이 전라도 지역에서 쓰는 돌섬의 방언이라는 것을 고려하면 「대한제국 칙령 제41호」의 석도(石島)는 곧 니타카호의 행동일지상 독도(獨島)로서 지금의 독도를 가리키고 있는 것임을 알 수 있다.

이규원 검찰사의 「울릉도 외도」(1882)를 보면 이미 개척령이 내려지기 전부터 울릉도에 많은 지명이 만들어져 사용되고 있었음을 알 수 있고(39곳의 지명) 개척령 이후 주민들이 늘어나 울릉도 전역에 흩어져 살게 되면서 그때까지는 이름이 없었던 곳에 속속 새로운 이름이 생기게 되었다. 현재 위치적으로 울릉도 가까이에서 죽도와 함께 이 섬을 둘러싼 제법 큰 섬에 해당된다는 이유로 일부 일본 측 학자들이 「대한제국 칙령 제41호」의 석도라고 주장하는 도항(관음도)은 이 이름들 중 하나다. 즉 도항(관음도)은 「대한제국 칙령 제41호」의 석도가 아니라는 의미다. 석도와 독도는 개척령 전후로 울릉도에 드나들거나 살던 사람들이 새로 붙인 지명인 돌섬이나 독섬의 한자 표기다. 이 명칭이 조선 시대 이래 독도를 가리키는 명칭인 우산도와 형태상 어떤 개연성도 없는 것은 명명의 주체가 다르기 때문이다. 우산도라는 명칭은 고전적에 대한 교양이 있는 사람들 사이에 공유된 것이고, 돌섬, 독섬은 울릉도에 드나들거나 살던 일반 사람들이 붙인 이름이다. 다시 말해 고전적을 통한 교양적 바탕 없이 평민이 실생활에서의 체험을 바탕으로 섬의 형태를 솔직히 묘사한 이름으로 보인다. 「울릉도 사황」과 같이 식자층의 한 사람으로 보여지는 기사 작성자가 쓴 글에서는 우산도라는 명칭이 인용되는 것을 보아도 알 수 있다.

「대한제국 칙령 제41호」의 석도가 독도라는 것은 이후의 전개 상황을 통해서도 알 수 있다. 1906년 시마네현은 새로 편입한 독도 시찰단을 파견했다. 시찰단은 3월 24일 시마네현 사이고항을 출발하여 27일 독도에 입도하였다가 기상 악화로 같은 날 울릉도로 대피하였다. 이때의 상황을 울릉군수 심흥택이 관찰사 서리 춘천 군수 이명래에게 보고하고(3.29) 심흥래가 다시 의정부 찬정대신 박제순에게 보고(4.29)하였다. 그 내용이 담긴 기록이 현재 남아 있다(「報告書號外」, 『各觀察道案』, 규장각). 이에 따르면 심흥택은 '본군 소속 독도'가 일본에 편입되었다는 말을 들었다고 보고했고 이명래를 통해 이를 안 박제순은 "보고는 보았으나 독도 영지에 대한 설(說)은 전혀 사실무근이다. 그 섬의 상황과 일본인의 행동이 어떠했는지를 다시 조사하여 보고할 것"이라는 지령(5.20)을 내렸다. 이 상황은 『대한매일신보』 1906년 5월 1일 「無變不有」 및 『황성신문』 1906년 5월 9일 「鬱倅報告內部」에 기사화되어 있다.

이를 통해 보면 울릉도에서나 중앙정부에서나 독도가 울릉도 소속이라는 인식을 가졌음은 확실하다. 그리고 이 독도가 「대한제국 칙령 제41호」의 석도임은 『황성신문』 1906년 7월 13일 「鬱島郡의 配置顚末」 기사를 통해 알 수 있다. 기사에 따르면 통감부가 내부에 "울릉도에 소속된 도서와 군청 설치 일자"에 대해 조회했고 이에 대해 내부는 울릉도 관제 개혁 경과와 군청 소재지, 군의 면적과 함께 부속 섬에 대해 쓴 공문을 보냈다. 여기에서 울릉도의 부속 섬으로 「대한제국 칙령 제41호」와 같이 '죽도, 석도'를 언급했는데 이때가 심흥택의 '본군 소속 독도'에 대한 보고 및 박제순 지령이 나온 직후였음에 주목해야 한다. 즉 1906년 7월 시점에 대한제국 정부가 독도에 대한 확실한 인식이 있었던 것을 인정하는 이상 「대한제국 칙령 제41호」의 석도를 독도로 보는 것은 타당하다.

일본인의 독도 침탈

일본이 독도를 편입한 1905년 전후, 대한제국의 독도에 대한 인식은 앞서 본 바와 같다. 그럼에도 일본인의 독도 침탈이 울릉도 침탈의 연장선에서 이루어졌고 그 결과 독도가 일본에 편입되게 되었다. 일본이 독도 편입을 한 직접적인 계기는 시마네현 사업가 나카이 요자부로(中井養三郎)가 1904년 9월에 독도를 편입한 후 자신에게 임대해 줄 것을 청원한 「량코도 영토 편입 및 대하원」을 내무·외무·농무 3성에 제출한 일이었다. 이 청원이 1905년 1월 28일에 개최된 일본의 내각회의에서 받아들여지면서 독도가 시마네현에 편입되었다.

나카이가 이 청원을 한 목적은 독도 강치 어업의 독점에 있었다. 나카이는 1890년부터 외국 영해에 나가 잠수기 어업에 종사한 기업 형태의 어업인이었다고 한다. 1891~1892년까지 러시아령 부근에서 잠수기를 사용한 해마잡이 어업에 종사하였으며, 1893년에는 조선의 경상도·전라도 연안에서 잠수기를 사용하여 물개와 생선 등을 어획하였다. 나카이가 독도 강치 어업에 뛰어든 것은 1903년부터였는데 이때는 이미 독도 강치 어업이 과도한 경쟁 상황에 놓여 있던 때였다.

일본인들이 독도 강치잡이를 시작한 것은 1898년부터로 알려져 있다. 1898년 오키섬 어부가 울릉도 부근에서 난파하여 유실된 배를 찾으러 독도까지 갔다가 강치가 무리지어 서식하는 것을 보고 50~60마리를 잡은 것이 일본인의 독도 강치잡이의 시작이었다고 한다. 이후 다수의 일본인이 독도 강치잡이에 참여했다.

지금까지 밝혀진 바에 따르면 일본의 독도 강치잡이에는 두 가지 형태가 있다. 하나는 울릉도에 와 있던 일본인이 조선인과 한 조를 이루어 울릉도에서 독도로 진출하는 형태와 일본 오키섬의 일본인들이 한 조를 이루어 오키섬에서 독도로 진출하는 형태가 공존했다. 나카이 요자부로가 독도 강치잡이에 참여한 때는 이 두 형태의 독도 강치잡이가 경쟁적으로 이루어진 때였다. 이에 나카이는 독도 강치 남획 예방과 보호법 강구, 강치 어렵 독점권 획득 등을 명분으로 청원서를 제출한 것이다.

이 자료집에는 이 상황을 보여주는 기사가 한 건 포함되어 있다. 『제국신문』 1901년 4월 1일 「울릉도 동남 삼십리 히즁에」다. "울릉도 동남(東南) 30리(里) 바다 중에 양고라 하는 섬을 일본에서 얻었는데, 그 섬은 천하 지도에 오르지 않았고 산물은 어물인데 바닷속에 말이 제일 많아 어부들을 많이 상한다고 하더라"라는 내용이다. '양고'는 1849년에 프랑스 포경선 리앙쿠르함이 독도를 발견하고 붙인 이름인 리앙쿠르 록스의 일본식 발음이다. 즉 일본이 독도를 얻었는데 무주지이며 주변 바다가 험하다는 내용의 기사로서 당시 일본인들의 독도 강치잡이에 대해 쓴 일본 신문기사를 인용한 것 같다.

17세기 초·중엽 일본 서해안의 돗토리, 오키 등 지역 주민이 벌목과 해산물 채취 등을 목적으로 울릉도에 도해하기 시작한 이래 해당 지역에서 울릉도는 죽도, 독도는 송도라는 일본 명칭으로 알려지게 되었다. 그런데 19세기 초·중엽 이후 울릉도가 송도, 독도는 이름 없는 섬이거나 리앙쿠르 록스 또는 그 일본식 발음인 량코도로 일본 전역에 알려지게 되었다. 그 원인에 대해 일본 정부는 서양 함선의 울릉도 위치 측정 오류를 들어 설명한다.

1787년에 프랑스 항해가 라페루즈가 탄 배가 울릉도를 발견하고 '다줄레(Dagelet) 섬'이라고 명명했다. 1789년에는 영국 탐험가 코넷이 울릉도를 발견하고 '아르고노트(Argonaut) 섬'이라고 명명했다. 그런데 두 사람이 측정한 울릉도 경위도에 차이가 있었기 때문에 서양 지도에 울릉도가 '다줄레'와 '아르고노트' 2개의 섬으로 그려졌다. 한편 나가사키에 있던 독일 의사 시볼트가 귀국 후 일본 지도와 서양 지도를 참고하여 「일본도(日本圖)」(1840)를 제작했다. 동해상 죽도, 송도 두 섬이 그려져 있는 에도 시대의 지도를 바탕으로 죽도를 아르고노트, 송도를 다줄레로 표기한 지도다. 이 지도를 바탕으로 한 지도가 일본에 유포되었다. 이후 '아르고노트=죽도'가 위치 측정 오류로 그려진 또 하나의 울릉도라는 사실이 밝혀져 지도에서 사라지게 되었다. 이렇게 동해상 울릉도를 '다줄레=송도'로 표기한 지도가 유포된 결과, 에도 시대의 독도 명칭인 송도가 울릉도 명칭이 된 것이라고 한다.

18세기 말에서 19세기에 걸쳐 제작된 일본 전국도에는 대부분 동해상 죽도와 송도라는 두 개의 섬이 표기되어 있다. 그러나 이 섬들은 에도 시대의 죽도와 송도, 즉 울릉도와 독도가 아니라 서양 지도에서 온 아르고노트와 다줄레, 즉 위치 측정이 잘못된 울릉도와 실제 울릉도인 경우가 대부분이다. 이 당시 독도는 죽도와 송도 외의 또 하나의 섬으로 그려지거나 그려지지 않았다. 그려질 경우, 이름이 없거나 프랑스 포경선이 명명한 리앙쿠르 록스 등 서양 명칭으로 표기되었다. 이 리앙쿠르 록스를 당시 사람들이 일본식 발음으로 량코, 또는 양코라고 부른 것이다. 나카이 요자부로도 독도를 량코도라고 하여 편입 신청서를 제출했다.

일본 내각은 "타국이 이(독도)를 점령했다고 인정할 만한 형적이 없다"는 점, "나카이 요자부로가 1903년 이래 독도에 이주하여 어업에 종사한 사실을 입증할 서류가 있다는 점"을 근거로 국제법적 법령 사실이 있다고 하며 독도를 편입했다. 그러나 적어도 17세기 말 이래 메이지 시대에 걸쳐 일본에서 말하는 '송도=독도'가 우산도이며 조선 땅이라고 명기한 기록이 조선은 물론 일본에도 남아 있으며[「에도막부의 질문에 대한 돗토리번주 답변서」(1695), 「인번지」(1795), 「죽도고」(1828), 「조선국교제시말내탐서」(1870) 등], 죽도와 송도는 일본 영토가 아니라고 밝힌 메이지 정부 문서도 남아 있다[「기죽도각서」(1875), 「태정관지령」(1877)]. 또 나카이는 독도로 이주하여 거주하지 않았다. 나카이는 실제로 울릉도에 거주했으며 1년에 3~4개월 동안 2~3차례 독도로 도해하여 약 10일 정도 머물면서 강치잡이를 하다가 울릉도로 귀항했다[「新高號行動日誌」(1904.9.25.)]. 나카이의 독도 강치잡이 형태는 내각 결의문에서 언급한 '이주'라고 할 수 없다. 즉 나카이의 강치잡이를 근거로 한 내각 결의의 '국제법적 점령 사실'은 인정될 수 없는 것이다.

나카이 자신도 독도를 조선 영토로 인식했음은 잘 알려져 있는 사실이다. 나카이는 독도 강치잡이 사업 독점을 위해 조선 정부에 독도 임대 청원을 하려고 했다. 이를 위해 그는 먼저 오키섬 출신 농상무상 수산국장 후지타 칸타로에게 부탁하여 마키 수산국장과 만나 계획을 설명했다. 마키도 이 계획에 찬성하여 먼저 해군수로부에서 량코도의 소속에 대해 조사한 후 기모쓰키 수로부장과 만나 의견을 구했다. 기모쓰키는 '량코도의 소속에 대한 확고한 증거가 없고 특히 일본과 조선 양국으로부터의 거리를 측정하면 일본 쪽으로 10리가 가까우며 조선인이 종래 량코도 경영에 관계한 흔적이 없는 반면 일본인이 이미 이 섬의 경영에 종사하고 있는 이상 당연히 일본 영토로 편입해야 한다'는 의견을 내놓았다. 이에 나카이는 뜻을 굳히고 「량코도 영토 편입 및 대하원」을 내무·외무·농상무 3대신에게 제출하게 되었다고 한다[「나카이 요자부로 입지전」(1906.5.20.)].

일본의 독도 편입은 일본인의 울릉도 침탈 연장선상에서 이루어진 것이다. 두 섬에 대한 경제적 침탈이 독도 영토 침탈로 이어진 것이다. 그리고 곧이어 한반도 전체가 일본에 병합되었다. "독도는 일본의 한국 침략에 대한 최초의 희생물이다"(변영태 외무장관 성명, 1954.10.28.). 일본의 독도 편입 후 한국 신문 기사에서 독도 관련 기사는 사라진다.

독도 관련 기사가 다시 등장하는 것은 1947년 이후다.

김두원 사건과 용암포 사건

이 자료집에는 일본인의 울릉도 침탈과 관련한 일련의 기사군이 포함되어 있다. 원산 소금 상인 김두원(金斗元) 사건인데 일본의 침탈 과정에서 벌어진 조선 상인의 수난상과 기개를 생생하게 보여주는 사례로서 특기할 만하다. 원산의 소금 상인이었던 김두원은 1899년 3월에 울릉도에서 소금을 콩과 교환하면 큰 이익이 남을 것이라는 기무라(木村) 형제의 말을 듣고 배에 소금을 싣고 울릉도로 갔다. 그런데 그날 밤 기무라 형제는 김두원의 소금을 실은 채로 배를 몰아 시마네현 오키군으로 도망갔다. 김두원은 외부(外部)와 일본 공사에게 기무라 형제로부터 소금값을 받아줄 것을 호소했으나 주범인 기무라 겐이치로가 사고로 죽고 그 친족은 가난하여 배상하지 못하니 일본 공사가 휼금(恤金)을 주는 것으로 대신하겠다는 답변만 들었다. 그러나 김두원은 이와 같은 조치가 부당한 것임을 지적하며 일본 공·영사관과 통감부, 더 나아가 육군 대장, 내각 총리대신, 국회의원 등에 소금값을 이자까지 쳐서 배상해 줄 것을 끈질기게 호소했다. 이 자료집을 통해 사건의 경과와 김두원이 일본 각 요처에 송부한 호소문을 볼 수 있다.

또 울릉도 삼림에 대한 러일 간의 갈등 경과를 보여주는 일련의 기사들과 서양 열국의 대한제국의 이권 침탈 상황에 대한 논평성 기사들을 볼 수 있다. 이중 가장 큰 비중을 차지하는 것이 1903년 5월 25~30일 사이에 게재된 『황성신문』의 용암포 사건에 대한 논설이다. 1903년 5월 초 만주에 주둔하고 있던 러시아군의 일부가 압록강 하구 및 용암포까지 진출하여 한국인 명의로 토지를 매입하고 병참부로 사용할 창고 및 사무소 건설공사에 착수하였다. 그 위에 백마산(白馬山)의 벌목까지 강행하여 그들이 1896년 9월 러시아 블라디보스토크 사람 브리너(Y.I. Brynner)를 통해 획득한 압록강 유역 삼림벌채권의 범위를 벗어난 행동을 했다. 이와 관련하여 『황성신문』은 5월 25~30일까지 6차례에 걸쳐 관련 상황을 소개하고 논평한 「論說-西北森林及龍岩浦事件」을 실었다. 용암포 사건은 러일간의 팽팽한 대립을 가져왔고 러일전쟁의 한 요인으로 작용하게 되었다.

이 외 자료집에는 울릉도 도감 또는 군수가 중앙 정부에 보고한 울릉도 현황을 통해 당시의 인구, 경제 구조, 생활상, 자연재해 등을 알 수 있는 기사들이 수록되어 있다. 통감부 설치 이후의 관리 체재를 다룬 기사들도 있다. 내용은 단락적이나 동해의 고도(孤島) 울릉도와 독도가 당시의 국제적·국내적 상황 변화를 어떻게 겪었는지를 엿볼 수 있을 것이다.

연도별 기사 건수

연도	1897	1898	1899	1900	1901	1902	1903	1904	1905	1906	1907	1908	1909	1910	합계
건수	4	1	38	33	22	18	27	8	12	14	19	5	19	6	226

보도 매체별·연도별 기사 건수

연도	독립신문	매일신문	제국신문	황성신문	대한매일 신보	만세보	대한민보	경남일보	신한민보	합계
1897	4									4
1898	1									1
1899	11	1	6	20						38
1900			11	22						33
1901			2	20						22
1902				18						18
1903				27						27
1904				8						8
1905				10	2					12
1906				11	2	1				14
1907				11	8					19
1908				4	1					5
1909				12	5		1		1	19
1910				2	2			2		6
합계	16	1	19	165	20	1	1	2	1	226

| 차례

143 [96] 10월 14일 『황성신문』「論說-再卞日本人自由渡韓」

146 [97] 10월 26일 『황성신문』「守請直報」

147 [98] 10월 29일 『황성신문』「鬱島二船」

1902년

148 [99] 1월 23일 『황성신문』「韓海捕鯨의 近況」

150 [100] 1월 31일 『황성신문』「論說-辨朝鮮新報辨妄之謬(續四)」

153 [101] 2월 15일 『황성신문』「島民呼訴」

154 [102] 2월 20일 『황성신문』「三守免官」

155 [103] 2월 22일 『황성신문』「叙任及辭令」

156 [104] 2월 28일 『황성신문』「鬱島日巡查」

157 [105] 3월 4일 『황성신문』「鬱守新任」

158 [106] 3월 7일 『황성신문』「請撥船賃」

159 [107] 3월 10일 『황성신문』「叙任及辭令」

161 [108] 4월 28일 『황성신문』「鬱島民電」

162 [109] 4월 29일 『황성신문』「別報」

165 [110] 5월 1일 『황성신문』「論說-論鬱島報告事件」

167 [111] 5월 8일 『황성신문』「因訴捉守」

168 [112] 5월 20일 『황성신문』「笞放裵守」

169 [113] 6월 24일 『황성신문』「韓海膃肭臍」

171 [114] 7월 3일 『황성신문』「裵氏案件」

172 [115] 7월 17일 『황성신문』「裵氏審案」

173 [116] 10월 29일 『황성신문』「請速裁決」

1903년

174 [117] 2월 20일 『황성신문』「官廳事項」

175 [118] 3월 30일 『황성신문』「別報」

178 [119] 3월 30일 『황성신문』「鬱島購船」

179 [120] 4월 20일 『황성신문』「東北森林迅辦」

180 [121] 4월 24일 『황성신문』「照問許否」

181 [122] 5월 11일 『황성신문』「論說-約章無用」

184 [123] 5월 25일 『황성신문』「論說-西北森林及龍岩浦事件」

187 [124] 5월 26일 『황성신문』「論說-西北森林及龍岩浦事件(續)」

190 [125] 5월 27일 『황성신문』「論說-西北森林及龍岩浦事件(續)」

193 [126] 5월 28일 『황성신문』「論說-西北森林及龍岩浦事件(續)」

196 [127] 5월 29일 『황성신문』「論說-西北森林及龍岩浦事件(續)」

199 [128] 5월 30일 『황성신문』「論說-西北森林及龍岩浦事件(續)」

202 [129] 6월 19일 『황성신문』「論說-答或問」

205 [130] 6월 22일 『황성신문』 「森林監理」
206 [131] 6월 23일 『황성신문』 「森監發行」
207 [132] 6월 23일 『황성신문』 「敍任及辭令」
209 [133] 6월 24일 『황성신문』 「金氏激忿」
211 [134] 7월 14일 『황성신문』 「派巡請壓」
212 [135] 7월 20일 『황성신문』 「鬱島形便」
213 [136] 8월 10일 『황성신문』 「鬱島報告」
214 [137] 8월 19일 『황성신문』 「據章峻照」
216 [138] 8월 24일 『황성신문』 「鬱島事件」
217 [139] 10월 21일 『황성신문』 「請禁擅斫」
218 [140] 11월 14일 『황성신문』 「江原道管下郡守治蹟(續)」
219 [141] 11월 17일 『황성신문』 「鬱島來報」
221 [142] 11월 30일 『황성신문』 「促撤日巡」
222 [143] 12월 10일 『황성신문』 「論說 - 鬱島沿革始末」

1904년

226 [144] 2월 12일 『황성신문』 「論說 - 論日俄關係之於我韓」
229 [145] 4월 2일 『황성신문』 「官廳事項 - 江原道管下郡守治蹟(續)」
230 [146] 4월 19일 『황성신문』 「請認商務」
231 [147] 5월 28일 『황성신문』 「勅令勅宣書」
232 [148] 6월 23일 『황성신문』 「金氏被囚」
233 [149] 7월 2일 『황성신문』 「鬱島投費」
234 [150] 10월 14일 『황성신문』 「江原道管下郡守治蹟」
235 [151] 12월 22일 『황성신문』 「鹽商又訴」

1905년

236 [152] 1월 30일 『황성신문』 「擅商金斗源氏가 日本軍司令部와」
239 [153] 1월 31일 『황성신문』 「擅商金斗源氏가 日本軍司令部와(續)」
241 [154] 3월 4일 『황성신문』 「江原道管下郡守治績」
242 [155] 6월 2일 『황성신문』 「日艦隊의 公報」
245 [156] 6월 5일 『황성신문』 「日本海戰의 續聞」
247 [157] 8월 10일 『황성신문』 「鬱島公報」
248 [158] 8월 11일 『황성신문』 「官廳事項 - 江原道管下郡守治蹟」
250 [159] 8월 12일 『황성신문』 「鬱倅報告」
252 [160] 9월 22일 『대한매일신보』 「鬱島問題」
254 [161] 9월 24일 『대한매일신보』 「申論鬱島問題」
256 [162] 9월 27일 『황성신문』 「寄書 - 鬱陵島」, 嘔心生
259 [163] 9월 28일 『황성신문』 「寄書 - 鬱陵島(續)」, 嘔心生

1906년

261 [164] 2월 16일 『대한매일신보』 「江原道管下郡守治績」

262 [165] 4월 7일 『황성신문』 「大東古事」

263 [166] 5월 1일 『대한매일신보』 「無變不有」

264 [167] 5월 8일 『황성신문』 「鬱島日人數」

265 [168] 5월 9일 『황성신문』 「鬱倅報告內部」

266 [169] 7월 13일 『황성신문』 「鬱島郡의 配置顚末」

267 [170] 9월 1일 『황성신문』 「官廳事項 - 江原道管下郡守治績」

268 [171] 9월 26일 『황성신문』 「鬱島戶口」

269 [172] 9월 28일 『만세보』 「各郡移屬」

270 [173] 9월 28일 『황성신문』 「移屬郡道」

271 [174] 10월 25일 『황성신문』 「擅商五泣」

273 [175] 10월 26일 『황성신문』 「擅商五泣(續)」

276 [176] 11월 17일 『황성신문』 「法部令第三號」

278 [177] 11월 27일 『황성신문』 「管稅官位實及管轄區域表(續)」

1907년

279 [178] 1월 17일 『대한매일신보』 「金氏八難」

280 [179] 1월 18일 『대한매일신보』 「金氏八難(續)」

281 [180] 1월 20일 『대한매일신보』 「金氏八難(續)」

282 [181] 1월 22일 『대한매일신보』 「金氏八難(續)」

284 [182] 1월 23일 『대한매일신보』 「金氏八難(續)」

286 [183] 1월 24일 『대한매일신보』 「金氏八難(續)」

287 [184] 1월 26일 『대한매일신보』 「金氏八難(續)」

289 [185] 2월 1일 『대한매일신보』 「金氏八難(續)」

291 [186] 2월 2일 『대한매일신보』 「金氏八難(續)」

292 [187] 3월 16일 『대한매일신보』 「敍任及辭令」

293 [188] 3월 17일 『대한매일신보』 「銓考何考」

294 [189] 4월 16일 『황성신문』 「郵便局所所在地」

296 [190] 4월 26일 『황성신문』 「敍任及辭令」

297 [191] 5월 8일 『황성신문』 「國內日人戶口」

299 [192] 7월 2일 『대한매일신보』 「敍任及辭令」

301 [193] 7월 13일 『황성신문』 「內地同胞의 所可一想」

303 [194] 7월 24일 『황성신문』 「敍任及辭令」

304 [195] 8월 23일 『황성신문』 「敍任及辭令」

305 [196] 11월 29일 『황성신문』 「國債報償義務金 集送人員及額數」

(1) 1897년 4월 6일 | 독립신문

○ 닉부에서 울능도 인민의게 고시 ᄒᆞ기
를 보련하 울토에 빅셩이 우리
대군쥬 폐하의 셩덕으로 화휵 ᄒᆞ시는 가
온듸에 쟈싱치 아님이 업는지라 오호라
본셔음이 바다 가온듸 외로히 셔 샹거가
막연 ᄒᆞᆫ바 이빅 칠십여호에 일쳔 빅여 인
구가 아지 못게라 더 속에셔 밧슬 근 오
쳔 말 직이를 긔경 ᄒᆞ야 어려히 싱업 ᄒᆞ
도록 ᄒᆞᆫ번도 뭇지 못 ᄒᆞ고 털 쑛도 화를
닙힘이 업스니 슬프다 이 빅셩이 엇자 나
라에 졍부가 잇서 빅셩 ᄉᆞ랑 ᄒᆞᄂᆞᆫ 무유ᄒᆞᆫ
뜻슬 알니요 그러나 이왕은 물론 ᄒᆞ고 릐
두에 효험이 잇게케 일죽 년전에 별노 도
감을 베플고 규칙을 셩급 ᄒᆞ엿스니 이거
시 실노 다름이 아니라 비록 하토 인민이
라도 규칙을 영쥰 ᄒᆞ고 각각 ᄉᆞᄉᆞ로 안도
ᄒᆞ야 긔어히 치화를 입거케 ᄒᆞᆷ이니 오죽
너의 민인은 다 ᄀᆞᆯᄋᆞ듸 편의타 ᄒᆞᄂᆞᆫ지 도
감의 ᄒᆞᄂᆞᆫ 일이 어김이 업ᄂᆞᆫ지 호구를 조
ᄉᆞ ᄒᆞ고 뎐토를 쥬명 ᄒᆞᆯ은 빅셩의게 히를
씨침을 위 ᄒᆞᆷ이 아니라 우리 나라 디방
구역 안에 ᄒᆞᆫ 빅셩과 ᄒᆞᆫ 흙이라도 죠젹에
반포 ᄒᆞ야 다 화역게 잇게 ᄒᆞᆷ이다 죠곰도
의려 말고 오죽 농ᄉᆞ를 힘 쓰며 ᄒᆞᆫ슈를
더 ᄒᆞ야 토디를 거칠게 말며 위싱에 손샹
이 업게 ᄒᆞᆷ이 실노 우리 졍부에 본의이니
다 알나 ᄒᆞ엿고 또 닉부에서 울능 도감의
게 훈령 ᄒᆞ기를 본 도감의 보고셔와 인구
호슈 뎐토 헌록ᄒᆞᆫ 척ᄌᆞ를 본즉 호구의 슈
효와 토디의 여허를 오히려 쥬실치 못 ᄒᆞᆫ
더니 이제 이 보고가 심히 쇼샹 ᄒᆞ니 과
연 도감의 죵명 ᄒᆞ게 일을 ᄒᆞᆷ은 가히 알
지라 인민을 듸 ᄒᆞ야 더욱 더 무유 ᄒᆞᆯ지
요 이 후에 방편케 ᄒᆞ기는 졍부에셔 별노
우규를 베프러 써 실시케 ᄒᆞ리니 이러케
알며 본도가 년릐에 풍등치 못 ᄒᆞ야 빅셔
이 주리는 빗시 만ᄒᆞᆫ 중에 겸 ᄒᆞ야 재와
쥐와 바람 세 지앙이 잇서 인민이 지보키
어렵다 ᄒᆞᆷ은 듯기에 심히 궁련 ᄒᆞᆯ뿐더러
구휼 ᄒᆞᄂᆞᆫ 방편이 아죽 멀니 밋기 어려우
니 오죽 위무 ᄒᆞ야 기어히 안접케 ᄒᆞ라
ᄒᆞ엿다더라

ᄂᆡ부에셔 울능도 인민의게

내부(內部)에서 울릉도 인민에게 고시(告示)하기를 넓은 하늘 아래 온 영토에 백성이 우리 대군주 폐하의 성덕으로 화육(化育)하시는 가운데에 자생하지 아님이 없는지라. 오호라. 본 섬이 바다 가운데 외로이 서 있어 서로의 거리가[相距]가 막연한 바, 270여 호(戶)에 1,100여 인구가 아직 못 된다. 저 속에서 밭을 근 5,000마지기를 기경(起耕)하여 어렵게 생업하도록 한 번도 묻지 못하고 털끝도 화를 입힘이 없으니 슬프다. 이 백성이 어찌 나라에 정부가 있어 백성 사랑하는 무유(撫柔, 부드럽게 어루만짐)한 뜻을 알리오. 그러나 지난 일은 말할 것도 없이 앞으로 효험이 있게 일찍 몇 해 전에 별도로 도감(島監)을 베풀고* 규칙을 작성하여 발급하였으니, 이것이 실로 다름이 아니라 비록 하토(遐土, 서울에서 먼 지방)의 인민이라도 규칙을 영준하고 각각 스스로 안도하여 기어이 치화(治化)를 입거하게 하려는 것이니, 오직 너희 백성들은 다 가로되 편의하다 하는지, 도감의 하는 일이 어김이 없는지, 호구를 조사하고 전토를 주명(主命, 군주의 명령)함은 백성에게 해를 끼침을 위함이 아니라 우리나라 지방 구역 안에 한 백성과 한 흙이라도 조적에 반포하여 다 화역에 있게 함이라. 조금도 의심하고 염려하지 말고 오직 농사를 힘쓰며, 호수를 더하여 토지를 거칠게 하지 말며, 위생에 손상이 없게 하는 것이 실로 우리 정부의 본의(本意)이니 다 알도록 하였고, 또 내부에서 울릉 도감에게 훈령하기를 본 도감의 보고서와 인구, 호수, 전토를 기록한 책자를 보니, 호구의 수효와 토지의 여허(如許)를 오히려 주실하지 못하더니 이제 이 보고가 심히 소상하니 과연 도감이 명을 좇아 일을 함을 가히 알지라. 백성을 대하여 더욱더 무유할지요, 이후에 방편하게 하기는 정부에서 별도 우규를 베풀어 실시하게 하리니 이렇게 알며, 본 섬이 연래에 농사가 잘 되지 못하여 백성이 주리는 빚이 많은 중에 겸하여 새와 쥐와 바람, 세 재앙이 있어 백성이 지보(支保)하기 어렵다 함은 듣기에 심히 긍민할 뿐더러 구휼하는 방편이 아직 멀리 믿기 어려우니, 오직 위무(慰撫)하여 기어이 편히 살게 하라 하였다더라.

---

* 1895년에 설치됨.

(2) 1897년 4월 8일 | 독립신문

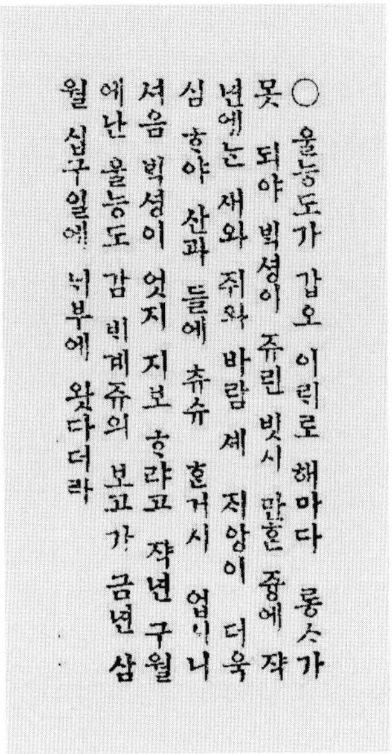
○울능도가 갑오 이릭로 해마다 롱ᄉᆞ가 못 되야 빅셩이 쥬린 빗시 만흔 즁에 쟉년에는 새와 쥐와 바람 셰 지앙이 더욱 심ᄒᆞ야 산과 들에 츄슈ᄒᆞᆫ거시 업ᄂᆞ니 셔읍 빅셩이 엇지 지보ᄒᆞ랴고 쟉년 구월에난 울능도 감 비계쥬의 보고가 금년 삼월 십구일에 닉부에 왓다더라

울능도가 갑오 이릭로 해마다

울릉도가 갑오(甲午, 1894) 이래로 해마다 농사가 못 되어 백성이 주린 빚이 많은 중에 작년에는 새와 쥐와 바람 세 재앙이 더욱 심하여 산과 들에 추수한 것이 없으니 섬 백성이 어찌 지보(支保)하려고 작년 9월에는 울릉 도감 배계주(裵季周)의 보고가 금년 3월 19일에 내부(內部)에 왔다더라.

(3) 1897년 4월 8일 | 독립신문

○울능도 감 빅계쥬가 쟉년 구월에 부산항계 이르러 빅 편이 업ᄂᆞᆫ 고로 유련ᄒᆞ다가 금년 오월에 도림 ᄒᆞᆫ즉 본도가 그간에 관장이 업ᄉᆞᆫ 고로 나라 법이 ᄒᆡ이 ᄒᆞ고 빅셩의 ᄆᆞᄋᆞᆷ이 산란ᄒᆞᆫ 즁에 도민 빅졍쥰이가 ᄉᆞᄉᆞ로 셔음 슈두라 칭ᄒᆞ고 비긔ᄒᆞᆫ 욕심을 내여 셔음 빅셩의게 임의로 슈렴ᄒᆞ고 쟝ᄉᆞᄒᆞᄂᆞᆫ ᄇᆡ에 잡셰를 람봉ᄒᆞ고 니샤ᄒᆞ여 오ᄂᆞᆫ 빅셩의게 돈을 것고 고토로 도라 오ᄂᆞᆫ 빅셩의게 ᄂᆞ탈을 ᄒᆞ고 새로 드러 오ᄂᆞᆫ 사ᄅᆞᆷ의게 돈을 거두다가 부족ᄒᆞᆫ 죠로 양민을 취ᄒᆞ야 샤ᄉᆞ 죵을 솜고 ᄯᅩ ᄒᆞ올며 규목파 향목은 나라에셔 금ᄒᆞᄂᆞᆫ거신ᄃᆡ 무란히 쟉벌ᄒᆞ야 외국 사ᄅᆞᆷ의게 가만히 파라 먹ᄂᆞᆫ 고로 금년 ᄉᆞ월 십일에 온 셔음 빅셩이 모도 모화 두가지 나무 베ᄂᆞᆫ거슬 금ᄒᆞ고 다셧 가지 괴이ᄒᆞᆫ 죄를 즁습ᄒᆞ려 ᄒᆞᆫ즉 빅졍쥰이가 칼을 가지고 달녀 드러 온 셔음 빅셩을 도륙ᄒᆞ려 ᄒᆞᄂᆞᆫ 고로 도즁 빅셩들이 모도 나셔 돌으로 빅졍쥰이를 쳐 쥭여 도즁에 큰 화근을 졔ᄒᆞ엿스나 이 빅졍쥰이ᄂᆞᆫ 셔음 빅셩이 아니 쥭여도 하ᄂᆞ님이 필경 베히시리라고 도즁에 여러 빅셩들이 랍고ᄒᆞᆫ다고 ᄒᆡ도 감 빅계쥬가 ᄂᆡ부에 보고ᄒᆞ엿스며 ᄒᆡ 도즁에 남녀 인구와 가호와 동명과 긔간 면토 두락 슈효를 ᄯᅩᄒᆞᆫ ᄒᆡ도감이 죠ᄉᆞᄒᆞ야 보ᄒᆞ여 왓다ᄂᆞᆫ 고로 좌에 긔지ᄒᆞ노라

○울능도 져포동 가호ᄂᆞᆫ 이십 칠호요 인구ᄂᆞᆫ 일빅 일명인ᄃᆡ 남인이 오십 ᄉᆞ명이요 녀인이 ᄉᆞ십 일구며 도동리 가호가 십ᄉᆞ호요 인구ᄂᆞᆫ 오십 ᄉᆞ명인ᄃᆡ 남인이 삼십 ᄉᆞ명이요 녀인이 이십구며 샤동 가호가 삼십 삼호에 인구ᄂᆞᆫ 일빅 오십 삼명인ᄃᆡ 남인이 구십 오명이고 녀인이 오십 팔구이며 쟝흥동 가호가 삼십 오호에 인구가 일빅 오십 일명인ᄃᆡ 남인이 팔십 륙명이고 녀인이 륙십 오구이며 남양동 가호가 이십 륙호요 인구가 일빅 삼십 팔호에 남인이 칠십 오명이고 녀인이 륙십 삼구며 현포동 가호가 이십 구호요 인구ᄂᆞᆫ 일빅 이십명인ᄃᆡ 남인이 칠십 팔명에 녀인이 ᄉᆞ십 삼구며 ᄐᆡ하동 가호가 섬구호요 인구ᄂᆞᆫ 팔십 이명인ᄃᆡ 남인이 ᄉᆞ십 오명에 녀인이 삼십 구구며 신촌 가호가 이십호요 인구ᄂᆞᆫ 칠십명인ᄃᆡ 남인이 ᄉᆞ십 오명에 녀인이 이십 오명이요 광암리 가호ᄂᆞᆫ 칠호에 인구가 삼십명으로 남인이 십팔명이고 녀인이 십이구며 뎐부도 가호가 ᄉᆞ십 오호요 인구ᄂᆞᆫ 일빅 오십 오명에 남인이 팔십 이명이며 녀인이 칠십 삼구이고 라리동 가호가 이십 이호요 인구ᄂᆞᆫ 팔십 삼호에 남인이 오십명이며 녀인이 삼십 삼구인ᄃᆡ 이샹 동리가 열둘이요 가호가 삼빅 구십 칠호요 인구가 일쳔 일빅 삼십 ᄉᆞ명인ᄃᆡ 남인이 륙빅 륙십이명이요 녀인이 ᄉᆞ빅 칠십 이명이며 신구 긔간ᄒᆞᆫ 뎐토ᄂᆞᆫ 져포동이 삼빅 십구두락이요 도동이 이빅 이십 ᄉᆞ두 ᄉᆞ승락이요 샤동이 륙빅 삼십두락이요 쟝흥동이 칠빅 ᄉᆞ십 이두팔승락이요 남양동이 ᄉᆞ빅 칠두 구승락이요 현포동이 오빅 ᄉᆞ십 륙두락이요 신촌동이 삼빅 륙십 구 락이요 광암동이 일빅 ᄉᆞ십 륙 뎐부동이 륙빅 십륙두 ᄉᆞ승락이 이 삼빅 구십 일두 오승락이니 가 ᄉᆞ쳔 칠빅 칠십 ᄉᆞ두 구승락

울능도감 비계쥬가 쟉년 구월에

○ 울릉 도감 배계주가 작년 9월에 부산항에 이르러 배편이 없으므로 유련(留連, 떠나지 못함)하다가 금년 5월에 섬으로 왔으니, 본 섬이 그간에 관장이 없으므로 나라 법이 해이하고 백성의 마음이 산란한 중에 도민(島民) 배정준이 스스로 섬 수두(首頭)라 칭하고 비기(肥己)할 욕심을 내어, 섬 백성에게 임의로 수렴하고 장사하는 배에 잡세를 남봉(濫捧)하고 이사하여 오는 백성에게 돈을 걷고, 고토로 돌아오는 백성에게 늑탈을 하고, 새로 들어오는 사람에게 돈을 거두다가 부족한 조로 양민을 취하여 사사(私私)로이 종을 삼고, 또 하물며 규목(槻木, 느티나무)과 향목(香木, 향나무)은 나라에서 금하는 것인데 무난히 작벌(斫伐)하여 외국 사람에게 가만히 팔아먹는 까닭에 금년 4월 10일에 온 섬 백성이 모두 모여 두 가지 나무를 베는 것을 금하고 5가지 괴이한 죄를 징습(懲習)하려 하니, 배정준이 칼을 가지고 달려들어 온 섬 백성을 도륙하려 하자 섬 내의 백성들이 모두 나서 돌로 배정준을 쳐 죽여 큰 화근을 제하였으나, 이 배정준은 섬 백성이 아니 죽여도 하나님이 필경 베시리라고 섬 안에 여러 백성들이 납고(納侤, 관가에서 다짐을 받음)한다고 그 도감 배계주가 내부에 보고하였으며, 그 섬 안에 남녀 인구와 가호와 동명(洞名)과 기간(起墾) 전토, 두락, 수효 또한 그 도감이 조사하여 알려왔으므로 아래에 기재하노라.

○ 울릉도 저포동 가호(家戶)는 27호(戶)요 인구는 101명인데 남인(男人)이 54명이요 여인(女人)이 41명이며, 도동리 가호가 14호요 인구는 54명인데 남인이 34명이요 여인이 20명이며, 사동 가호가 33호에 인구는 153명인데 남인이 95명이고 여인이 58명이며, 장흥동 가호가 35호에 인구가 151명인데 남인이 86명이고 여인이 65명이며, 남양동 가호가 26호요 인구가 138호에 남인이 75명이고 여인이 63명이며, 현포동 가호가 29호요 인구는 120명인데 남인이 78명에 여인이 43명이며, 태하동 가호가 19호요 인구는 82명인데 남인이 45명에 여인이 39명이며, 신촌 가호가 20호요 인구는 70명인데 남인이 45명에 여인이 25명이요, 광암리 가호는 7호에 인구가 30명으로 남인이 18명이고 여인이 12명이며, 천부동 가호가 45호요 인구는 155명에 남인이 82명이며 여인이 73명이고, 나리동 가호가 22호요 인구는 83호에 남인이 50명이며 여인이 33명인데, 이상 동리가 12이요 가호가 397호요 인구가 1,134명인데 남인이 662명이요 여인이 472명이며, 신구(新舊) 기간(起墾)한 두락(斗落)은 저

포동이 319두락이요, 도동이 224두 4승락(升落)이요, 사동이 630두락이요, 장흥동이 742두 8승락이요, 남양동이 407두 9승락이요, 현포동이 546두락이요, 신촌동이 369두 2승락이요, 광암동이 146두락이요, 천부동이 616두 4승락이요, 나리동이 391두 5승락이니, 도합 전토가 4,774두 9승락이더라.

(4) 1897년 10월 12일 | **독립신문**

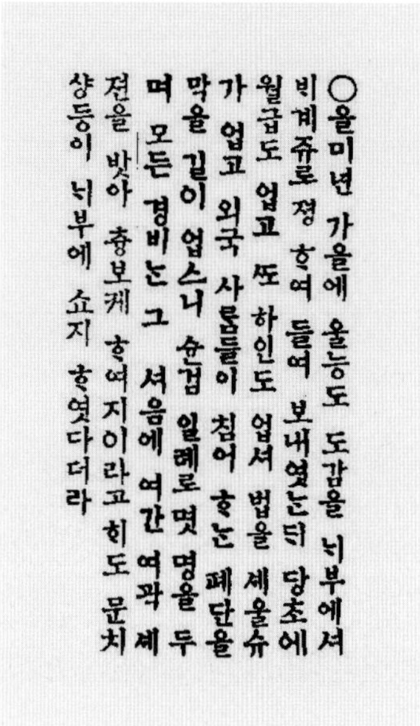
○울미년 가을에 울능도 도감을 ᄂᆡ부에셔 ᄇᆡ계쥬로 졍 ᄒᆞ여 들여 보내엿ᄂᆞᆫᄃᆡ 당초에 월급도 업고 또 하인도 업서 법을 세울슈가 업고 외국 사ᄅᆞᆷ들이 침어 ᄒᆞᄂᆞᆫ 폐단을 막을 길이 업스니 순검 일례로 몃 명을 두며 모든 경비는 그 셔음에 여간 여곽 셰젼을 밧아 츙보케 ᄒᆞ여지이라고 ᄒᆡ도 문치샹등이 ᄂᆡ부에 쇼지 ᄒᆞ엿다더라

을미년 가을에

을미년(乙未年, 1895) 가을에 울릉도 도감을 내부(內部)에서 배계주로 정하여 들여보냈는데, 당초에 월급도 없고 또 하인도 없어 법을 세울 수가 없고 외국 사람들이 침어(侵漁)하는 폐단을 막을 길이 없으니, 순검 일례로 몇 명을 두며 모든 경비는 그 섬에 여간 여곽 세전을 받아 충보하게 해 주십사 하고 그 섬의 문치상 등이 내부에 소지(所志, 청원이 있을 때 관아에 내던 서면) 하였다더라.

(5) 1898년 2월 10일 | 독립신문

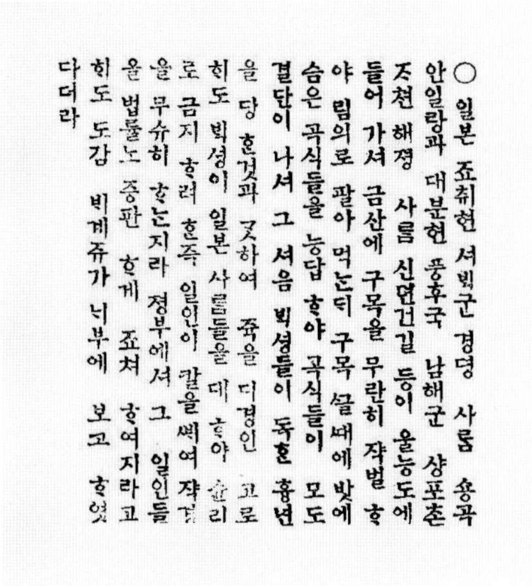
○ 일본 됴취현 셔ᄇᆡᆨ군 경뎡 사ᄅᆞᆷ 송곡
안일랑과 대분현 풍후국 남해군 샹포촌
ᄌᆞ쳔 해졍 사ᄅᆞᆷ 신뎐건길 등이 울능도에
들어 가셔 금산에 구목을 무란히 쟉벌 ᄒᆞ
야 림의로 팔아 먹ᄂᆞᆫᄃᆡ 구목 ᄭᅳᆯ ᄯᅢ에 밧에
슴은 곡식들을 능답 ᄒᆞ야 곡식들이 모도
결단이 나셔 그 셔음 ᄇᆡᆨ셩들이 독ᄒᆞᆫ 흉년
을 당 ᄒᆞᆫ것과 ᄀᆞᆺ하여 쥭을 디경인 고로
히도 ᄇᆡᆨ셩이 일본 사ᄅᆞᆷ들을 대 ᄒᆞ야 슌리
로 금지 ᄒᆞ려 ᄒᆞᆫ즉 일인이 칼을 ᄲᅢ여 쟉경
을 무슈히 ᄒᆞᄂᆞᆫ지라 정부에셔 그 일인들
을 법률노 증판 ᄒᆞ게 됴쳐 ᄒᆞ여지라고
히도 도감 ᄇᆡ계쥬가 ᄂᆡ부에 보고 ᄒᆞ엿
다더라

일본 조취현 셔빅군 경뎡 사룸

일본 조취현(鳥取縣, 돗토리현) 서백군(西伯郡) 경정(境町) 사람 송곡안일랑(松谷安一郎, 마쓰타니 야스이치로)과 대분현(大分県, 오이타현) 풍후국(豊後國) 남해군(南海郡) 상포촌(上浦村) 자천(字淺) 해정(海井) 사람 신전건길(神田健吉, 간다 겐키치) 등이 울릉도에 들어가서 금산(禁山)의 규목을 무난히 작벌하여 임의로 팔아먹는데, 규목을 끌 때에 밭에 심은 곡식들을 능답(凌踏, 업신여겨 짓밟음)하여 곡식들이 모두 결단이 나서 그 섬 백성들이 독한 흉년을 당한 것과 같아 죽을 지경이므로, 그 섬 백성이 일본 사람들을 대하여 순리(巡吏)로 금지하려 하니 일본인이 칼을 빼어 작경(作梗, 못된 행실을 부림)을 무수히 하는지라. 정부에서 그 일본인들을 법률로 증판하게 조처해 주십사 하고 그 섬 도감 배계주가 내부에 보고하였다더라.

(6) 1899년 1월 19일 | 독립신문

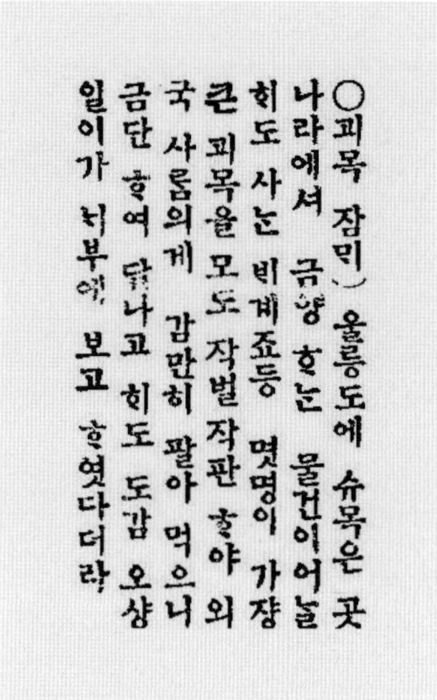
○괴목 잠ᄆᆡ) 울릉도에 슈목은 곳
나라에셔 금양 ᄒᆞᄂᆞᆫ 물건이어ᄂᆞᆯ
히도 사ᄂᆞᆫ 비계죠등 몃명이 가쟝
큰 괴목을 모도 작벌 작판 ᄒᆞ야 외
국 사ᄅᆞᆷ의게 감만히 팔아 먹으니
금단 ᄒᆞ여 ᄃᆞᆯ나고 히도 도감 오샹
일이가 ᄂᆡ부에 보고 ᄒᆞ엿다더라

괴목 잠미

울릉도의 수목(樹木)은 곧 나라에서 금양(禁養)하는 물건인데 그 섬에 사는 배계조 등 몇 명이 가장 큰 괴목(槐木, 회화나무)을 모두 작벌, 작판(斫板)하여 외국 사람에게 몰래(조용히) 팔아 먹으니, 금단하여 달라고 그 섬 도감 오상일(吳相鎰)이가 내부에 보고하였다더라.

(7) 1899년 1월 24일 | 매일신문

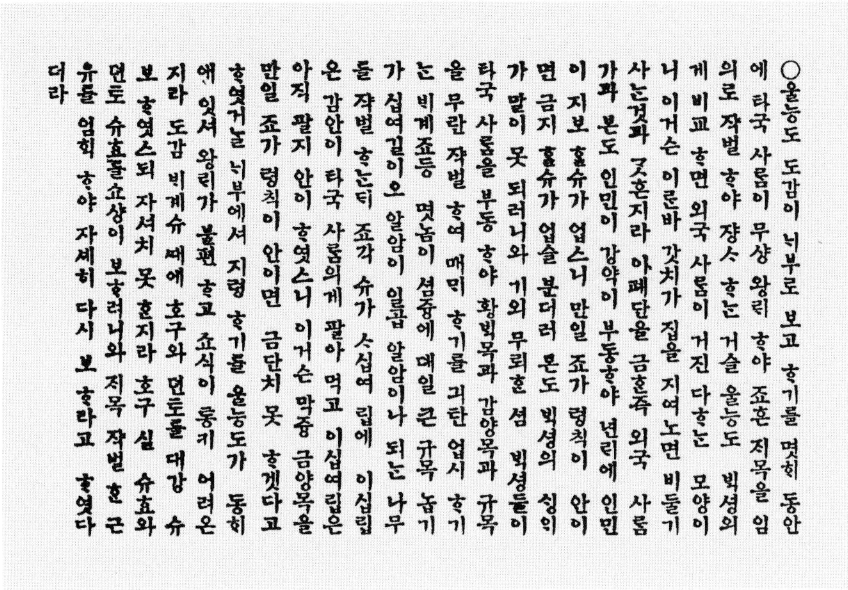
○울능도 도감이 ᄂᆡ부로 보고 ᄒᆞ기를 몃ᄒᆡ 동안에 타국 사ᄅᆞᆷ이 무샹 왕ᄅᆡ ᄒᆞ야 죠흔 ᄌᆡ목을 임의로 쟉벌 ᄒᆞ야 쟝ᄉᆞ ᄒᆞᄂᆞᆫ 거ᄉᆞᆯ 울능도 ᄇᆡᆨ셩의게 비교 ᄒᆞ면 외국 사ᄅᆞᆷ이 거진 다ᄒᆞᄂᆞᆫ 모양이니 이거ᄉᆞᆫ 이른바 갓치가 집을 지여노면 비둘기 사ᄂᆞᆫ것과 ᄀᆞᆺᄒᆞᆫ지라 아폐단을 금ᄒᆞᆫ즉 외국 사ᄅᆞᆷ가과 본도 인민이 강약이 부동ᄒᆞ야 년리에 인민이 지보 ᄒᆞᆯ슈가 업ᄉᆞ니 만일 죠가 령칙이 안이면 금지 ᄒᆞᆯ슈가 업ᄉᆞᆯ 분더러 본도 ᄇᆡᆨ셩의 ᄉᆡᆼ의가 말이 못 되러니와 기외 무뢰ᄒᆞᆫ 셤 ᄇᆡᆨ셩들이 타국 사ᄅᆞᆷ을 부동 ᄒᆞ야 황ᄇᆡᆨ목과 감양목과 규목을 무란 쟉벌 ᄒᆞ여 매ᄆᆡ ᄒᆞ기를 긔탄 업시 ᄒᆞ기ᄂᆞᆫ 비계죠등 몃놈이 셤즁에 대일 큰 규목 놉기가 십여길이오 알암이 일곱 알암이나 되ᄂᆞᆫ 나무들 쟉벌 ᄒᆞᄂᆞᆫ듸 죠각 슈가 ᄉᆞ십여 립에 이십립온 감안이 타국 사ᄅᆞᆷ의게 팔아 먹고 이십여립은 아직 팔지 안이 ᄒᆞ엿ᄉᆞ니 이거ᄉᆞᆫ 막즁 금양목을 만일 죠가 령칙이 안이면 금단치 못 ᄒᆞ겟다고 ᄒᆞ엿거ᄂᆞᆯ ᄂᆡ부에셔 지령 ᄒᆞ기를 울능도가 동ᄒᆡ애 잇셔 왕ᄅᆡ가 불편 ᄒᆞ고 쇼식이 통키 어려온지라 도감 비계슈 ᄯᅢ에 호구와 면토를 대강 슈보 ᄒᆞ엿ᄉᆞ되 자셔치 못 ᄒᆞᆫ지라 호구 실 슈효와 면토 슈효를쇼샹이 보ᄒᆞ려니와 ᄌᆡ목 쟉벌 ᄒᆞᆫ 근유를 엄히 ᄒᆞ야 자셰히 다시 보 ᄒᆞ라고 ᄒᆞ엿다더라

울능도 도감이 ᄂᆡ부로 보고ᄒᆞ기를

울릉도 도감이 내부에 보고하기를, 몇 해 동안 타국 사람이 무상 왕래하여 좋은 재목(材木)을 임의로 작벌하여 장사하는 것을 울릉도 백성에게 비교하면 외국 사람이 거진 다 하는 모양이니, 이것은 이른바 까치가 집을 지어 놓으면 비둘기 사는 것과 같은지라. 이 폐단을 금하니 외국 사람과 본 섬 인민의 강약이 부동(不同)하여 여러 해 전부터 인민이 지보(支保)할 수가 없으니, 만일 조정의 영칙(令飭)이 아니면 금지할 수가 없을뿐더러 본 섬 백성의 생애가 말이 못 되고, 그 외 무뢰한 섬 백성들이 타국 사람을 부동(符同)하여 황백목[黃柏木, 황벽(黃蘗)나무]과 감양목(甘湯木, 떡가지나무)*과 규목을 무난히 작벌하여 매매하기를 기탄없이 하기

---

* '감탕목(甘湯木)'에서 '탕'을 '양'으로 읽은 것으로 보임.

는 배계조 등 몇 놈이 섬 중에 제일 큰 규목 높이가 10여 길이요, 아름이 일곱 아름이나 되는 나무를 작벌하는데, 조각 수가 40여 립(立)** 에 20립은 가만히 타국 사람에게 팔아먹고 20여 립은 아직 팔지 아니 하였으니, 이것은 막중 금양목(禁養木)을 만일 조정의 영칙(令飭)이 아니면 금단하지 못하겠다고 하였으니, 내부에서 지령하기를 울릉도가 동해에 있어 왕래가 불편하고 소식이 통하기 어려운지라. 도감 배계주 때에 호구와 전토를 대강 수보하였으되 자세하지 못한지라. 호구 실 수효와 전토 수효를 소상하게 알릴 것이며, 재목을 작벌한 근유(根由)를 엄핵(嚴覈, 엄중히 조사함)하여 자세히 다시 알리라고 하였다더라.

** 립(立)은 목재의 부피를 나타내는 단위로, 두께나 너비에 따라 기준이 다름.

[8] 1899년 2월 6일 | 황성신문

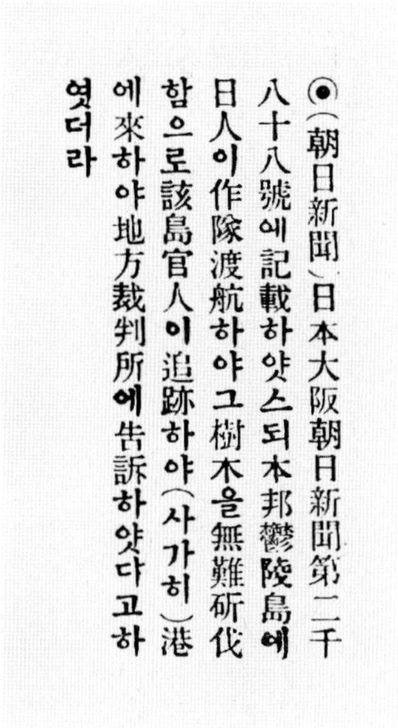

◉(朝日新聞)日本大阪朝日新聞第二千八十八號에記載하얏스되本邦鬱陵島에日人이作隊渡航하야그樹木을無難斫伐함으로該島官人이追跡하야(사가히)港에來하야地方裁判所에告訴하얏다고하엿더라

朝日新聞

일본 『대판조일신문(大阪朝日新聞, 오사카아사히신문)』 제2088호에 기재하였으되, 우리나라 울릉도에 일본인이 작대(作隊)하여 도항하고 그 재목을 무난히 작벌하므로, 그 섬 관원이 추적하여 사가히 항[돗토리현 사카이항(境港)]에 와서 지방재판소에 고소하였다고 하였더라.

(9) 1899년 4월 12일 | 황성신문

◉(船社章程)蔚珍郡居ᄒᆞ는商民田士能
等이濟益船社를創設ᄒᆞ고該社章程을農
部에認許ᄒᆞ기를請ᄒᆞ얏는ᄃᆡ造船木材八
十株를鬱陵島의所在森林中取用事오造
船工費는請願人等이出資支給ᄒᆞᆯ事오事
務員은二人이오本島民人이陸地에出來
ᄒᆞᆷ과陸地民人이居産入島ᄒᆞᆯ境遇에는該
人與裝具는勿論船貰ᄒᆞ고依數載運ᄒᆞ되
至若商況等物ᄒᆞ야는船貰를計物收捧事
오本島物産을裝載ᄒᆞ야通商口岸에發賣
ᄒᆞ고陸地産物을貿載ᄒᆞ야該島로入ᄒᆞᆯ際
에徵稅之弊는一切禁斷事오該船稅項은
每年에銀貨一百元式十月內로上納事오
該船止泊所는島陸兩處에設立濟益船社
事라ᄒᆞ얏더라然ᄒᆞ나數年前政府에서該
島를俄人에게限二十五年養木伐木ᄒᆞ는
것을管領케ᄒᆞ얏기ᄂᆞᆯ田氏가其事由를不
知ᄒᆞ고農部에請願ᄒᆞ얏는지

船社章程

울진군에 사는 상인 전사능(田士能) 등이 제익선사(濟益船社)를 창설하고 그 회사 장정을 농부(農部, 농상공부)에 인허하기를 청하였는데, 조선(造船) 목재 80그루를 울릉도의 삼림에서 가져다 쓸 것이요, 조선 공비는 청원인 등이 자본금을 내어 지급할 것이요, 사무원은 2명이요, 울릉도민이 육지에 출래(出來)함과 육지민이 섬으로 들어가 살 경우에는 그 사람과 장구(裝具)는 물론 선세(船貰)는 실어 나르는 횟수에 따라 부과하고, 장사 등을 위한 물건에 관해서는 선세(船貰)를 물건에 헤아려 거둘 것이요, 울릉도 물산을 장재(裝載)하여 통상하는 항구에서 내어 팔고, 육지 산물을 사들여 그 섬으로 들어올 때 징세하는 폐단은 일절 금단하는 것이요, 그 선세(船稅) 항목은 매해 은화 100원씩 10월 내로 상납할 것이요, 그 배가 정박하는 곳은 섬과 육지 2곳에 제익선사(濟益船社)를 설립할 것이라 하였더라. 그러나 수년 전 정부에서 그 섬을 러시아 사람에게 25년 동안 양목, 벌목하는 것을 관령(管領)하게 하였는데 전씨(田氏)가 그 사유를 알지 못하고 농부에 청원하였는지.

[10] 1899년 4월 14일 | 독립신문

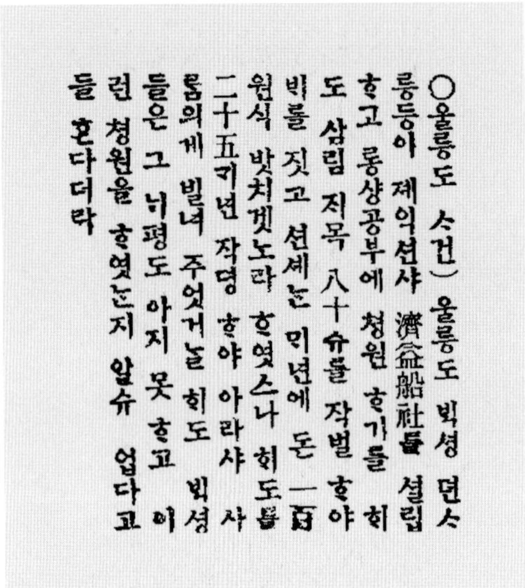
○울릉도 ᄉᆞ건) 울릉도 ᄇᆡᆨ셩 뎐ᄉᆞ
릉등이 졔익션샤 濟益船社를 셜립
ᄒᆞ고 롱샹공부에 쳥원 ᄒᆞ기를 ᄒᆡ
도 삼림 직목 八十슈를 작벌 ᄒᆞ야
ᄇᆡ를 짓고 션셰는 ᄆᆡ년에 돈 一百
원식 밧치겟노라 ᄒᆞ엿스나 ᄒᆡ도를
二十五개년 작뎡 ᄒᆞ야 아라샤 사
ᄅᆞᆷ의게 빌녀 주엇거놀 ᄒᆡ도 ᄇᆡᆨ셩
들은 그 ᄂᆡ평도 아지 못 ᄒᆞ고 이
런 쳥원을 ᄒᆞ엿는지 알슈 업다고
들 ᄒᆞᆫ다더라

울릉도 ᄉᆞ건

울릉도 백성 전사능 등이 제익선사를 설립하고 농상공부에 청원하기를, 그 섬 삼림 재목 80그루를 작벌하여 배를 짓고 선세(船貰)는 매년 돈 100원씩 바치겠노라 하였으나, 그 섬을 25개년 작정하여 러시아 사람에게 빌려주었는데, 그 섬의 백성들은 그 내막도 알지 못하고 이런 청원을 하였는지 알 수 없다고들 한다더라.

(11) 1899년 4월 26일 | 황성신문

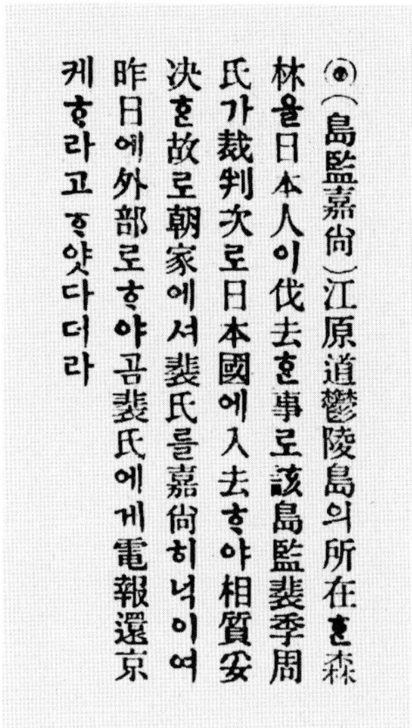
◉(島監嘉尙)江原道鬱陵島의所在ᄒᆞᆫ森林을日本人이伐去ᄒᆞᆫ事로該島監裵季周氏가裁判次로日本國에入去ᄒᆞ야相質妥決ᄒᆞᆫ故로朝家에셔裵氏를嘉尙히녁이여昨日에外部로ᄒᆞ야곰裵氏에게電報還京케ᄒᆞ라고ᄒᆞ얏다더라

島監嘉尙

강원도 울릉도에 소재한 삼림을 일본인이 벌거(伐去)한 일로 그 도감 배계주씨가 재판하러 일본에 입거(入居)하여 서로 대질하여 타결한 까닭에, 조정에서 배씨(裵氏)를 가상히 여겨 어제 외부(外部)로 하여금 배씨에게 전보하여 서울로 돌아오라고 하였다더라.

[12] 1899년 5월 16일 | 황성신문

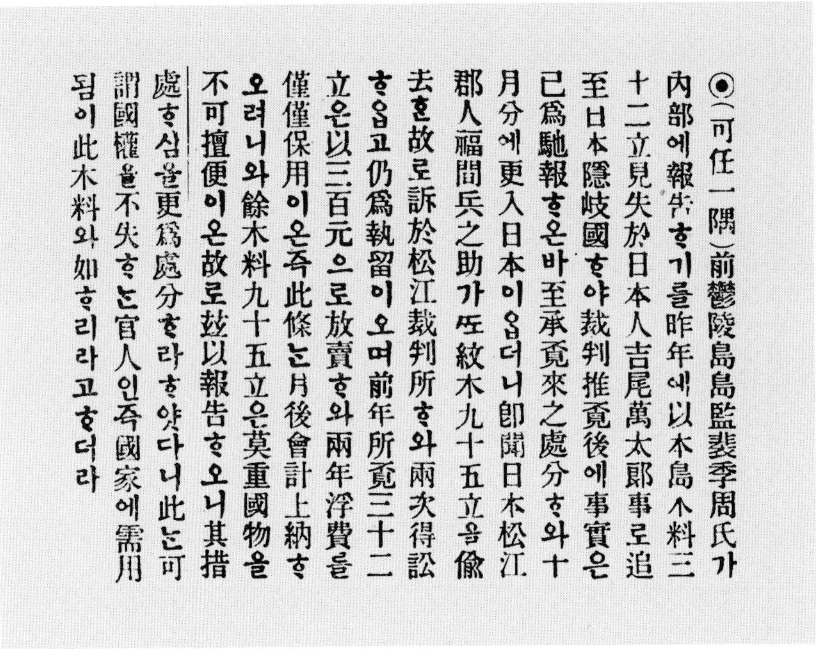
◉(可任一隅)前鬱陵島島監裴季周氏가內部에報告ᄒᆞ기를昨年에以本島木料三十二立見失於日本人吉尾萬太郞事로追至日本隱岐國ᄒᆞ야裁判推覓後에事實은已爲馳報ᄒᆞ온바至承覓來之處分ᄒᆞ와十月分에更入日本이옵더니卽聞日本松江郡人福間兵之助가또紋木九十五立을偸去ᄒᆞᆫ故로訴於松江裁判所ᄒᆞ와兩次得訟ᄒᆞ옵고仍爲執留이오며前年所覓三十二立은以三百元으로放賣ᄒᆞ와兩年浮費를僅僅保用이온즉此條ᄂᆞᆫ月後會計上納ᄒᆞ오려니와餘木料九十五立은莫重國物을不可擅便이온故로玆以報告ᄒᆞ오니其措處ᄒᆞ심을更爲處分ᄒᆞ라ᄒᆞ얏다니此ᄂᆞᆫ可謂國權을不失ᄒᆞᄂᆞᆫ官人인즉國家에需用됨이此木料와如ᄒᆞ리라고ᄒᆞ더라

可任一隅

전 울릉도 도감 배계주씨가 내부에 보고하기를, 작년에 본도(本島) 목재 32립(立)이 일본인 길미만태랑(吉尾萬太郞, 요시오 만타로)에 의하여 견실(見失)된 일로 일본 은기국(隱岐國)까지 좇아가 재판하여 찾아낸 후에 그 사실은 이미 치보(馳報)한 바, 찾아온 것에 대해 처분을 받았다. 그런데 10월경에 다시 일본에 들어간다고 하니, 듣기로 일본 송강군(松江郡) 사람인 복간병지조(福間兵之助, 후쿠마 효노스케)가 또 문목(紋木) 95립을 훔쳐 갔다 하므로 송강재판소에 고소하여 두 차례 승소하였기에 그대로 집류(執留, 공금을 횡령한 사람의 재산을 압류함)하였으며, 지난해 찾은 32립은 300원(元)으로 방매(放賣)하고, 두 해의 부비(浮費)를 겨우 보용(保用)하니, 이 조목은 월후(月後) 회계하여 상납할 것이고 남은 목료(木料) 95립은 막중한 국가의

재물이니 함부로 처단할 수 없는 까닭으로 이를 보고하오니, 조처하시기를 다시 처분하라 하였으니, 이는 가히 국권을 잃지 않는 관원이니 국가에 수용(需用)됨이 이 목료와 같으리라고 하더라.

(13) 1899년 5월 24일 | 황성신문

◉ 韓國의 各國勢力) 大阪朝日新聞第六千二百十號를據혼즉各國事業의勢力區域을如左히揭ᄒᆞ얏시니

一 堂峴金礦 德人
一 鬱陵島及茂山의森林種伐權 俄人
一 平安道雲山砂金 美人
一 捕鯨用地三個所 俄人
一 京元鉄道 美人周旋中
一 京仁鉄道 日本
一 京釜鐵道 日本
一 京堂間電話 德人測量中
一 京仁間電信 日本
一 京釜間電信 日本
一 京元間電信 韓國政府
一 京義間鐵道 法人
一 漢江小滊船 日本
一 大同江小滊船 韓國
一 永興鎭岫峰石炭 安駉壽
一 咸鏡道鏡城石炭 同人
一 平壤無烟石炭 韓國政府

韓國의 各國勢力

『대판조일신문(大阪朝日新聞)』 제6,210호에 근거하면 각국 사업의 세력 구역을 아래와 같이 게시하였으니,

1. 당현금광(堂峴金鑛): 독일인
1. 울릉도와 무산(茂山)의 삼림종벌권(森林種伐權): 러시아인
1. 평안도(平安道) 운산(雲山) 사금(砂金): 미국인
1. 포경용지(捕鯨用地) 3개소: 러시아인
1. 경원철도(京元鉄道): 미국인 주선하는 중
1. 경인철도(京仁鉄道): 일본
1. 경부철도(京釜鐵道): 일본
1. 경성(京城)과 당현 사이의 전화: 독일인 측량하는 중

1. 경성과 인천(仁川) 사이의 전신: 일본

1. 경성과 부산(釜山) 사이의 전신: 일본

1. 경성과 원산(元山) 사이의 전신: 한국 정부

1. 경성과 신의주(新義州) 사이의 철도: 프랑스인

1. 한강(漢江) 소기선(小瀛船): 일본

1. 대동강(大同江) 소기선: 한국

1. 영흥진(永興鎭) 수봉(岫峰) 석탄: 안경수(安駉壽)

1. 함경도(咸鏡道) 경성(鏡城) 석탄: 동일인

1. 평양(平壤) 무연석탄: 한국 정부

[14] 1899년 6월 15일 | 황성신문

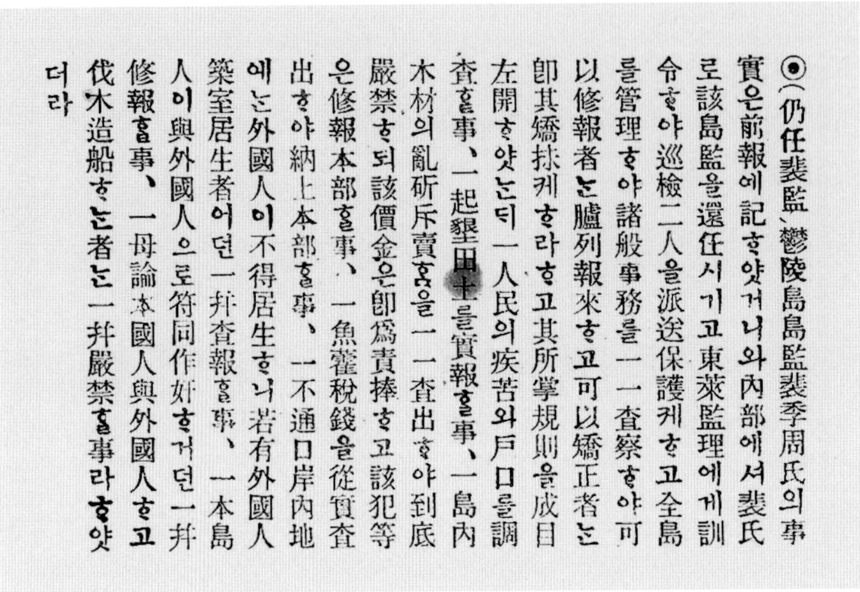
◉(仍任裵監)鬱陵島島監裵季周氏의事實은前報에記ᄒᆞ얏거니와內部에셔裵氏로該島監을還任시기고東萊監理에게訓令ᄒᆞ야巡檢二人을派送保護케ᄒᆞ고全島를管理ᄒᆞ야諸般事務를一一査察ᄒᆞ야可以修報者ᄂᆞᆫ臚列報來ᄒᆞ고可以矯正者ᄂᆞᆫ卽其矯捄케ᄒᆞ라ᄒᆞ고其所掌規則을成目左開ᄒᆞ얏ᄂᆞᆫᄃᆡ一人民의疾苦와戶口를調査ᄒᆞᆯ事、一起墾田土를實報ᄒᆞᆯ事、一島內木材의亂斫斥賣ᄒᆞᆷ을一一査出ᄒᆞ야到底嚴禁ᄒᆞ되該價金은卽爲責捧ᄒᆞ고該犯等은修報本部ᄒᆞᆯ事、一魚藿稅錢을從實査出ᄒᆞ야納上本部ᄒᆞᆯ事、一不通口岸內地에ᄂᆞᆫ外國人이不得居生ᄒᆞᄂᆞ니若有外國人築室居生者어던一幷査報ᄒᆞᆯ事、一本島人이與外國人으로符同作奸ᄒᆞ거던一幷修報ᄒᆞᆯ事、一毋論本國人與外國人ᄒᆞ고伐木造船ᄒᆞᄂᆞᆫ者ᄂᆞᆫ一幷嚴禁ᄒᆞᆯ事라ᄒᆞ얏더라

仍任裵監

울릉도 도감 배계주씨의 사실은 이전 신문에 기록하였으며, 내부에서 배씨(裵氏)를 해당 도감에서 환임시키고 동래(東萊) 감리(監理)에게 훈령하여 순검(巡檢) 2명을 파송하여 보호하게 하고, 온 섬을 관리하여 제반 사무를 하나하나 사찰하고 수보하여 보고할 것은 여열(臚列, 글로 적어 벌여 놓음)하여 보고하고, 교정할 것은 즉시 바로잡게 하라 하고 관장하는 규칙을 절목으로 만들어 아래에 열거하였는데,

1. 인민의 질고(疾苦)와 호구를 조사할 것.
1. 기간(起墾) 전토를 사실대로 보고할 것.
1. 섬 내 목재의 난작(亂斫, 함부로 벰) 척매(斥賣)함을 일일이 사출(査出)하여 철저히 엄금하되, 해당 가금(價金)은 즉시 책봉(責捧, 거두어 납부함)하고 그 범인들은 본부로 알릴 것.

1. 어곽세(魚藿稅)*를 사실대로 조사하여 본부에 납상(納上)할 것.

1. 통상하지 않는 항구의 내지에는 외국인이 살 수 없으니, 만약 외국인이 집을 짓고 사는 자가 있거든 모조리 조사하여 알릴 것.

1. 본도(本島) 사람이 외국인과 더불어 부동(符同)하여 간사한 짓을 하거든 모두 조사하여 알릴 것.

1. 우리나라 사람과 외국인을 막론하고 벌목하여 조선(造船)하는 자는 모두 엄금할 것,

이라 하였더라.

---

* 해산물 파는 사람에게 매기는 세금.

[15] 1899년 8월 15일 | 황성신문

◉(森林保法)年前에豆滿江上流와茂山과鬱陵島와鴨綠江沿邊에所在ᄒᆞᆫ森林의伐木養木의權을俄人에게許ᄒᆞ얏다더니前月에俄公使德密特氏가該國外部大臣의電訓을承ᄒᆞ야我外部에等因照會ᄒᆞ기를豆滿鴨綠鬱陵諸處森林을大韓政府에서俄國會社에許與ᄒᆞ얏거늘日人과淸人이此森林을쟝ᄎᆞ伐盡ᄒᆞ깃다니韓政府ᄂᆞᆫ森林保護法을設ᄒᆞ라ᄒᆞᆫ지라此를因ᄒᆞ야外部에서農部에轉照ᄒᆞ기를該各地方에訓飭ᄒᆞ야保守法을另究ᄒᆞ고迅卽示明ᄒᆞ라ᄒᆞ얏다더라

森林保法

몇 해 전에 두만강 상류와 무산(茂山)과 울릉도와 압록강 연변에 소재한 삼림의 벌목, 양목(養木)의 권한을 러시아 사람에게 허락하였다더니, 지난달에 러시아 공사(公使) 덕밀특(德密特, Pavel Andreevich Dmitrevski)씨가 그 나라 외부대신(外部大臣)의 전훈(電訓)을 받아 우리나라 외부(外部)에 조회를 보내오기를, 두만, 압록, 울릉의 여러 곳의 삼림을 대한(大韓) 정부에서 러시아 회사에 허락하여 주었는데 일본인과 청나라 사람이 이 삼림을 장차 모두 베어버리겠다니 대한 정부는 삼림보호법을 세우라 한지라. 이로 인하여 외부에서 농부에 조회하여 해당하는 각 지방에 훈칙(訓飭)하여 보호법을 따로 강구하고 즉시 시명하라 하였다더라.

○삼림 (셔론) 외부에셔 롱샹공부로 죠회 ᄒᆞ기를 각국 五百三년에 아라사 사ᄅᆞᆷ의게 본국 삼림 계약을 ᄒᆞ고 년한은 二十기년으로 뎡ᄒᆞ고 디계는 함경 북도 두만강 샹류 오른편 무산군 싸와 강원도 울릉도와 함경 평안 량도 압록강 가으로 뎡 ᄒᆞ고 그 나무를 치고 기르ᄂᆞᆫ 권리를 허락 ᄒᆞ엿ᄂᆞᆫ데 샹년 八월 간에 아라사 젼입 공ᄉᆞ 모츈녕씨가 죠회로 외부에 뭇기를 두만강 근쳐에 대한 사ᄅᆞᆷ이 그 나무들을 임의로 치되 허 디방관들이 롱히 금디 ᄒᆞ지 안ᄂᆞᆫ다 ᄒᆞ엿기로 외부에셔 기시에 답 죠회 ᄒᆞ기로 셔북 변방 디계가 궁산(窮山) 절협(絶峽)에 련다어 그 디방 사ᄅᆞᆷ들의 독기와 작위가 ᄌᆞ연 어지러히 들어가되 히 디방관들이 롱히 ᄯᅢᄯᅢ로 솔피지 못 ᄒᆞ엿나 보고 ᄒᆞ엿더니 지ᄂᆞᆫ 달에 아라사 공ᄉᆞ 덕밀특씨가 한국 외부 대신의 면보로 ᄒᆞᆫ 훈령을 이어 외부로 죠회 ᄒᆞ기를 울릉도와 두만강과 압록강 등디에 삼림을 쟉벌 ᄒᆞ고 기르ᄂᆞᆫ 권리를 대한 정부에셔 거왕 아라사 사ᄅᆞᆷ의 회샤에 허락을 ᄒᆞ고셔 지금ᄭᆞ지 그 삼림을 보호 ᄒᆞ야 직혀 주ᄂᆞᆫ 방법을 교뎡치 안코 일본 사ᄅᆞᆷ과 밋 쳥국 사ᄅᆞᆷ들이 쟝ᄎᆞ 쟉벌을 ᄒᆞ게 ᄒᆞᆫ다니 그 연유로 샐니 대한 정부에 죠회 ᄒᆞ야 각히 디방관들의게 훈령으로 신칙 식혀 그 삼림 보호 ᄒᆞᄂᆞᆫ 방법을 곳 베풀게 ᄒᆞᄂᆞᆫ것이 가 ᄒᆞ다고 ᄒᆞ엿더니 일젼에 아라사 공ᄉᆞ가 파원을 외부로 보ᄂᆡ여 그 삼림 보호 ᄒᆞᄂᆞᆫ 방법을 엇더케 베프럿나냐 ᄒᆞ고 무럿ᄉᆞ니 롱샹공부에셔 각히 디방관들의게 곳 훈칙 ᄒᆞ야 그 숨림들을 보슈 ᄒᆞᆯ 방법을 별노히 강구 ᄒᆞ라 ᄒᆞᆫ 고로 롱샹공부에셔 외부 죠회디로 각히 디방 관할ᄒᆞᆫ 각도 관찰ᄉᆞ의게 훈령 ᄒᆞ야 그 삼림들을 잘 보슈 ᄒᆞ게 ᄒᆞ라 ᄒᆞ엿다더라

삼림 셔둙

외부에서 농상공부로 조회하기를, 개국(開國) 503년(1894)에 러시아 사람에게 본국 삼림 계약을 하고 연한은 20개년으로 정하고 지계(地界)는 함경북도 두만강 상류 오른편 무산군(茂山郡) 땅과 강원도 울릉도와 함경, 평안 양도(兩道) 압록강가로 정하고 그 나무를 치고 기르는 권리를 허락하였는데, 지난해 8월 사이에 러시아 전임 공사(公使) 마주영(馬丟寧, Nikolai G. Matiunine)*씨가 조회로 외부에 묻기를, 두만강 근처에 대한(大韓) 사람이 그 나무들을 임의로 치되 그 지방관들이 능히 금지하지 않는다 하였기로, 외부에서 그때 답하여 조회하기를, 서북(西北) 변방 지계가 궁산(窮山) 절협(絶峽)에 닿아 그 지방 사람들의 독기와 작위가 자연 어지럽게 들어가되 그 지방관들이 능히 때때로 살피지 못하였다고 보고하였더니, 지난달에 러시아 공사 덕밀특(德密特)씨가 그 나라(러시아) 외부대신의 전보로 한 훈령을 이어 외부(조선)로 조회하기를, 울릉도와 두만강과 압록강 등지에 삼림을 작별하고 기르는 권리를 대한 정부에서 기왕 러시아 사람의 회사에 허락을 하고서, 지금까지 그 삼림을 보호하여 지켜주는 방법을 교정하지 않고 일본 사람과 청국 사람들이 장차 작별을 하게 한다니, 그 연유를 빨리 대한 정부에 조회하여 각 그 지방관들에게 훈령으로 신칙(申飭)시켜 그 삼림 보호하는 방법을 곧 베풀게 하는 것이 가능하다고 하였더니, 일전에 러시아 공사가 파원(派員)을 외부로 보내어 그 삼림 보호하는 방법을 어떻게 베풀었느냐 하고 물었으니, 농상공부에서 각 그 지방관들에게 곧 훈칙하여 그 삼림들을 보수할 방법을 별도로 강구하라 하였으므로, 농상공부에서 외부 조회대로 각 그 지방을 관할하는 각 도 관찰사에게 곧 훈령하여 그 삼림들을 잘 보수하게 하라 하였다더라.

---

* 니콜라이 마튜닌(Nikolai G. Matiunine). 1897~1898년 주한 러시아 공사를 역임한 인물.

(17) 1899년 9월 13일 | 독립신문

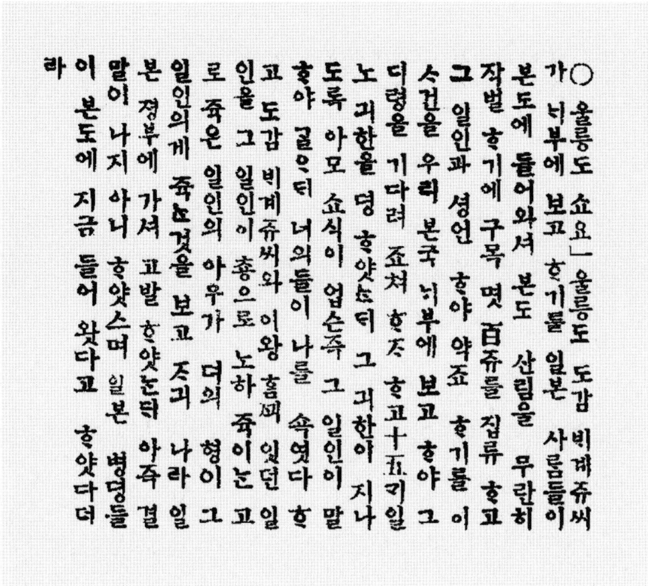
○울릉도 쇼요」울릉도 도감 ᄇᆡ계쥬씨
가 ᄂᆡ부에 보고 ᄒᆞ기를 일본 사ᄅᆞᆷ들이
본도에 들어와셔 본도 산림을 무란히
작벌 ᄒᆞ기에 구목 몃 百쥬를 집류 ᄒᆞ고
그 일인과 셩언 ᄒᆞ야 약죠 ᄒᆞ기를 이
ᄉᆞ건을 우리 본국 ᄂᆡ부에 보고 ᄒᆞ야 그
디령을 기다려 죠쳐 ᄒᆞᄌᆞ ᄒᆞ고 十五긔일
노 긔한을 뎡 ᄒᆞ얏ᄂᆞᆫᄃᆡ 그 긔한이 지나
도록 아모 쇼식이 업ᄉᆞᆫ즉 그 일인이 말
ᄒᆞ야 ᄀᆞᆯᄋᆞᄃᆡ 너의들이 나를 속엿다 ᄒᆞ
고 도감 ᄇᆡ계쥬씨와 이왕 ᄒᆞᆷᄭᅴ 잇던 일
인을 그 일인이 총으로 노하 쥭이ᄂᆞᆫ 고
로 쥭은 일인의 아우가 뎌의 형이 그
일인의게 쥭ᄂᆞᆫ것을 보고 ᄌᆞ긔 나라 일
본 졍부에 가셔 고발 ᄒᆞ얏ᄂᆞᆫᄃᆡ 아쥭 결
말이 나지 아니 ᄒᆞ얏스며 일본 병뎡들
이 본도에 지금 들어 왓다고 ᄒᆞ얏다더
라

울릉도 쇼요

울릉도 도감 배계주씨가 내부에 보고하기를, 일본 사람들이 본도(本島)에 들어와서 본도 산림을 무난히 작벌하기에 규목 몇백 그루를 집류(執留)하고 그 일본인과 성언하여 약조하기를, 이 사건을 우리나라 내부에 보고하여 그 지령을 기다려 조처하자 하고 15개일(個日)로 기한을 정하였는데, 그 기한이 지나도록 아무 소식이 없으니 그 일본인이 말하여 가로되 너희들이 나를 속였다 하고 도감 배계주씨와 이왕 함께 있던 일본인을 그 일본인이 총으로 놓아 죽이는 까닭에 죽은 일본인의 아우가 저희 형이 그 일본인에게 죽는 것을 보고 자기 나라 일본 정부에 가서 고발하였는데, 아직 결말이 나지 아니하였으며 일본 병정들이 본도에 지금 들어왔다고 하였다더라.

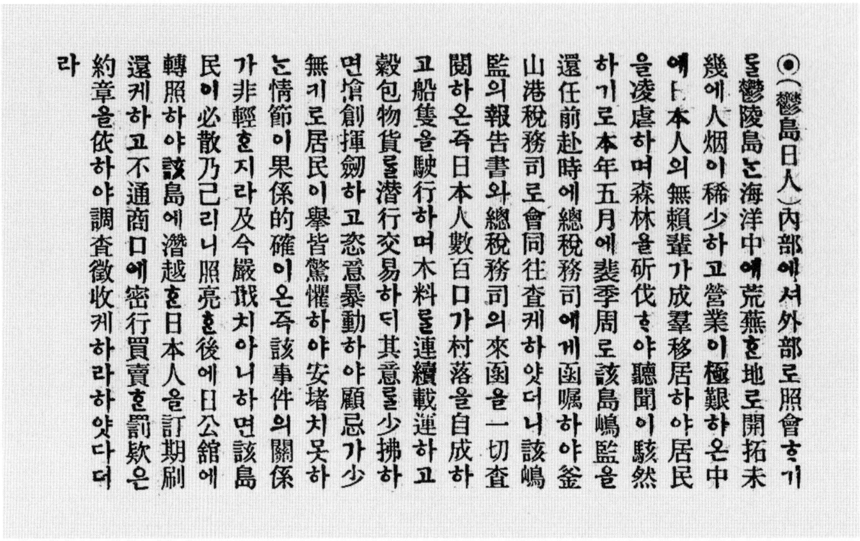
◉(鬱島日人)內部에서外部로照會ᄒᆞ기를鬱陵島ᄂᆞᆫ海洋中에荒蕪ᄒᆞᆫ地로開拓未幾에人烟이稀少하고營業이極艱하온中에日本人의無賴輩가成羣移居하야居民을淩虐하며森林을斫伐ᄒᆞ야聽聞이駭然하기로本年五月에裵季周로該島嶋監을還任前赴時에總稅務司에게函囑하야釜山港稅務司로會同往查케하얏더니該嶋監의報告書와總稅務司의來函을一切查閱하온즉日本人數百口가村落을自成하고船隻을駛行하며木料를連續載運하고穀包物貨를潛行交易하되其意를少拂하면搶創揮劒하고恣意暴動하야顧忌가少無키로居民이擧皆驚懼하야安堵치못하ᄂᆞᆫ情節이果係的確이온즉該事件의關係가非輕ᄒᆞᆫ지라及今嚴戢치아니하면該島民이必散乃已리니照亮ᄒᆞᆫ後에日公舘에轉照하야該島에潛越ᄒᆞᆫ日本人을訂期刷還케하고不通商口에密行買賣ᄒᆞᆫ罰欵은約章을依하야調査徵收케하라하얏다더라

鬱島日人

내부에서 외부로 조회하기를, 울릉도는 해양 중에 황무한 땅으로 개척된 지 오래되지 않아 인가(人家)가 희소하고 영업이 극간(極艱, 지극히 가난함)한 가운데, 일본인 무뢰배가 무리를 이루어 이주하여 살며 거주민을 능학(淩虐, 업신여기고 학대함)하며 삼림을 작벌하여 들리는 소문이 놀랄 만하다. 올해 5월에 배계주를 그 섬 도감으로 다시 맡겨 보낼 때 총세무사에게 서간을 부탁하여 부산항 세무사를 회동하여 조사하러 가게 하였더니, 그 도감의 보고서와 총세무사에게 온 서간을 일체 사열(査閱)하면, 일본인 수백 명이 촌락을 스스로 이루고 선척(船隻)을 사행(駛行, 말이 달리듯 빨리 감)하며 목재를 연속해서 실어 나르고, 곡포(穀包)와 물화를 몰래 교역하고 그 뜻을 조금이라도 거스르면 창을 부딪치고 검을 휘두르고 자의로 폭동하여 염려하거나 거리낌[顧忌]이 조금도 없기로, 거주민이 모두 놀라서 안도하지 못하는 정황이 과연 적확한데, 해당 사건의 관계가 가볍지 아니한지라. 지금 엄하게 징계하지 아니하면

그 도민(島民)이 반드시 흩어지고 말 것이니, 사정을 살핀 후에 일본 공관(公舘)에 조회를 하여 그 섬에 몰래 넘어간 일본인을 기일을 정하여 쇄환하게 하고, 통상하지 않는 항구에 밀행하여 매매한 벌금은 약장(約章)에 따라 조사하고 징수하게 하라 하였다더라.

(19) 1899년 9월 23일 | 황성신문

◉(日人撤歸) 鬱陵嶋에駐留ᄒᆞᄂᆞᆫ日本人을訂期刷還ᄒᆞ라고外部에서日公使에게照請ᄒᆞ얏다더니今에朝鮮新報를據ᄒᆞᆫ즉日公使가外部照會를因ᄒᆞ야該日人等을次第撤歸케ᄒᆞᆫ다더라

日人撤歸

울릉도에 주류(駐留)하는 일본인을 기일을 고쳐[訂期] 쇄환하라고 외부에서 일본 공사(公使)에게 조회하여 청하였다더니, 지금 『조선신보(朝鮮新報)』를 근거한즉 일본 공사가 외부 조회에 따라 그 일본인 등을 차례로 철귀(撤歸)하게 한다더라.

(20) 1899년 9월 23일 | 황성신문

別報

鬱陵島事況

◎蔚珍之東海에一島가有ᄒᆞ니曰鬱陵이라其附屬한小六島中에最著者ᄂᆞᆫ于山島竹島ㅣ니大韓地誌에曰鬱陵島ᄂᆞᆫ古于山國이라地方이百里오三峰이律兀한ᄃᆡ所産은柴胡、藁本、石楠、藤草、香木、槻木、蘆竹이오土性은宜麥ᄒᆞ고古에牛形無角한水獸가有ᄒᆞ니名曰可之오海鳥가有ᄒᆞ니名曰霍鳥ㅣ러라島中에人烟이稀少ᄒᆞ야國家에셔公稅를免徵ᄒᆞ고每式年에附近地方官으로差使員을定送ᄒᆞ야島中情形도査察ᄒᆞ고香木과蘆竹을載還ᄒᆞ야御貢할ᄲᅮᆫ이러니癸未年에朝廷에셔金玉均으로東南諸島開拓使兼捕鯨使를任ᄒᆞ고白春培로從事官을任ᄒᆞ야該島開拓事務를辦理케ᄒᆞ얏더니翌年甲申의變을因ᄒᆞ야奏效치못ᄒᆞ얏고其後戊子年에島民徐敬秀로越松萬戶를差定ᄒᆞ야該島人民을繁殖ᄒᆞ고外國人의樹木侵伐ᄒᆞᄂᆞᆫ弊를防禁케ᄒᆞ얏더니翌年에徐敬秀가身死未遂ᄒᆞ얏고開國五百四年에內部에셔本島民裵季周로島監을任ᄒᆞ야島務를管理케ᄒᆞ얏더니本年春에裵季周가內部에來報ᄒᆞ되近者에日本人이夥數流入ᄒᆞ야樹木을斫伐ᄒᆞ고居民을侵擾ᄒᆞ니政府에셔設法防護ᄒᆞ기를請ᄒᆞᆷ이內部에셔海關總稅務司柏卓安에게委托ᄒᆞ야西人一員을派送ᄒᆞ야該島情形을査報케ᄒᆞ얏더니其報告의槪況이如左ᄒᆞ니

鬱陵島ᄂᆞᆫ距陸二百餘里오面積은約計七十五方里니遍嶋中에耕植ᄒᆞᄂᆞᆫ地ᄂᆞᆫ不多ᄒᆞ고樹木이海濱으로從ᄒᆞ야山巓ᄭᆞ지鬱密ᄒᆞ얏ᄂᆞᆫᄃᆡ山高ᄂᆞᆫ計有四千英尺이오距岸三里內의水深은自六千至九千六百英尺이라

居民은男女約三百口ㅣ니數十年來로漸次船匠商客과漁人耕夫가相隨而至ᄒᆞ야居生ᄒᆞᄂᆞᆫᄃᆡ海水가太深ᄒᆞ야魚産은未盛ᄒᆞ고다만海菜의運出이每年에二千擔에多至ᄒᆞ고土質은膏沃ᄒᆞ야糞漑를要치아니ᄒᆞ고樹叢燼灰로覆耕ᄒᆞ야一年兩熟을得ᄒᆞ니春季에ᄂᆞᆫ大小麥이오秋季에ᄂᆞᆫ薯와豆인ᄃᆡ上年所穫이薯二萬包、大麥二萬包、黃豆一萬包、小麥五千包이오地勢가太斜ᄒᆞ야禾穀은耕作지못ᄒᆞ고材木은老年巨杉과各種貴重實木이亦多ᄒᆞ고槻木香木栢子木甘湯木이産有ᄒᆞ더라大陸과通商이極少한ᄃᆡ往往히商旅의輸入ᄒᆞᄂᆞᆫ物貨ᄂᆞᆫ食物烟草布疋等數包ᄲᅮᆫ이오其載出ᄒᆞᄂᆞᆫ物品은海菜가居多ᄒᆞ고板木도間或裝運ᄒᆞ더라

嶋邊海狗峯石壁亂叢中에一小灣이有ᄒᆞ니約濶一百英尺이라該灣으로日本船商의輸入品은米壚瓷器日本酒洋布木綿火油火柴雨傘等件인ᄃᆡ土民으로더부러交易ᄒᆞᄂᆞᆫ法은物로物을易ᄒᆞ고其輸出品은豆麥外에滿山材木을亂斫鋸削ᄒᆞ야船隻에載往ᄒᆞᄂᆞᆫ者ㅣ其値가不貲ᄒᆞ고本嶋中에築室旅居ᄒᆞᄂᆞᆫ日本人이二百餘名인ᄃᆡ土民을侵凌ᄒᆞ야相鬨ᄒᆞᄂᆞᆫ弊가有ᄒᆞ더라農民商民의公稅ᄂᆞᆫ原定ᄒᆞᆷ이無ᄒᆞ고但嶋監이海菜에ᄂᆞᆫ十分의一을徵ᄒᆞ고木料에ᄂᆞᆫ每船一隻에葉一百兩을徵ᄒᆞ며日本人은賣貨時口文(百抽二)外에ᄂᆞᆫ納稅ᄒᆞᆷ이無ᄒᆞ더라

本年九月에內部에셔右項報告를等因ᄒᆞ야外部에照會ᄒᆞ얏더니外部에셔駐京日本公使에게照會하야該嶋에潛越한日本人을訂期刷還ᄒᆞ고不通商口岸에密行買賣ᄒᆞᆷ을禁戢케하라하얏더라

鬱陵島事況

울진 동쪽 바다에 한 섬이 있으니 울릉(鬱陵)이라. 그 부속한 소륙도(小六島) 중에 가장 두드러진 것은 우산도(于山島), 죽도(竹島)이니 『대한지지(大韓地誌)』에 이르기를, 울릉도는 옛 우산국(于山國)이라. 지방이 100리(里)요, 세 봉우리가 우뚝한데 산물은 시호(柴胡), 고본(藁本), 석남(石楠), 등초(藤草), 향목, 규목, 노죽이고, 흙의 성질[土性]은 보리에 맞고, 옛날에 소 모양의 뿔이 없는 물짐승이 있으니 이름은 가지(可之)요, 해조(海鳥)가 있으니 이름은 곽조(霍鳥)라. 섬 중에 인가(人家)가 희소하여 국가에서 공세(公稅) 징수를 면제하고, 매 식년(式年)에 부근 지방관으로 차사원(差使員)을 정하여 보내서 섬의 정형도 사찰하고 향목과 노죽을 싣고 돌아와 받쳐 드릴 뿐이니, 계미년(癸未年, 1883)에 조정에서 김옥균(金玉均)을 동남제도개척사겸포경사(東南諸島開拓使兼捕鯨使)로 임명하고, 백춘배(白春培)를 종사관(從事官)으로 임명하여 그 섬의 개척사무를 판리(辦理)하게 하였더니, 다음 해 갑신(甲申, 1884)의 정변으로 인하여 효과를 얻지 못하였고, 그 후 무자년(戊子年, 1888)에 도민(島民) 서경수(徐敬秀)를 월송만호(越松萬戶)로 차정(差定)하여 그 섬의 인민을 번식하고, 외국인의 수목 침벌(侵伐)하는 폐단을 막고 금지하게 하였더니, 다음 해에 서경수가 사망하여 이루지 못하였고, 개국(開國) 504년(1895)에 내부에서 본 도민 배계주로 도감을 임명하여 섬의 사무를 관리하게 하였더니, 올 봄에 배계주가 내부에 보고하길 요사이 일본인이 다수 유입하여 수목을 작벌하고 거주민을 침요(侵擾)하니 정부에서 법을 정하여 방호(防護)하기를 청하여, 내부에서 해관총세무사 백탁안(柏卓安, John Mcleavy Brown)*에게 위탁하여 서양인 일원(一員)을 파송하여 그 섬의 정형을 조사하고 보고하게 하였더니 그 보고의 개황(槪況)이 아래와 같으니,

울릉도는 육지에서 200여 리 떨어져 있고 면적은 대략 75방리(方里)니, 온 섬 중에 경작하는 땅은 많지 않고 수목이 해빈(海濱)을 따라 산꼭대기까지 울밀(鬱密)하였는데, 산의 높이는 4,000영척(英尺)**이고 해안에서 거리가 3리 내의 수심은 6,000~9,600영척이다.

거주민은 남녀 약 300명이니 수십 년 이래로 점차 배 만드는 장인[船匠], 상인과 어부, 농부가 서로 따라와서 살아가는데, 바닷물이 매우 깊어 어산(魚産)은 많지 않고 다만 해채(海菜, 미

---

* 존 맥닐리 브라운(John Mcleavy Brown). 1893~1905년까지 조선의 총세무사 겸 탁지부 고문을 지낸 영국인.

** 영국에서 쓰는 자의 하나. 피트(feet).

역)의 운출(運出)이 매년 많으면 2천 짐(擔)에 이르고, 토질은 고옥(膏沃)하여 거름과 물을 필요하지 아니하고, 나무를 태운 재로 다시 밭을 갈아서 1년에 2번 수확하니, 봄철에는 보리와 밀이요, 가을철에는 감자와 콩인데 지난해 수확한 바가 감자 2만 포(包), 보리 2만 포, 황두(黃豆) 1만 포, 밀 5천 포이오. 지세(地勢)가 크게 기울어 벼는 경작하지 못하고 재목은 오래된 큰 삼나무와 각종 귀중한 과일나무가 역시 많고, 규목, 향목, 백자목(柏子木, 잣나무), 감탕목(甘湯木, 떡가지나무)이 생산된다더라.

대륙과 통상이 극소한데 왕왕히 상인의 수입하는 물화는 식물, 연초(烟草), 포필(布疋) 등 몇 포(包)뿐이요, 그 실어 나오는 물품은 해채가 다수를 차지하고 판목도 간혹 실어 나른다 하더라.

섬 가의 해구봉(海狗峯) 석벽(石壁)이 어지럽게 쌓인 가운데에 좁은 만(灣)이 하나 있으니, 대략 넓이가 100영척이라. 그 만으로 일본 선상(船商)의 수입품은 쌀, 소금, 자기(瓷器), 일본 술, 양포(洋布, 서양식 총), 목면, 화유(火油), 성냥, 우산 등의 물건인데, 토민(土民)과 더불어 교역하는 법은 물품으로 물품을 바꾸고 그 수출품은 콩과 보리 외에 온 산의 재목을 난작(亂斫)하고 깎아서 선척(船隻)에 실어 가는 자가 그 값을 주지 않고, 본도(本島) 중에 집을 짓고 거주하는 일본인이 200여 명인데 토민을 침릉(侵凌)하여 서로 싸우는 폐해가 있다더라. 농민, 상민의 공세는 원래 정함이 없고 다만 도감이 해채에는 10분의 1을 징수하고 목재에는 배 1척마다 엽전으로 100냥(兩)을 징수하며 일본인은 물건을 팔 때 중개수수료[口文, 1백에서 2를 거두는 것] 외에는 납세함이 없다 하더라.

금년 9월에 내부에서 이상의 보고를 등인(等因)*** 하여 외부(外部)에 조회하였더니, 외부에서 서울에 주재하는 일본 공사(公使)에게 조회하여 그 섬에 몰래 넘어온 일본인을 기한을 정해 쇄환하고 통상하지 않는 항구에 밀행하여 매매함을 금지하게 하라 하였더라.

*** 상급 관청에 보내는 공문에 그 상급 관청으로부터 온 공문 내용을 인용하여 기술할 경우 그 말미에 쓰는 옛날 공문 용어.

[21] 1899년 9월 27일 | 독립신문

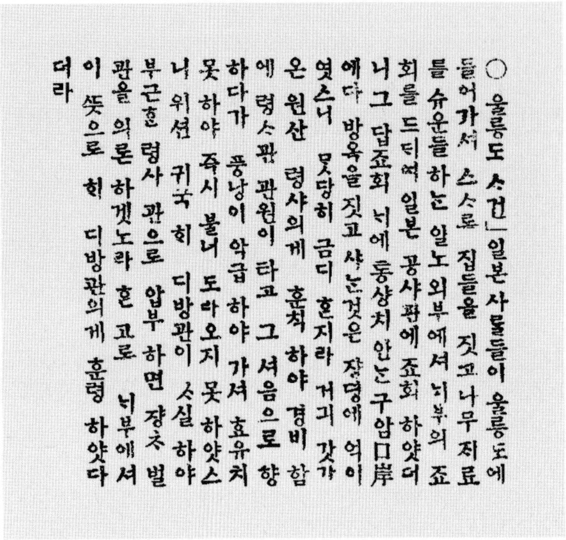

○울릉도 ᄉᆞ건」일본 사ᄅᆞᆷ들이 울릉도에 들어가서 ᄉᆞᄉᆞ로 집들을 짓고 나무 재료를 슈운들 하는 일노 외부에셔 ᄂᆡ부의 죠회를 드듸여 일본 공사관에 죠회 하얏더니 그 답죠회 ᄂᆡ에 통상치 안는 구압口岸에다 방옥을 짓고 사는것은 쟝뎡에 어이엿스니 못당히 금디 ᄒᆞᆫ지라 거긔 갓가온 원산 령사의게 훈칙 하야 경비 함에 령ᄉᆞ관 관원이 타고 그 셤으로 향하다가 풍낭이 악급 하야 가셔 효유치 못 하야 즉시 불너 도라오지 못하얏스니 위션 귀국 히 디방관이 ᄉᆞ실 하야 부근ᄒᆞᆫ 령사 관으로 압부 하면 쟝ᄎᆞ 벌관을 의론 하겟노라 ᄒᆞᆫ 고로 ᄂᆡ부에셔 이 뜻으로 ᄒᆞᆫ 디방관의게 훈령 하얏다더라

울릉도 ᄉᆞ건

일본 사람들이 울릉도에 들어가서 스스로 집들을 짓고 나무 재료를 수운(輸運)하는 일로 외부에서 내부의 조회를 드디어 일본 공사관에 조회하였더니, 그 답 조회 내에 통상하지 않는 항구에다 방옥(房屋)을 짓고 사는 것은 장정에 어기었으니 마땅히 금지한지라. 거기 가까운 원산 영사에게 훈칙(訓飭)하여 경비함에 영사관 관원이 타고 그 섬으로 향하다가 풍랑이 나빠져 가서 효유하지 못하여 즉시 불러 돌아오지 못하였으니, 우선 귀국하여 그 지방관이 사실을 조사하여 부근의 영사관으로 압부(押付)하면 장차 벌관(罰款)을 의논하겠노라 하므로 내부에서 이 뜻으로 그 지방관에게 훈령하였다더라.

[22] 1899년 9월 28일 | 황성신문

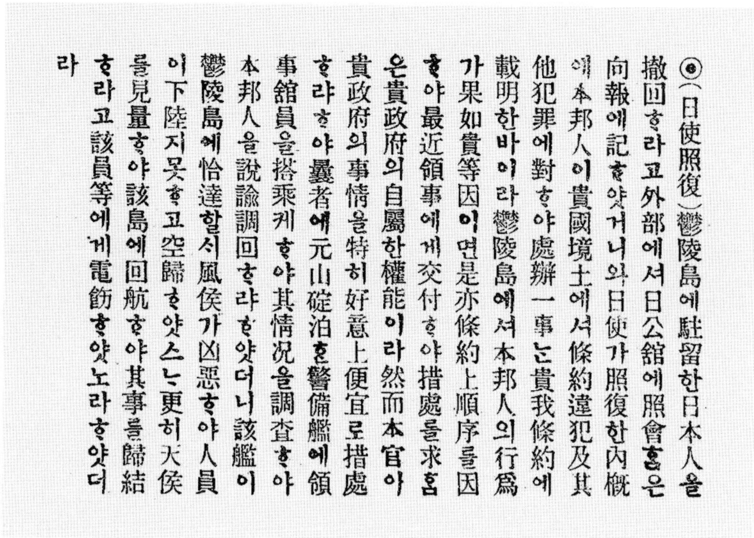

◉(日使照復)鬱陵島에駐留한日本人을
撤回ᄒᆞ라고外部에셔日公舘에照會ᄒᆞᆷ은
向報에記ᄒᆞ얏거니와日使가照復한內槪
에本邦人이貴國境土에셔條約違犯及其
他犯罪에對ᄒᆞ야處辦一事ᄂᆞᆫ貴我條約에
載明한바이라鬱陵島에셔本邦人의行爲
가果如貴等因이면是亦條約上順序를因
ᄒᆞ야最近領事에게交付ᄒᆞ야措處를求ᄒᆞᆷ
은貴政府의自屬한權能이라然而本官이
貴政府의事情을特히好意上便宜로措處
ᄒᆞ랴ᄒᆞ야曩者에元山碇泊ᄒᆞᆫ警備艦에領
事舘員을搭乘케ᄒᆞ야其情況을調査ᄒᆞ야
本邦人을說諭調回ᄒᆞ라ᄒᆞ얏더니該艦이
鬱陵島에恰達할ᄉᆡ風候가凶惡ᄒᆞ야人員
이下陸지못ᄒᆞ고空歸ᄒᆞ얏스ᄂᆞ更히天候
를見量ᄒᆞ야該島에回航ᄒᆞ야其事를歸結
ᄒᆞ라고該員等에게電飭ᄒᆞ얏노라ᄒᆞ얏더
라

日使照復

울릉도에 주류(駐留)한 일본인을 철회하라고 외부에서 일본 공관에 조회함은 이전 신문에 기록하였다. 일본 공사가 조회에 답한 안에 일본인이 귀국(貴國)의 땅에서 조약의 위범(違犯)과 기타 범죄에 대하여 처판하는 일은 귀국과 우리의 조약에 명백히 기재한 바이라. 울릉도에서 일본인의 행위가 과연 귀하가 말씀한 대로라면 이 또한 조약상 순서에 따라 최근 영사에게 교부(交付)하여 조처를 구함은 귀(貴) 정부의 자속(自屬)한 권능이라. 그래서 본 관(舘)이 귀 정부의 사정을 특별히 호의상 편의로 조처하려 하여, 지난번에 원산에 정박한 경비함에 영사관원을 탑승하게 하고 그 정황을 조사하여 일본인을 말로 타일러 돌려보내려 하였더니, 그 함선이 울릉도에 도달했을 때 풍후(風候)가 흉악하여 인원이 육지에 내리지 못하고 빈손으로 돌아왔으나, 다시 천후(天候)를 보아가며 그 섬에 회항하여 그 일을 귀결하라고 그 관원 등에게 전보로 신칙(申飭)하였노라 하였더라.

(23) 1899년 10월 4일 | 독립신문

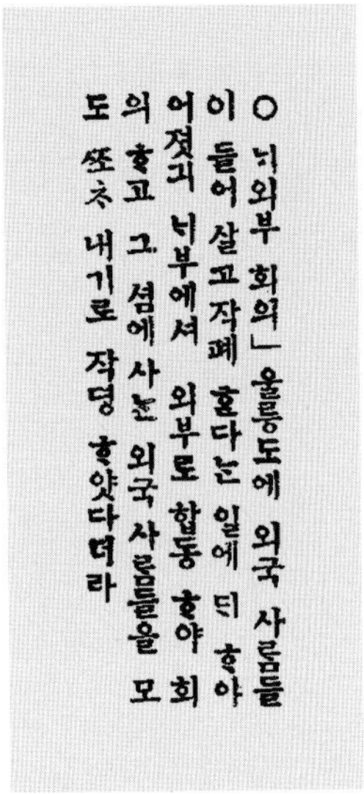

○ ᄂᆡ외부 회의ㄴ 울릉도에 외국 사ᄅᆞᆷ들
이 들어 살고 작폐 ᄒᆞᆫ다ᄂᆞᆫ 일에 ᄃᆡ ᄒᆞ야
어졋긔 ᄂᆡ부에셔 외부로 합동 ᄒᆞ야 회
의 ᄒᆞ고 그 셤에 사ᄂᆞᆫ 외국 사ᄅᆞᆷ들을 모
도 ᄶᅩᆺ차 내기로 작뎡 ᄒᆞ얏다더라

ᄂᆡ외부 회의

울릉도에 외국 사람들이 들어 살고 작폐(作弊)한다는 일에 대하여 어제 내부에서 외부로 합동하여 회의하고 그 섬에 사는 외국 사람들을 모두 쫓아내기로 작정하였다더라.

[24] 1899년 10월 4일 | 황성신문

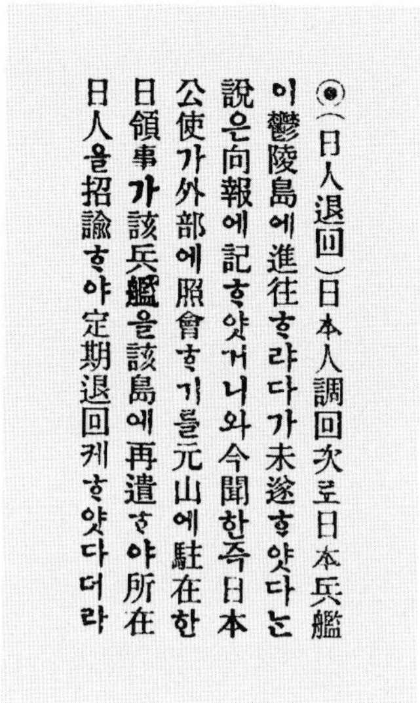
◉(日人退回)日本人調回次로日本兵艦이鬱陵島에進往ᄒᆞ랴다가未遂ᄒᆞ얏다는說은向報에記ᄒᆞ얏거니와今聞한즉日本公使가外部에照會ᄒᆞ기를元山에駐在한日領事가該兵艦을該島에再遣ᄒᆞ야所在日人을招諭ᄒᆞ야定期退回케ᄒᆞ얏다더라

日人退回

일본인을 돌려 보내고자 일본 병함(兵艦)이 울릉도에 진주하려다가 미수(未遂)하였다는 설은 지난 신문에 기록하였고, 지금 들으니 일본 공사가 외부에 조회하기를 원산에 주재할 일본 영사(領事)가 그 병함을 그 섬에 다시 보내서 소재한 일본인을 타일러 기일을 정하여 돌려 보내게 하였다더라.

[25] 1899년 10월 11일 | 황성신문

◉(日人撤還)日本各新報에鬱陵島事件을刊佈ᄒᆞ얏ᄂᆞᆫᄃᆡ其槩에曰鬱陵島ᄂᆞᆫ數十年前에無人焉ᄒᆞ더니釜山元山等地의韓民과對馬島附近의日本人이移住ᄒᆞ야自由로樹木을伐採ᄒᆞ야生計를삼더니癸未年頃에日韓兩國政府가委員을互派ᄒᆞ야審査ᄒᆞ고該島를朝鮮領地로決定ᄒᆞ고日本의在留人民은撤歸ᄒᆞᆫ지라丙申年中에駐韓俄公使韋貝氏가韓國과協商ᄒᆞ고同年八月二十日에鬱陵島樹木養伐條約을締結調印ᄒᆞ얏스나其後俄國人이不來ᄒᆞᆷ으로日韓兩國人民만伐木ᄒᆞ더니昨年中에該島島監某氏가大阪에來ᄒᆞ야土地及材木의賣買契約을ᄒᆞ고져周旋ᄒᆞᄂᆞᆫ이의俄國人의條約이有ᄒᆞ기로結末치못ᄒᆞ고歸島ᄒᆞᆫ지라向日에韓國外部에셔該嶋日人撤歸事로駐韓日公使와交涉ᄒᆞᆫ後에外務省에셔命을發ᄒᆞ야釜山領事館書記生等을摩耶艦에搭往케ᄒᆞ야島中所在日人을撤去ᄒᆞ얏더라

日人撤還

일본 각 신보(新報)에 울릉도사건을 간포(刊佈)하였는데 그 대강에 이르기를, 울릉도는 수십 년 전에 사람이 없더니 부산, 원산 등지의 대한제국 백성과 대마도(對馬島, 쓰시마) 부근의 일본인이 이주하여 자유롭게 수목을 벌채하여 생계로 삼더니, 계미년(癸未年, 1883)경에 한일[日韓] 양국 정부가 위원을 서로 파견하여 심사하고 그 섬을 조선 영지로 결정하고, 일본의 재류 인민은 철귀(撤歸)한지라. 병신년(丙申年, 1896)에 주한 러시아 공사[駐韓俄公使] 위패(韋貝, Karl Friedrich Treodor von Weber)*씨가 한국과 협상하고 같은 해 8월 20일에 울릉도 수목

* 칼 프리드리히 테오도르 폰 베베르(Karl Friedrich Treodor von Weber). 1885년부터 1897년까지 초대 조선 러시아 공사를 지낸 러시아 외교관.

을 양벌(養伐)하는 조약을 체결 조인하였으나, 그 후 러시아 사람이 오지 않음으로 한일 양국 인민만 벌목하더니, 작년에 그 섬 도감 모씨(某氏)가 대판(大阪, 오사카)에 가서 토지와 재목의 매매 계약을 하고자 주선하나, 이미 러시아 사람의 조약이 있으니 결말짓지 못하고 섬으로 돌아온지라. 저번에 한국 외부에서 그 섬에 있는 일본인이 철귀하는 일로 주한 일본 공사[駐韓日公使]와 교섭한 후에 외무성에서 명하여 부산 영사관 서기생(書記生) 등을 마야함(摩耶艦)에 태워 보내 섬에 사는 일본인을 철거하였더라.**

** 같은 내용의 기사로 『제국신문』 1899년 10월 12일 「울릉도는 슈십년 젼에는」이 있음.

[26] 1899년 10월 18일 | 제국신문

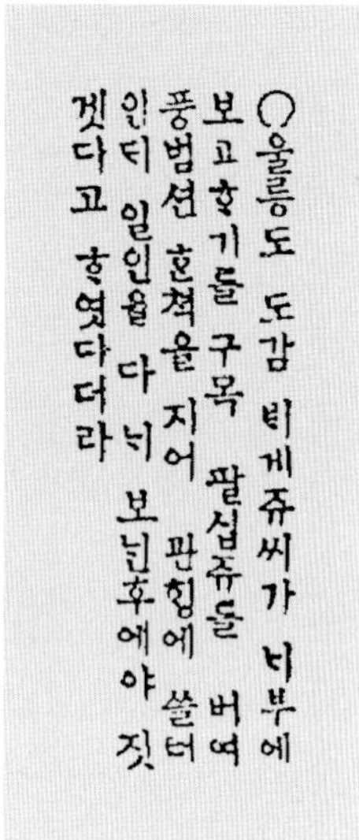
○울릉도 도감 ᄇᆡ게쥬씨가 ᄂᆡ부에
보고ᄒᆞ기를 구목 팔십쥬ᄅᆞᆯ 버여
풍범션 ᄒᆞᆫ척을 지어 관힝에 쓸터
인ᄃᆡ 일인을 다 ᄂᆡ 보ᄂᆡᆫ후에야 짓
겟다고 ᄒᆞ엿다더라

울릉도 도감 ᄇᆡ게쥬씨가

울릉도 도감 배계주씨가 내부에 보고하기를, 규목 80그루를 베어 풍범선(風帆船) 1척을 지어 관행(官行)에 쓸 터인데 일본인을 다 내보낸 후에야 짓겠다고 하였다더라.

[27] 1899년 10월 25일 | 독립신문

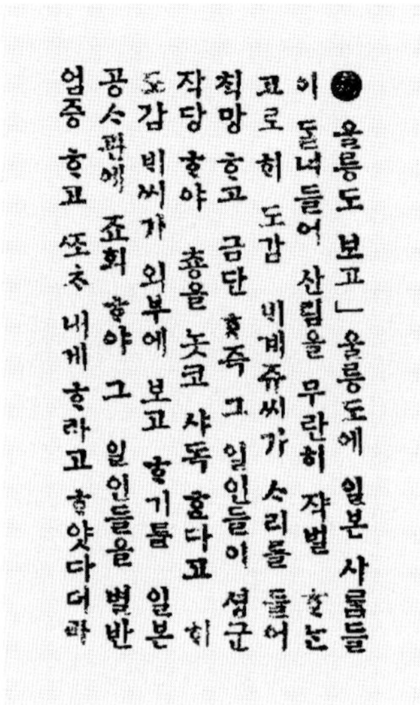
● 울릉도 보고ㅣ 울릉도에 일본 사ᄅᆞᆷ들
이 ᄃᆞᆯ녀들어 산림을 무란히 쟉벌 ᄒᆞᄂᆞᆫ
고로 히 도감 ᄇᆡ계쥬씨가 ᄉᆞ리를 들어
칙망 ᄒᆞ고 금단 ᄒᆞᄌᆞᆨ 그 일인들이 셩군
작당 ᄒᆞ야 총을 놋코 샤독 ᄒᆞᆫ다고 ᄒᆡ
도감 ᄇᆡ씨가 외부에 보고 ᄒᆞ기를 일본
공ᄉᆞ관에 죠회 ᄒᆞ야 그 일인들을 별반
엄중 ᄒᆞ고 ᄯᅩᄎᆞ 내게 ᄒᆞ라고 ᄒᆞ얏다더라

울릉도 보고

울릉도에 일본 사람들이 달려들어 산림을 무난히 작벌하는 까닭에 그 도감 배계주씨가 사리(事理)를 들어 책망하고 금단하니, 그 일본인들이 무리를 이루어 작당하여 총을 놓고 독기를 부린다고 도감 배씨가 외부에 보고하기를 일본 공사관에 조회하여 그 일본인들을 별도로 엄중하고 쫓아내게 하라고 하였다더라.*

---

* 같은 내용의 기사로 『제국신문』 1899년 10월 25일 「울릉도 도감 ᄇᆡ계쥬씨가」가 있음.

[28] 1899년 10월 26일 | 제국신문

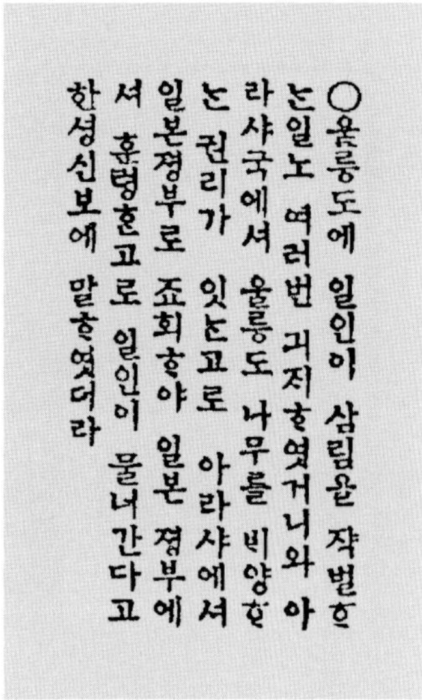
○울릉도에 일인이 삼림을 작벌ᄒᆞ
는일노 여러번 긔지ᄒᆞ엿거니와 아
라샤국에셔 울릉도 나무를 비양ᄒᆞ
는 권리가 잇ᄂᆞᆫ고로 아라샤에셔
일본졍부로 조회ᄒᆞ야 일본 졍부에
셔 훈령ᄒᆞᆫ고로 일인이 물너간다고
한셩신보에 말ᄒᆞ엿더라

울릉도에 일인이 삼림을

울릉도에 일본인이 삼림을 작벌하는 일로 여러 번 기재하였는데, 러시아에서 울릉도 나무를 배양하는 권리가 있으므로 러시아에서 일본 정부로 조회하여 일본 정부에서 훈령하여 일본인이 물러간다고 『한성신보(漢城新報)』에서 말하였더라.

●울릉도 현샹」울릉도 는 륙디에서 샹거가 二百리 고 도중 면젹은 七千五방리 고 온 셤중에 경식「耕植」ᄒᆞᄂᆞᆫ 싸이 만ᄒᆞ며 슈목은 바다 가의 산에 울밀ᄒᆞᆫ뒤 산의 놉흠은 四千여쳑이고 언덕 가에서 해면으로 三리 안에ᄂᆞᆫ 물 깁기가 六千영쳑으로 九千六百여쳑에 이르고 거민은 남녀 병ᄒᆞ야 三百여명이더니 쥬十년 이릭로 비 짓ᄂᆞᆫ 쟝식과 쟝ᄉᆞᄒᆞᄂᆞᆫ 빅셩과 고기 잡ᄂᆞᆫ 사ᄅᆞᆷ과 롱ᄉᆞᄒᆞᄂᆞᆫ 사ᄅᆞᆷ들이 졈졈 들어 가셔 살며 바다 물은 넘어 깁허셔 고기가 만치 안코 해채「海菜」ᄂᆞᆫ 미년 二千 짐을 운젼ᄒᆞ여 내며 디품은 기름지고 거러셔 거름ᄒᆞ거나 물울 티지 안코 다만 슈목을 불질너 그 재로 덥고 갈아셔 一년에 롱ᄉᆞ를 두번 짓ᄂᆞᆫ뒤 느진 봄에ᄂᆞᆫ 보리와 밀이고 느진 가을에ᄂᆞᆫ 감져와 콩 등물이라 작년에 것은 감져가 二万셕이고 콩이 一万셕이고 밀이 五千셕이라 디형이 넘어 기우러져셔 베 롱ᄉᆞᄂᆞᆫ 릉히 ᄒᆞ지 못ᄒᆞ겟시며 직목은 루뵉년 늙은 큰 삼목과 각종 귀즁ᄒᆞᆫ 실과 나무와 구목과 향목과 뵉ᄌᆞ목과 감탕목 등이 만히 잇ᄉᆞ며 륙디와 통샹은 극히 회쇼ᄒᆞᆫ뒤 비샹고들이 슈입ᄒᆞᄂᆞᆫ 물품은 식물과 담빈와 포목 등이고 거긔셔 슈츌ᄒᆞᄂᆞᆫ 것은 히채가 만ᄒᆞ고 판목도 간간히 슈츌ᄒᆞ며 셤 가에 해구봉「海狗峯」셕벽 란춍ᄒᆞᆫ 기온뒤 ᄒᆞᆫ 젹은 만「灣」이 잇ᄂᆞᆫ뒤 一百여쳑 되ᄂᆞᆫ지라 그 만구「灣口」로 일본 샹션들이 츌입ᄒᆞᄂᆞᆫ뒤 슈입ᄒᆞ기ᄂᆞᆫ 쌀과 쇼곰과 질그릇과 일본 술과 양포와 셕유와 우산 등물인뒤 셤 빅셩들과 물건으로 서로 밧고며 그 셤 가온뒤 일본 사ᄅᆞᆷ 二百여명이 들어가 사ᄂᆞᆫ뒤로 민들과 흔단이 종종 잇ᄉᆞ며 공세ᄂᆞᆫ 다문히 도감의게 해채 十분의 一을 주고 목재ᄂᆞᆫ 비 ᄒᆞᆫ 쳑에 四원식 물고 일본 사ᄅᆞᆷ이 물화 미민ᄒᆞᆯ 때에 구문은 百분의 二를 내더라고 부산 해관쟝이 죠ᄉᆞᄒᆞ야 보고ᄒᆞ얏다더라

울릉도 현샹

울릉도는 육지에서 떨어진 거리가 200리(里)이고 섬의 면적은 7,005방(坊)이고, 온 섬 중에 경식(耕植)하는 땅이 많으며 수목(樹木)은 바닷가의 산에 울밀(鬱密)한데, 산의 높음은

4,000영척이고 언덕가에서 해면으로 3리(里) 안에는 물 깊이가 6,000영척으로 9,600영척에 이르고, 사는 사람은 남녀 합하여 300여 명이더니 수십 년 이래로 배 짓는 장색(匠色)과 장사하는 백성과 고기 잡는 사람과 농사하는 사람들이 점점 들어가서 살며, 바닷물은 너무 깊어서 고기가 많지 않고 해채(미역)는 매년 2,000짐을 운전하여 내며, 지품(地品)은 기름지고 걸어서 거름하거나 물을 대지 않고, 다만 수목(樹木)을 불 질러 그 재로 덮고 갈아서 1년에 농사를 두 번 짓는데, 늦은 봄에는 보리와 밀이고 늦은 가을에는 감자와 콩 등의 물품이라. 작년의 것은 감자가 20,000석(石)이고 콩이 10,000석이고 밀이 5,000석이라. 지형이 너무 기울어져서 벼농사는 능히 하지 못하겠으며 재목은 몇백 년 늙은 큰 삼목(杉木)과 각종 귀중한 과일나무와 규목과 향목과 백자목(柏子木)과 감탕목(甘湯木) 등이 많이 있으며, 육지와 통상은 극히 희소한데 배 장사꾼들이 수입하는 물품은 식물과 담배와 포목 등이고 거기서 수출하는 것은 해채가 많고 판목(板木)도 간간이 수출하며, 섬 가에 해구봉(海狗峯) 석벽(石壁) 난총 한가운데 하나 작은 만(灣)이 있는데 100영척이 되는지라. 그 만의 입구로 일본 상선들이 출입하는데 수입하기는 쌀과 소금과 질그릇과 일본 술과 양포(洋砲, 서양식 총)와 석유와 우산 종류의 물품인데 섬 백성들과 물건으로 서로 바꾸며, 그 섬 가운데 일본 사람 200여 명이 들어가 사는데 토착민들과 흔단(衅端)이 종종 있으며, 공세(公稅)는 다만 해당 도감에게 해채 10분의 1을 주고 목재는 배 1척에 4원(元)씩 물고 일본 사람이 물화 매매할 때 중개 수수료[口文]는 100분의 2를 내더라고 부산 해관장이 조사하여 보고하였다더라.*

---

* 『황성신문』 1899년 9월 23일 「鬱陵島事況」에 게재된 John Mcleavy Brown의 보고서를 요약한 내용.

[30] 1899년 11월 8일 | 황성신문

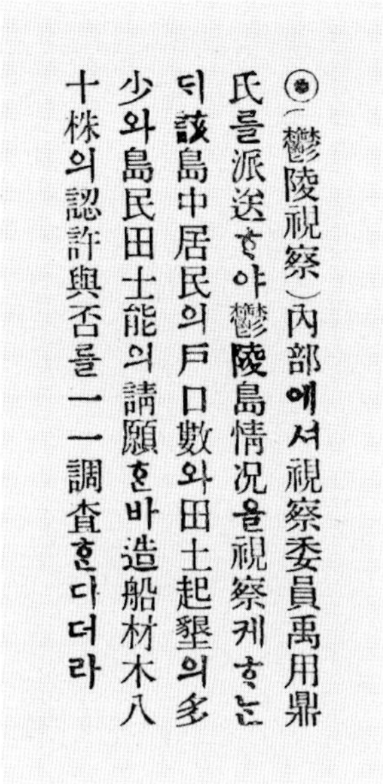

◉(鬱陵視察)內部에서視察委員禹用鼎氏를派送ᄒᆞ야鬱陵島情況을視察케ᄒᆞᄂᆞᆫᄃᆡ該島中居民의戶口數와田土起墾의多少와島民田士能의請願ᄒᆞᆫ바造船材木八十株의認許與否를一一調査ᄒᆞᆫ다더라

鬱陵視察

내부에서 시찰위원(視察委員) 우용정(禹用鼎)씨를 파송하여 울릉도 정황을 시찰하게 하는데, 그 섬 중 거주민의 호구 수와 전토 기간(起墾)의 다소(多少)와 도민(島民) 전사능(田士能)이 청원한 바, 조선(造船) 목재 80그루의 인허 여부를 하나하나 조사한다더라.

(31) 1899년 11월 8일 | 독립신문

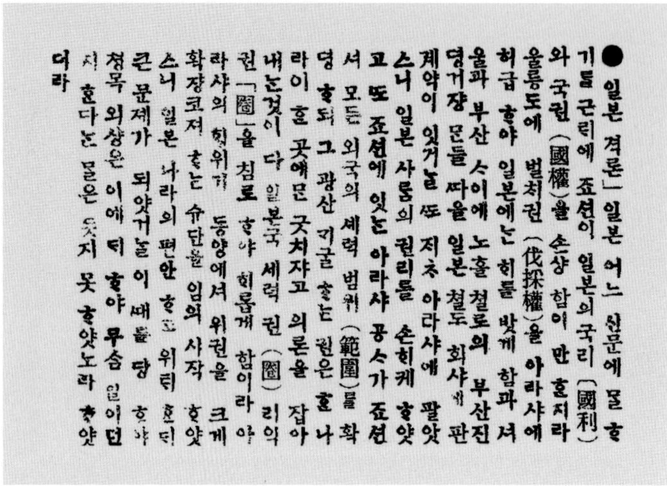
● 일본 격론」 일본 어느 신문에 말ᄒᆞ
기를 근릭에 죠션이 일본의 국리(國利)
와 국권(國權)을 손상 함이 만 ᄒᆞᆫ지라
울릉도에 벌치권(伐採權)을 아라샤에
허급 ᄒᆞ야 일본에는 ᄒᆡ를 밧게 함과 셔
울과 부산 ᄉᆞ이에 노흘 철로의 부산진
뎡거장 ᄆᆞᆫ들 ᄯᅡ을 일본 철도 회샤에 판
계약이 잇거ᄂᆞᆯ 또 지ᄎᆞ 아라샤에 팔앗
ᄉᆞ니 일본 사ᄅᆞᆷ의 권리를 손ᄒᆡ케 ᄒᆞ얏
고 또 죠션에 잇는 아라샤 공ᄉᆞ가 죠션
셔 모든 외국의 세력 범위(範圍)를 확
뎡 ᄒᆞ되 그 광산 ᄎᆡ굴 ᄒᆞᄂᆞᆫ 권은 ᄒᆞᆫ 나
라이 ᄒᆞᆫ 곳에만 굿치쟈고 의론을 잡아
내는것이 다 일본국 세력 권(圈) 리익
권「圈」을 침로 ᄒᆞ야 ᄒᆡ롭게 함이라 아
라샤의 ᄒᆡᆼ위가 동양에셔 위권을 크게
확장코져 ᄒᆞᄂᆞᆫ 슈단을 임의 시작 ᄒᆞ얏
ᄉᆞ니 일본 나라의 편안 ᄒᆞ고 위ᄐᆡ ᄒᆞᆫᄃᆡ
큰 문제가 되얏거ᄂᆞᆯ 이 때를 당 ᄒᆞ야
쳥목 외상은 이에 ᄃᆡ ᄒᆞ야 무ᄉᆞᆷ 일이던
지 ᄒᆞᆫ다는 말은 듯지 못 ᄒᆞ얏노라 ᄒᆞ얏
더라

일본 격론

일본 어느 신문에 말하기를 근래에 조선이 일본의 국리(國利)와 국권(國權)을 손상함이 많은지라. 울릉도의 벌채권(伐採權)을 러시아에 허가해 주어 일본에는 해를 받게 함과 서울과 부산 사이에 놓을 철로의 부산진(釜山鎭) 정거장 만들 땅을 일본 철도 회사에 판 계약이 있으나, 또 재차 러시아에 팔았으니 일본 사람의 권리를 손해시켰고, 또 조선에 있는 러시아 공사(公使)가 조선에서 모든 외국의 세력 범위를 확정하되 그 광산 채굴하는 권한은 한 나라가 한 곳에만 그치자고 의논을 잡아내는 것이 다 일본국 세력권, 이익권(利益圈)을 침로하여 해롭게 함이라. 러시아의 행위가 동양에서 위권(威權)을 크게 확장하고자 하는 수단을 이미 시작하였으니 일본 나라의 편안하고 위태한 데 큰 문제가 되었으니, 이때를 당하여 청목[青木周藏, 아오키 슈조]* 외상(外相)은 이에 대하여 무슨 일이든지 한다는 말을 듣지 못하였노라 하였더라.

---

* 아오키 슈조(青木周藏, 1844~1914). 일본의 정치가, 외교관으로 1889년 제1차 야마가타 내각과 1898년 제2차 야마가타 내각에서 외무대신을 역임함.

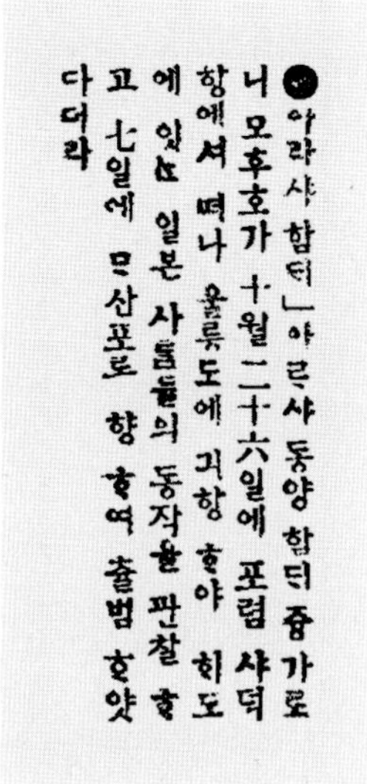

●아라샤 함ᄃᆡ」아라샤 동양 함ᄃᆡ 즁가로
니모후호가 十월二十六일에 포렴 샤뎌
항에셔 떠나 울릉도에 긔항 ᄒᆞ야 히도
에 잇ᄂᆞᆫ 일본 사ᄅᆞᆷ들의 동작을 판찰 ᄒᆞ
고 七일에 ᄆᆞ산포로 향 ᄒᆞ여 츌범 ᄒᆞ얏
다더라

아라샤 함ᄃᆡ

러시아 동양 함대 중가로니모후호*가 10월 26일에 블라디보스토크항에서 떠나 울릉도에 기항하여 그 섬에 있는 일본 사람들의 동작을 관찰하고 7일에 마산포(馬山浦)로 향하여 출범하였다더라.

* 함대 이름은 아드미랄 꼬르닐로프호로, '중가로니모후호'는 오보임(김영수 저, 『제국의 이중성: 근대 독도를 둘러싼 한국·일본·러시아』, 동북아역사재단, 2019, 356~359쪽).

[33] 1899년 11월 25일 ㅣ 독립신문

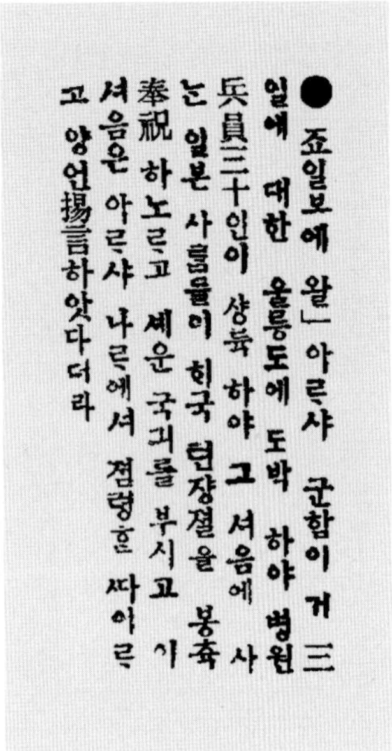

●죠일보에 왈」 아ᄅᆞ샤 군함이 거三
일에 대한 울릉도에 도박 하야 병원
兵員三十인이 상륙 하야 그 셔음에 사
는 일본 사름들이 힉국 텬장졀을 봉츅
奉祝 하노ᄅᆞ고 셰운 국긔를 부시고 이
셔음은 아ᄅᆞ샤 나ᄅᆞ에셔 졈령ᄒᆞᆫ 짜이ᄅᆞ
고 양언揚言하얏다더라

죠일보에 왈

러시아 군함이 지난 3일에 대한(大韓) 울릉도에 도박(到泊)하여 병원(兵員) 30인이 상륙하여, 그 섬에 사는 일본 사람들이 일본 천장절(天長節)을 봉축(奉祝)하노라고 세운 국기를 부수고 이 섬은 러시아 나라에서 점령한 땅이라고 양언(揚言)하였다더라.

(34) 1899년 11월 27일 | 제국신문

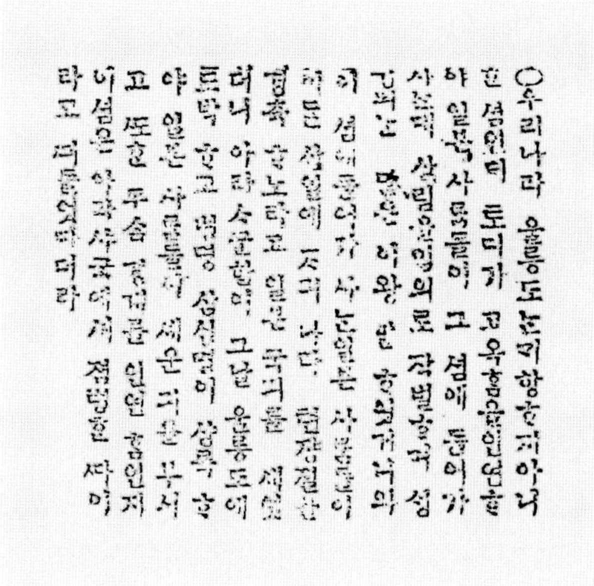
○우리나라 울릉도는 ᄀᆡ항ᄒᆞᆫ지아니
ᄒᆞᆫ 섬인ᄃᆡ 토디가 고옥ᄒᆞᆷ을 인연ᄒᆞ
야 일본 사ᄅᆞᆷ들이 그 셤에 들어가
사ᄂᆞᆫᄃᆡ 삼림을 임의로 작벌ᄒᆞ며 ᄉᆡᆼ
[illegible]되ᄂᆞᆫ 말은 이왕 말ᄒᆞ엿거니와
이 셤에 들어가 사ᄂᆞᆫ 일본 사ᄅᆞᆷ들이
이ᄃᆞᆯ 삼일에 ᄌᆞ긔 나라 텬쟝졀을
慶祝ᄒᆞ노라고 일본 국긔를 세웟
더니 아라사 군함이 그날 울릉도에
도박ᄒᆞ고 병뎡 삼십명이 상륙ᄒᆞ
야 일본 사ᄅᆞᆷ들의 세운 긔를 부서
고 또ᄒᆞᆫ 무ᄉᆞᆷ 경계를 인연ᄒᆞᆷ인지
이 셤은 아라사국에셔 졈령ᄒᆞᆫ ᄯᅡ이
라고 ᄯᅥ들엇다더라

우리나라 울릉도는

우리나라 울릉도는 개항하지 아니한 섬인데 토지가 고옥(膏沃)함을 인연하여 일본 사람들이 그 섬에 들어가 사는데, 삼림을 임의로 작벌하며 생□되는 말은 이왕 말하였으며, 이 섬에 들어가 사는 일본 사람들이 이달 3일에 자기 나라 천장절을 경축하노라고 일본 국기를 세웠더니, 러시아 군함이 그날 울릉도에 도박(到泊)하고 병정 30명이 상륙하여 일본 사람들이 세운 기를 부수고 또한 무슨 경계를 인연함인지 이 섬은 러시아에서 점령한 땅이라고 떠들었다더라.

[35] 1899년 11월 27일 ㅣ 제국신문

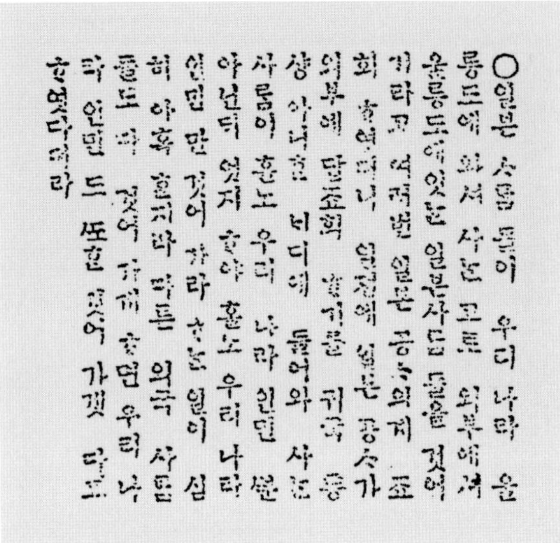

○일본 ᄉᆞ름들이 우리나라 울릉도에 와셔 사는 고로 외부에셔 울릉도에잇는 일본사ᄅᆞᆷ들을 것어가라고 여러번 일본 공ᄉᆞ의게 조회ᄒᆞ엿더니 일젼에 일본 공ᄉᆞ가 외부에 답조회ᄒᆞ기를 귀국 통샹 아니ᄒᆞᄂᆞᆫ 내디에 들어와 사는 사ᄅᆞᆷ이 홀노 우리 나라 인민뿐 아닌디 엇지ᄒᆞ야 홀노 우리 나라 인민만 것어 가라 ᄒᆞᄂᆞᆫ 일이 심히 아혹ᄒᆞᆫ지라 다른 외국 사ᄅᆞᆷ들도 다 것어 가게 ᄒᆞ면 우리 나라 인민도 ᄯᅩᄒᆞᆫ 것어 가겟다고 ᄒᆞ엿다더라

일본 ᄉᆞ름들이 우리나라 울릉도에

일본 사람들이 우리나라 울릉도에 와서 사는 까닭에 외부(外部)에서 울릉도에 있는 일본 사람들을 걷어가라고 여러 번 일본 공사에게 조회하였더니, 일전에 일본 공사가 외부에 답조회하기를 귀국(貴國)의 통상하지 않는 내지에 들어와 사는 사람이 홀로 우리나라 인민뿐 아닌데, 어찌하여 홀로 우리나라 인민만 걷어가라 하는 일이 심히 아혹(訝惑)한지라. 다른 외국 사람들도 다 걷어가게 하면 우리나라 인민도 또한 걷어가겠다고 하였다더라.

〔36〕 1899년 11월 27일 | 황성신문

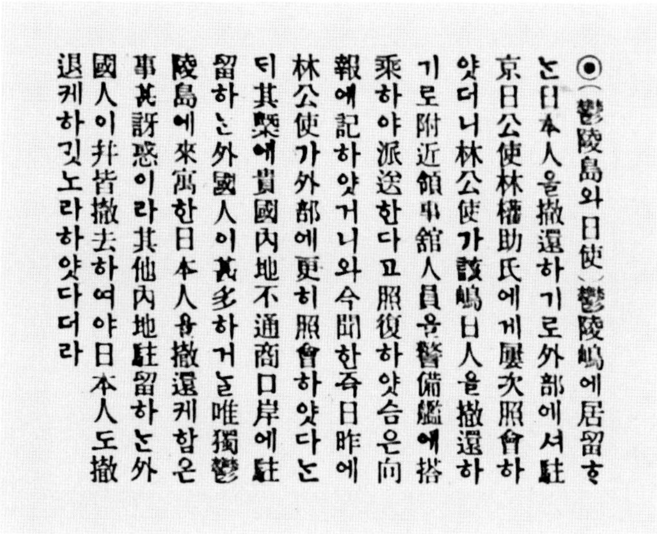

◉(鬱陵島와日使)鬱陵嶋에居留ᄒᆞᄂᆞᆫ日本人을撤還하기로外部에셔駐京日公使林權助氏에게屢次照會하얏더니林公使가該嶋日人을撤還하기로附近領事館人員을警備艦에搭乘하야派送한다고照復하얏슴은向報에記하얏거니와今聞한즉日昨에林公使가外部에更히照會하얏다ᄂᆞᆫᄃᆡ其槩에貴國內地不通商口岸에駐留하ᄂᆞᆫ外國人이甚多하거ᄂᆞᆯ唯獨鬱陵島에來寓한日本人을撤還케함은事甚訝惑이라其他內地駐留하ᄂᆞᆫ外國人이幷皆撤去하여야日本人도撤退케하깃노라하얏다더라

鬱陵島와 日使

울릉도에 거류하는 일본인을 철환(撤還)하기로 외부(外部)에서 서울에 주재하는 일본 공사 임권조(林權助, 하야시 곤스케)* 씨에게 누차 조회하였더니, 임(林) 공사가 그 섬의 일본인을 철환하기로 부근 영사관 인원을 경비함에 탑승하여 파송한다고 조회에 회답하였음은 지난 신문에 기록하였는데, 지금 들은즉 일전에 임 공사가 외부에 다시 조회하였다는데, 그 개요에 귀국의 통상하지 않는 항구의 내지에 주류(駐留)하는 외국인이 매우 많다. 그런데 유독 울릉도에 내우(來寓)한 일본인을 철환하게 함은 매우 아혹(訝惑)한 일이라. 그 외 내지에 주류하는 외국인이 아울러 모두 철거하여야 일본인도 철퇴(撤退)하게 하겠노라 하였다더라.

---

* 하야시 곤스케(林權助, 1860~1939). 일본의 외교관, 남작. 1899년 재한 일본 공사관이 되어 1904년 1월 러일전쟁 중 한일의정서를 체결했고, 같은 해 8월 제1차 한일협약, 1905년 을사조약 체결을 주도. 이후 주청공사, 주중대사, 주영대사 등을 역임하고 추밀원 고문을 지냄.

(37) 1899년 11월 28일 | **황성신문**

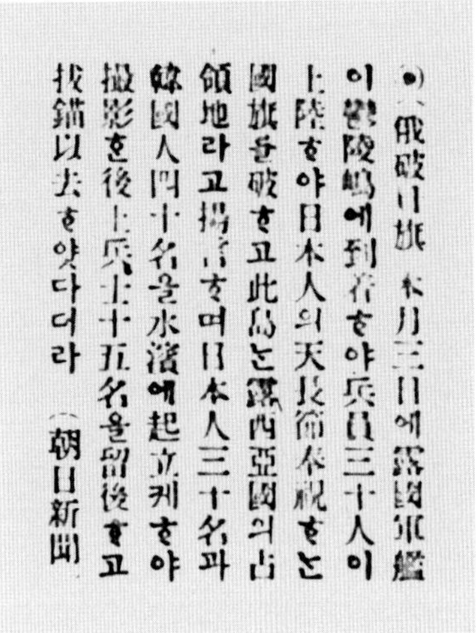
◉(俄破日旗) 本月三日에露國軍艦이鬱陵嶋에到着ᄒᆞ야兵員三十人이上陸ᄒᆞ야日本人의天長節奉祝ᄒᆞᄂᆞᆫ國旗를破ᄒᆞ고此島ᄂᆞᆫ露西亞國의占領地라고揚言ᄒᆞ며日本人三十名과韓國人四十名을水濱에起立케ᄒᆞ야撮影ᄒᆞᆫ後士兵十五名을留後ᄒᆞ고拔錨以去ᄒᆞ얏다더라 (朝日新聞)

俄破日旗

이달 3일에 러시아 군함이 울릉도에 도착하여 병원(兵員) 30인이 상륙하여 일본인의 천장절을 봉축하는 국기를 부수고, 이 섬은 러시아의 점령지라고 양언(揚言)하며 일본인 30명과 한국인 40명을 수빈(水濱)에 기립하게 하여 촬영한 후, 병사 15명을 남겨두고 닻을 거두어 갔다고 하였다더라. [『조일신문(朝日新聞)』]

(38) 1899년 12월 5일 | 황성신문

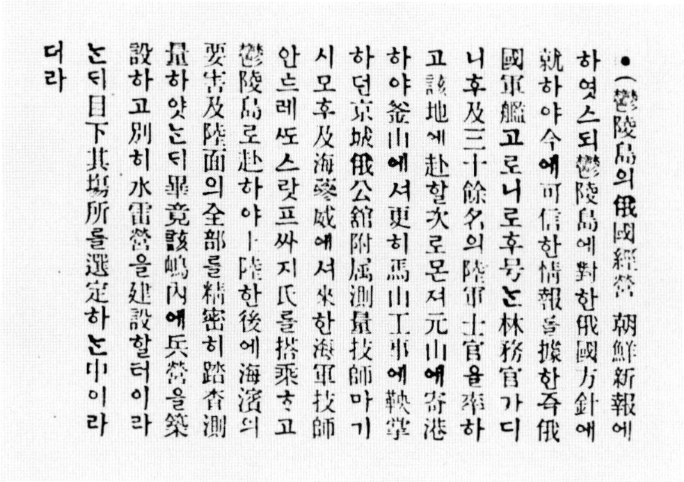

•(鬱陵島의俄國經營 朝鮮新報에
하엿스되鬱陵島에對한俄國方針에
就하야今에可信한情報를據한즉俄
國軍艦고로니로후号는林務官가디
니후及三十餘名의陸軍士官을率하
고該地에赴할次로몬저元山에寄港
하야釜山에서更히馬山工事에鞅掌
하던京城俄公館附屬測量技師마기
시모후及海蔘威에서來한海軍技師
안트레또스랏프싸지氏를搭乘ᄒᆞ고
鬱陵島로赴하야上陸한後에海濱의
要害及陸面의全部를精密히踏査測
量하얏는ᄃᆡ畢竟該嶋內에兵營을築
設하고別히水雷營을建設할터이라
는ᄃᆡ目下其場所를選定하는中이라
더라

鬱陵島의 俄國經營

『조선신보(朝鮮新報)』에 나오기를 울릉도에 대한 러시아 방침에 따라 지금 믿을 만한 정보를 따르면, 러시아 군함 고로니로후호*는 임무관(林務官) 가디니후와 30여 명의 육군사관을 거느리고 해당 지역에 다다르고자 먼저 원산에 기항(寄港)하여 부산에서 다시 마산공사(馬山工事)에 앙장(鞅掌, 매우 바쁘고 번거로움)하던 경성 러시아 공관(公館) 부속 측량기사 마기시모후와 블라디보스토크에서 온 해군기사 안트레또스랏프싸지씨를 탑승하고 울릉도로 가서 상륙한 후에 해빈(海濱)의 요해지와 육지면의 전부를 정밀히 답사하고 측량하였는데, 필경 그 섬 내에 병영(兵營)을 축설하고 별도로 수군영(水雷營)을 건설할 터라는데 지금 그 장소를 선정하는 중이라더라.**

---

* 정식 명칭은 아드미랄 꼬르닐로프호.

** 같은 내용의 기사로 『황성신문』 1899년 12월 1일 「鬱陵 日人과 俄官」이 있음.

[39] 1899년 12월 7일 | **황성신문**

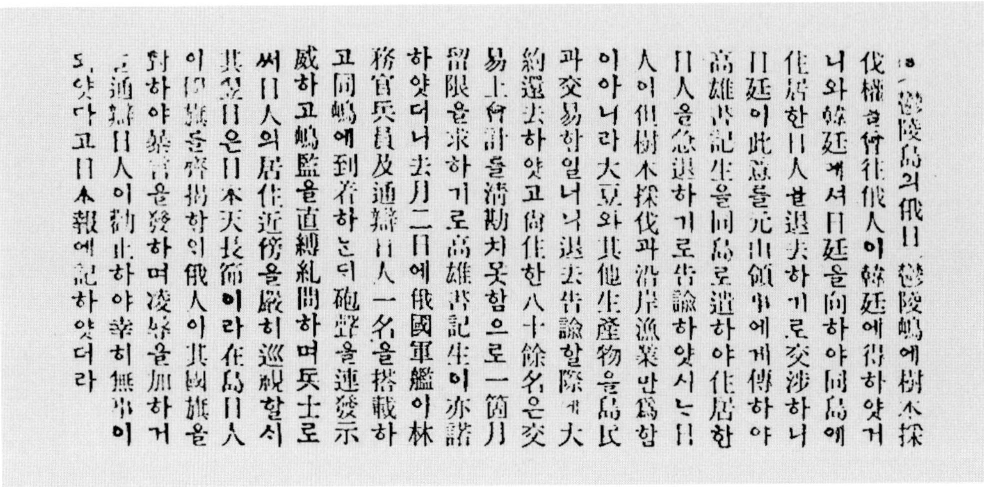

◎鬱陵島의俄日 鬱陵嶋에樹木採伐權을曾往俄人이韓廷에得하얏거니와韓廷께셔日廷을向하야同島에住居한日人을退去하기로交涉하니日廷이此意를元山領事에게傳하야高雄書記生을同島로遣하야住居한日人을急退하기로告諭하얏시나日人이但樹木採伐과沿岸漁業만爲함이아니라大豆와其他生産物을島民과交易함일너니退去告諭할際에大約還去하얏고尙住한八十餘名은交易上會計를淸勘치못함으로一箇月留限을求하기로高雄書記生이亦諾하얏더니去月二日에俄國軍艦이林務官兵員及通辯日人一名을搭載하고同嶋에到着하는데砲聲을連發示威하고嶋監을直縛糾問하며兵士로써日人의居住近傍을嚴히巡視할시其翌日은日本天長節이라在島日人이國旗을齊揭함의俄人이其國旗을對하야暴言을發하며凌辱을加하거늘通辯日人이勸止하야幸히無事이되얏다고日本報에記하얏더라

鬱陵島의 俄日

울릉도의 수목채벌권을 일찍이 러시아 사람이 대한제국 조정에게 얻었는데 일본 조정을 향하여 이 섬에 주거한 일본인을 퇴거하기로 교섭하니 일본 조정이 이 뜻을 원산 영사에게 전하여 고웅(高雄, 다카오) 서기생(書記生)을 이 섬으로 보내어 주거한 일본인을 급히 퇴거하기로 고유(告諭)하였으나, 일본인이 다만 수목채벌과 연안어업만 위함이 아니라 대두(大豆)와 기타 생산물을 도민(島民)과 교역함이려니 퇴거를 고유할 때에 대략 퇴거하였고 상주한 80여 명은 교역상 회계를 청감(淸勘)하지 못함으로 1개월 연한을 구하기로 고웅 서기생이 또한 승락하였더니 지난달 2일에 러시아 군함이 임무관(林務官) 병사와 통역하는 일본인 1명을 탑재하고 이 섬에 도착하는데, 포성을 연달아 발사하며 위세를 보이고 도감을 즉시 포박하여 규문(糾問)하며, 병사로써 일본인의 거주 근방을 엄격히 순시(巡視)할 때, 그 다음 날은 일본 천장절이라 섬에 사는 일본인이 국기를 일제히 걸어둠에 러시아인이 그 국기를 대하여 폭언을 발하며 능욕을 더하였으나, 통역하는 일본인이 권지(勸止)하여 다행히 무사하였다고 일본 신문에 기록하였더라.

[40] 1899년 12월 8일 | 제국신문

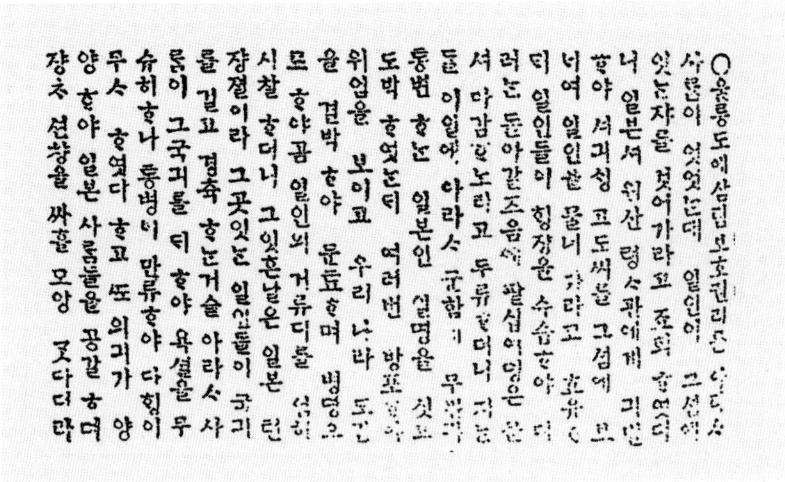
○울릉도에삼림보호권리ᄂᆞᆫ 아라ᄉᆞ
사ᄅᆞᆷ이 엇엇ᄂᆞᆫ데 일인이 그셤에
잇ᄂᆞᆫ쟈ᄅᆞᆯ 것어가라고 조회 ᄒᆞ엿더
니 일본셔 원산 령ᄉᆞ관에게 긔별
ᄒᆞ야 셔긔싱 고도씨ᄅᆞᆯ 그셤에 보
내여 일인ᄋᆞᆯ 물너 가라고 효유ᄒᆞ
ᄆᆡ 일인들이 힝쟝을 수습ᄒᆞ야 더
러ᄂᆞᆫ 돌아갈조음에 팔십여명은 문
셔 마감ᄒᆞ노라고 두류ᄒᆞ더니 지ᄂᆞᆫ
달 이일에 아라ᄉᆞ 군함ᄋᆡ 무관과
통변 ᄒᆞᄂᆞᆫ 일본인 일명을 싯고
도박 ᄒᆞ엿ᄂᆞᆫ데 여러번 방포ᄒᆞ야
위엄을 보이고 우리 나라 도감
을 결박 ᄒᆞ야 문됴ᄒᆞ며 병뎡으
로 ᄒᆞ야곰 일인의 거류디ᄅᆞᆯ 엄히
시찰 ᄒᆞ더니 그 잇흔날은 일본 텬
쟝졀이라 그곳잇ᄂᆞᆫ 일인들이 국긔
ᄅᆞᆯ 걸고 경츅 ᄒᆞᄂᆞᆫ거슬 아라ᄉᆞ 사
ᄅᆞᆷ이 그국긔ᄅᆞᆯ ᄃᆡ ᄒᆞ야 욕셜을 무
슈히 ᄒᆞ나 통변이 만류ᄒᆞ야 다ᄒᆡᆼ이
무ᄉᆞ ᄒᆞ엿다 ᄒᆞ고 또 의긔가 양
양 ᄒᆞ야 일본 사ᄅᆞᆷ들을 공갈 ᄒᆞ며
쟝ᄎᆞ 션창을 싸흘 모양 ᄀᆞᆺ다더라

울릉도에 삼림보호 권리를

울릉도의 삼림보호 권리를 러시아 사람이 얻었는데 일본인이 그 섬에 있는 자를 걷어가라고 조회하였더니, 일본에서 원산 영사관에게 기별하여 서기생 고도씨[고웅(高雄, 다카오)의 오기]를 그 섬에 보내어 일본인을 물러가라고 효유하며, 일본인들이 행장을 수습하여 더러는 돌아갈 즈음에 80여 명은 문서 마감하노라고 주류하더니, 지난달 2일에 러시아 군함에 무관과 통역하는 일본인 1명을 싣고 도박(到泊)하였는데, 여러 번 방포하여 위엄을 보이고 우리나라 도감을 결박하여 문초하며 병정으로 하여금 일본인의 거류지를 엄히 시찰하더니 그 이튿날은 일본 천장절이라 그곳에 있는 일본인들이 국기를 걸고 경축하는 것을 러시아 사람이 그 국기를 대하여 욕설을 무수히 하나, 통역이 만류하여 다행히 무사하였다 하고 또 의기가 양양하여 일본 사람들을 공갈하며 장차 선창(船艙)을 쌓을 모양 같다더라.

[41] 1899년 12월 20일 | **제국신문**

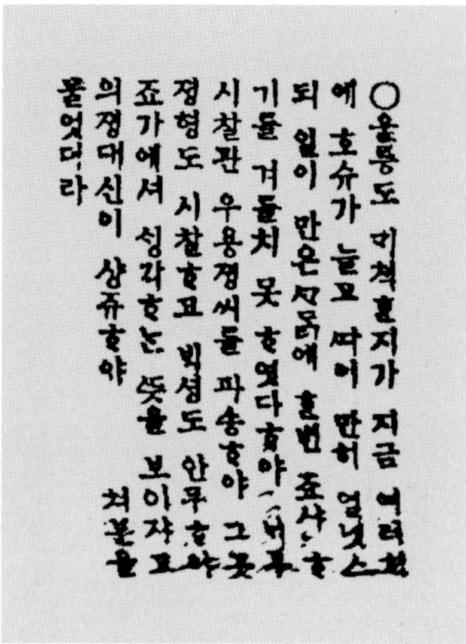
○울릉도 ᄀᆡ쳑ᄒᆞᆫ지가 지금 여러ᄒᆡ에 호슈가 늘고 ᄯᅡ이 만히 열녓스ᄂᆞ되 일이 만은ᄭᅡᄃᆞᆰ에 ᄒᆞᆫ번 죠사ᄒᆞ기를 겨를치 못ᄒᆞ엿다ᄒᆞ야 내부시찰관 우용정씨를 파송ᄒᆞ야 그곳정형도 시찰ᄒᆞ고 ᄇᆡᆨ셩도 안무ᄒᆞ야죠가에셔 ᄉᆡᆼ각ᄒᆞᄂᆞᆫ ᄯᅳᆺ을 보이자고의정대신이 샹쥬ᄒᆞ야 쳐분을믈엇더라

울릉도 ᄀᆡ쳑ᄒᆞᆫ 지가

울릉도를 개척한 지가 지금 여러 해에 호수가 늘고 땅이 많이 열렸으되, 일이 많은 까닭에 한 번 조사하기를 겨를이 없었다 하여 내부 시찰관 우용정씨를 파송하여, 그곳 정형도 시찰하고 백성도 안무하여 조정에서 생각하는 뜻을 보이자고 의정대신(議政大臣)이 상주(上奏)하여 처분을 물었더라.*

* 관련 기사로 『황성신문』 1899년 12월 20일 「敍任及辭令」이 있음.

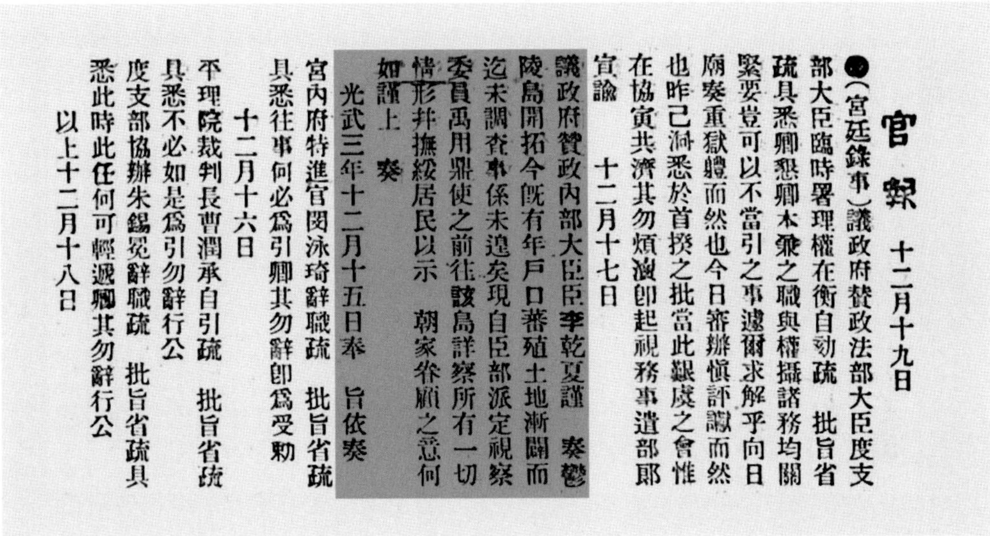

官錄 十二月十九日

●(宮廷錄事)議政府贊政法部大臣度支部大臣臨時署理權在衡自劾疏 批旨省疏具悉卿懇卿本乘之職與權攝諸務均關緊要豈可以不當引之事遽爾求解乎向日廟奏重獄體面而然也今日審辦愼評讞而然也昨已洞悉於首揆之批當此艱虞之會惟在協寅共濟其勿煩瀆卽起視務事遣部郞宣諭 十二月十七日

議政府贊政內部大臣臣李乾夏謹奏鬱陵島開拓今旣有年戶口蕃殖土地漸闢而迄未調査事係未遑矣現自臣部派定視察委員禹用鼎使之前往該島詳察所有一切情形幷撫綏居民以示 朝家眷顧之意何如謹上 奏

光武三年十二月十五日奉 旨依奏

宮內府特進官閔泳琦辭職疏 批旨省疏具悉往事何必爲引卿其勿辭卽爲受勅 十二月十六日

平理院裁判長曺潤承自引疏 批旨省疏具悉不必如是爲引勿辭行公

度支部協辦朱錫冕辭職疏 批旨省疏具悉此時此任何可輕遞卿其勿辭行公

以上十二月十八日

宮廷錄事

(전략)

의정부찬정(議政府贊政) 내부대신(內部大臣) 신 이건하(李乾夏)가 삼가 아뢰기를, "울릉도를 개척한 지 지금 이미 몇 해가 되어 호구가 번식하고 토지를 점차 개간하였는데, 아직까지 조사하지 못한 것은 그럴 겨를이 없었기 때문입니다. 현재 내부에서 시찰위원 우용정을 파견하여 그로 하여금 그 섬에 가서 일체 정형을 상세히 살피고, 아울러 거주민을 어루만져 편안하게 함으로써 조정에서 돌보는 뜻을 보이는 것이 어떠합니까? 삼가 상주(上奏)합니다" 하였다. 광무(光武) 3년(1899) 12월 15일 아뢴 대로 하라는 명을 받았다.

(후략)

[43] 1899년 12월 29일 | 황성신문

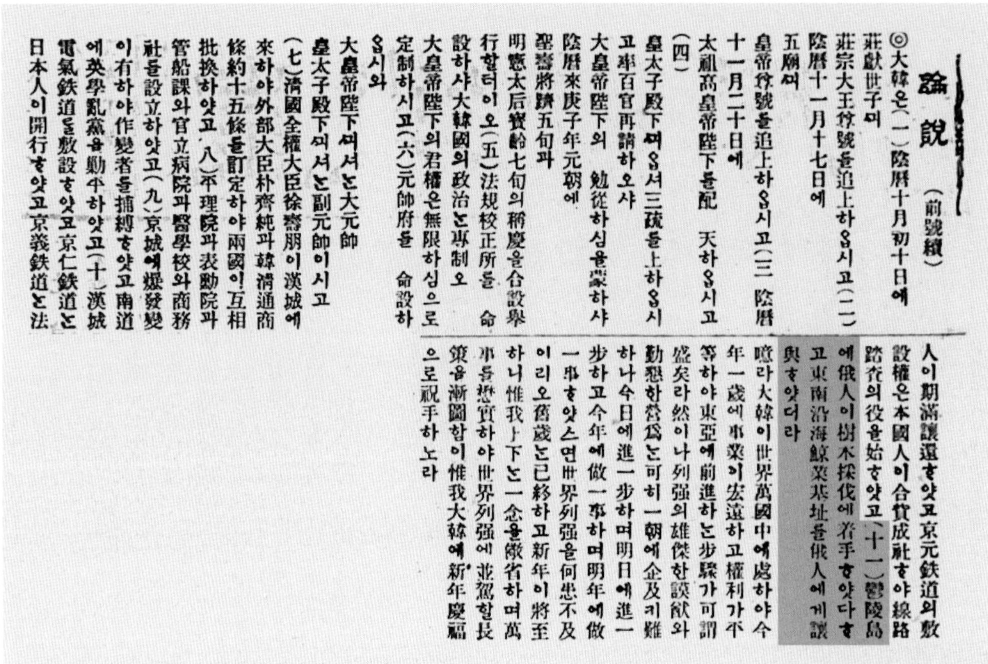

論說 (前號續)

◎大韓은(一)陰曆十月初十日에
莊獻世子띠
莊宗大王稱號를追上하옵시고(二)
陰曆十一月十七日에
五廟씌
皇帝稱號를追上하옵시고(三) 陰曆
十一月二十日에
太祖高皇帝陛下를配 天하옵시고
(四)
皇太子殿下씌옵서三疏를上하옵시
고率百官再請하오샤
大皇帝陛下의 勉從하심을蒙하샤
陰曆來庚子年元朝에
聖壽將躋五旬과
明憲太后寶齡七旬의稱慶을合設擧
行할터이오(五)法規校正所를 命
設하샤大韓國의政治는專制오
大皇帝陛下의君權은無限하심으로
定制하시고(六)元帥府를 命設하
옵시와
大皇帝陛下씌서는大元帥
皇太子殿下씌서는副元帥이시고
(七)淸國全權大臣徐壽朋이漢城에
來하야外部大臣朴齊純과韓淸通商
條約十五條를訂定하야兩國이互相
批換하얏고(八)平理院과表勳院과
管船課와官立病院과醫學校와商務
社를設立하얏고(九)京城에爆發變
이有하야作變者를捕縛ᄒᆞ얏고南道
에英學亂黨을勦平하얏고(十)漢城
電氣鉄道를敷設ᄒᆞ얏고京仁鉄道는
日本人이開行ᄒᆞ얏고京義鉄道는法
人이期滿讓還ᄒᆞ얏고京元鉄道의敷
設權은本國人이合貲成社ᄒᆞ야線路
踏査의役을始ᄒᆞ얏고(十一)鬱陵島
에俄人이樹木採伐에着手ᄒᆞ얏다ᄒᆞ
고東南沿海鯨業基址를俄人에게讓
與ᄒᆞ얏더라
噫라大韓이世界萬國中에處하야今
年一歲에事業이宏遠하고權利가不
等하야東亞에前進하는步驟가可謂
盛矣라然이나列强의雄傑한謨猷와
勤懇한營爲는可히一朝에企及키難
하나今日에進一步하며明日에進一
步하고今年에做一事하며明年에做
一事ᄒᆞ얏스면世界列强을何患不及
이리오舊歲는已終하고新年이將至
하니惟我上下는一念을儆省하며萬
事를懇實하야世界列强에並駕할長
策을漸圖함이惟我大韓에新年慶福
으로祝手하노라

萬國觀瀾(續)*

(전략)

(11) 울릉도에 러시아인이 수목(樹木) 채벌에 착수하였다 하고, 동남연해(東南沿海) 포경업(捕鯨業) 기지를 러시아인에게 양여하였더라.

(후략)

---

* 원문의 제목은 「論說(前號續)」이나, 전 호 기사인 『황성신문』 1899년 12월 28일자의 제목이 「萬國觀瀾」이어서 「萬國觀瀾(續)」으로 적음.

(44) 1900년 1월 12일 | 황성신문

寄書 漆夏生

西勢東漸의起因

◎亞細亞之東에三國이有ᄒᆞ니韓國日本支那가維是라往昔元太祖時에東方民族이沙漠을橫ᄒᆞ며山河ᄅᆞᆯ涉ᄒᆞ야萬里의虫沙ᄅᆞᆯ跨ᄒᆞ야歐洲ᄅᆞᆯ蹂躪ᄒᆞ얏더니其遠征의雄圖가如今에數不荒墳과一片敗垣만惟存ᄒᆞᆯ뿐이라往日所謂征服ᄒᆞ던白人民族의權力을翻看컨ᄃᆡ數十年間에長江大河와恰如ᄒᆞ야東方에袞袞流入ᄒᆞ니時局大勢의所趣ᄂᆞᆫ不可測이로다淸國康熙帝子孫이祖先墳墓ᄅᆞᆯ敵國의鐵車에通貫케ᄒᆞᆷ을誰知ᄒᆞ얏스리오蓋彼白人民族이離合이不常ᄒᆞ야互相血戰ᄒᆞ야雌雄을惡爭ᄒᆞ되我東亞民族을對ᄒᆞ야ᄂᆞᆫ一致相應ᄒᆞ야攫人利益ᄒᆞ고呑人國家ᄒᆞ기로써願算을作ᄒᆞ며天職으로認ᄒᆞ야傍若無人ᄒᆞ니慨嘆을曷勝가西曆千八百四十年來로東方民族이白人民族에게所被ᄒᆞᆫ損害ᄅᆞᆯ左에槪擧ᄒᆞ건ᄃᆡ西曆千八百四十二年(距今九十八年前)에英國이鴉片烟事件으로賠償金二千萬兩을得ᄒᆞ며香港을占領ᄒᆞ얏고千八百六十年에英法이同盟ᄒᆞ야淸國에侵入ᄒᆞᆷ의露國이此時ᄅᆞᆯ乘ᄒᆞ야調停講和의方을主張ᄒᆞᆫ效勞로其報酬ᄒᆞᆷ을要求ᄒᆞ야烏蘇利一帶地ᄅᆞᆯ占領ᄒᆞ얏고千八百七十五年에日本이樺太ᄅᆞᆯ露國에讓與ᄒᆞ니此ᄂᆞᆫ千嶋로交換ᄒᆞᆷ이오千八百八十一年에支那가曾紀澤의功을因ᄒᆞ야崇祿條約을破棄ᄒᆞ고伊犂地方을回復ᄒᆞ얏스나屈西亞地方의實利實權은露國에擧與ᄒᆞ얏고千八百九十四年에法國이雲南省一部에電信施設과駐兵과礦山採掘의特權을得ᄒᆞ얏고千八百九十九年에露國이韓國月尾島에石炭貯蓄所設立ᄒᆞᄂᆞᆫ特權을得ᄒᆞ얏고法國이支那雲南省一部에鐵道布設과自由貿易의特權을得ᄒᆞ얏고千八百九十六年에露國이韓國豆滿鴨綠沿岸과鬱陵島의樹木伐採權을得ᄒᆞ얏고馬關條約을因ᄒᆞ야歐洲列國이製造所ᄅᆞᆯ淸國開港地에置ᄒᆞᄂᆞᆫ權을享有ᄒᆞ얏고千八百九十七年에露國이西比利亞로서渤海ᄭᆞ지露淸鐵道布設權과海蔘威로서吉林府ᄅᆞᆯ經過ᄒᆞ야露淸鐵道一支線布設權을得ᄒᆞ얏고德國이淸國膠州灣을占領ᄒᆞ얏고千八百九十八年에露國이淸國旅順口大連灣을占領ᄒᆞ얏고威海衛ᄂᆞᆫ日本이淸國에讓還ᄒᆞᆷ의英國이占領ᄒᆞ얏고千八百九十九年에英國이淸國의九龍을占領ᄒᆞ얏더라

噫라東亞地界가白人民族의範圍에漸入ᄒᆞᆷ이如彼岌嶪ᄒᆞ거ᄂᆞᆯ長夜乾坤에昏睡ᄅᆞᆯ未惺ᄒᆞᆫ哀此黃人이어

寄書－西勢東漸의 起因

漆夏生

아시아 동쪽에 삼국이 있으니 한국, 일본, 중국이 그것이라. 옛날 원태조(元太祖) 때에 동방민족이 사막을 가로지르며 산하를 건너가 만리의 충사(虫沙)를 뛰어넘어 유럽을 유린하였으니, 그 웅대한 그림이 이제는 셀 수 없는 황폐한 무덤과 일편의 무너진 담장만이 남았을 뿐이라. 지난날 소위 정복하던 백인민족의 권력을 살펴보건대 수십 년간에 마치 장강대하(長江大河)와 같이 동방에 곤곤하게 흘러들어오니, 시국 대세의 뜻하는 바는 헤아릴 수 없다. 청나라 강희제(康熙帝)의 자손이 조상의 분묘를 적국(敵國)의 철차(鐵車)에 관통하게 함을 누가 알았으리오. 대저 저 백인민족의 이합이 한결같지 않아 서로 혈전을 벌여 자웅을 다투

면서도 우리 동아시아 민족에 대해서는 일치 상응하여 남의 이익을 빼앗고 남의 나라를 병탄하는 것으로 묘산(廟算)을 세우며, 천직(天職)으로 여겨 방약무인(傍若無人)하니 어찌 개탄을 금하겠는가. 서력(西曆) 1840년 이래로 동방민족이 백인민족에게 당한 손해를 다음에 대강 열거하건대, 서력 1842년(지금으로부터 58년 전)에 영국이 아편연(鴉片煙) 사건으로 배상금 2,000만 냥(兩)을 얻었으며 홍콩을 점령하였고, 1860년에 영국과 프랑스가 동맹하여 청나라에 침입함에 러시아가 이때를 틈타서 조정, 강화(講和)의 조건을 중재한 공로로 그 대가를 요구하여 오소리(烏蘇里, 우수리) 일대의 땅을 점령하였고, 1875년에 일본이 사할린을 러시아에 양여하니 이는 천도(千嶋, 지시마)로 교환함이오, 1881년에 중국이 증기택(曾紀澤)의 공으로 인하여 숭록조약(崇祿條約)*을 파기하고 이리(伊犁) 지방을 회복하였으나, 굴서아(屈西亞) 지방의 실리실권은 러시아에 넘겨주었고, 1894년에 프랑스가 운남성(雲南省) 일부에 전신시설과 군대의 주둔, 광산 채굴의 특권을 얻었고, 1895년에 러시아가 한국 월미도(月尾島)에 석탄저축소를 설립하는 특권을 얻었고, 프랑스가 중국 운남성 일부에 철도를 부설하고 자유무역의 특권을 얻었고, 1896년에 러시아가 한국 두만강과 압록강 연안, 울릉도의 수목 벌채권을 얻었고, 시모노세키조약에 따라 유럽의 여러 나라가 제조소(製造所)를 청나라 개항지에 설치하는 권리를 누렸고, 1897년에 러시아가 시베리아부터 발해(渤海)까지 잇는 노청철도(露清鐵道)의 포설권(布設權)과 블라디보스토크에서 길림부(吉林府)를 지나는 노청철도 지선의 포설권을 획득하였고, 독일이 청나라 교주만(膠州灣)을 점령하였고, 1898년에 러시아가 청나라 여순항과 대련만을 점령하였고, 블라디보스토크는 일본이 청나라에 양환(讓還)함에 영국이 점령하였고, 1899년에 영국이 청나라의 구룡(九龍)을 점령하였더라.

아아! 동아시아 지역이 백인민족의 범위로 점차 들어가는 것이 저렇게 빠른데 어두운 세상 깊은 잠에서 아직 깨지 못한 가여운 황인(潢人)이여!

---

* 1879년 청의 러시아 공사(公使) 숭후(崇厚)가 조인한 '리비디아 조약'.

(45) 1900년 3월 1일 | 황성신문

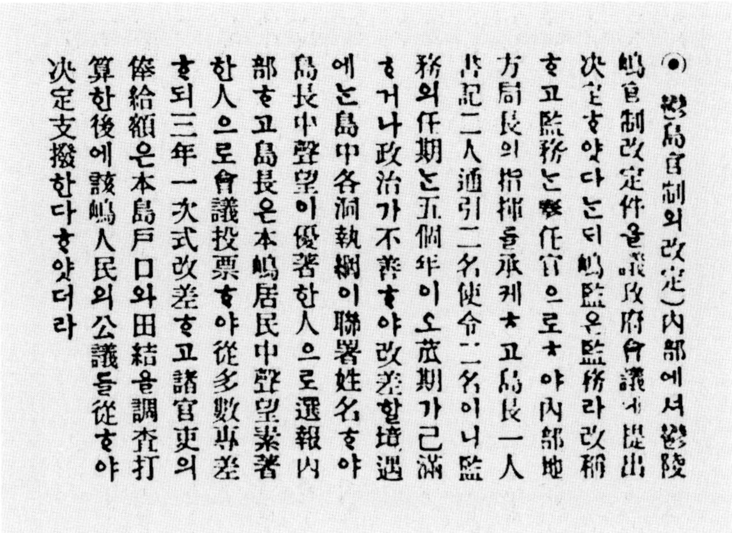

(◉鬱島官制의改定) 內部에서鬱陵島官制改定件을議政府會議에提出決定ᄒᆞ얏다ᄂᆞᆫᄃᆡ島監은監務라改稱ᄒᆞ고監務ᄂᆞᆫ奏任官으로ᄒᆞ야內部地方局長의指揮를承케ᄒᆞ고島長一人書記二人通引二名使令二名이니監務의任期ᄂᆞᆫ五個年이오任期가已滿ᄒᆞ거나政治가不善ᄒᆞ야改差할境遇에ᄂᆞᆫ島中各洞執綱이聯署姓名ᄒᆞ야島長中聲望이優著ᄒᆞᆫ人으로選報內部ᄒᆞ고島長은本島居民中聲望素著ᄒᆞᆫ人으로會議投票ᄒᆞ야從多數派差ᄒᆞ되三年一次式改差ᄒᆞ고諸官吏의俸給額은本島戶口와田結을調査打算ᄒᆞᆫ後에該島人民의公議를從ᄒᆞ야決定支撥ᄒᆞᆫ다ᄒᆞ얏더라

鬱島官制의 改定

내부에서 울릉도 관제 개정 건을 의정부 회의에 제출 결정하였다는데, 도감은 감무(監務)라 개칭하고, 감무는 주임관(奏任官)으로 하여 내부 지방국장(地方局長)의 지휘를 받게 하고, 도장(島長) 1인, 서기(書記) 2인, 통인(通引) 2명, 사령(使令) 2명이니, 감무의 임기는 5개년이요, 임기가 이미 찼거나 정치를 잘하지 못하여 개차(改差)할 경우에는 섬 중 각 동(洞)의 집강(執綱)이 성명을 연이어 서명하여 도장 중 명망이 높은 사람으로 뽑아 내부에 알리고, 도장은 섬의 거주민 중 명망이 평소에 드러난 사람으로 회의에서 투표하여 편의에 따라 다수를 따르되 3년에 1차례씩 개차하고, 여러 관리의 봉급액은 본도(本島)의 호구와 전결을 조사하고 타산한 후에 그 섬 인민의 공의(公議)를 따라서 결정하여 지불한다 하였더라.*

---

* 같은 내용의 기사로 『제국신문』 1900년 2월 27일 「울릉도 일흠을」이 있음.

(46) 1900년 3월 10일 | 황성신문

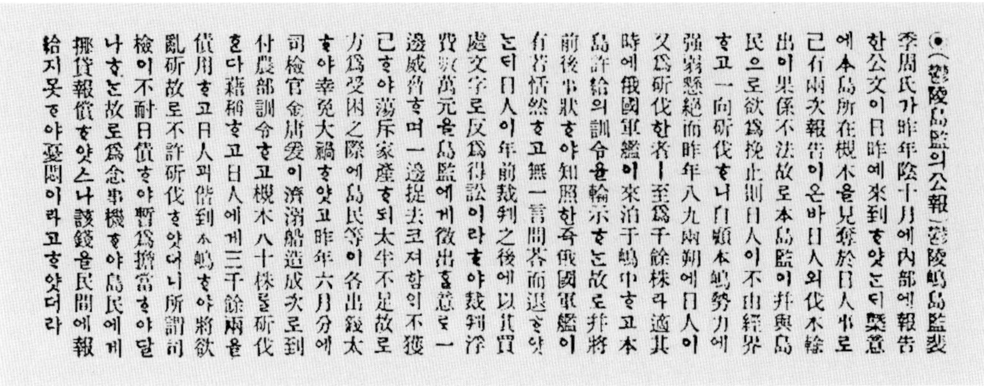

●(鬱陵島監의公報)鬱陵島島監裵
季周氏가昨年陰十月에內部에報告
한公文이日昨에來到ᄒᆞ얏ᄂᆞᆫᄃᆡ槩意
에本島所在槻木을見奪於日人事로
已有兩次報告이온바日人의伐木輸
出이果係不法故로本島監이幷與島
民으로欲爲挽止則日人이不由經界
ᄒᆞ고一向斫伐ᄒᆞ니自顧本島勢力에
强弱懸絶而昨年八九兩朔에日人이
又爲斫伐한者ㅣ至爲千餘株라適其
時에俄國軍艦이來泊于島中ᄒᆞ고本
島許給의訓令을輪示ᄒᆞᄂᆞᆫ故로幷將
前後事狀ᄒᆞ야知照한즉俄國軍艦이
有若恬然ᄒᆞ고無一言問答而退ᄒᆞ얏
ᄂᆞᆫᄃᆡ日人이年前裁判之後에以其買
處文字로反爲得訟이라ᄒᆞ야裁判浮
費數萬元을島監에게徵出ᄒᆞᆯ意로一
邊威脅ᄒᆞ며一邊捉去코져함의不獲
已ᄒᆞ야蕩斥家産ᄒᆞ되太半不足故로
方爲受困之際에島民等이各出錢太
ᄒᆞ야幸免大禍ᄒᆞ얏고昨年六月分에
司檢官金庸爰이濟溺船造成次로到
付農部訓令ᄒᆞ고槻木八十株를斫伐
ᄒᆞ다藉稱ᄒᆞ고日人에게三千餘兩을
貸用ᄒᆞ고日人과偕到本島ᄒᆞ야將欲
亂斫故로不許斫伐ᄒᆞ얏더니所謂司
檢이不耐日貸ᄒᆞ야暫爲擔當ᄒᆞ야달
나ᄒᆞᄂᆞᆫ故로爲念事機ᄒᆞ야島民에게
排貸報償ᄒᆞ얏스나該錢을民間에報
給지못ᄒᆞ야憂悶이라고ᄒᆞ얏더라

鬱陵島監의 公報

울릉도 도감 배계주씨가 지난해 음력 10월에 내부에 보고한 공문이 일전에 도착하였는데, 대강의 내용은 본도(本島)에 있는 규목을 일본인이 견탈(見奪)하는 일로 이미 두 차례 보고한 바, 일본인의 벌목 윤출(輸出)이 과연 불법이므로 본 도감이 도민과 함께 만류하고자 했으나, 일본인이 경계에 연유하지 않고 한결같이 작벌하였다. 섬의 형세를 돌이켜보면 강약이 현저하게 다르니, 지난해 8~9월 두 달 동안에 일본인이 또 작벌한 것이 1,000여 그루에 이르더라. 마침 그때 러시아 군함이 섬에 와서 정박하고 본도에 허급하는 훈령을 윤시(輪示)하므로 아울러 전후 사정을 조회하니, 러시아 군함이 만약 태연하게 한마디 말도 문답하지 않는다면 물러가라 하였는데 일본인이 작년에 재판을 한 후로 매처(買處) 문서 때문에 도리어 송사하였다 하며 재판 비용 수만 원(元)을 도감에게 징출할 뜻으로 한편으로 위협하며 한편으로 잡아가고자 하므로 마지못하여 가산을 쓸어내어도 태반이 부족한 까닭으로 곤란을 겪을 즈음에 도민들이 큰 돈을 각출하여 다행히 큰 화를 면하였다. 작년 6월분에 사검관(司檢官) 김용원(金庸爰)이 제익선(濟溺船) 조성하는 일로 농부로부터 훈령이 도달하여 규목 80그루를 작벌한다고 자칭하며, 일본인에게 3,000여 냥(兩)을 차용하고 일본인과 함께 본도에 와서 함부로 작별하고자 하므로 작별을 불허하였더니, 소위 사검관이 일본인의 채무를 견디지 못하여 잠시 담당하여 달라고 하므로 사기(事機)를 헤아려 도민에게 나대(挪貸, 남에게서 빌린 돈이나 물건을 다시 다른 사람에게 꾸어줌)하여 보상하였으나 그 돈을 민간에 갚아주지 못하여 근심한다고 하였더라.

[47] 1900년 3월 15일 | 황성신문

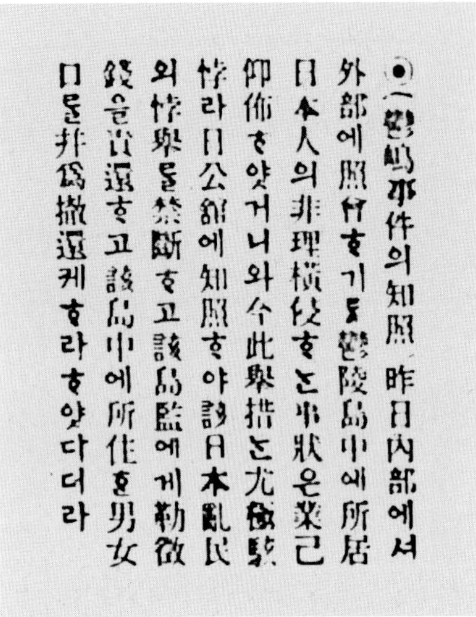

◉(鬱嶋事件의知照) 昨日內部에서
外部에照付ᄒᆞ기를鬱陵島中에所居
日本人의非理橫侵ᄒᆞᄂᆞᆫ事狀은業已
仰佈ᄒᆞ얏거니와今此擧措ᄂᆞᆫ尤極駭
悖라日公舘에知照ᄒᆞ야該日本亂民
의悖擧를禁斷ᄒᆞ고該島監에게勒徵
錢을責還ᄒᆞ고該島中에所住ᄒᆞᆫ男女
口를幷爲撤還케ᄒᆞ라ᄒᆞ얏다더라

鬱嶋事件의 知照

어제 내부에서 외부에 조회하기를, 울릉도 내에 살고 있는 일본인이 비리를 저지르고 함부로 침범한 상태는 이미 알렸는데, 지금 이러한 행동은 더욱 해패(駭悖)라. 일본 공관에 통지하여 해당 일본 난민의 패악한 행위를 금단하고, 도감에게 강제로 늑징전(勒徵錢)을 책환(責還, 빼앗아 간 사람이나 물건을 돌려달라고 요구함)하고 섬 내에 사는 남녀 인구를 모두 철환(撤還)하게 하라 하였다더라.*

---

* 같은 내용의 기사로 『제국신문』 1900년 3월 16일 「울릉도에 일본 사룸들이」가 있음.

〔48〕 1900년 3월 22일 | 황성신문

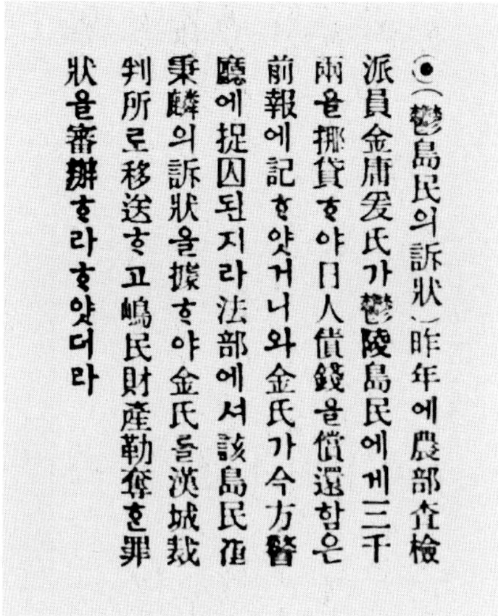
◉(鬱島民의訴狀)昨年에農部査檢派員金庸爰氏가鬱陵島民에게三千兩을挪貸ᄒᆞ야日人債錢을償還함은前報에記ᄒᆞ얏거니와金氏가今方警廳에捉囚된지라法部에셔該島民崔秉麟의訴狀을據ᄒᆞ야金氏ᄂᆞᆫ漢城裁判所로移送ᄒᆞ고嶋民財産勒奪ᄒᆞᆫ罪狀을審辦ᄒᆞ라ᄒᆞ얏더라

鬱島民의 訴狀

작년에 농부의 사검파원(査檢派員) 김용원(金庸爰)씨가 울릉도민에게 3,000냥(兩)을 나대(挪貸)하여 일본인에게 빚진 돈을 상환함은 이전 신문에 기록하였는데, 김씨(金氏)를 금방 경무청(警務廳)이 잡아 가둔지라. 법부(法部)에서 그 도민 최병린(崔秉麟)의 소장(訴狀)에 근거하여 김씨를 한성재판소로 이송하고 도민 재산을 늑탈한 죄상을 심판하라 하였더라.

[49] 1900년 3월 28일 | 제국신문

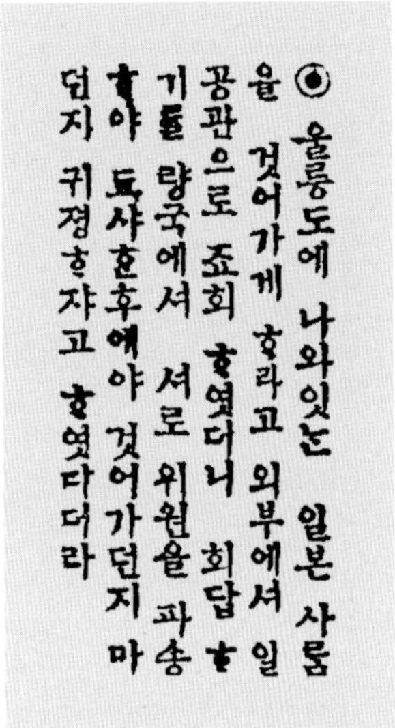
◉ 울릉도에 나와잇는 일본 사ᄅᆞᆷ을 것어가게 ᄒᆞ라고 외부에서 일공관으로 죠회 ᄒᆞ엿더니 회답ᄒᆞ기를 량국에서 서로 위원을 파숑ᄒᆞ야 됴샤ᄒᆞᆫ후에야 것어가던지 마던지 귀졍ᄒᆞ쟈고 ᄒᆞ엿다더라

울릉도에 나와 잇는

울릉도에 나와 있는 일본 사람을 걷어가게 하라고 외부에서 일본 공관으로 조회하였더니 회답하기를, 양국에서 서로 위원을 파송하여 조사한 후에야 걷어가든지 말든지 귀정하자고 하였다더라.

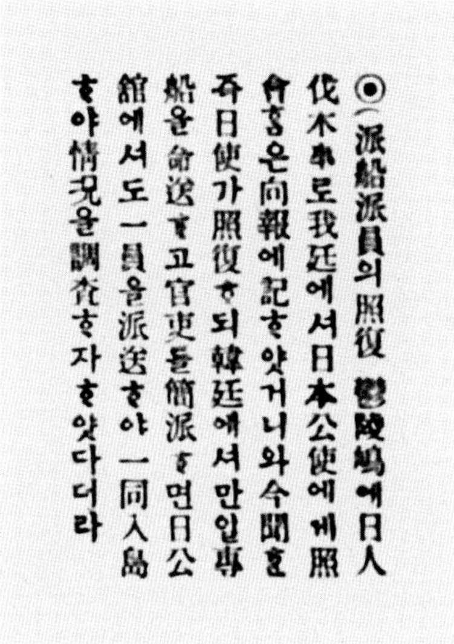

◉(派船派員의照復 鬱陵嶋에日人伐木事로我廷에셔日本公使에게照會ᄒᆞᆫ은向報에記ᄒᆞ얏거니와今聞ᄒᆞᆫ즉日使가照復ᄒᆞ되韓廷에셔만일專船을命送ᄒᆞ고官吏를簡派ᄒᆞ면日公舘에셔도一員을派送ᄒᆞ야一同入島ᄒᆞ야情況을調査ᄒᆞ자ᄒᆞ얏다더라

派船派員의 照復

울릉도에 일본인이 벌목하는 것으로 우리 조정에서 일본 공사에게 조회함은 이전 신문에 기록하였는데 지금 들으니 일본 공사가 조복(照復)하되 대한(大韓) 조정에서 만일 배를 보내게 하고 관리를 선발하여 파견하면, 일본 공관에서도 일원(一員)을 파송하여 동시에 섬으로 들어가서 정황을 조사하자 하였다더라.

(51) 1900년 5월 7일 | 제국신문

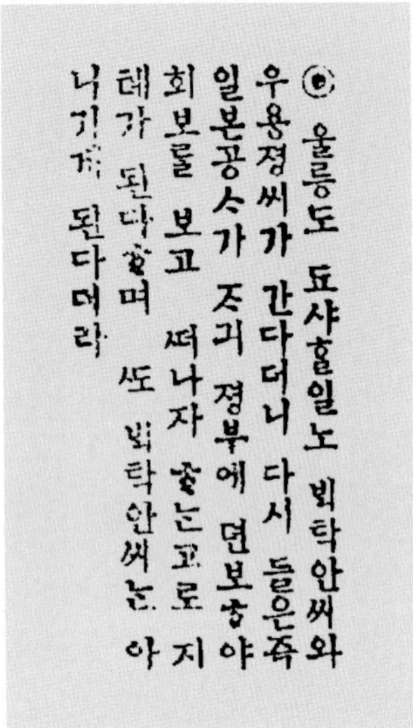

◉울릉도 됴샤홀일노 ᄇᆡᆨ탁안씨와
우용졍씨가 간다더니 다시 들은즉
일본공ᄉᆞ가 ᄌᆞ긔 졍부에 뎐보ᄒᆞ야
회보를 보고 떠나자 ᄒᆞ는고로 지
톄가 된다ᄒᆞ며 또 ᄇᆡᆨ탁안씨는 아
니가게 된다더라

울릉도 됴샤홀 일노

울릉도를 조사할 일로 백탁안(柏卓安, John Mcleavy Brown)씨와 우용정씨가 간다더니 다시 들으니 일본 공사가 자기 정부에 전보하여 회보를 보고 떠나자 하는 까닭에 지체가 된다 하며 또 백탁안씨는 안 가게 된다더라.

[52] 1900년 5월 10일 | 제국신문

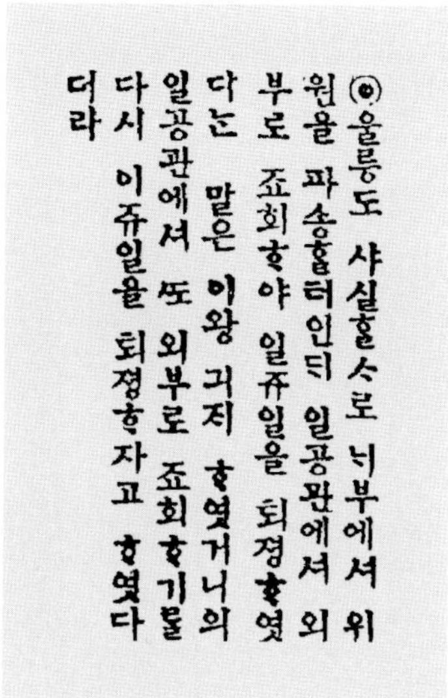
◉울릉도 샤실ᄒᆞᆯᄉᆞ로 ᄂᆡ부에셔 위원을 파송ᄒᆞᆯ터인ᄃᆡ 일공관에셔 외부로 죠회ᄒᆞ야 일쥬일을 퇴졍ᄒᆞ엿다는 말은 이왕 긔ᄌᆡ ᄒᆞ엿거니와 일공관에셔 또 외부로 죠회ᄒᆞ기를 다시 이쥬일을 퇴졍ᄒᆞ자고 ᄒᆞ엿다더라

울릉도 샤실ᄒᆞᆯ ᄉᆞ로

울릉도를 사실(査實)할 일로 내부에서 위원을 파송할 터인데 일본 공관에서 외부로 조회하여 일주일을 퇴정(退定, 기한을 뒤로 미루어 정함)하였다는 말은 이왕 기재하였는데 일본 공관에서 또 외부로 조회하기를 다시 2주일을 퇴정하자고 하였다더라.

(53) 1900년 5월 16일 | 제국신문

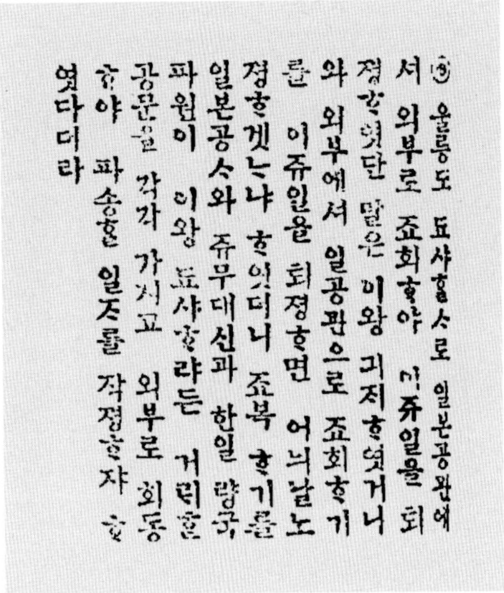
(잡) 울릉도 됴샤홀ᄉᆞ로 일본공관에셔 외부로 죠회ᄒᆞ야 이쥬일을 퇴졍ᄒᆞ엿단 말은 이왕 긔지ᄒᆞ엿거니와 외부에셔 일공관으로 죠회ᄒᆞ기를 이쥬일을 퇴졍ᄒᆞ면 어ᄂᆡ날노 졍ᄒᆞ겟ᄂᆞ냐 ᄒᆞ엿더니 죠복ᄒᆞ기를 일본공ᄉᆞ와 쥬무대신과 한일 량국 파원이 이왕 됴샤ᄒᆞ랴든 거래ᄒᆞᆫ 공문을 각각 가지고 외부로 회동ᄒᆞ야 파송ᄒᆞᆯ 일ᄌᆞ를 작졍ᄒᆞ자 ᄒᆞ엿다더라

울릉도 됴샤홀 ᄉᆞ로

울릉도 조사할 일로 일본 공관에서 외부로 조회하여 2주일을 퇴정(退定)하였단 말은 이왕 기재하였는데 외부에서 일본 공관으로 조회하기를 2주일을 퇴정하면 어느 날로 정하겠느냐 하였더니 조복(照覆)하기를, 일본 공사와 주무대신(主務大臣)과 한일(韓日) 양국 파원이 이왕 조사하려고 거래한 공문을 각각 가지고 외부로 회동하여 파송할 일자를 작정하자 하였다더라.

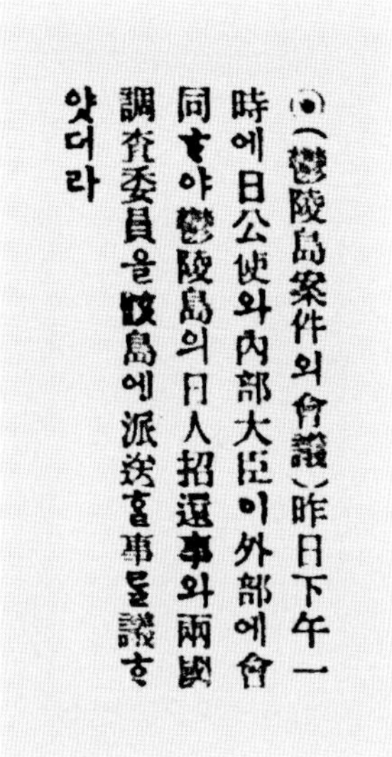

◉(鬱陵島案件의會議)昨日下午一時에日公使와內部大臣이外部에會同ᄒᆞ야鬱陵島의日人招還事와兩國調査委員을該島에派送ᄒᆞᆯ事ᄅᆞᆯ議ᄒᆞ얏더라

鬱陵島案件의 會議

어제 오후 1시에 일본 공사와 내부대신이 외부에 회동하여 울릉도에 일본인을 불러들이는 것과 양국 조사위원(調査委員)을 그 섬에 파송하는 것을 의논하였더라.

(55) 1900년 5월 24일 | 제국신문

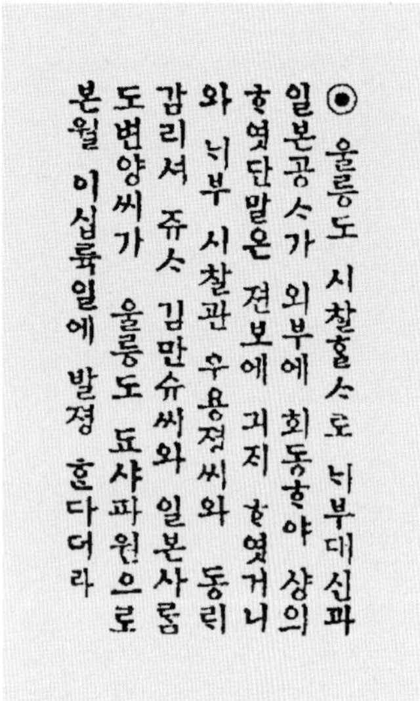
◉ 울릉도 시찰ᄒᆞᆯ ᄉᆞ로 ᄂᆡ부대신과
일본공ᄉᆞ가 외부에 회동ᄒᆞ야 샹의
ᄒᆞ엿단말은 젼보에 긔지 ᄒᆞ엿거니
와 ᄂᆡ부 시찰관 우용졍씨와 동ᄅᆡ
감리셔 쥬ᄉᆞ 김만슈씨와 일본사ᄅᆞᆷ
도변양씨가 울릉도 됴샤파원으로
본월 이십륙일에 발졍 ᄒᆞᆫ다더라

울릉도 시찰ᄒᆞᆯ ᄉᆞ로

울릉도 시찰할 일로 내부대신과 일본 공사가 외부에 회동하여 상의하였단 말은 이전 신문에 기재하였고, 내부 시찰관 우용정씨와 동래(東萊) 감리서(監理署) 주사(主事) 김만수*씨와 일본사람 도변양(渡邊陽, 와타나베 요우)씨가 울릉도 조사 파원으로 이달 26일에 출발한다더라.

---

* 『제국신문』 원문은 '김만슈'로 표기됨. 실제 인물은 '김면수(金冕秀)'가 맞아서 바로잡음.

[56] 1900년 5월 24일 | 황성신문

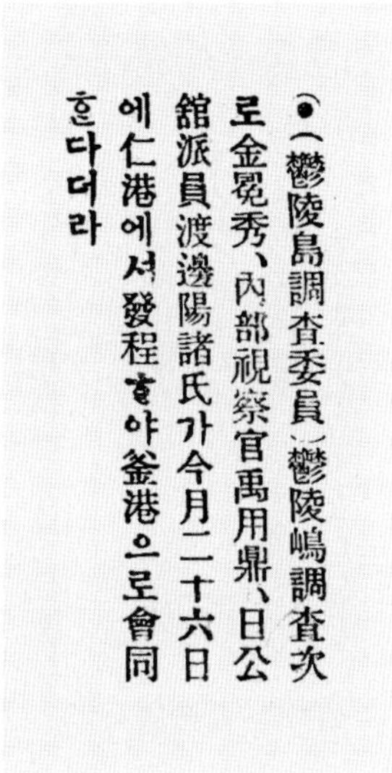

◉(鬱陵島調査委員)鬱陵嶋調査次로金冕秀、內部視察官禹用鼎、日公舘派員渡邊陽諸氏가今月二十六日에仁港에서發程ᄒᆞ야釜港으로會同ᄒᆞᆫ다더라

鬱陵島調査委員

울릉도 조사차 김면수, 내부 시찰관 우용정, 일본 공관 파원(派員) 도변양(渡邊陽)씨가 이달 26일에 인천항에서 출발하여 부산항으로 회동한다더라.

[57] 1900년 6월 15일 | **황성신문**

◉(視察還到)內部視察官禹用鼎氏一行이鬱陵島에視察ᄒᆞ고三昨日釜港에還到ᄒᆞ얏더라

視察還到

내부 시찰관 우용정씨 일행이 울릉도에 시찰하고 3일 전 부산항에 돌아와서 정박하였더라.

(58) 1900년 6월 18일 | 제국신문

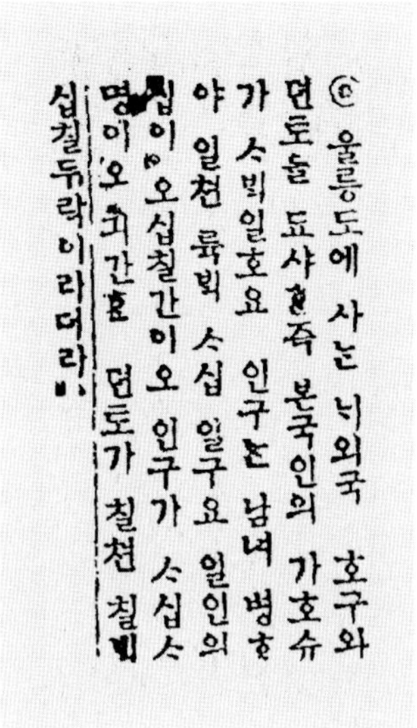

◎울릉도에 사는 ᄂᆡ외국 호구와
뎐토를 됴샤ᄒᆞᆫ즉 본국인의 가호슈
가 ᄉᆞᄇᆡᆨ일호요 인구ᄂᆞᆫ 남녀 병ᄒᆞ
야 일천 륙ᄇᆡᆨ ᄉᆞ십 일구요 일인의
집이오십칠간이오 인구가 ᄉᆞ십ᄉᆞ
명이오 ᄀᆡ간ᄒᆞᆫ 뎐토가 칠천 칠ᄇᆡᆨ
십칠두락이라더라

울릉도에 사는 ᄂᆡ외국 호구와

울릉도에 사는 내외국 호구와 전토를 조사하니, 우리나라 사람의 가호(家戶) 수가 401호요, 인구는 남녀 합하여 1,641명이요, 일본인의 집이 57간(間)이요, 인구가 44명이오, 개간한 전토가 7,717두락이라더라.

[59] 1900년 6월 18일 | 황성신문

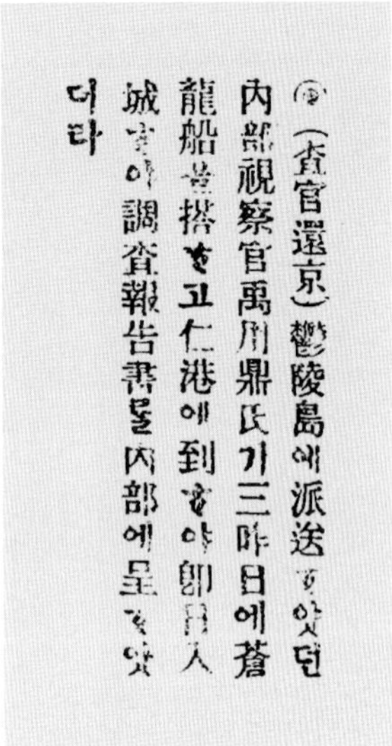
◎(査官還京)鬱陵島에派送ᄒᆞ얏던
內部視察官禹用鼎氏가三昨日에蒼
龍船을搭ᄒᆞ고仁港에到ᄒᆞ야卽日入
城ᄒᆞ야調査報告書를內部에呈ᄒᆞ얏
더라

查官還京

울릉도에 파송하였던 내부 시찰관 우용정씨가 3일 전에 창룡선(蒼龍船)을 탑승하고 인천항에 도착하여 그날 입성하여 조사 보고서를 내부에 드렸다더라.

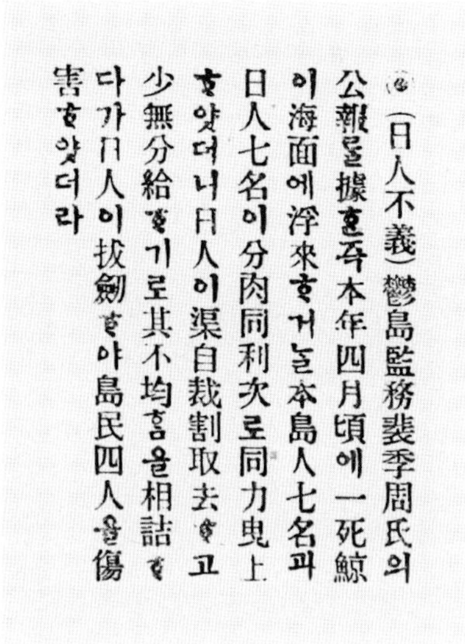

(日人不義)鬱島監務裵季周氏의公報를據ᄒᆞᆫ즉本年四月頃에一死鯨이海面에浮來ᄒᆞ거ᄂᆞᆯ本島人七名과日人七名이分肉同利次로同力曳上ᄒᆞ얏더니日人이渠自裁割取去ᄒᆞ고少無分給ᄒᆞ기로其不均ᄒᆞᆷ을相詰ᄒᆞ다가日人이拔劍ᄒᆞ야島民四人을傷害ᄒᆞ얏더라

日人不義

울도(鬱島) 감무 배계주씨의 공보(公報)를 따르면 올해 4월경에 죽은 고래 1마리가 해면에 떠올라 왔는데 본 도민 7명과 일본인 7명이 고기를 나누고 함께 이익을 취하려고 힘을 합하여 위로 끌었더니, 일본인이 갈라서 나누어 가져가고 조금도 분급하지 않기로 불균등함을 서로 따지다가 일본인이 칼을 뽑아 도민 4명을 상해하였더라.*

* 같은 내용의 기사로 『제국신문』 1900년 6월 18일 「지난돌 초싱에 울릉도 히변에」가 있음.

[61] 1900년 6월 20일 | 황성신문

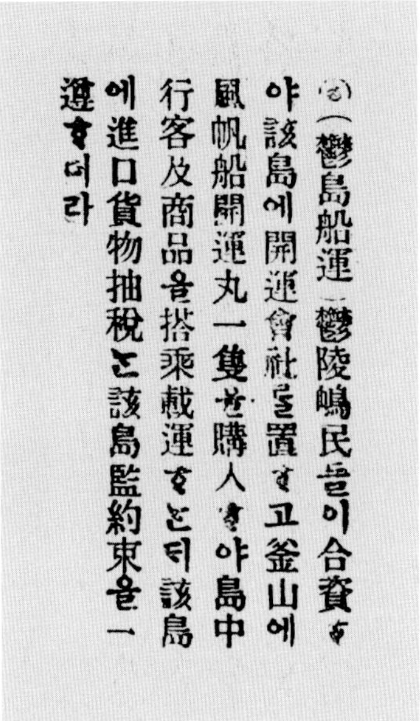

◎(鬱島船運)鬱陵嶋民들이合資ᄒᆞ야該島에開運會社를置ᄒᆞ고釜山에風帆船開運丸一隻을購入ᄒᆞ야島中行客及商品을搭乘載運ᄒᆞᄂᆞᆫᄃᆡ該島에進口貨物抽稅ᄂᆞᆫ該島監約束을一遵ᄒᆞ더라

鬱島船運

울릉도민들이 합자(合資)하여 그 섬에 개운회사(開運會社)를 설치하고, 부산에 풍범선(風帆船) 개운환(開運丸) 한 척을 구입하여 섬 내 행객(行客)과 상품을 탑승하고 실어 나르는데, 그 섬에 입항하는 화물에 징수하는 세금은 해당 도감이 약속을 한결같이 준수하더라.

(62) 1900년 6월 25일 | 황성신문

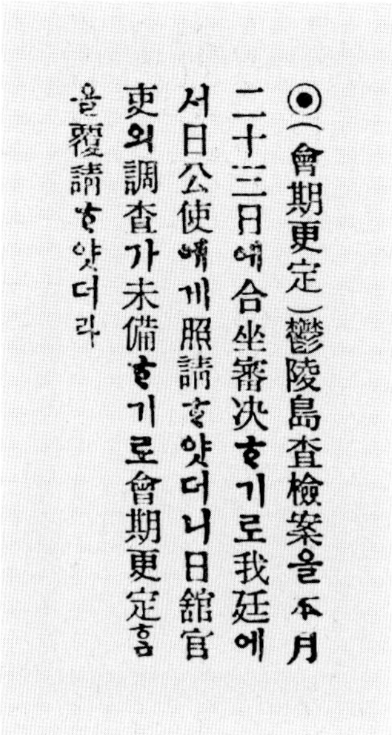

◉(會期更定)鬱陵島査檢案을本月
二十三日에合坐審決ᄒᆞ기로我廷에
서日公使에게照請ᄒᆞ얏더니日舘官
吏의調査가未備ᄒᆞ기로會期更定ᄒᆞᆷ
을覆請ᄒᆞ얏더라

會期更定

울릉도 사검안(査檢案)을 이달 23일에 합좌(合坐)하여 살펴 결정하기로 우리 조정에서 일본 공사에게 조회로 청하였더니, 일본 공관(公舘) 관리의 조사가 미비하기로 모이는 기일을 다시 정하자고 복청(覆請)하였더라.

[63] 1900년 6월 28일 | 제국신문

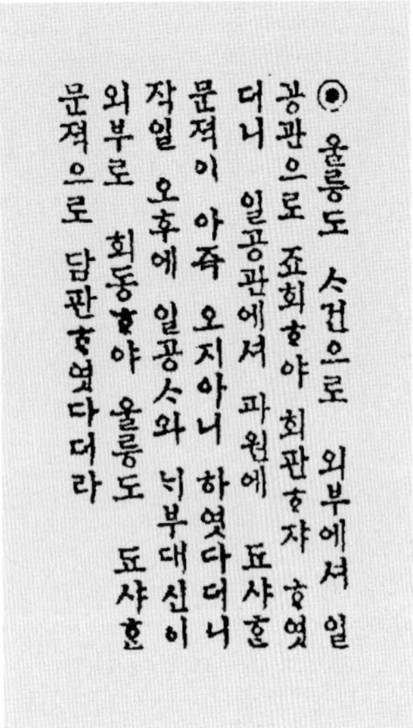

◉ 울릉도 ᄉᆞ건으로 외부에셔 일
공관으로 죠회ᄒᆞ야 회판ᄒᆞ쟈 ᄒᆞ엿
더니 일공관에셔 파원에 됴샤ᄒᆞᆫ
문젹이 아쥭 오지아니 하엿다더니
작일 오후에 일공ᄉᆞ와 닉부대신이
외부로 회동ᄒᆞ야 울릉도 됴샤ᄒᆞᆫ
문젹으로 담판ᄒᆞ엿다더라

울릉도 ᄉᆞ건으로

울릉도 사건으로 외부에서 일본 공관으로 조회하여 회판하자 하였더니, 일본 공관에서 파원에 조사한 문적이 아직 오지 않았다더니, 어제 오후에 일본 공사와 내부대신이 외부로 회동하여 울릉도 조사한 문적으로 담판하였다더라.*

---

* 같은 내용의 기사로 『황성신문』 1900년 6월 28일 「鬱陵 調査案의 會議」가 있음.

[64] 1900년 6월 29일 | 제국신문

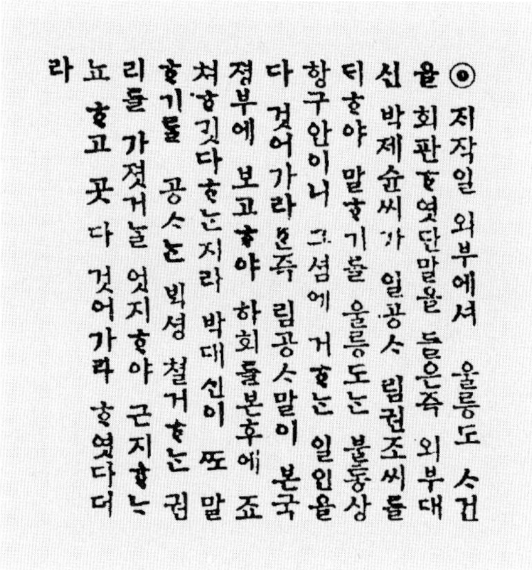
◉지작일 외부에셔 울릉도 ᄉᆞ건을 회판ᄒᆞ엿단말을 듯은즉 외부대신 박제슌씨가 일공ᄉᆞ 림권조씨ᄃᆞ려 ᄃᆡᄒᆞ야 말ᄒᆞ기ᄅᆞᆯ 울릉도ᄂᆞᆫ 불통상항구안이니 그셤에 거ᄒᆞᄂᆞᆫ 일인을 다 것어가라ᄒᆞᆫ즉 림공ᄉᆞ말이 본국졍부에 보고ᄒᆞ야 하회ᄅᆞᆯ본후에 죠쳐ᄒᆞ깃다ᄒᆞᄂᆞᆫ지라 박대신이 또 말ᄒᆞ기ᄅᆞᆯ 공ᄉᆞᄂᆞᆫ ᄇᆡᆨ셩 철거ᄒᆞᄂᆞᆫ 권리ᄅᆞᆯ 가졋거ᄂᆞᆯ 엇지ᄒᆞ야 근지ᄒᆞᄂᆞ뇨 ᄒᆞ고 곳 다 것어가라 ᄒᆞ엿다더라

지작일 외부에셔 울릉도 ᄉᆞ건을

그저께 외부에서 울릉도 사건을 회판하였단 말을 들으니, 외부대신 박제순(朴齊純)씨가 일본 공사(公使) 임권조(林權助)씨를 대하여 말하기를, 울릉도는 통상하지 않는 항구의 안이니 그 섬에 사는 일본인을 다 걷어가라고 하니, 임(林) 공사의 말이 일본 정부에 보고하여 하회(下回)를 본 후에 조치하겠다고 하는지라. 박(朴) 대신이 또 말하기를, 공사는 백성을 철거하는 권리를 가졌는데 어찌하여 근지(靳持, 마음이 내키지 않아 미룸)하느냐 하고 곧 다 걷어가라 하였다더라.

(65) 1900년 6월 29일 | 황성신문

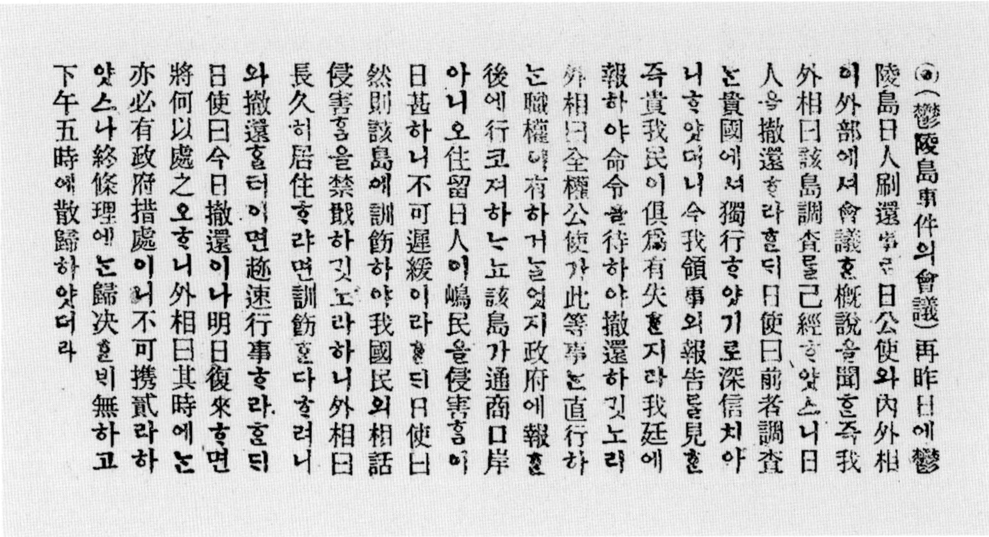

(鬱陵島事件의會議) 再昨日에鬱陵島日人刷還事로日公使와內外相이外部에셔會議ᄒᆞᆫ槪說을聞ᄒᆞᆫ즉我外相曰該島調査ᄅᆞᆯ已經ᄒᆞ얏ᄉᆞ니日人을撤還ᄒᆞ라ᄒᆞᆫᄃᆡ日使曰前者調査ᄂᆞᆫ貴國에셔獨行ᄒᆞ얏기로深信치아니ᄒᆞ얏더니今我領事의報告ᄅᆞᆯ見ᄒᆞᆫ즉貴我民이俱爲有失ᄒᆞᆫ지라我廷에報ᄒᆞ야命令을待ᄒᆞ야撤還ᄒᆞ깃노라外相曰全權公使가此等事ᄂᆞᆫ直行ᄒᆞᄂᆞᆫ職權이有ᄒᆞ거ᄂᆞᆯ엇지政府에報ᄒᆞᆫ後에行코져ᄒᆞᄂᆞ뇨該島가通商口岸아니오住留日人이嶋民을侵害ᄒᆞᆷ이日甚ᄒᆞ니不可遲緩이라ᄒᆞᆫᄃᆡ日使曰然則該島에訓飭ᄒᆞ야我國民의相話侵害ᄒᆞᆷ을禁戢ᄒᆞ깃노라ᄒᆞ니外相曰長久히居住ᄒᆞ랴면訓飭ᄒᆞᆫ다ᄒᆞ려니와撤還ᄒᆞᆯ터이면趂速行事ᄒᆞ라ᄒᆞᆫᄃᆡ日使曰今日撤還이나明日復來ᄒᆞ면將何以處之오ᄒᆞ니外相曰其時에ᄂᆞᆫ亦必有政府措處이니不可携貳라ᄒᆞ얏ᄉᆞ나終條理에ᄂᆞᆫ歸決ᄒᆞᆫ비無ᄒᆞ고下午五時에散歸ᄒᆞ얏더라

鬱陵島事件의 會議

그저께 울릉도의 일본인 쇄환하는 일로 일본 공사와 내외상(內外相)이 외부에서 회의한 개설을 들은즉, 우리(대한제국) 외상(外相)이 말하기를 "그 섬 조사를 이미 마쳤으니 일본인을 철환하라" 하는데, 일본 공사가 말하기를 "이전의 조사는 귀국(貴國)에서 독행(獨行)하였기로 길이 신뢰하지 아니하였더니 지금 우리나라(일본) 영사(領事)의 보고를 본즉 우리나라(일본) 백성이 모두 잘못이 있는지라, 우리(일본) 조정에서 보고하여 명령을 기다리고 철환하겠노라" 하니, 외상이 말하기를 "전권공사(全權公使)가 이러한 일들을 직행(直行)하는 직권이 있는데 어찌 정부에 보고한 후에 행하고자 하는가. 그 섬이 통상하는 항구가 아니요, 주류하는 일본인이 도민을 침해함이 날로 심해지니 지체할 수 없다" 하는데, 일본 공사가 말하기를 "그러면 그 섬에 훈칙하여 우리(일본) 국민에게 침해를 금즙(禁戢, 어떤 사람을 물리치거나 일을 하지 못하도록 막음)한다고 말하겠다" 하니, 외상이 말하기를 "오래 거주하려면 훈칙한다 하고 철환

할 터이면 속히 행사하라" 하는데, 일본 공사가 말하기를 "오늘 철환하나 내일 다시 오면 장차 어떻게 처리하겠습니까" 하니, 외상이 말하기를 "그때는 또 반드시 정부의 조처가 있으니 휴이(携貳)하지 말라" 하였으나 종조리(終條理, 일이나 행동 따위를 마무리하는 조리)에는 귀결한 바 없고 오후 5시에 흩어져 돌아갔다더라.

[66] 1900년 7월 7일 | 제국신문

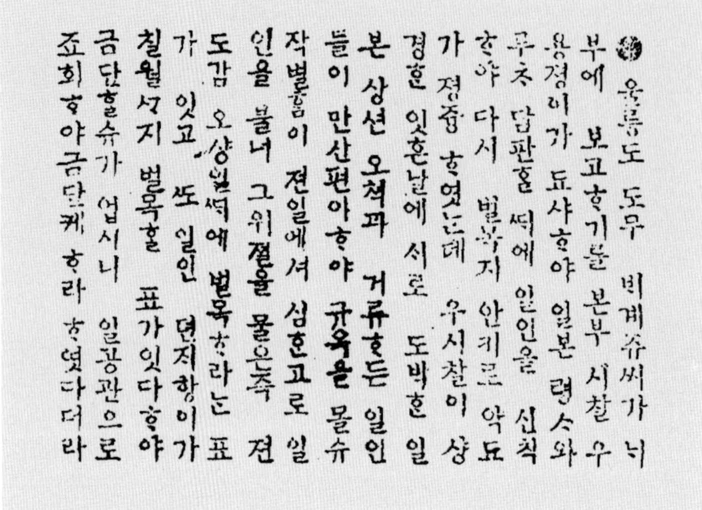

◎울릉도 도무 ᄇᆡ계쥬씨가 ᄂᆡ
부에 보고ᄒᆞ기를 본부 시찰 우
용졍이가 됴샤ᄒᆞ야 일본 령ᄉᆞ와
루차 담판ᄒᆞᆯ ᄯᅢ에 일인을 신칙
ᄒᆞ야 다시 벌목지 안키로 약됴
가 졍즁ᄒᆞ엿ᄂᆞᆫ데 우시찰이 상
경ᄒᆞᆫ 잇흔날에 ᄉᆡ로 도박ᄒᆞᆫ 일
본 상션 오쳑과 거류ᄒᆞ든 일인
들이 만산편야ᄒᆞ야 규옥을 몰슈
작벌ᄒᆞᆷ이 젼일에셔 심ᄒᆞᆫ고로 일
인을 불너 그 위졀을 물은즉 젼
도감 오상일ᄯᅢ에 벌목ᄒᆞ라는 표
가 잇고 또 일인 뎐지항이가
칠월ᄭᅡ지 벌목ᄒᆞᆯ 표가 잇다ᄒᆞ야
금단ᄒᆞᆯ슈가 업시니 일공관으로
죠회ᄒᆞ야 금단케 ᄒᆞ라 ᄒᆞ엿다더라

울릉도 도무 ᄇᆡ계쥬씨가

울릉도 도무(島務) 배계주씨가 내부에 보고하기를, 본부 시찰 우용정이 조사하여 일본 영사와 누차 담판할 때에 일본인을 신칙(申飭)하여 다시 벌목하지 않기로 약조가 정중하였는데, 우(禹) 시찰이 상경한 이틀날에 새로 도박한 일본 상선 5척과 거류하던 일본인들이 온 산과 들을 돌아다니며 규목을 몰수하고 작벌함이 전일보다 심하므로 일본인을 불러 그 곡절을 물으니, 전 도감 오상일 때에 벌목하라는 표가 있고 또 일본인 전재항(田在恒)이 7월까지 벌목할 표가 있다 하여 금단할 수가 없으니 일본 공관으로 조회하여 금단하게 하라 하였다더라.

(67) 1900년 7월 7일 | 황성신문

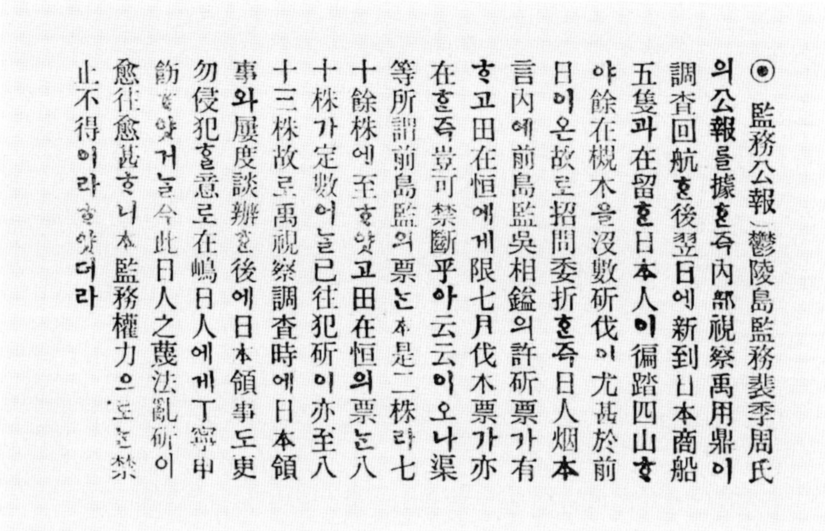

◉監務公報）鬱陵島監務裵季周氏의公報를據혼즉內部視察禹用鼎이調査回航혼後翌日에新到日本商船五隻과在留혼日本人이徧踏四山혼야餘在槻木을沒數斫伐이尤甚於前日이온故로招問委折혼즉日人烟本言內에前島監吳相鎰의許斫票가有혼고田在恒에게限七月伐木票가亦在혼즉豈可禁斷乎아云云이오나渠等所謂前島監의票는本是二株라七十餘株에至혼얏고田在恒의票는八十株가定數어늘已往犯斫이亦至八十三株故로禹視察調査時에日本領事와屢度談辦혼後에日本領事도更勿侵犯혼意로在嶋日人에게丁寧申飭혼얏거늘今此日人之蔑法亂斫이愈往愈甚혼니本監務權力으로는禁止不得이라혼얏더라

監務公報

울릉도 감무 배계주씨의 공보(公報)를 따르면, 내부 시찰 우용정이 조사하고 회항한 후 다음날에 새로 도착한 일본 상선 5척과 재류한 일본인이 사방의 산을 두루 돌아다니며 남은 규목을 몰수하여 작벌함이 전일보다 더욱 심한 까닭에 곡절을 초문(招問)하니 일본인 연본(烟本, 게부리모토)이 말하기를, "전 도감 오상일의 작벌을 허가하는 표가 있고 전재항(田在恒)에게 7월에 한하여 벌목하는 표가 또한 있으니 어찌 금단할 수 있는가"라고 운운하니, 소위 전 도감의 표는 본래 2그루인데 70여 그루에 이르렀고 전재항의 표는 80그루가 정해진 수량인데, 이왕 불법으로 벤 것이 또한 83그루에 달하므로 우용정이 시찰 조사할 때에 일본 영사와 여러 번 담판한 후에 일본 영사도 다시 침범하지 말라는 뜻으로 섬에 사는 일본인에게 정녕 신칙하였다. 그런데 지금 이 일본인들이 법을 무시하고 난작(亂斫)함이 갈수록 더욱 심해지니 본 감무의 권력으로는 금지할 수가 없다 하였더라.

(68) 1900년 7월 16일 | **황성신문**

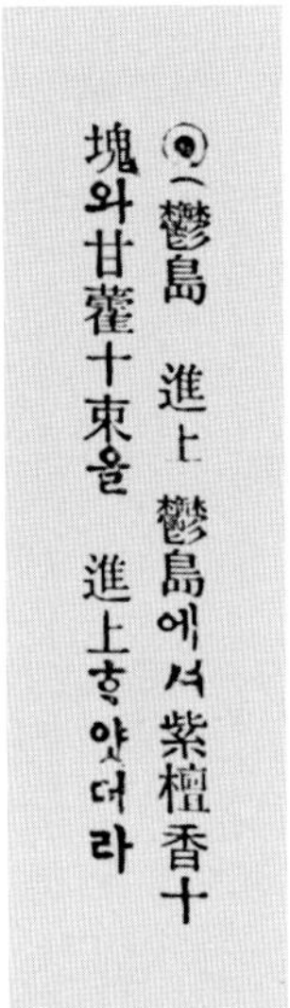
◎(鬱島 進上) 鬱島에셔紫檀香十塊와甘藿十束을 進上ᄒᆞ얏더라

鬱島進上

울도에서 자단향(紫檀香) 10덩이와 감곽(甘藿, 미역) 10속(束)을 진상하였더라.

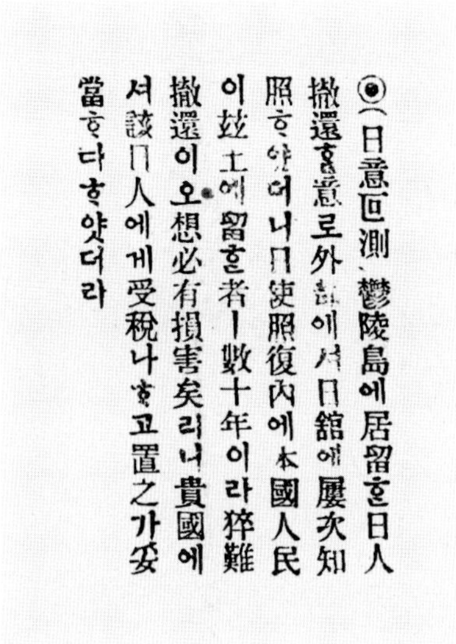

◉(日意叵測)鬱陵島에居留ᄒᆞᆫ日人撤還ᄒᆞᆯ意로外部에서日舘에屢次知照ᄒᆞ얏더니日使照復內에本國人民이玆土에留ᄒᆞᆫ者ㅣ數十年이라猝難撤還이오想必有損害矣리니貴國에셔該日人에게受稅나ᄒᆞ고置之가妥當ᄒᆞ다ᄒᆞ얏더라

日意叵測

울릉도에 거류하는 일본인을 철환할 뜻으로 외부에서 일본 공관에 누차 통지하였더니, 일본 공사가 조회하여 회답하기를, 일본 인민이 이 땅에 머무른 지가 수십 년이라 갑자기 철환하는 것은 어려움이요, 생각건대 반드시 손해가 있으리니 귀국에서 그 일본인에게 수세(受稅)나 하고 그냥 두는 것이 타당하다 하였더라.

(70) 1900년 9월 14일 | 황성신문

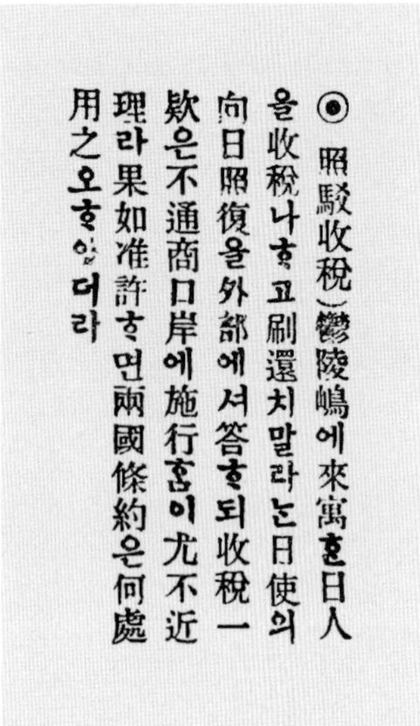
◉ (照駁收稅)鬱陵嶋에來寓ᄒᆞᆫ日人을收稅나ᄒᆞ고刷還치말라ᄂᆞᆫ日使의向日照復을外部에셔答ᄒᆞ되收稅一欵은不通商口岸에施行ᄒᆞᆷ이尤不近理라果如准許ᄒᆞ면兩國條約은何處用之오ᄒᆞ얏더라

照駁收稅

울릉도에 내우한 일본인을 수세(收稅)나 하고 쇄환하지 말라는 일본 공사의 지난번 조복[照復, 물어 온 조회(照會)에 회답함]을 외부(外部)에서 답하되, 수세의 한 조항은 통상하지 않는 항구에 시행함이 더욱 이치에 맞지 않는지라 과연 허락하여 준다면 양국 조약은 어디에 쓰겠는가 하였더라.

(71) 1900년 9월 18일 | 황성신문

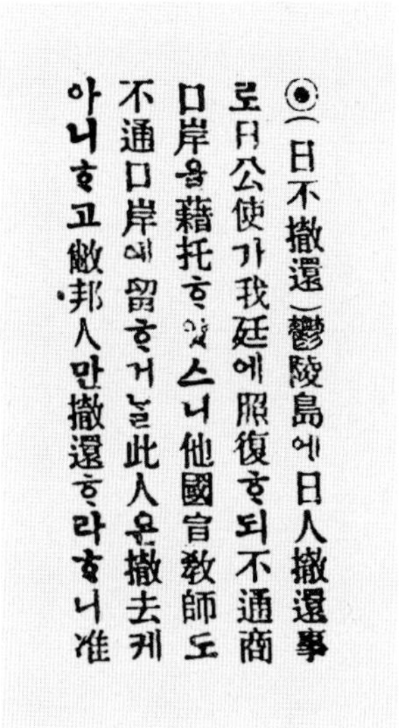
◉(日不撤還)鬱陵島에日人撤還事로日公使가我廷에照復ᄒᆞ되不通商口岸을藉托ᄒᆞ얏ᄉᆞ니他國宣教師도不通口岸에留ᄒᆞ거ᄂᆞᆯ此人은撤去케아니ᄒᆞ고敝邦人만撤還ᄒᆞ라ᄒᆞ니准

日不撤還

울릉도에 일본인 철환하는 일로 일본 공사가 우리 조정에 조복하되, 통상하지 않는 항구라는 구실을 삼더니 다른 나라 선교사도 통상하지 않는 항구에 머무르는데, 이 사람들은 철거하게 아니하고 우리나라 사람만 철환하라 하니 준행하지 못하겠다 하였더라.

[72] 1900년 10월 2일 | 제국신문

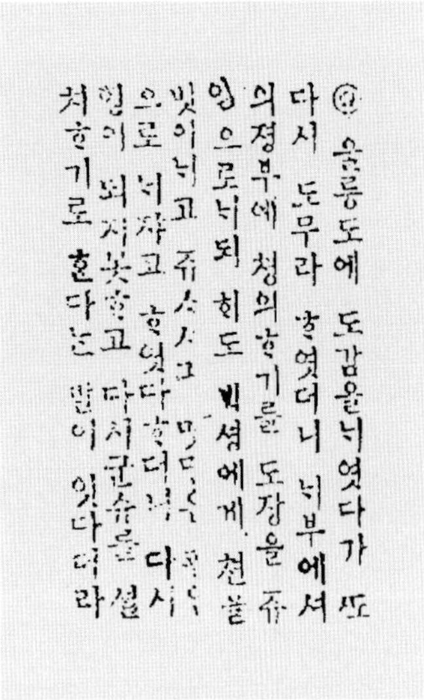

◎울릉도에 도감을닉엿다가 또
다시 도무라 ᄒᆞ엿더니 닉부에셔
의정부에 청의ᄒᆞ기를 도장을 쥬
임으로닉되 히도 빅셩에게 쳔을
밧아닉고 쥬ᄉᆞ셔긔 몃명은 판
임으로 닉자고 ᄒᆞ엿다 ᄒᆞ더니 다시
시ᄒᆡᆼ이 되지못ᄒᆞ고 다시군슈를 셜
치ᄒᆞ기로 ᄒᆞᆫ다ᄂᆞᆫ 말이 잇다더라

울릉도에 도감을 닉엿다가

울릉도에 도감을 내었다가 또 다시 도무라 하였더니 내부에서 의정부에 청의(請議)하기를, 도장을 주임(奏任)으로 내되, 그 섬 백성에게 추천을 받아내고 주사(主事), 서기(書記) 몇 명은 판임(判任)으로 내자고 하였다 하더니, 다시 시행이 되지 못하고 다시 군수(郡守)를 설치하기로 한다는 말이 있더라.

(73) 1900년 10월 8일 | 황성신문

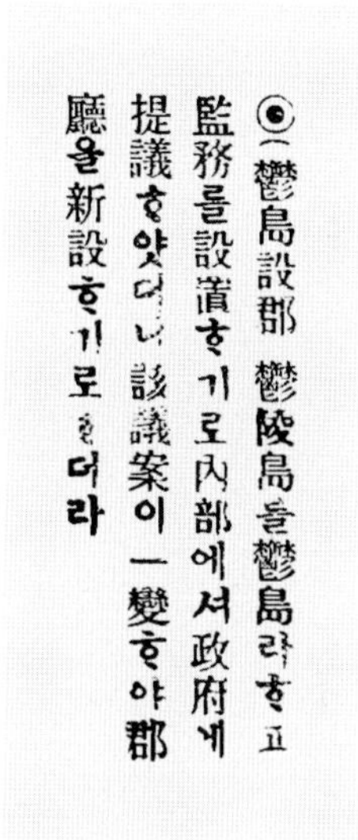
◉鬱島設郡 鬱陵島를鬱島라ᄒᆞ고監務를設置ᄒᆞ기로內部에셔政府에提議ᄒᆞ얏더니該議案이一變ᄒᆞ야郡廳을新設ᄒᆞ기로ᄒᆞ더라

鬱島設郡

울릉도를 울도라 하고 감무를 설치하기로 내부에서 의정부에 제의하였더니, 그 의안이 일변하여 군청(郡廳)을 신설하기로 하더라.*

---

* 같은 내용의 기사로 『제국신문』 1900년 10월 9일 「울릉도를 울도로 곳치고」가 있음.

(74) 1900년 10월 13일 | 제국신문

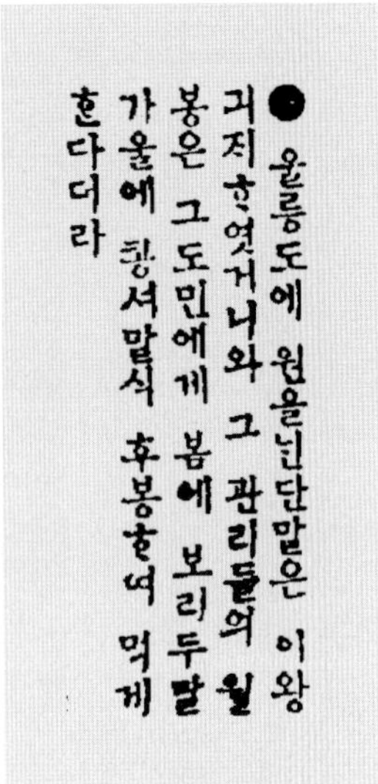
● 울릉도에 원을ᄂᆡᆫ단말은 이왕 긔지ᄒᆞ엿거니와 그 관리들의 월봉은 그도민에게 봄에 보리두말 가을에 콩서말식 후봉ᄒᆞ며 먹게 ᄒᆞᆫ다더라

울릉도에 원을 ᄂᆡᆫ단

울릉도에 원을 낸다는 말은 이왕 기재하였고, 그 관리들의 월봉(月俸)은 그 도민에게 봄에 보리 2말, 가을에 콩 3말씩 후봉(後俸)하여 먹게 한다더라.

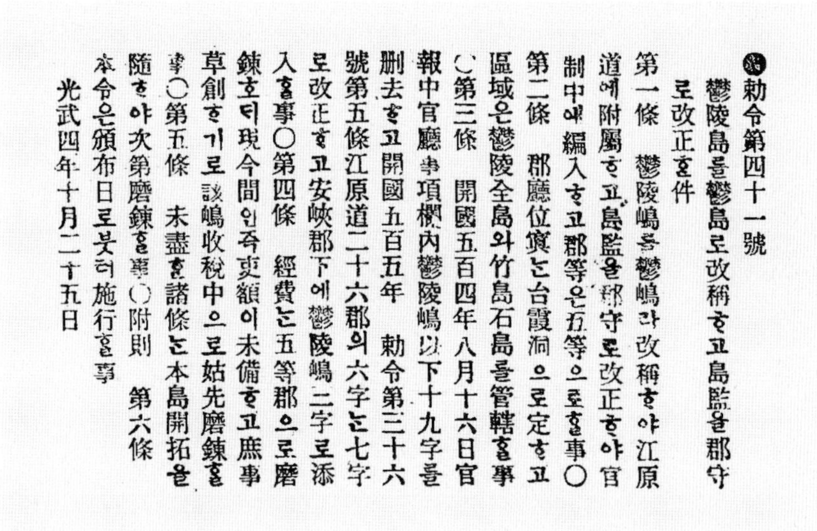
◎勅令第四十一號
鬱陵島를鬱島로改稱ᄒᆞ고島監을郡守
로改正ᄒᆞᆫ件
第一條　鬱陵嶋를鬱嶋라改稱ᄒᆞ야江原
道에附屬ᄒᆞ고島監을郡守로改正ᄒᆞ야官
制中에編入ᄒᆞ고郡等은五等으로ᄒᆞᆯ事○
第二條　郡廳位寘ᄂᆞᆫ台霞洞으로定ᄒᆞ고
區域은鬱陵全島와竹島石島를管轄ᄒᆞᆯ事
○第三條　開國五百四年八月十六日官
報中官廳事項欄內鬱陵嶋以下十九字를
刪去ᄒᆞ고開國五百五年　勅令第三十六
號第五條江原道二十六郡의六字ᄂᆞᆫ七字
로改正ᄒᆞ고安峽郡下에鬱陵嶋三字로添
入ᄒᆞᆫ事○第四條　經費ᄂᆞᆫ五等郡으로磨
鍊ᄒᆞ되現今間인즉吏額이未備ᄒᆞ고庶事
草創ᄒᆞ기로該嶋收稅中으로姑先磨鍊ᄒᆞᆯ
事○第五條　未盡ᄒᆞᆫ諸條ᄂᆞᆫ本島開拓을
隨ᄒᆞ야次第磨鍊ᄒᆞᆯ事○附則　第六條
本令은頒布日로부터施行ᄒᆞᆯ事
光武四年十月二十五日

勅令第四十一號

울릉도를 울도로 개칭하고 도감을 군수로 개정한 건

제1조 울릉도를 울도라 개칭하여 강원도에 부속하고 도감을 군수로 개정하여 관제 중에 편입하고 군등(郡等)은 5등(等)으로 할 것.

제2조 군청(郡廳) 위치는 태하동(台霞洞)으로 정하고 구역은 울릉전도(鬱陵全島)와 죽도(竹島), 석도(石島)를 관할할 것.

제3조 개국(開國) 504년(1895) 8월 16일 관보(官報) 중 관청사항란 내의 울릉도 이하 19자(字)를 산거(刪去)하고 개국 505년(1896) 칙령 제36호 제5조 강원도 26군의 6자는 7자로 개정하고 안협군(安峽郡) 아래에 울릉도* 세 글자를 첨입(添入)할 것.

* 『황성신문』은 '울릉도(鬱陵嶋)'이나, 실제 『勅令 第四十一號』(各部請議書存案 17)에서는 '울도군(鬱島郡)'으로 명기됨.

제4조 경비는 5등군(等郡)으로 마련하되, 당분간은 이액(吏額)이 미비하고 여러 가지 일이 초창(草創)하기로 해당 섬의 수세(收稅)로 우선 마련할 것.

제5조 미진한 여러 조목은 본도(本島) 개척을 따라 차례로 마련할 것.

부칙(附則)

제6조 본령(本令)은 반포일로부터 시행할 것.

광무(光武) 4년(1900) 10월 25일.

(76) 1900년 11월 30일 | **황성신문**

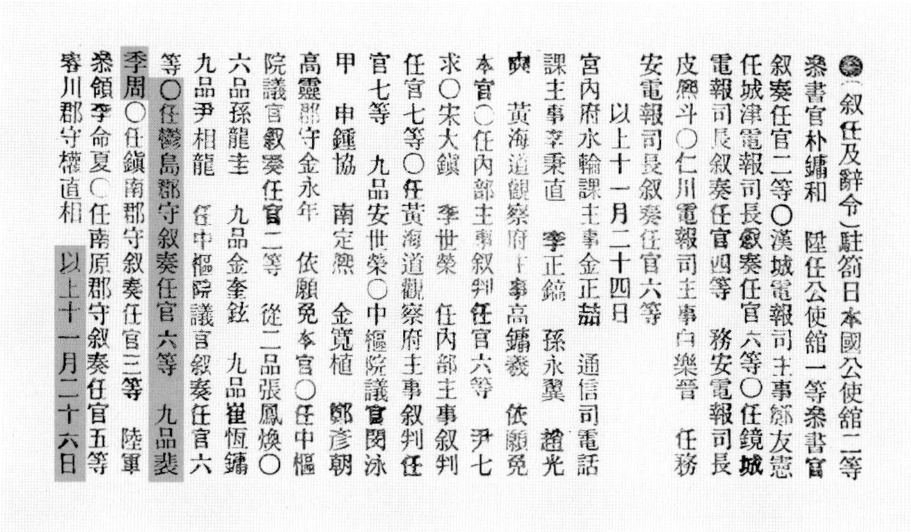

◉(叙任及辭令)駐箚日本國公使館二等參書官朴鏞和 陞任公使館一等參書官叙奏任官二等○漢城電報司主事鄭友憲任城津電報司長叙奏任官六等○任鏡城電報司長叙奏任官四等 務安電報司長皮熙斗○仁川電報司主事白樂晉 任務安電報司長叙奏任官六等
以上十一月二十四日
宮內府水輪課主事金正喆 通信司電話課主事李秉直 李正鎔 孫永翼 趙光輿 黃海道觀察府主事高鏞羲 依願免本官○任內部主事叙判任官六等 尹七求○宋大鎭 李世榮 任內部主事叙判任官七等○任黃海道觀察府主事叙判任官七等 九品安世榮○中樞院議官閔泳甲 申鍾協 南定熙 金寬植 鄭彦朝高靈郡守金永年 依願免本官○任中樞院議官叙奏任官二等 從二品張鳳煥○六品孫龍圭 九品金奎鉉 九品崔恒鏞九品尹相龍 任中樞院議官叙奏任官六等○任鬱島郡守叙奏任官六等 九品裵季周○任鎭南郡守叙奏任官三等 陸軍參領李命夏○任南原郡守叙奏任官五等寧川郡守權直相 以上十一月二十六日

叙任及辭令

(전략)

○ 9품 배계주를 울도 군수로 임명하고 주임관 6등에 서임한다.

(중략)

이상 11월 26일.

(77) 1901년 1월 18일 | 황성신문

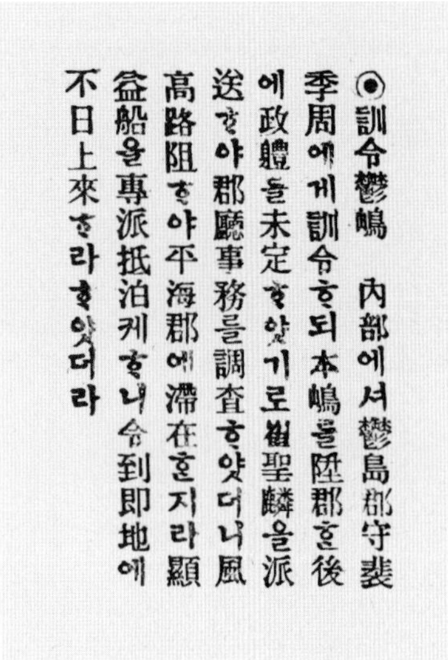

◉訓令鬱嶋　內部에서鬱島郡守裵季周에게訓令ᄒᆞ되本嶋를陞郡ᄒᆞᆫ後에政體를未定ᄒᆞ얏기로崔聖麟을派送ᄒᆞ야郡廳事務를調査ᄒᆞ얏더니風高路阻ᄒᆞ야平海郡에滯在ᄒᆞᆫ지라顯益船을專派抵泊케ᄒᆞ니令到卽地에不日上來ᄒᆞ라ᄒᆞ얏더라

訓令鬱嶋

내부에서 울도 군수 배계주에게 훈령하여 본도(本嶋)를 군(郡)으로 승격한 후에 정체(政體)를 미정하였기 때문에, 최성린(崔聖麟)을 파송하여 군청 사무를 조사하였더니 바람이 세고 길이 험하여 평해군(平海郡)에 체재하였다. 현익선(顯益船)을 파견하여 정박하게 하니 그곳에 도착하면 며칠 내로 올라오라 하였더라.

(78) 1901년 1월 25일 | 황성신문

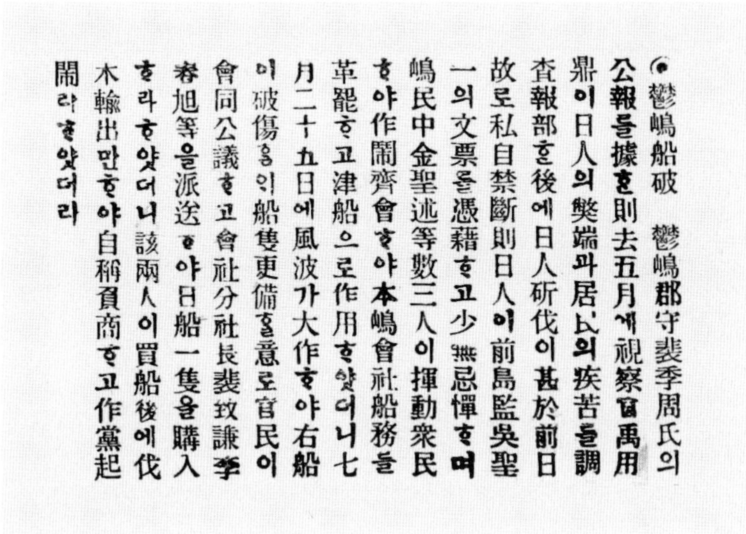

◉鬱嶋船破　鬱嶋郡守裴季周氏의公報를據ᄒᆞᆫ則去五月에視察官禹用鼎이日人의獘端과居民의疾苦를調査報部ᄒᆞᆫ後에日人斫伐이甚於前日故로私自禁斷則日人이前島監吳聖一의文票를憑藉ᄒᆞ고少無忌憚ᄒᆞ며嶋民中金聖述等數三人이揮動衆民ᄒᆞ야作鬧齊會ᄒᆞ야本嶋會社船務를革罷ᄒᆞ고津船으로作用ᄒᆞ얏더니七月二十五日에風波가大作ᄒᆞ야右船이破傷ᄒᆞᆷ의船隻更備ᄒᆞᆯ意로官民이會同公議ᄒᆞ고會社分社長裴致謙李春旭等을派送ᄒᆞ야日船一隻을購入ᄒᆞ라ᄒᆞ얏더니該兩人이買船後에伐木輸出만ᄒᆞ야自稱負商ᄒᆞ고作黨起鬧라ᄒᆞ얏더라

鬱嶋船破

울도 군수 배계주씨의 공보(公報)를 따르면, 지난 5월에 시찰관 우용정이 일본인의 폐단과 거주민의 질고(疾苦)를 조사하여 부(部)에 보고한 후에 일본인의 작벌이 전보다 심해진 까닭에 독단적으로 금단하였더니, 일본인이 전 도감 오성일[吳聖一, 오상일(吳相鎰)의 오기]의 문표(文票)를 빙자하여 조금도 거리낌이 없었다. 도민 중에 김성술(金聖述) 등 두세 사람이 여러 사람을 선동하여 일제히 모아 소란을 일으켰고, 본도(本嶋)에 있는 회사의 선무(船務)를 혁파하고 진선(津船)으로 작용하였다. 7월 25일에 풍파가 크게 일어 그 배가 깨져서 부서지니 선척을 다시 갖출 뜻으로 관민(官民)이 회동하여 의논하였고, 회사 분사장(分社長) 배치겸(裵致謙), 이춘욱(李春旭) 등을 파송하여 일본 배 1척을 구입하라 하였더니, 그 두 사람이 배를 판 후에 벌목하여 수출만 하면서 부상(負商)이라 자칭하고 작당하여 소란을 일으킨다 하였더라.

(79) 1901년 2월 27일 | 황성신문

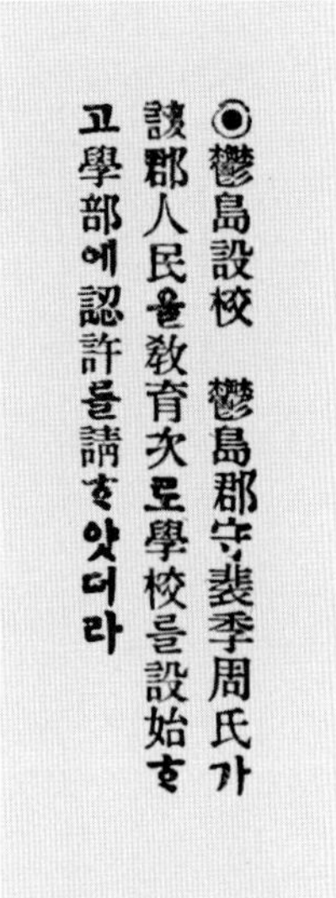
◉鬱島設校 鬱島郡守裴季周氏가該郡人民을敎育次로學校를設始ᄒᆞ고學部에認許를請ᄒᆞ얏더라

鬱島設校

울도 군수 배계주씨가 그 군(郡)의 인민을 교육할 목적으로 학교를 처음 설치하고 학부(學部)에 인허를 요청하였더라.

〔80〕 1901년 3월 4일 | 황성신문

◎官廳事項 江原道管下郡守治績
平海郡守洪駟燮政懋率躬ᄒᆞ고民樂息肩
이라越松亭之嘯咏은簿牒이有暇ᄒᆞ고城
隍祠之繕造은廩俸을是捐ᄒᆞᆷ○狼川郡守
金斗熙悃愊無華ᄒᆞ고施措有方이라民情
이願改邑号ᄒᆞ니一個狼字요地靈이有待
賢侯ᄒᆞ니百仞龍華ᄒᆞᆷ○金化郡守金進洙
一變知味ᄒᆞ고五務來暮라克擔剸理之務
ᄒᆞ니手段이遊恢ᄒᆞ고不憚燥濕之勞ᄒᆞ니
躬率以先ᄒᆞᆷ○平康郡守金泳圭性本仁厚
ᄒᆞ고治又通鍊이라良手을己試於嶠南ᄒᆞ
니偉績을曾聞ᄒᆞ고餉額을遠輸於關北ᄒᆞ
니公納이無愆ᄒᆞᆷ○鐵原郡守具鳳祖關防
孔路요千城良材라三載莅任ᄒᆞ니若爲鷄
刀之試割이요百里分憂ᄒᆞ니可惜鸞棘之
止棲ᄒᆞᆷ○伊川郡守徐相鳳未赴任○安峽
郡守許 梅邑僻事簡ᄒᆞ고政淸訟平이라
九考之居最은心存寅畏ᄒᆞ고盧戶之講蠲
은誠切子惠ᄒᆞᆷ○金城郡守趙哲夏治先綜
明ᄒᆞ고志切圖報라執稅簿而親檢ᄒᆞ니吏
奸을獘售ᄒᆞ고作譙門而鐵虛ᄒᆞ니民力을
不煩ᄒᆞᆷ○淮陽郡守朴用憲誰謂黃髮罔愆
고可許赤心不愧라萬餘兩欽金은縱無挪
犯이나一二個奸鄕은何不嚴束ᄒᆞᆷ○通川
郡守未着○高城郡守許 鎬校宮修理之
費厚斂은虛謗을倘招며海簇貧殘戶之存
恤은實效을可待ᄒᆞᆷ○歙谷郡守具翊鉉莅
幾屬耳ᄒᆞ되民懷吏戢ᄒᆞ고政先察眉ᄒᆞ니
訟簡稅完ᄒᆞᆷ○鬱島郡守裵季周未赴任
咸鏡南道管下府尹郡守治績
德源府尹朴勝鳳文學發爲政事ᄒᆞ니校多
發蒙이요交涉濟以見斷ᄒᆞ니港均霑益이
라○咸興郡守權益相未赴任○永興郡守
李允在養士剔幽ᄒᆞ니講邪에催稅吏之課
ᄒᆞ고連城就養ᄒᆞ니華甲에開翳母之觴이
라○安邊郡守崔基桂屈己待士ᄒᆞ니聲績
이闇然日章이요如子愛民ᄒᆞ니仁善이蓋
其天性이라 (未完)

官廳事項

(전략)

○ 울도 군수 배계주가 부임하지 않았다.

(후략)

[81] 1901년 3월 11일 | 황성신문

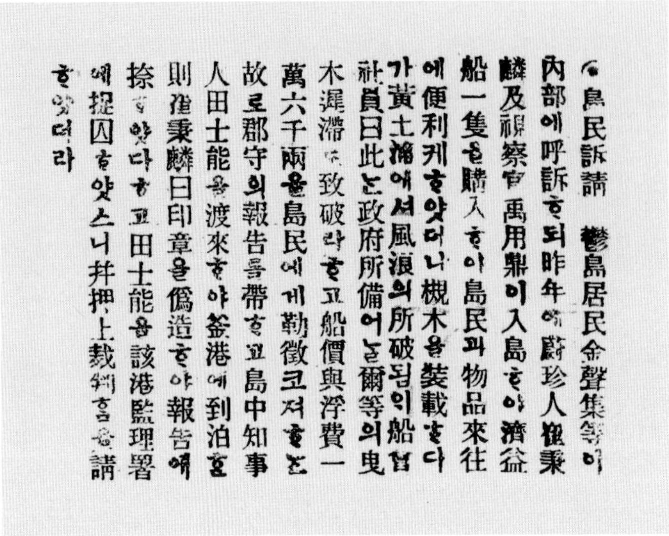

◎島民訴請　鬱島居民金聲集等이內部에呼訴ᄒᆞ되昨年에蔚珍人崔秉麟及視察官禹用鼎이入島ᄒᆞ야濟益船一隻을購入ᄒᆞ야島民과物品來往에便利케ᄒᆞ얏더니槻木을裝載ᄒᆞ다가黃土浦에서風浪의所破된이船會社員曰此ᄂᆞᆫ政府所備어ᄂᆞᆯ爾等의曳木遲滯ᄒᆞᆫ致破라ᄒᆞ고船價與浮費一萬六千兩을島民에게勒徵코져ᄒᆞᄂᆞᆫ故로郡守의報告를帶ᄒᆞ고島中知事人田士能을渡來ᄒᆞ야釜港에到泊ᄒᆞᆫ則崔秉麟曰印章을僞造ᄒᆞ야報告에捺ᄒᆞ얏다ᄒᆞ고田士能을該港監理署에捉囚ᄒᆞ얏스니幷押上裁判ᄒᆞᆷ을請ᄒᆞ얏더라

島民訴請

울도 거주민 김성집(金聲集) 등이 내부에 호소하여, 작년에 울진 사람 최병린(崔秉麟)과 시찰관 우용정이 섬에 들어와서 제익선(濟益船) 1척을 구입하여 도민과 물품의 왕래를 편리하게 하였다. 규목을 싣고 운반하다가 황토포(黃土浦)에서 풍랑으로 파손되었는데, 선회사(船會社) 사원이 말하길, 이는 정부에서 준비해 둔 것인데 너희들이 나무 운반을 지체하여 파손되었다고 하면서, 선가(船價)와 부비(浮費) 16,000냥(兩)을 도민에게 늑징(勒徵)하고자 하는 까닭에 군수의 보고를 지니고 섬 중에 그 일을 잘 아는 전사능(田士能)을 건너오게 하여 부산항에 도박하니, 최병린(崔炳麟)이 말하길 인장(印章)을 위조하여 보고서에 찍었다 하고 전사능(田士能)을 그 항구의 감리서에 잡아 가두었으니 모두 압송하여 재판하라고 청하였더라.

(82) 1901년 4월 1일 | 제국신문

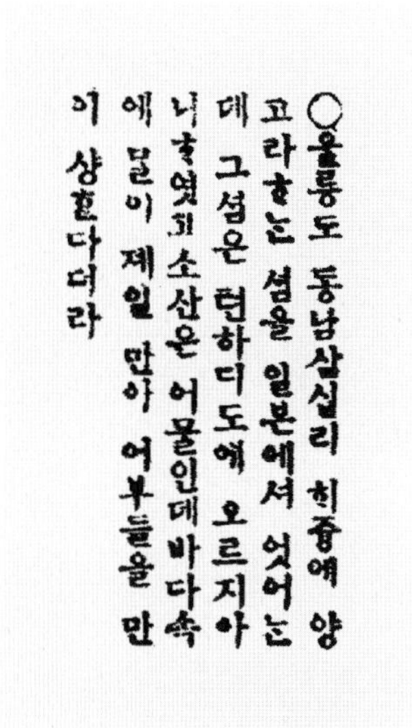
○울릉도 동남삼십리 히즁에 양고라ᄒᆞᄂᆞᆫ 섬을 일본에셔 엇어ᄂᆞᆫ대 그섬은 텬하디도에 오르지아니ᄒᆞ엿고 소산은 어물인데바다쇽에 달이 제일 만아 어부들을 만이 샹ᄒᆞᆫ다더라

울릉도 동남 삼십리 히즁에

울릉도 동남(東南) 30리(里) 바다 중에 양고라 하는 섬을 일본에서 얻었는데*, 그 섬은 천하지도에 오르지 않았고 산물은 어물인데 바닷속에 말이 제일 많아 어부들을 많이 상한다고 하더라.

---

* '양고'라는 섬이 독도인지 모르고 일본의 주장을 비판 없이 게재한 것으로 보임.

論說

讀史有感

◎按東史新羅智證王十二年에討服于山國홀서于山은在溟洲正東海中ᄒ니即今鬱陵島라地方이不過百里로ᄃᆡ恃其險不服이어늘伊飡異斯夫ㅣ率甲兵十餘人ᄒ고以木造獅子百許頭를ᄒ야塗飾金彩ᄒ야載之戰船ᄒ야抵其島誑之曰汝若不降이면卽放此獸踏殺之ᄒ리라ᄒᆫᄃᆡ國人이大懼乃降이라ᄒ니恃險不服者ㅣ始何强項이며大懼乃降者ᄂᆞᆫ終何柔脇耶아料其山河之固가足以不受敵ᄒ며城池之壯이足以堅其守ᄒ며人民戰士之能作捍禦者ᄂᆞᆫ審其衆寡强弱之勢ᄒ야知其不能攻然後에可以不服이어늘海上孤嶋가小如點墨者ㅣ所恃維何而恃其險고可知其民之愚也오見其甲士之猛이足以蹂躪이오戰船之多가足以衝擊이오金毛獅子之能售悍獰者를究其眞假詐正之跡ᄒ야知其不能制然後에可以乃降이어늘幻目奇怪로一言威嚇者를所懼維何而大懼乃降고可知其民之昧也니其民이愚且昧而其國不亡者ㅣ自古及今에未之有也라比今世界以觀之컨ᄃᆡ大小强弱이相與聯肩이로ᄃᆡ其民이不愚昧則始而不恃ᄒ야相與和好ᄒ며終而不懼ᄒ야相與犄角키로小與大相抗ᄒ며弱與强相立이어니와其民이愚昧則始而未嘗不恃ᄒ며終而未嘗不懼ᄒ야小爲大呑ᄒ며弱爲强幷이오民其愚昧之甚則不惟小者弱者라大者强者도亦至呑幷ᄒ니不必遠求라泰西之波蘭이可謂大者强者로ᄃᆡ其民이愚昧故로終爲呑幷於俄普奧ᄒ며現今支那之淸國이亦可謂大者强者로ᄃᆡ其民이愚昧故로方見敗陷於聯合軍ᄒ야未知呑幷於誰手ᄒ니其民愚昧而其國必亡之證을昭然可據라如今木造獅子之威嚇가羅列前後에不啻一二로ᄃᆡ民之愚昧ᄂᆞᆫ甚于于山ᄒ니可不憂哉아有國者ㅣ急先敎民ᄒ야開其愚昧ᄒ야能知木獅之眞假詐正이면豈非存國興國之大基本이리오

論說－讀史有感

우리나라 역사를 살펴보니, 신라(新羅) 지증왕(智證王) 12년(512)에 우산국을 토벌하여 굴복시킬 때, 우산(于山)은 명주(溟洲)의 정동(正東) 바다 중에 있으니 곧 지금의 울릉도이다. 지방이 100리(里)에 지나지 않고 지형이 험한 것을 믿고 항복하지 않았는데, 이찬(伊飡) 이사부

(異斯夫)가 갑병(甲兵) 10여 명을 거느리고 나무로 사자를 100두(頭) 가량을 만들어서 금색으로 칠하고 장식하여 전선(戰船)에 싣고 섬에 도착하여 그들을 속이며 말하길, "너희가 항복하지 않는다면, 즉시 이 짐승을 풀어서 짓밟고 살해하리라" 하니, 우산국 사람들이 크게 두려워하고 마침내 항복하였다. 험한 지형을 믿고 항복하지 않았다고 하니 처음에는 어찌 그리 강하게 굽히지 않았으며, 매우 놀라 항복하였다고 하니 결국 어찌 그리 유약한가. 산하가 단단하여 적의 침입을 받지 않을 만한지, 성지의 견고함이 굳세게 수비할 만한지 헤아려 보고, 인민과 전사가 방어할 수 있는지 그 많고 적음과 강하고 약한 형세를 살펴봐야 그들이 공격할 수 없음을 알고 난 연후에 항복하지 않을 수 있는데, 먹으로 점을 찍은 것처럼 작은 바다 위 외로운 섬이 믿을 것이 무엇이 있겠느냐만, 단지 지형의 험준함만 믿으니 그 백성의 어리석음을 알 만하다. 갑사(甲士)의 맹렬함이 함부로 짓밟을 만큼 충분한지, 전함의 수가 부딪혀 공격해 올 만큼 많은지 살펴보고, 금빛 사자가 사납게 공격할 수 있는지 참과 거짓, 속임수와 정수의 자취를 파악하여, 그것을 제어할 수 없음을 알고 난 연후에 항복할 수 있는데, 눈을 현혹하는 기괴한 것으로 위협하는 한마디 말을 두려워할 것이 무엇이 있겠냐만, 크게 두려워하고 마침내 항복했으니 그 백성의 우매함을 알 만하다. 백성이 어리석고 또 우매한데 망하지 않는 나라는 옛날부터 지금까지 있지 않다. 지금의 세계와 견주어 보면 대소강약이 서로 어깨를 나란히 하고 있는데, 그 백성이 우매하지 않으면 처음부터 스스로를 믿지 않아 서로 화평하고 나중에도 두려워하지 않으며 서로 기각(掎角, 서로 응하여 견제함)을 이루므로, 소국(小國)과 대국(大國)이 서로 대적하고 약국(弱國)과 강국(强國)이 서로 자립한다. 그러나 백성이 우매하면 처음에는 과연 스스로를 믿다가 결국에는 두려워해서 소국이 대국에 병탄되며 약국이 강국에 병합된다. 백성의 우매함이 심하면 소국과 약국뿐만 아니라 대국과 강국도 또한 병탄에 이르니, 멀리서 구할 것도 없이 서양의 폴란드는 대국이고 강국이라 할 수 있지만, 그 백성이 우매한 까닭에 러시아, 프러시아, 오스트리아에 병탄되었으며, 지금 중국의 청나라도 대국이고 강국이라 할 수 있지만, 그 백성이 우매한 까닭에 연합군에게 패배하는 것을 보면 누구의 손에 병탄될 지 알 수 없다. 그 백성이 우매하면 그 국가가 반드시 망한다는 증거를 명백하게 댈 수 있는 것이다. 바로 지금 나무로 만든 사자의 위협이 전후로 나열된 것이 한두 가지가 아닌데, 백성의 우매함이 우산국보다 심하니 근심하지 않을 수 있겠는가. 나라가 있는 자가 급히 먼저 백성을 가르쳐서 그 우매함을 깨우치고 나무 사자의 참과 거짓, 속임수와 정수를 알 수 있으면, 어찌 국가가 보존되고 흥성하는 큰 기본이 아니겠는가.

[84] 1901년 5월 3일 | 황성신문

◉島民電報 鬱島郡民이釜山港에到하야內部에電報하되本郡守裵季周가錢一萬五千餘兩을排徵하기로民難支保라하얏더라

島民電報

울도군의 백성이 부산항에 도착하여 내부에 전보하여, 본 군수 배계주가 전(錢) 1만 5천여 냥(兩)을 배당하여 징수하므로 백성이 지보(支保)하기 어렵다 하였더라.

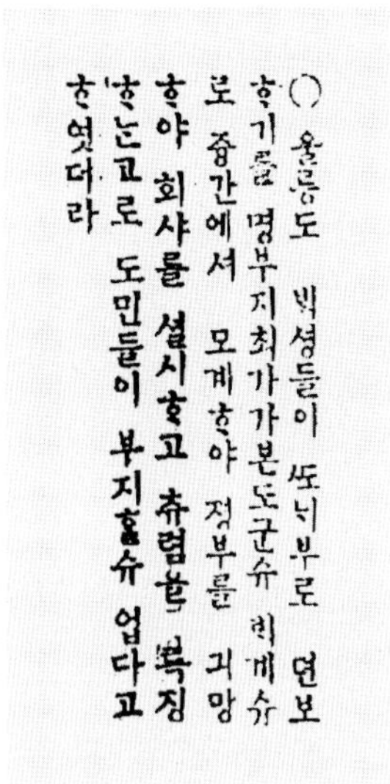

○울릉도 ᄇᆡᆨ셩들이 또ᄂᆡ부로 뎐보ᄒᆞ기를 명부지최가가본도군슈 ᄇᆡ계슈로 즁간에서 모계ᄒᆞ야 졍부를 긔망ᄒᆞ야 회샤를 셜시ᄒᆞ고 츄렴을 늑징ᄒᆞ는고로 도민들이 부지ᄒᆞᆯ슈 업다고ᄒᆞ엿더라

울릉도 빅셩들이

울릉도 백성들이 또 내부로 전보하기를, 이름을 알 수 없는 최가(崔家)가 본도(本島) 군수 배계주를 중간에서 모계(謀計)하여 정부를 기망하고 회사를 설시하며 추렴을 늑징하므로 도민들이 부지할 수 없다고 하였더라.

〔86〕 1901년 7월 16일 | 황성신문

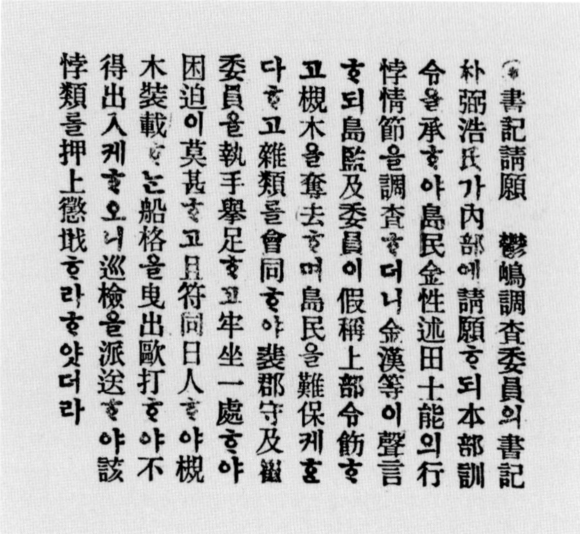

◎書記請願　欝嶋調査委員의書記朴弼浩氏가內部에請願ᄒᆞ되本部訓令을承ᄒᆞ야島民金性述田士能의行悖情節을調査ᄒᆞ엿더니金漢等이聲言ᄒᆞ되島監及委員이假稱上部令飭ᄒᆞ고槻木을奪去ᄒᆞ며島民을難保케ᄒᆞ다ᄒᆞ고雜類를會同ᄒᆞ야裴郡守及崔委員을執手擧足ᄒᆞ고牢坐一處ᄒᆞ야困迫이莫甚ᄒᆞ고且符同日人ᄒᆞ야槻木裝載ᄒᆞ는船格을曳出歐打ᄒᆞ야不得出入케ᄒᆞ오니巡檢을派送ᄒᆞ야該悖類를押上懲戢ᄒᆞ라ᄒᆞ얏더라

書記請願

울도 조사위원 서기 박필호(朴弼浩)씨가 내부에 청원하여 본부(本部) 훈령을 받아 도민 김성술(金性述)*, 전사능(田士能)의 행패 정황을 조사했더니, 김한(金漢) 등이 성명하되, 도감과 위원(委員)이 상부(上部)의 영칙(令飭)을 가칭하고 규목을 빼앗으며 도민을 보전하기 어렵게 하고, 잡류를 회동하여 배(裵) 군수와 최(崔) 위원을 붙잡아 한 곳에 잡아두니 곤란하고 급박함이 매우 심하고, 또 일본인을 부동(符同)하여 규목을 싣는 선격(船格)을 끌고 나와 구타하여 출입하지 못하게 하니, 순검을 파송하고 그 패악한 무리를 압송하여 징계하라고 하였더라.

---

* 앞의 『황성신문』 1월 25일 기사에는 '金聖述'로 표기됨.

[87] 1901년 7월 25일 | 황성신문

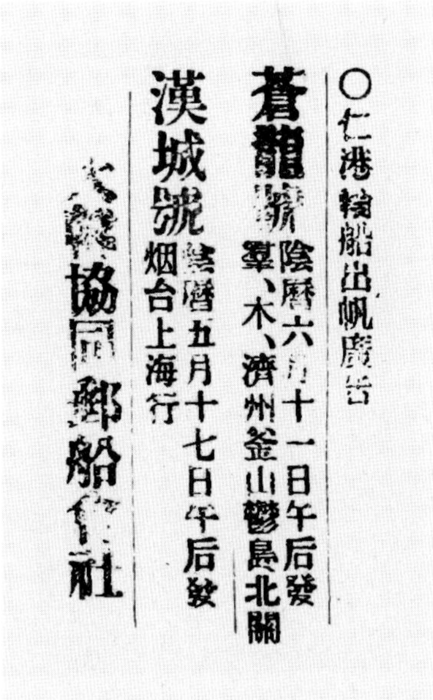
○仁港輪船出帆廣告

蒼龍號 陰曆六月十一日午后發
羣、木、濟州釜山鬱島北關

漢城號 陰曆五月十七日午后發
烟台上海行

大韓協同郵船會社

仁港輪船出帆廣告

창룡호(蒼龍號) 음력 6월 11일 오후 출발

군산(群山), 목포(木浦), 제주(濟州), 부산(釜山), 울도(鬱島), 북관(北關)

한성호(漢城號) 음력 5월 17일 오후 출발

연태(烟台), 상해(上海) 행

대한협동우선회사(大韓協同郵船會社)

[88] 1901년 7월 26일 | 황성신문

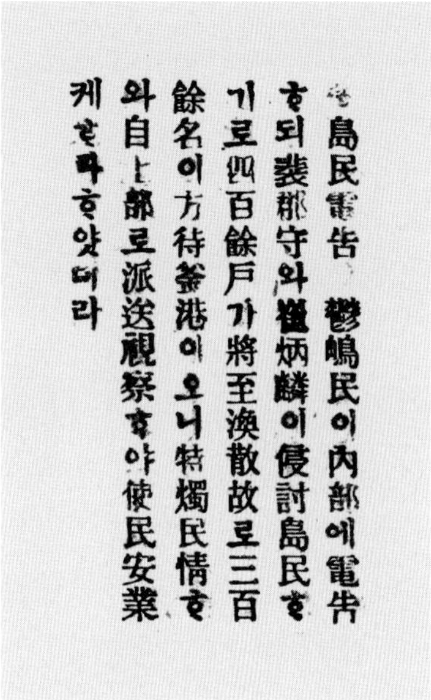

島民電告 鬱嶋民이內部에電告ᄒᆞ되裴郡守와崔炳麟이侵討島民ᄒᆞ기로四百餘戶가將至渙散故로三百餘名이方待釜港이오니特燭民情ᄒᆞ와自上部로派送視察ᄒᆞ야使民安業케ᄒᆞ라ᄒᆞ얏더라

島民電告

울도민이 내부에 전보로 알리길, 배(裵) 군수와 최병린(崔炳麟)*이 도민(島民)을 침해하여 400여 호(戶)가 장차 흩어지므로, 300여 명이 부산항에 기다리니 특별히 민정을 헤아려 상부(上部)로부터 파송하여 시찰하고 백성으로 하여금 생업을 안정하게 해달라고 하였더라.

---

* 앞의 『황성신문』 1901년 3월 11일 기사에는 '崔秉麟'으로 나오며, 이후 기사에도 같음.

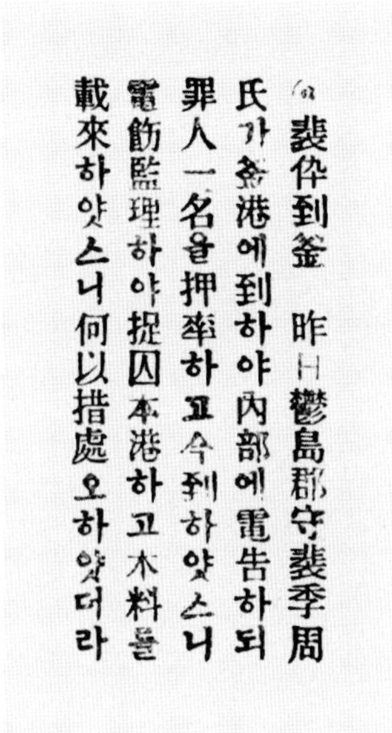
(○)裵倅到釜 昨日鬱島郡守裵季周氏가釜港에到하야內部에電告하되罪人一名을押率하고今到하얏스니電飭監理하야捉囚本港하고木料를載來하얏스니何以措處오하얏더라

裵倅到釜

어제 울도 군수 배계주씨가 부산항에 도착해서 내부에 전보로 알리길, 죄인 1명을 붙잡아 데리고 지금 도착하였으니 감리에게 전보로 신칙하여 본 항구에 가두었고, 목료(木料)를 싣고 왔으니 어떻게 조처해야 하겠습니까 하였더라.

(90) 1901년 8월 14일 | 황성신문

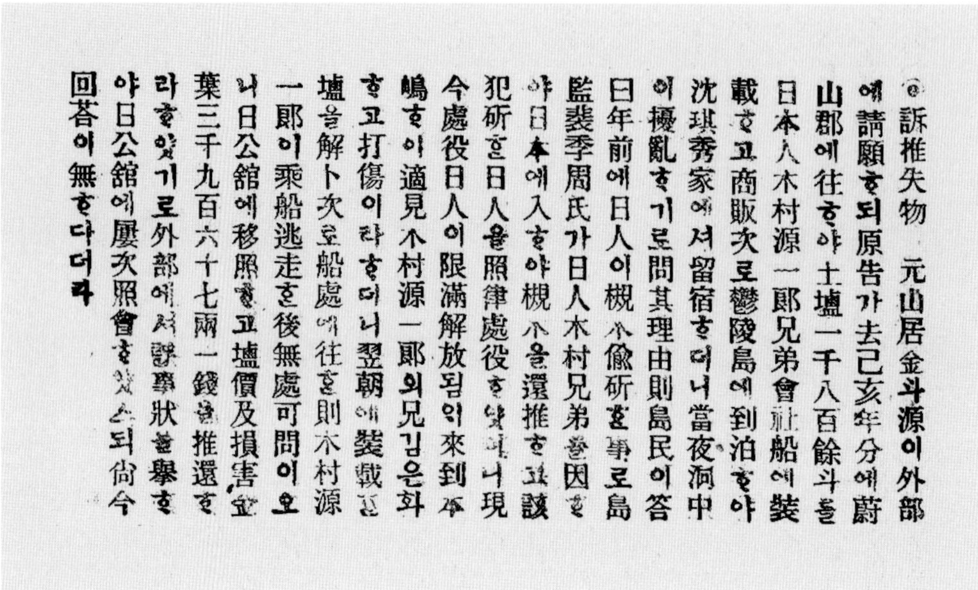

訴推失物　元山居金斗源이外部에請願ᄒᆞ되原告가去己亥年分에蔚山郡에往ᄒᆞ야土塩一千八百餘斗를日本人木村源一郞兄弟會社船에裝載ᄒᆞ고商販次로鬱陵島에到泊ᄒᆞ야沈琪秀家에셔留宿ᄒᆞ더니當夜洞中이擾亂ᄒᆞ기로問其理由則島民이答曰年前에日人이槻木을偸斫ᄒᆞᆫ事로島監裵季周氏가日人木村兄弟를因ᄒᆞ야日本에入ᄒᆞ야槻木을還推ᄒᆞ고該犯斫ᄒᆞᆫ日人을照律處役ᄒᆞ얏더니現今處役日人이限滿解放되야來到本嶋ᄒᆞᆷ이適見木村源一郞의兄김은화ᄒᆞ고打傷이라ᄒᆞ더니翌朝에裝載ᄒᆞᆫ塩을解卜次로船處에往ᄒᆞᆫ則木村源一郞이乘船逃走ᄒᆞᆫ後無處可問이오니日公舘에移照ᄒᆞ고塩價及損害金葉三千九百六十七兩一錢을推還ᄒᆞ라ᄒᆞ얏기로外部에셔該事狀을擧ᄒᆞ야日公舘에屢次照會ᄒᆞ얏스되尙今回荅이無ᄒᆞ다더라

訴推失物

원산에 사는 김두원(金斗源)이 외부에 청원하기를, 원고가 지난 기해(己亥, 1899)년에 울산군에 가서 토염(土塩) 1,800여 두(斗)를 일본인 목촌원일랑(木村源一郎, 기무라 겐이치로) 형제의 회사 배에 싣고 장사할 목적으로 울릉도에 정박하여 심기수(沈琪秀)의 집에서 유숙하였다. 그 밤에 동네가 요란해서 그 이유를 물으니 도민이 답하기를, 몇 해 전에 일본인이 규목을 투작(偸斫)한 일로 도감 배계주씨가 일본인 목촌 형제로 인해 일본에 들어가서 규목을 되찾아오고, 그 범작(犯斫)한 일본인을 법에 따라 징역에 처하였다. 이제 징역을 받은 일본인이 기한이 다하여 해방되어 본 섬으로 온 것을 막 보았는데, 목촌원일랑의 형과 김은화가 다툼을 벌였다고 하였다. 다음 날 아침에 실어놓았던 소금을 풀러 배에 갔는데, 목촌원일랑이 배를 타고 도주한 뒤였다. 물을 곳이 없어 일본 공관에 이조(移照)하고 소금값과 손해금이 엽전

3,967냥(兩) 1전(錢)이므로 되찾아달라고 하였기에 외부에서 그 소장에 따라 일본 공관에 여러 차례 조회하였으나 지금까지 회답이 없다더라.

(91) 1901년 9월 12일 | 황성신문

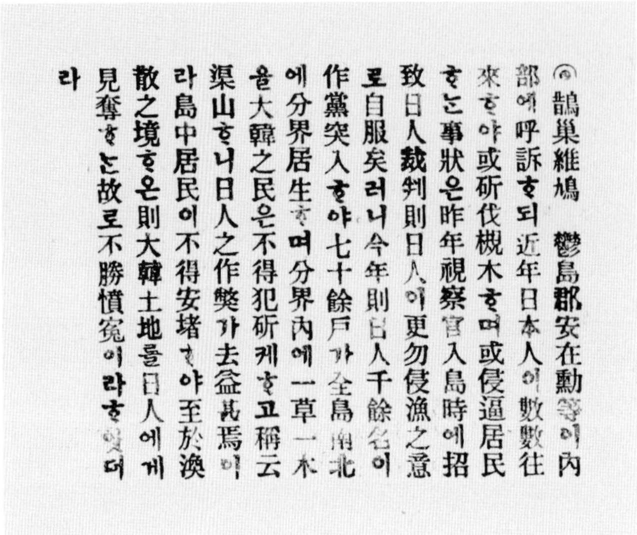

(雜)鵲巢維鳩 鬱島郡安在勳等이內部에呼訴ᄒᆞ되近年日本人이數數往來ᄒᆞ야或斫伐槻木ᄒᆞ며或侵逼居民ᄒᆞᄂᆞᆫ事狀은昨年視察官入島時에招致日人裁判則日人이更勿侵漁之意로自服矣러니今年則日人千餘名이作黨突入ᄒᆞ야七十餘戶가全島南北에分界居生ᄒᆞ며分界內에一草一木을大韓之民은不得犯斫케ᄒᆞ고稱云渠山ᄒᆞ니日人之作弊가去益甚焉이라島中居民이不得安堵ᄒᆞ야至於渙散之境ᄒᆞ온則大韓土地를日人에게見奪ᄒᆞᄂᆞᆫ故로不勝憤寃이라ᄒᆞ엿더라

鵲巢維鳩

울도군 안재훈(安在勳) 등이 내부에 호소하기를, 근년에 일본인이 자주 왕래하고 혹은 규목을 작벌하고 혹은 거주민을 핍박하는 상황으로 작년에 시찰관이 섬에 들어왔을 때 일본인을 불러들여 재판하였는데, 일본인이 다시는 침어하지 않겠다는 뜻으로 자복하였다. 올해 일본인 1,000여 명이 작당하고 돌입(突入)하여 70여 호가 온 섬의 남북을 경계로 나누고 살면서, 나눠진 경계 내에 풀 한 포기, 나무 한 그루를 대한의 백성은 베지 못하게 하면서 그들의 산이라고 하니, 일본인의 작폐가 갈수록 더욱 심하다. 섬의 거주민이 안도하지 못하여 장차 흩어져 버릴 지경에 이르렀는데, 대한의 토지를 일본인에게 빼앗기므로 분하고 원통함을 이기지 못하겠다고 하였더라.

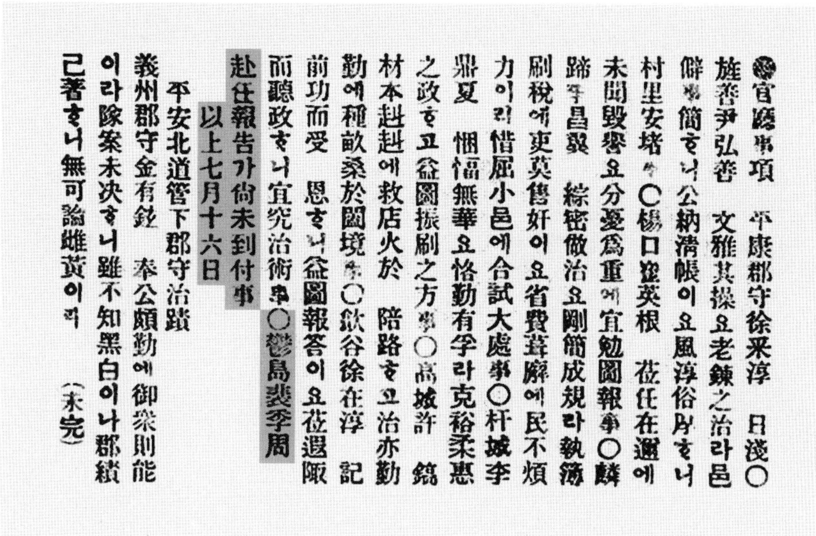

◎官廳事項 平康郡守徐采淳 日淺○
旌善尹弘善 文雅其操요老鍊之治라邑
僻事簡ᄒᆞ니公納淸帳이요風淳俗朴ᄒᆞ니
村里安堵事○楊口金英根 莅任在邇에
未聞毁譽요分憂爲重에宜勉圖報事○麟
蹄李昌燮 綜密做治요剛簡成規라執簿
刷稅에吏莫售奸이요省費蠲瘝에民不煩
力이라惜屈小邑에合試大處事○杆城李
鼎夏 悃愊無華요恪勤有爭라克裕柔惠
之政ᄒᆞ고益圖振刷之方事○高城許 鎬
材本赳赳에救店火於 陪路ᄒᆞ고治亦勤
勤에種畝桑於圖境事○歙谷徐在淳 記
前功而受 恩ᄒᆞ니益圖報答이요莅邇陬
而聽政ᄒᆞ니宜究治術事○鬱島裵季周
赴任報告가尙未到付事
以上七月十六日
平安北道管下郡守治蹟
義州郡守金有鉉 奉公頗勤에御衆則能
이라隊案未決ᄒᆞ니雖不知黑白이나郡績
己著ᄒᆞ니無可論雌黃이라 (未完)

官廳事項

(전략)

○ 울도 배계주의 부임 보고가 아직 도달하지 못하였다. 이상 7월 16일.

(후략)

[93] 1901년 9월 18일 | 황성신문

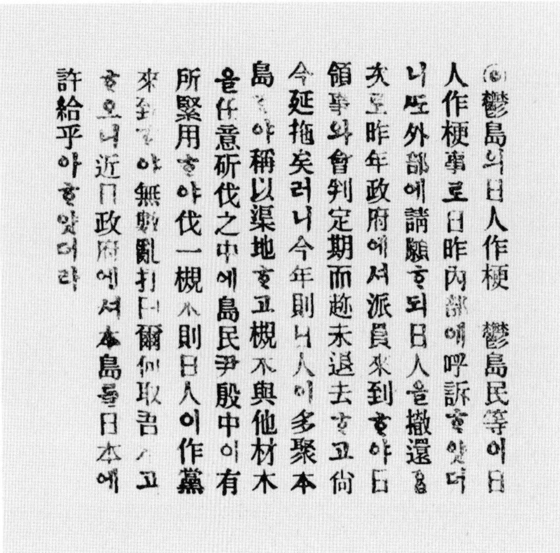

◎鬱島의日人作梗　鬱島民等이日人作梗事로日昨內部에呼訴ᄒᆞ얏더니또外部에請願ᄒᆞ되日人을撤還ᄒᆞ次로昨年政府에서派員來到ᄒᆞ야日領事와會判定期而趂未退去ᄒᆞ고尙今延拖矣러니今年則日人이多聚本島ᄒᆞ야稱以渠地ᄒᆞ고槻木與他材木을任意斫伐之中에島民尹殷中이有所緊用ᄒᆞ야伐一槻木則日人이作黨來到ᄒᆞ야無數亂打曰爾何取吾木ᄒᆞ고ᄒᆞ오니近日政府에서本島를日本에許給乎아ᄒᆞ얏더라

鬱島의 日人作梗

울도의 백성들이 일본인이 행패를 부린 일로 일전에 내부에 호소하였더니 또 외부에 청원하기를, 일본인을 철환하려고 작년에 정부에서 관원을 보내서 일본 영사와 회동하여 기한을 정해 돌아가게 했는데도 제때에 퇴거하지 않고 지금까지 시일을 끌고 지체한다. 올해 일본인이 본도(本島)에 많이 모여 그들의 땅이라면서 규목과 기타 재목을 마음대로 작벌하는 중에, 도민 윤은중(尹殷中)이 긴요하게 사용할 곳이 있어 규목 한 그루를 베자, 일본인이 작당하여 와서 무수히 난타하며, "너희가 어찌 내 나무를 가져가는가"라고 말하였다. 요사이 정부에서 본도를 일본에 주기로 허락하였는가 하였더라.

(94) 1901년 10월 4일 | 황성신문

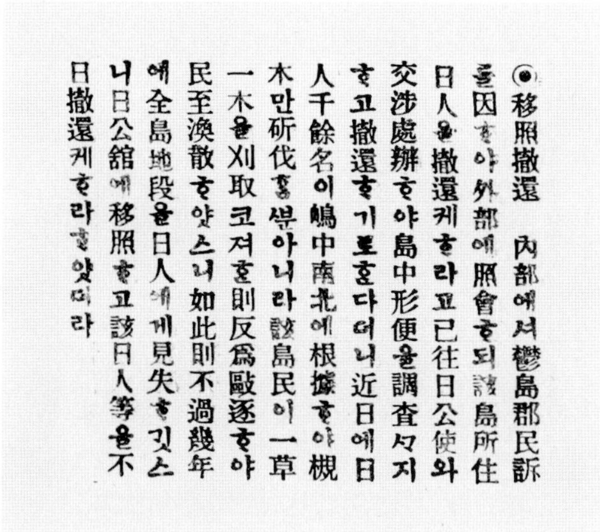
◉移照撤還　內部에셔鬱島郡民訴ᄅᆞᆯ因ᄒᆞ야外部에照會ᄒᆞ되該島所住日人을撤還케ᄒᆞ라고已往日公使와交涉處辦ᄒᆞ야島中形便을調査ᄭᆞ지ᄒᆞ고撤還ᄒᆞ기로ᄒᆞᆫ다더니近日에日人千餘名이嶋中南北에根據ᄒᆞ야槻木만斫伐ᄒᆞᆯᄲᅮᆫ아니라該島民이一草一木을刈取코져ᄒᆞᆫ則反爲毆逐ᄒᆞ야民至渙散ᄒᆞ얏스니如此則不過幾年에全島地段을日人에게見失ᄒᆞᆯ깃스니日公館에移照ᄒᆞ고該日人等을不日撤還케ᄒᆞ라ᄒᆞ얏더라

移照撤還

내부에서 울도군민의 호소에 따라 외부에 조회하되, 그 섬에 사는 일본인을 철환하게 하라고 이미 전에 일본 공사와 교섭하고 판단하여 섬의 형편을 조사까지 하고 철환하기로 한다더니, 요사이 일본인 1,000여 명이 섬 안의 남북에 근거하여 규목만 작벌할 뿐 아니라 도민이 풀 한 포기, 나무 한 그루를 베고자 하면 반드시 쫓아내서 백성이 흩어지는 지경에 이르렀다. 이렇게 되면 몇 해 지나지 않아 온 섬의 지단(地段)을 일본인에게 빼앗기겠으니, 일본 공관에 조회를 보내고 그 일본인 등을 며칠 안에 철환하게 하라 하였더라.

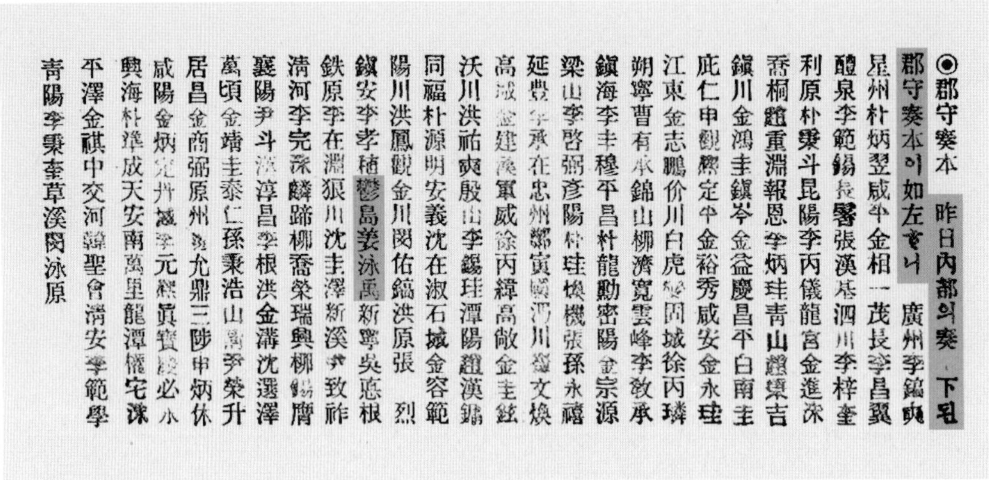

◉郡守奏本 昨日內部의奏下된
郡守奏本이如左ᄒᆞ니 廣州李鎬興
昆州朴炳翌咸平金相一茂長李昌翼
醴泉李範錫長鬐張漢基泗川李梓奎
利原朴秉斗昆陽李丙儀龍宮金進洙
香桐趙重淵報恩李炳珪青山趙環吉
鎭川金鴻圭鎭岑金益慶昌平白南圭
庇仁申觀熙定平金裕秀咸安金永瑾
江東金志鵬价川白虎燮陰城徐丙璘
朔寧曹有承錦山柳濟寬雲峰李教承
鎭海李圭穆平昌朴龍勳密陽金宗源
梁山李啓弼彦陽朴瑄煥機張孫永禧
延豐李承在忠州鄭寅爀沔川鄭文煥
高城金建永軍威徐丙緯高敞金圭鉉
沃川洪祐爽殷山李錫珪潭陽趙漢錫
同福朴源明安義沈在淑石城金容範
陽川洪鳳觀金川閔佑鎬洪原張烈
鎭安李孝植鬱島姜泳禹新寧吳憲根
鐵原李在淵狼川沈圭澤新溪尹致祚
淸河李完承麟蹄柳喬榮瑞興柳錫膺
襄陽尹斗洙淳昌李根洪金溝沈選澤
萬頃金靖圭泰仁孫秉浩山淸尹榮升
居昌金商弼原州趙允鼎三陟申炳休
咸陽金炳完丹城李元稷眞寶趙必永
興海朴準成天安南萬里龍潭權宅洙
平澤金祺中交河韓聖會淸安李範學
靑陽李秉奎草溪閔泳原

郡守奏本

어제 내부에 주하(奏下)된 군수의 주본(奏本)이 다음과 같으니,

(중략)

울도 강영우(姜泳禹)

(후략)

[96] 1901년 10월 14일 | 황성신문

論說

再卞日本人自由渡韓

◎前号에譯謄ᄒᆞᆫ朝鮮新報所論第一段에旅券發給ᄒᆞᄂᆞᆫ節次가煩累ᄒᆞᆷ은因ᄒᆞ야不良之徒ᄂᆞᆫ防遏ᄒᆞᄂᆞᆫ効力이太薄ᄒᆞ고資産家ᄅᆞᆯ反히阻止ᄒᆞᄂᆞᆫ害가有ᄒᆞ다云ᄒᆞ얏ᄉᆞ니資産家ᄂᆞᆫ原來勢力도有ᄒᆞ고信用도有ᄒᆞᆫ地位로一條旅券을地方官廳에請許ᄒᆞᆷ이一二個月을消磨ᄒᆞᆯ理由가豈有ᄒᆞ리오此ᄂᆞᆫ資産家의自由渡韓만奬勵ᄒᆞᆯ뿐不啻라不良之徒의渡韓도無碍ᄒᆞᆫ趣意가表白됨이오第二段에旅券의煩累ᄒᆞᆷ으로商人이輕便往來치못ᄒᆞᆷ이往往時機ᄅᆞᆯ失ᄒᆞ야意外損失을被ᄒᆞ다云ᄒᆞ얏ᄉᆞ니商人의身分이的確ᄒᆞ고資格이相當ᄒᆞᆫ者ㅣ旅券請許에若是遲延ᄒᆞ야時機ᄅᆞᆯ失ᄒᆞᆫ境에何至며如或不得已遲延ᄒᆞᆫ境遇면郵電通信의方便이有ᄒᆞᆫ則意外損失을得免키何難ᄒᆞ리오第三段에或渡韓을自由로ᄒᆞ면不良無賴之輩가續續渡韓ᄒᆞᄂᆞᆫ虞가有ᄒᆞ나日本警察이監督ᄒᆞ고領事의退韓權이有ᄒᆞ고良民의渡韓ᄒᆞᄂᆞᆫ獘害ᄅᆞᆯ除去ᄒᆞ라云ᄒᆞ얏ᄉᆞ니曾是旅券制度가煩累ᄒᆞ야도往往無賴輩의潛入을由ᄒᆞ야韓人의受害가不無ᄒᆞᆫ지라日本官吏가警察及退韓權은雖有ᄒᆞ나韓人의受害ᄒᆞᆫ事實이有ᄒᆞᆫ以後에야制裁ᄅᆞᆯ乃施ᄒᆞᆯ지라今에日本官吏의制裁權만憑恃ᄒᆞ고不良之徒의渡韓을防遏ᄒᆞ던唯一制度의旅券도廢止ᄒᆞ면韓民이此ᄅᆞᆯ엇지顧慮ᄒᆞᄂᆞᆫ虞가無ᄒᆞ리오然而良民의渡韓을阻止ᄒᆞᄂᆞᆫ獘害라謂ᄒᆞᆷ은良民을永久히渡韓치못ᄒᆞ게阻遏ᄒᆞᄂᆞᆫ비아니라學問家와資産家의渡韓이야무ᄉᆞᆷ韓國에損害가有ᄒᆞ리오但渡航의格式만踐行ᄒᆞᆯ爲ᄒᆞᆯᄯᆞ름이오第四段에旅券은本來其國籍을證明ᄒᆞᄂᆞᆫ具인딘旅行者의志意에ᄂᆞᆫ반다시不可不携帶ᄒᆞᆯ것이아닌데라오云ᄒᆞ얏ᄉᆞ니此ㅣ一面으로觀ᄒᆞ면旅行者ㅣ韓國內地ᄅᆞᆯ自國地方과同一히視ᄒᆞ야韓國에住在ᄒᆞᆫ自國官吏의制裁만受ᄒᆞ면足ᄒᆞᆯ줄로思量ᄒᆞᄂᆞᆫ趣旨오又一面으로論ᄒᆞ면日本人은我韓에對ᄒᆞ야治外法權을有ᄒᆞᆫ國民이라韓國內地에셔如何ᄒᆞᆫ戾行이有ᄒᆞ던지韓國法規ᄂᆞᆫ毫髮도畏憚ᄒᆞᆯ비無ᄒᆞᆫ趣意ᄅᆞᆯ含包ᄒᆞᆷ이니是ᄂᆞᆫ吾人의尤極慨嘆ᄒᆞᄂᆞᆫ비라然則日本人의旅券廢止ᄅᆞᆯ希望ᄒᆞᄂᆞᆫ所以ᄂᆞᆫ資産家와不良徒ᄅᆞᆯ不分ᄒᆞ고一日이라도迅速히無數繁殖키ᄅᆞᆯ倡道ᄒᆞᄂᆞᆫ비니此ᄂᆞᆫ日本의享有ᄒᆞᄂᆞᆫ利益이오我韓의實受ᄒᆞᄂᆞᆫ損害라ᄒᆞ야도過言이라稱치못ᄒᆞᆯ지라是以로自國人民의利益과安寧秩序에危害될情狀이有ᄒᆞᆫ時ᄂᆞᆫ他國의移民을拒絶ᄒᆞᆷ은國際法上에自在ᄒᆞᆫ權利라挽近에濠洲와合衆國及加奈陀等地에셔日本勞働者의移殖ᄒᆞᆷ을拒絶ᄒᆞ야其移民船送ᄒᆞᄂᆞᆫ船隻을往往退却ᄒᆞᄂᆞᆫ實例가有ᄒᆞᆫ지라且人種競爭으로論ᄒᆞ면日本人種은優等人種이라讓頭ᄒᆞ고我國人種은劣等人種이라貶處ᄒᆞ야我가我ᄅᆞᆯ自侮ᄒᆞᆷ이不是라現狀으로觀ᄒᆞ건대日本은强力을主持ᄒᆞ고我韓은和誼ᄅᆞᆯ篤信ᄒᆞ기로日人이韓民에對ᄒᆞ야恒常欺凌ᄒᆞᄂᆞᆫ事實이自在ᄒᆞᆫ明證을略擧ᄒᆞ건대漁採로論ᄒᆞᆯ지라도海面三里에無准單漁採ᄂᆞᆫ約章所禁이어ᄂᆞᆯ海沿近地에韓民의主有ᄒᆞᆫ漁機ᄅᆞᆯ日人이占奪ᄒᆞᄂᆞᆫ暴行이有ᄒᆞ야京部에民訴가頻繁ᄒᆞ니此ㅣ一證이오鬱島에多數日人이住在ᄒᆞᆷ이島民의呼訴ᄅᆞᆯ因ᄒᆞ야我廷에셔日公使와交涉ᄒᆞ야日使가明言撤還ᄒᆞ[illegible]ᄉᆞ되尙不退去ᄒᆞᆯ뿐아니라到今ᄒᆞ야ᄂᆞᆫ反爲添入ᄒᆞ야韓民이一草一木을斫伐치못ᄒᆞ게ᄒᆞ니此ㅣ二證이오松都種蔘을日人搶採가無年無之로ᄃᆡ日本官吏가未嘗禁止라가畢竟昨年에畿海漁採權을得ᄒᆞ고其搶採ᄅᆞᆯ禁ᄒᆞ얏ᄉᆞ니此ㅣ三證이라種種欺凌ᄒᆞᄂᆞᆫ明證이如是ᄒᆞᆫ則韓民受害ᄂᆞᆫ明若觀火어ᄂᆞᆯ今에仁港一區地에孱劣ᄒᆞᆫ狀況을擧ᄒᆞ야片辭로愚弄ᄒᆞᆷ이엇지此에至ᄒᆞ뇨吾們은朝鮮新報記者의愚弄ᄒᆞᆷ을竊嘆ᄒᆞ노라

論說 – 再卞日本人自由渡韓

전 호(号)에 번역하여 옮긴 『조선신보(朝鮮新報)』의 논설 제1단에 여권을 발급하는 절차가

번거로움에 따라 불량한 무리가 들어오지 못하도록 막는 효력이 매우 적고 자산가를 도리어 저지하는 해가 있다고 하니, 자산가는 원래 세력도 있고 신용도 있는 지위로 하나의 여권을 지방 관청에 청허(請許)하는 것이 1, 2개월을 소모할 이유가 어찌 있으리오. 이는 자산가가 자유롭게 한국을 오는 것만 장려할 뿐 아니라 불량한 무리가 한국으로 오는 것도 거리낌 없이 하는 취지를 명백히 드러내는 것이다. 제2단에 여권의 번거로움으로 상인이 편하게 왕래하지 못하니 때때로 시기를 놓쳐 의외의 손실을 입는다고 하였으니, 상인의 신분이 정확하고 자격이 상당한 자가 여권을 청허하는데 이처럼 지연하여 시기를 놓치는 지경에 어찌 이를 것이며, 혹시 부득이 지연할 경우면 우전(郵電)으로 통신하는 방편이 있으니 의외의 손실을 피하기가 어찌 어렵겠는가. 제3단에 혹 한국에 오는 것을 자유롭게 하면 불량하고 무뢰한 무리가 계속 건너오는 염려가 있으나, 일본 경찰이 감독하고 영사(領事)의 퇴한권(退韓權)이 있어서 양민이 한국으로 건너오는 폐해를 제거하라 이르렀으니, 일찍이 여권제도가 번거로워도 이따금 무뢰배의 잠입으로 인해 한국인이 피해를 입은 것이 없지 않은지라. 일본 관리가 경찰과 퇴한권을 비록 가졌으나 한국인이 피해를 입는 사실이 생긴 이후에야 제재를 실시할 것이다. 지금 일본 관리의 제재권만 믿고 불량의 무리가 한국을 건너오지 못하도록 막는 유일한 제도인 여권도 폐지하면, 한국인이 이를 어찌 고려하는 염려가 없으리오. 그러나 양민이 한국을 건너오는 것을 저지하는 폐해라 이른 것은 양민을 영구히 건너오지 못하게 막는 것이 아니라 학문가와 자산가가 건너오는 것이 한국에 무슨 손해가 있으리오. 다만 도항의 격식만 천행(踐行)하기 위할 따름이다. 제4단에 여권은 본래 그 국적을 증명하는 도구인데 여행자의 지의(志意)에는 반드시 휴대해야 하는 것은 아니라고 하였으니, 이는 한편에서 보면 여행자가 한국 내지를 자국 지방과 동일하게 보고 한국에 주재한 자국 관리의 제재만 받으면 충분하다고 헤아리는 취지다. 또 한편으로 논하면 일본인은 우리 한국에 대하여 치외법권(治外法權)이 있는 국민이라 한국 내지에서 어떠한 잘못을 저질러도, 한국의 법규는 터럭만큼도 두려워할 것이 없는 취지를 포함하는 것이니, 이는 우리나라 사람이 매우 개탄하는 것이다. 그래서 일본인의 여권 폐지를 희망하는 까닭은 자본가와 불량배를 구분하지 않고 하루라도 신속히 무수하게 번성하기를 주장하는 것이니, 이는 일본이 향유하는 이익이자 우리 한국이 실제 받게 되는 손해라 하여도 과언이라 일컫지 못할 것이다. 그러므로 자국 인민의 이익과 안녕질서(安寧秩序)에 위해될 정황이 있을 때는 타국의 이민을 거절하는 것은 국제법상에 존재한 권리이다. 근래에 호주와 합중국과 캐나다 등지에서 일본 노

동자의 이식(移殖)을 거절하여 이민을 발송하는 선척을 때때로 퇴거하는 실례가 있다. 또한 인종 경쟁으로 논하자면 일본 인종은 우수한 인종이라 양두(讓頭)하고 우리나라 인종은 열등한 인종이라 폄하하여, 우리가 우리 스스로를 업신여기는 것은 옳지 않다. 지금 형편으로 보건대 일본은 강한 힘을 의지하고 우리 한국은 화의(和誼)를 확실히 믿으니, 일본인이 한국인에 대하여 항상 모욕하는 사실이 자재한 명백한 증거를 대략 제시해 보면, 어채(漁採, 고기잡이)로 논할 것 같으면 해면 3리(里)에 허가증이 없는 어채는 금지하기로 약정하였는데, 연해 근처에 한국인 소유의 어기(漁機)를 일본인이 점탈하는 폭행이 있어서 경부(京部)에 백성의 호소가 빈번하니, 이것이 첫 번째 증거다. 울도에 다수의 일본인이 주재하여 도민의 호소에 따라 우리 조정에서 일본 공사와 교섭하여 일본 공사가 철환하기로 분명히 말하였으나, 아직 퇴거하지 않을 뿐 아니라 이제 와서 도리어 더 들어와서 한국인이 풀 한 포기, 나무 한 그루를 작벌하지 못하게 하니, 이는 두 번째 증거다. 송도(松都)의 종삼(種蔘)은 일본인의 창채(搶採, 캐어 빼앗아 감)가 없는 해가 없는데, 일본 관리가 일찍이 금지한 일이 없다가 결국 작년에 기해(畿海)의 어채권을 얻고 창채를 금지하였으니, 이는 세 번째 증거다. 종종 모욕하는 명백한 증거가 이와 같으니 한국인이 받는 손해는 더할 나위 없이 명백한데, 지금 인천항의 한 구역의 땅에 잔열(孱劣)한 상황을 들면서 한마디 말로 우롱하는 것이 어찌 이에 이르렀는가. 우리들은 『조선신보』 기자의 우롱함을 절탄(竊嘆)하노라.

(97) 1901년 10월 26일 | 황성신문

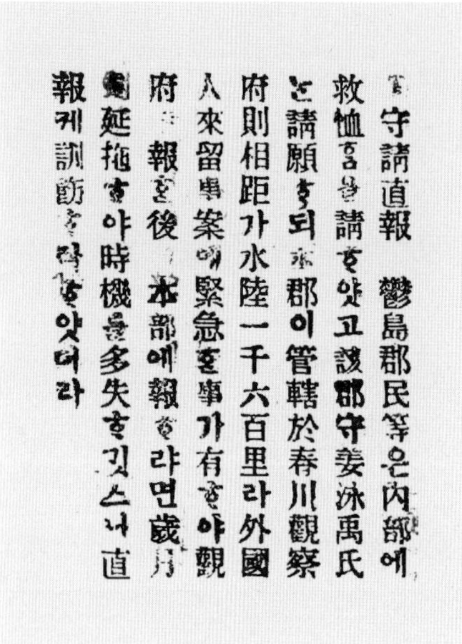

守請直報　鬱島郡民等은內部에救恤ᄒᆞᆷ을請ᄒᆞ얏고該郡守姜泳禹氏ᄂᆞᆫ請願ᄒᆞ되本郡이管轄於春川觀察府則相距가水陸一千六百里라外國人來留事案에緊急ᄒᆞᆫ事가有ᄒᆞ야觀府에報ᄒᆞᆫ後에本部에報ᄒᆞ라면歲月을延拖ᄒᆞ야時機를多失ᄒᆞ깃스니直報케訓飭ᄒᆞ라ᄒᆞ얏더라

守請直報

울도군의 백성들은 내부에 구휼함을 청하였고 그 군수 강영우씨가 청원하기를 본 군(郡)이 춘천관찰부(春川觀察府)의 관할이라 서로 거리가 바다와 육지로 1,600리(里)라 외국인이 와서 머무르는 사안에 긴급한 일이 있어서 관찰부에 삼가 보고한 후에 본부(本部)에 알리려면 세월을 끌고 시기를 많이 잃겠으니 직접 보고하게 훈칙하라 하였더라.

(98) 1901년 10월 29일 | 황성신문

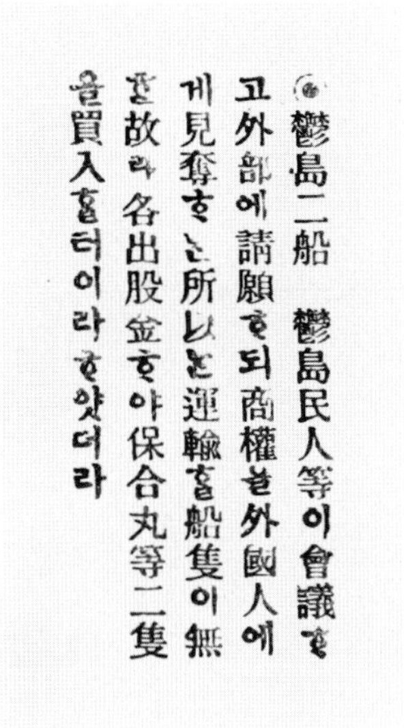

◎鬱島二船 鬱島民人等이會議ᄒᆞ고外部에請願ᄒᆞ되商權을外國人에게見奪ᄒᆞᄂᆞᆫ所以ᄂᆞᆫ運輸ᄒᆞᆯ船隻이無ᄒᆞᆫ故라各出股金ᄒᆞ야保合丸等二隻을買入ᄒᆞᆯ터이라ᄒᆞ얏더라

鬱島二船

울도 백성들이 회의하고 외부에 청원하기를, 상권(商權)을 외국인에게 빼앗기는 까닭은 운수할 선척이 없기 때문이다. 출자금을 각각 내어 보합환(保合丸) 등 두 척을 매입할 것이라 하였더라.

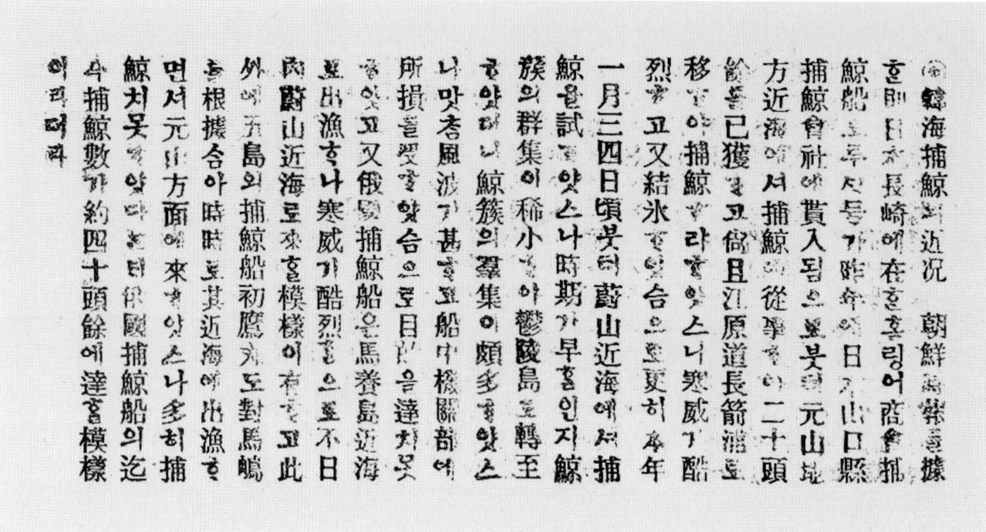

(韓)韓海捕鯨의近況 朝鮮時報를據혼則日本長崎에在혼홈링어商會捕鯨船오루가號가昨年에日本山口縣捕鯨會社에貰入됨으로븟터元山地方近海에서捕鯨에從事ᄒᆞ야二十頭餘를已獲ᄒᆞ고尙且江原道長箭浦로移ᄒᆞ야捕鯨ᄒᆞ라ᄒᆞ얏스니寒威가酷烈ᄒᆞ고又結氷ᄒᆞ얏슴으로更히本年一月三四日頃븟터蔚山近海에서捕鯨을試ᄒᆞ얏스나時期가早흔인지鯨族의群集이稀小ᄒᆞ야鬱陵島로轉至ᄒᆞ얏더니鯨族의群集이頗多ᄒᆞ얏스나맛참風波가甚ᄒᆞ야船中機關部에所損을受ᄒᆞ얏슴으로目的을達치못ᄒᆞ얏고又俄國捕鯨船은馬養島近海로出漁ᄒᆞ나寒威가酷烈ᄒᆞᆷ으로不日內蔚山近海로來홀模樣이有ᄒᆞ고此外에五島의捕鯨船初應丸도對馬鯱를根據ᄒᆞ야時時로其近海에出漁ᄒᆞ면서元山方面에來ᄒᆞ얏스나多히捕鯨치못ᄒᆞ얏다ᄒᆞ며俄國捕鯨船의近今捕鯨數가約四十頭餘에達흔模樣이라더라

韓海捕鯨의 近況

한국 바다에서 포경(捕鯨)의 근황에 대해 『조선시보(朝鮮時報)』에 따르면, 일본 장기(長崎, 나가사키)에 있는 홈링어 상회*의 포경선 오루까호가 작년에 일본 산구현(山口縣, 야마구치현) 포경회사에 세입(貰入)되고부터 원산 지역 근해에서 포경에 종사하여 20여 두(頭)를 이미 획득하고 더구나 강원도 장전포(長箭浦)로 옮겨 포경하려 하였으니, 혹독한 추위가 심하여 결빙하였으므로 다시 올해 1월 3~4일경부터 울산 근해에서 포경을 시도하였으나, 시기가 일러서인지 고래의 무리가 희소하여 울릉도로 갔더니 고래의 무리가 파다하였으니, 마침 풍파가 심하여 배의 기관부가 손상을 입었으므로 목적을 달성하지 못하였다. 또 러시아 포경선은 마양도(馬養島) 근해로 출어하나 혹독한 추위가 심하므로 며칠 내에 울산 근해로 올 모양이

* 홈링거상회(Homle Ringer & Co.). 영국계 상회사로 본점을 일본 나가사키에 두었고 1896년에 인천 지점을 개설함.

니, 이 외에 오도(五島)의 포경선 초응환(初鷹丸)도 대마도(對馬嶋)를 근거 삼아 때때로 그 근해에 출어하면서 원산 방면에 왔으나 많이 포경하지 못하였다는데, 러시아 포경선이 지금까지 포경한 수량이 약 40여 마리에 달한 모양이라더라.

論說

辨朝鮮新報辨妄之謬 (續四)

◎本記者總論曰蓋朝鮮記者之口誤解二字로詆斥本記者ㅣ其說이自相牴牾ᄒᆞ야撥露情狀은前已辨之詳矣오且其段段詬罵之說이或稱排他自衛底主意라ᄒᆞ며或稱鎖國底舊夢이라ᄒᆞ며或稱猜疑라ᄒᆞ며或稱頑迷라ᄒᆞ며或稱無病而呻吟이라ᄒᆞ고或自謂啓蒙ᄒᆞ며或自謂辨妄ᄒᆞ야色色欺蔑ᄒᆞ며句句譏弄ᄒᆞ야觝排侵辱이可謂極矣로ᄃᆡ此亦吾輩之不足介意而與較者나至其利害關係之大頭腦ᄒᆞ야ᄂᆞᆫ不可不辨破而正誤故로復且申而論之ᄒᆞ노니大抵日本人之癖性結習은前亦言之어니와果其偏愎躁儇이毫無寬厚容忍底意思ᄒᆞ야臨目前之小利則爲貪小利而不恤將後之大患ᄒᆞ며當毫末之小忤則只恨小忤而槪萌蠆尾之猝發ᄒᆞ야於是有由小誤大之弊ᄒᆞ니所以彼我國民間交際에每有不得親密之歎이어ᄂᆞᆯ況日本官吏之監督其國民者ㅣ有偏袒之癖ᄒᆞ야凡於兩國民紛紜之場에必專務遮護ᄒᆞ야期使伸已而屈人ᄒᆞ니此ᄂᆞᆫ韓民之所以不服於日本監督之官也오韓人之於日本人에自前俗習이每有藐視之弊ᄒᆞ야由來久矣라가至于近日ᄒᆞ야ᄂᆞᆫ日人이反有傲蔑韓人之態어ᄂᆞᆯ韓人은惟其根本的藐視痼性이終未消釋ᄒᆞ야兩相觝抗에互致激昂이蓋從玆起因也라今若移住而混居則必因此些少曲折ᄒᆞ야每每惹起爭端ᄒᆞ리니彼之監督者ㅣ又以其曲庇偏袒之習으로伸屈에乖當뿐더러慮或有張大細事ᄒᆞ야激致搆煽之漸ᄒᆞ야兩家局面에易生決裂之禍ᄒᆞ리니此吾輩之所以爲大患者也오且其所謂資本을輸入이라智識을輸入이라ᄒᆞᆫ은但其虛張之影響이오其實際利害上明點은確有可據者ᄒᆞ니以其大而著者로言之면如關城之蔘圃와沿海之漁基와鬱島之森林은皆與韓關係之重大者也어ᄂᆞᆯ彼乃違禁例而搶採ᄒᆞ며無准單而攫漁ᄒᆞ며恣意占據而斫伐ᄒᆞ야不問約章之有無ᄒᆞ고利於己則毫無顧忌而肆行不法ᄒᆞ고日本官吏之監督者ᄂᆞᆫ雖外施禁斷之言이나未嘗有禁斷之實ᄒᆞ니此與奬勵者로何以異哉아然則其所謂輸入資本智識之說이只是假託而實不外輸入弊害者也오尙他瑣碎許多之弊ᄂᆞᆫ不能一一枚擧어니와試究其槪狀컨ᄃᆡ勢必無數勞働者ㅣ始自京釜線路起工之地로先立乎根據基礎ᄒᆞ야致其滋蔓於畿輔湖間交通之地而所謂耕穡者ㅣ非若膏沃之土ᄒᆞ야可以任意開墾이라必稍稍買賣而後에始有着手則其買賣之際에或還結抑勒之弊도亦不一其端矣오進此一步면又如近日京城內家券典當之類ᄒᆞ야必多地契典債之弊而雖曰給債典契라도山林田土之屬이太半折入於其手矣리니今此路未廣이라도我韓人浮浪挾雜之輩ㅣ往往藉圖外債ᄒᆞ야以致蕩敗人家產者ㅣ項背相望커든況鐵路之開放乎아大槩其弊患之究竟은必如松蔘之搶採와海礦之攫漁라가其終也ᄂᆞᆫ爲保無鬱島占據之弊而反禁韓民之斫伐一草一木乎며又加甚於此則其無窮莫大之患을有不可形言者ᄒᆞ리니到此地步ᄒᆞ야ᄂᆞᆫ寧欲作維摩詰嘿偈ᄒᆞ야擲筆不提ᄒᆞ노니朝鮮記者ᄂᆞᆫ以我爲無病而呻吟者ㅣ不亦其謬妄之甚乎며不其狡飾之極乎아 (完)

論說 - 辨朝鮮新報辨妄之謬(續四)

본 기자의 총론에서 이르기를, 무릇 조선 기자의 □오해 두 자로, 본 기자를 헐뜯고 배척하는데 그 말이 서로 어긋나서, 드러난 사정은 전에 이미 상세히 변론하였다. 또 그 한마디 한마디 꾸짖던 말이 혹은 남을 물리치고 자신을 지키려는 저의라고 하며, 혹은 쇄국하려던 지난 헛된 꿈이라 하며, 혹은 의심하는 것이라 하며, 혹은 완고하여 사리에 어둡다고 하며, 혹은 병은 없으나 신음한다고 하고, 혹은 스스로 계몽이라 부르며, 혹은 스스로 변망(辨妄)이라 하여 여러 가지로 속이고 업신여기며 글귀마다 놀리고 희롱하여 배척하고 모욕함이 극도에 달했다고 할 만하다. 그러나 이 역시 우리의 마음에 두고 견줄 만한 것은 못되지만 이해관계의 대두뇌(大頭腦)에 이르러서는 변파(辨破)하고 바르게 고치지 않을 수 없으므로 다시 또 거듭하여 그것을 논하고자 한다. 대저 일본인의 고질적인 뿌리 깊은 습관은 이전에도 말했지만, 과연 그 편벽하고 괴팍하고 조급하며 민첩함이 조금도 너그럽게 용인하려는 뜻을 두지 않아서, 눈앞의 작은 이익만 보고 작은 이익만 탐하니 뇌후(腦後, 뒤통수)의 큰 근심은 고려하지 않는다. 마땅히 털끝만큼 조금만 거슬리면 단지 조금만 거슬렸다고 한탄해야 하지만, 문득 전갈의 꼬리가 나와 갑자기 쏘인 듯이 작은 잘못에서 비롯하여 큰 폐해로 나가는 것 같으니, 저들과 우리 국민 사이의 교제에 늘 친밀한 탄성을 얻지 못한다. 또 하물며 일본 관리가 그 국민을 감독하는 것이 한쪽으로 치우치는 버릇이 있어 무릇 양 국민이 어지럽게 섞여 있는 곳에서는 반드시 전적으로 감싸주며 자신을 펼치는 것으로 남을 굽히게 하려고 하니, 이는 한국인이 일본의 감독하는 관리에게 복종하지 않는 까닭이다. 한국인은 일본인의 지금 속습(俗習)을 늘 깔보는 폐해가 있는데, 그 유래가 오래되었다. 그러나 요즘에 이르러서는 일본인이 오히려 거만하게 한국인의 모습을 업신여기는데, 한국인은 생각건대 그 근본적인 업신여기는 고질적 성질이 끝내 없어지지 않아, 양자가 맞닥뜨려 서로 격앙되기에 이르는 것은 대개 이로 인하여 발생하는 것이다. 지금 만약 이주해서 섞여 산다면 반드시 이로 인하여 사소한 곡절이 있고 늘 다툼을 일으킬 것이니, 저 감독하는 자가 또 비호하고 치우치는 습성으로 펴고 굽히는 것이 정당하지 않을뿐더러, 혹 작은 일이 크게 부풀어지는 일이 있을까 염려하고, 터무니없는 구실로 선동하는 것이 점점 격렬히 일어나서 양가의 국면에 결렬되는 화(禍)가 생기기 쉬우니, 이는 우리가 크게 우려하는 바이다. 또 그 소위 자본을 수입한다는 것이나 지식을 수입한다는 것은 다만 그 과장된 현상이고, 그 실제 이해상 명백한 점은 확실한 증거가 있으니 크게 분명한 것으로 말하자면, 개성(開城)의 삼포(蔘圃)와 연해의 어기(漁基, 어장)처럼 울도의 삼림은 모두 한국과의 관계에서 중대한 것인데, 저들은 이내 금례(禁例)를 어기고 창채(搶採)하며, 허가증서 없이 양어(攘漁)하며, 마음대로 점거하고 작벌하여 약장(約章)의 유무(有無)를 묻지 않고, 자기에게 이익이 되면 털끝만큼의 거리낌도 없이 불법을 자행하고, 감독하는 일본 관리는 비록 밖으로는 금단의 말을 하지만 결코 금단의 실효가 없으니, 이는 장려하는 것과 무엇이 다르겠는가. 그러나 소위 자본과 지식을 수입한다는 말은 단지 거짓으로 핑계를 대는 것이고, 사실은 폐해를 수입하는 것에서 벗어나지 않는다. 그 다른 자잘하고 허다한 폐해는 하나하나 낱낱이 들어서 말할 수 없고 그 대강을 살펴보건대, 세력은 반드시 무수한 노동이 필요한데 처음 경부선로의 기공지로부터 먼저 근거의 기초를 세워 점점 퍼지고, 기보(畿輔)에서 영호(嶺湖) 사이를 연결하는 지역은 소위 돈벌이를 위하여 나가는 곳인데, 넓고 기름진 땅은 없으나 임의로 개간할 수 있는 곳이다. 반드시 조금씩 매매한 후에 비로소 착수할 수 있는데, 매매를 할 때 혹 억제하는 폐해를 빙자하는 것도 또한 한두 가지가 아니다. 여기서 한 단계 더 나아가면, 또 요즘 경성(京城) 내에 가권(家券)을 담보로 하여 돈을 빌리는 류와 같이 지계(地契)를 담보로 돈을 빌리는 폐해가 많으니, 비록 지계를 담보로 돈을 빌린다고 하더라도 산림, 전토(田土)의 소속이 절반 이상 그 손에 들어간다. 지금 이런 방법이 아직 널리 퍼지지 않았으나 우리 한국인 부랑협잡(浮浪挾雜)의 무리가 때때로 외채를 빌릴 것을 도모하여 사람들의 가산을 탕진하는데 이르는 것이 줄지어 있는데, 때마침 돈을 빌리는 경로를 개방하였도다. 대개 그 폐단과 근심의 결말은 반드시 송삼(松蔘)의 창채와 해안의 양어와 같을 것이니, 종국에는 어찌 울도를 점거하는 폐단과 한국인이 풀 한 포기, 나무 한 그루라도 작벌하는 것을 금지하는 일이 없을 것이라고 보장하는가. 또 여기에 더해져서 근심이 끝없고 막대해질 것을 형언할 수 없으니, 이 지경에 이르러서는 차라리 유마힐(維摩詰)의 침묵과 같이 붓을 던지고 언급하지 않겠다. 조선 기자는 나를 병이 없는데 신음하게 하는 것이 심히 유망(謬妄)하다 하지 않겠으며, 극도로 교활하게 위장하지 않았는가. (완결)

〔101〕 1902년 2월 15일 ǀ **황성신문**

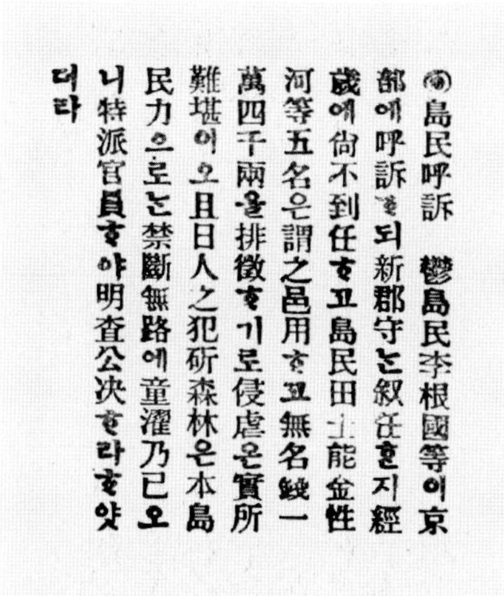

(雜)島民呼訴 鬱島民李根國等이京
部에呼訴ᄒᆞ되新郡守ᄂᆞᆫ敍任ᄒᆞᆫ지經
歲에尙不到任ᄒᆞ고島民田土能金性
河等五名은謂之邑用ᄒᆞ고無名錢一
萬四千兩을排徵ᄒᆞ기로侵虐은實所
難堪이오且日人之犯斫森林은本島
民力으로ᄂᆞᆫ禁斷無路에童濯乃已오
니特派官員ᄒᆞ야明査公決ᄒᆞ라ᄒᆞ얏
더라

島民呼訴

울도 사람 이근국(李根國) 등이 경부(京部)에 호소하기를, 새 군수는 서임한 지 해가 넘어가도 아직 임지에 도착하지 않았고, 도민 전사능(田士能), 김성하(金性河) 등 5명은 고을의 경비라 이르고 명목 없는 돈 14,000냥(兩)을 배당하여 징수하므로 침학(侵虐)은 실로 견디기 어렵다. 또 일본인의 삼림을 불법으로 베는 것을 본도 백성의 힘으로는 금단할 길이 없고 민둥산으로 만들고야 말 것이니, 특별히 관원을 파견하여 명백히 조사하고 공정하게 판단하라 하였더라.

(102) 1902년 2월 20일 | 황성신문

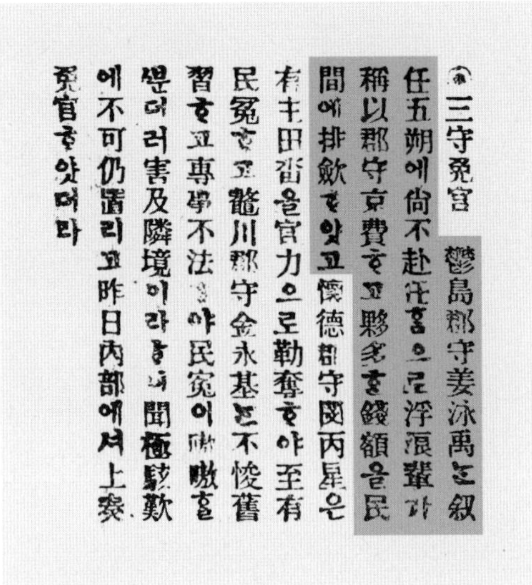

◎三守免官 鬱島郡守姜泳禹ᄂᆞᆫ叙任五朔에尚不赴任홈으로浮浪輩가稱以郡守京費ᄒᆞ고夥多ᄒᆞᆫ錢額을民間에排斂ᄒᆞ얏고懷德郡守閔丙星은有主田畓을官力으로勒奪ᄒᆞ야至有民冤ᄒᆞ고鼇川郡守金永基ᄂᆞᆫ不悛舊習ᄒᆞ고專事不法ᄒᆞ야民冤이徹天ᄒᆞᆯ뿐더러害及隣境이라ᄒᆞ니聞極駭歎에不可仍置리고昨日內部에셔上奏免官ᄒᆞ얏더라

三守免官

울도 군수 강영우는 서임한 지 5개월인데 아직 부임하지 않았고, 부랑배가 군수의 경비라 하며 과다한 전액(錢額)을 민간에 분배하여 거두어들였다. 회덕(懷德) 군수 민병성(閔丙星)은 주인이 있는 전답을 관(官)의 힘으로 늑탈하여 백성들이 원망하는 데 이르렀다. 오천(鼇川) 군수 김영기(金永基)는 구습(舊習)을 고치지 않고 오직 불법에만 열중하여 백성의 원망이 가득할뿐더러 피해가 인근 지경에도 미친다니, 듣고 매우 놀라서 탄식하며 그대로 둘 수 없다고 어제 내부에서 상주(上奏)하여 면관(免官)시켰다더라.

(103) 1902년 2월 22일 | 황성신문

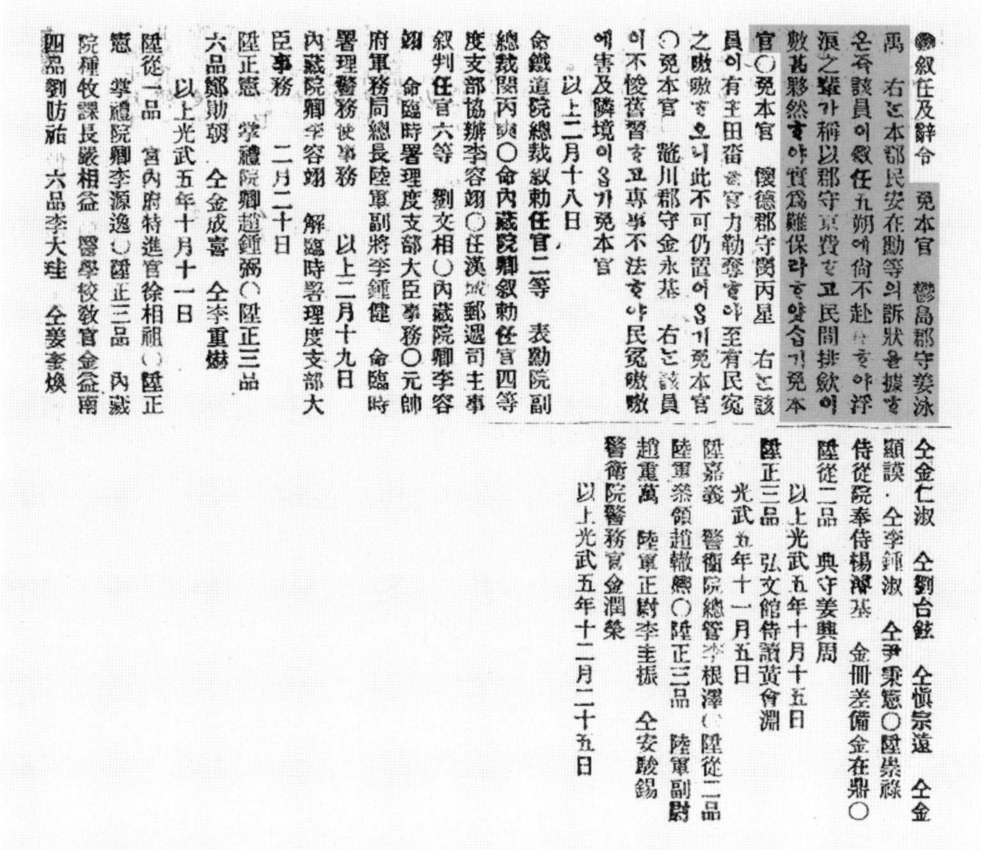

叙任及辭令　免本官　鬱島郡守姜泳
禹　右ᄂᆞᆫ本郡民安在勳等의訴狀을據ᄒᆞᆫ
즉該員이叙任五朔에尙不赴任ᄒᆞ야浮
浪之輩가稱以郡守京費ᄒᆞ고民間排歛이
數甚夥然ᄒᆞ야實爲難保라ᄒᆞ얏슴기免本
官○免本官　懷德郡守閔丙星　右ᄂᆞᆫ該
員이有主田畓ᄒᆞ야官力勒奪ᄒᆞ야至有民寃
之嗷嗷ᄒᆞ오니此不可仍置이옵기免本官
○免本官　通川郡守金永基　右ᄂᆞᆫ該員
이不悛舊習ᄒᆞ고專事不法ᄒᆞ야民寃嗷嗷
에害及隣境이옵기免本官
以上二月十八日
命鐵道院總裁叙勅任官二等　表勳院副
總裁閔丙奭○命內藏院卿叙勅任官四等
度支部協辦李容翊○任漢城郵遞司主事
叙判任官六等　劉文相○內藏院卿李容
翊　命臨時署理度支部大臣事務○元帥
府軍務局總長陸軍副將李鍾健　命臨時
署理醫務使事務　以上二月十九日
內藏院卿李容翊　解臨時署理度支部大
臣事務　二月二十日
陞正憲　掌禮院卿趙鍾弼○陞正三品
六品鄭勛朝　仝金成喜　仝李重協
以上光武五年十月十一日
陞從一品　宮內府特進官徐相祖○陞正
憲　掌禮院卿李源逸○陞正三品　內藏
院種牧課長嚴相益　醫學校敎官金益南
四品劉昉祜　六品李大珪　仝姜奎煥
仝金仁淑　仝劉台鉉　仝愼宗遠　仝金
顯謨·仝李鍾淑　仝尹秉憲○陞崇祿
侍從院奉侍楊澤基　金冊差備金在鼎○
陞從二品　典守姜興周
以上光武五年十月十五日
陞正三品　弘文館侍讀黃曾淵
光武五年十一月五日
陸嘉義　警衛院總管李根澤○陞從二品
陸軍參領趙轍熙○陞正三品　陸軍副尉
趙重萬　陸軍正尉李圭振　仝安駿錫
警衛院警務官金潤榮
以上光武五年十二月二十五日

叙任及辭令

울도 군수 강영우를 본관(本官)에서 면직함. 이 사람은 본 군민 안재훈(安在勳) 등의 소장을 근거하니 그 관원이 서임한 지 5개월에 아직 부임하지 않아서 떠돌아다니는 무리가 군수의 경비라고 칭하고 민간에 거두어들이는 수가 매우 많으므로 실로 보전하기 어렵다고 하였으니 본관에서 면직한다.

(후략)

[104] 1902년 2월 28일 | 황성신문

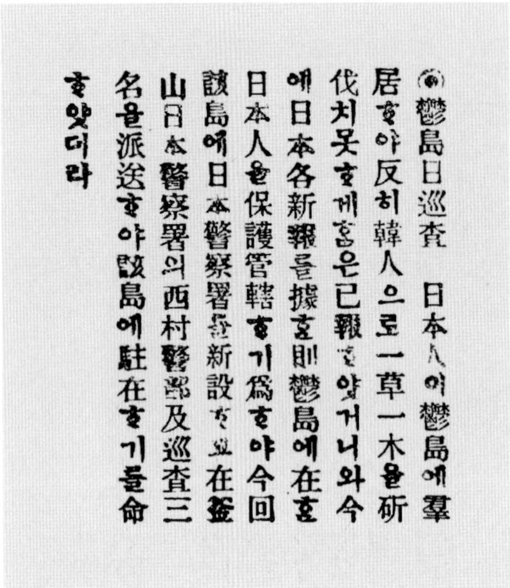

(雜)鬱島日巡査　日本人이鬱島에聚居ᄒᆞ야反히韓人으로一草一木을斫伐치못ᄒᆞ게ᄒᆞᆷ은已報ᄒᆞ얏거니와今에日本各新報를據ᄒᆞᆫ則鬱島에在ᄒᆞᆫ日本人을保護管轄ᄒᆞ기爲ᄒᆞ야今回該島에日本警察署를新設ᄒᆞ고在釜山日本警察署의西村警部及巡査三名을派送ᄒᆞ야該島에駐在ᄒᆞ기를命ᄒᆞ얏더라

鬱島日巡査

일본인이 울도에 모여서 살며 도리어 한국인이 풀 한 포기, 나무 한 그루를 작벌하지 못하게 하는 것은 이미 보도했는데, 이제 일본 각 신보(新報)에 따르면 울도에 있는 일본인을 보호하고 관할하기 위하여 이번에 그 섬에 일본 경찰서를 신설하고 부산(釜山)에 있는 일본 경찰서의 서촌(西村, 니시무라) 경부(警部)와 순사 3명을 파송하여 그 섬에 주재하기를 명하였더라.

[105] 1902년 3월 4일 | 황성신문

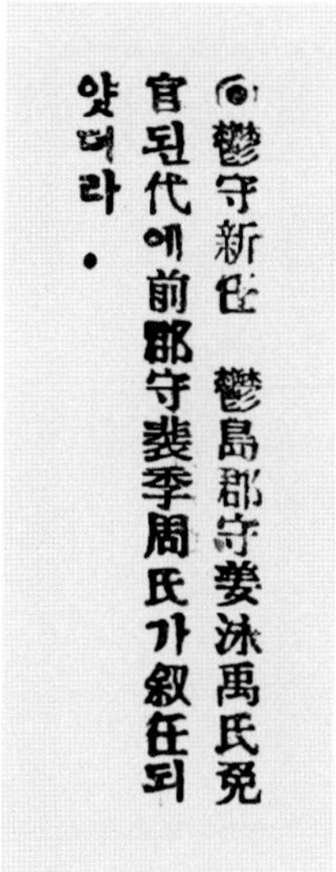

◎鬱守新任 鬱島郡守姜泳禹氏免官된代에前郡守裵季周氏가叙任되얏더라.

鬱守新任

울도 군수 강영우씨가 면관(免官)된 대신에 전 군수 배계주씨가 서임되었더라.

(106) 1902년 3월 7일 | 황성신문

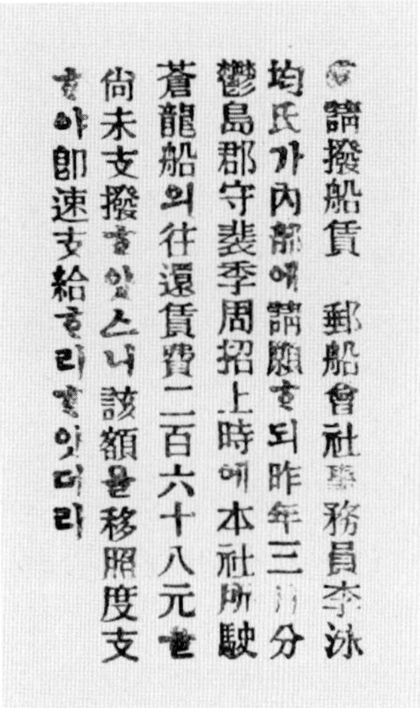
◎請撥船賃　郵船會社事務員李泳均氏가內部에請願ᄒᆞ되昨年三月分鬱島郡守裴季周招上時에本社所駛蒼龍船의往還賃費二百六十八元을尙未支撥ᄒᆞ얏스니該額을移照度支ᄒᆞ야卽速支給ᄒᆞ라ᄒᆞ얏더라

請撥船賃

우선회사(郵船會社) 사무원 이영균(李泳均)씨가 내부에 청원하기를, 작년 3월에 울도 군수 배계주를 불러올렸을 때 본 회사 소사(所駛) 창룡선(蒼龍船)의 왕복 운임 268원(元)을 아직 지불하지 않았으니 그 금액을 탁지부(度支部)로 조회를 보내서 즉시 바로 지급하라 하였더라.

官報

敍任及辭令 任長興郡守敍奏任官六等 前郡守姜永瑞○任寧原六等 前郡守李秀龍○任康津三等 前郡守李憲稷○任軍威五等 前郡守權直相○任泗川五等 前郡守金商弼○任連山五等 前議官金炳鵠○任北安五等 前郡守徐相瓚○任長湍五等 正三品金秉燮○任渭原六等 右侍御吳章會○任洪川六等 前郡守兪杲煥○任盈德六等 前郡守張漢基○任萬頃五等 前郡守安翊煥○任新寧四等 前郡守李範紹○任燕岐五等 安城郡守尹英烈○任安城六等 六品李鍾斗○任居昌六等 前郡守崔允鼎○任靈光三等 公州郡守沈健澤○任公州六等 正三品李長稙○任寶城二等 正三品徐延喆○任古阜六等 正三品閔憲植○任咸平五等 前郡守尹鼎榮○任龍川六等 前郡守蔡奎昇○任横城六等 前郡守申容均○任同福六等 前郡守金祺中○任長水六等 前郡守鄭觀喜○任牙山六等 前郡守魚允文○任懷德六等 前郡守趙秉哲○任樂安六等 前郡守閔舜鎬○任定州六等 前郡守申性均○任南陽六等 內部主事李康年○任茂山三等 從二品閔佑默○任晉州六等 六品趙斗顯○任沃川五等 前郡守黃演秀○任固城六等 前郡守張吉相○任豊基六等 前郡守李海成○任英陽六等 前郡守洪祐晳○任文化六等 六品姜滿馨○任鐵山六等 前郡守具範書○任麟津六等 陸軍參領吉永洙○任原州六等 六品金炳驥○任開寧五等 內部參書官趙東璘○任丹陽六等 六品鄭毅東○任懷仁六等 正三品金世濟○任遂安五等 前郡守李義憲○任淸風六等 前郡守金相一◎任漆原六等 前郡守曹奎承○任朔寧六等 景孝殿祀丞朴容觀○任振威六等 六品申錫賢○任扶安六等 前郡守趙秉翊○任高城六等 前郡守曹奉承◎任唐津六等 前郡守金廷煥○任文川六等 前郡守金永年○任兎山六等 前郡守吳憲根○任南海六等 前郡守李秉翊○任順天六等 正三品申慶均○任洪州六等 前郡守崔浚錫○任北靑六等 前郡守康漢道○任甲山四等 前郡守李根豊○任鍾城六等 右侍御閔泳勘○任果川六等 前郡守崔英根○任楊口六等 前郡守姜相駿○任龍仁六等 六品任軒宰○任楊根六等 前郡守金寧漢○任龍宮六等 前郡守李寅競○任寧越六等 前郡守金進洙○任錦城六等 前郡守朱哲澤○任龍川六等 前議官徐丙益○任魯城六等 六品閔尙鎬○任新昌六等 六品鄭燮魯○任海美六等 前郡守具然浩○任永川六等 正三品安學柱○任漣川六等 前郡守李梓奎○任莞島六等 六品李鼎相○任禮山六等 前郡守金善一○任泗川五等 前郡守徐載雨○任木川六等 前郡守安洪路○任槐山五等 六品閔泳殷○任任實四等 前郡守李根湘○任玉果六等 前郡守具灝謨○任井邑六等 前郡守沈吉求○任知禮五等 前郡守玄棻◎任旌善六等 前郡守李根榮◎任河陽六等 前郡守尹泰善◎任陰竹六等 前郡守李孝稙◎任仁同六等 前郡守閔明植◎任黃澗六等 前郡守金鴻圭◎任永同六等 前郡守韓璟會◎任交河六等 前郡守李應用◎任陽城六等 正三品李重哲◎任鬱島六等 前郡守裴季周◎任明川六等 前郡守鄭阮永◎任大靜六等 六品洪祐完◎任濟州六等 前郡守金昌洙◎任嘉山六等 前郡守許璥◎任鎭海六等 前郡守金容培◎任扶餘六等 前郡守金一鉉◎任求禮六等 前郡守李載憲◎任平澤六等 前郡守朴琫煥◎任珍山六等 六品張燮國◎任谷山六等 前郡守金錫圭◎任成川六等 前郡守崔基柱◎任草溪六等 前郡守申泰哲◎任延安六等 前郡守閔泳原◎任延豊六等 宗正院主事林傑相◎任彥陽六等 前郡守李寅聲◎任[illegible]六等 前郡守李章鎔 以上三月七日

叙任及辭令

(전략)

◎ 울도 6등(六等)에 전 군수 배계주를 서임한다.

(후략)

[108] 1902년 4월 28일 | 황성신문

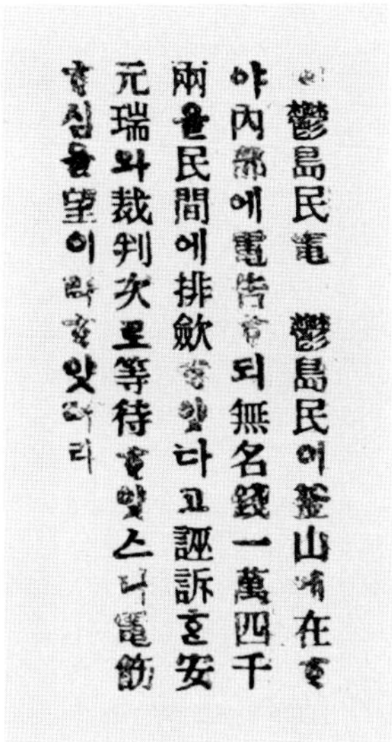

○鬱島民電 鬱島民이釜山에在ᄒᆞ야內部에電告ᄒᆞ되無名錢一萬四千兩을民間에排斂ᄒᆞ얏다고誣訴ᄒᆞᆫ安元瑞와裁判次로等待ᄒᆞ얏스니電飭ᄒᆞ심을望이라ᄒᆞ얏더라

鬱島民電

울도의 백성이 부산에 있으면서 내부에 전보로 알리길, 무명전(無名錢) 14,000냥(兩)을 민간에 분배하여 거두어들였다고 무소(誣訴)한 안원서(安元瑞)와 재판하려고 준비해서 기다렸으니 전보로 신칙하시길 바란다고 하였더라.

(109) 1902년 4월 29일 | 황성신문

別報

左에 槩譯ᄒᆞᆫ것은 釜山海關洋員士彌須氏의 鬱陵島視察報告인ᄃᆡ 其日子ᄂᆞᆫ 비록 經年ᄒᆞᆫ者나 亦實로 觀ᄒᆞ면 關係가 綦重ᄒᆞ기 玆에 譯謄ᄒᆞ노라

◎光武五年八月本派員이 與本海關幇辦金聲遠 査檢官荒木 監理署主事丁寶鉉으로 於釜山起程ᄒᆞ야 翌日上午七時에 到鬱陵島ᄒᆞ니 嶋中日本人口가 約爲五百五十人 而皆造船伐木者及幾個舖戶라 該日人等이 以此嶋로 認爲永遠居住ᄒᆞ야 有于今七八年土着者ᄒᆞ고 每歲自三月至六月ᄭᆞ지 乘其浪息風靜ᄒᆞ야 日人男女三四百名이 自日本사이地方으로 來泊該島ᄒᆞ야 或漁獵或斫木ᄒᆞ며 或日人所貯材木豆麥藁穀等物을 裝運輸送者ㅣ 絡繹云ᄒᆞ고 日本女子現居島中者ᄂᆞᆫ 爲三十二名 而凡日人作業은 斫伐槻木ᄒᆞ야 出賣日本ᄒᆞ야 旅購米塩漿酒食品과 其他布木ᄒᆞ야 輸入島中ᄒᆞ야 與韓民交換雜穀ᄒᆞ고 又以錢幣償價ᄒᆞ며 居島日人이 有兩黨ᄒᆞ니 一은 하다모도者ㅣ 爲黨首ᄒᆞ고 一은 와기다者ㅣ 爲黨頭ᄒᆞ야 二黨이 割分南北疆土而自領其森林ᄒᆞ고 昨年七月十五日에 有告示韓民者ᄒᆞᆫ日 自今으로 若無日本人許可면 毋得擅自伐木ᄒᆞ며 毋得輸出一木이오 若有現發則應償罰款云이라ᄒᆞ얏ᄂᆞᆫᄃᆡ 從此韓民之被捉賠罰者ㅣ 屢屢ᄒᆞ되 該島韓民이 無禁制權力이라 本派員入島時에 適有一案件來告者ᄒᆞ니 卽本年七月頃에 一韓人所有新斫板木을 被日人査出ᄒᆞ야 見徵罰錢三萬五千文ᄒᆞ고 又一韓人은 於其所居地內에 斫倒一木에다가 該人告發ᄒᆞ야 亦徵罰錢三萬文ᄒᆞ니 皆係的實案件이오 島中日人은 斫伐材木호ᄃᆡ 都無認狀ᄒᆞ며 且材穀各種輸出入에도 亦無稅金ᄒᆞ며 裵季周ᄂᆞᆫ 監管該島ᄒᆞ야 已經六年而於前裵島監이 因材木還推事ᄒᆞ야 發往日本時에 島人吳祥日이 乘島監不在ᄒᆞ야 詐稱監理ᄒᆞ고 勒討稅欵於輸出入物品云이나 只是米塩酒若干捧賂而已오 島居韓民은 畧至三千口나 皆個戶農氓之爲活者니 米布漿酒等은 皆以土産豆麥藁蔬로 交易於日人ᄒᆞ며 或出售於釜港에라ᄒᆞ며 嶋東小灣岸上에 居生日人之板屋이 略五十戶오 方新築者ㅣ 亦多ᄒᆞ고 沿岸에 亦有日人四五村落에나 本員이 因牽掣ᄒᆞ야 未能詳探其戶數ᄒᆞ고 嶋人中有金敬重金姓述田士能者三人이 最奸猾欺騙ᄒᆞ야 歛民錢財ᄒᆞ고 又揚言各村曰 釜山監理之子支尙健이 現任要職ᄒᆞ야 云自政府로 派送視察姜永佑ᄒᆞ야 一應島中現官을 倂皆罷免ᄒᆞ고 永不置島監이나 姜視察의 所需費額七千萬文을 當自民間捐納이라ᄒᆞ니 愚民이 或被其慫慂ᄒᆞ야 頗有隱納者云이며 本員到島時에 有兩桅船十六隻이 碇泊海面ᄒᆞ고 又有五隻船이 滿載木材ᄒᆞ야 準備出帆ᄒᆞ고 且於灣岸에 置有五百介經緞板材及鋸木ᄒᆞ니 長或十尺二十尺而皆日人所伐者也오 且有漁艇七隻及潛水夫艇子三隻ᄒᆞ니 皆自釜港日領館으로 領有官許者也오 又有乾鰒海蔘과 黃豆三百石及雀膠等物이 皆將輸出者也오 環嶋海水가 甚深ᄒᆞ야 如實合港灣者ᄂᆞᆫ 絶無ᄒᆞ고 海岸則四面構澗ᄒᆞ나 但有三處小灣ᄒᆞ야 輪船이 可得碇泊矣오 嶋中處經에 有韓人田土ᄒᆞ고 全嶋中央은 森林이 尙且望之鬱葱矣라ᄒᆞ얏더라

西曆一千九百一年八月二十日

海關派員士彌須

別報

아래에 대강 번역한 것은 부산 해관(釜山海關) 양원(洋員) 사미수(士彌須, F. J. Smith)씨의 울릉도 시찰 보고서인데, 그 일자는 비록 해를 지나간 것이나 실로 보면 관계가 긴요해서 여기에 번역하여 등사하노라.

◎ 광무(光武) 5년(1901) 8월에 본 파원(派員)과 본 해관 방판(幇辦) 김성원(金聲遠), 사검관(查檢官) 황목(荒木, 아라키), 감리서 주사 정보섭(丁寶燮)이 부산에서 떠나 다음날 오전 7시에 울릉도에 도착하니 섬에 있는 일본 인구가 약 550명이고 모두 조선(造船), 벌목하는 자와 몇 개의 포호(鋪戶)이다. 그 일본인들은 이 섬에서 영원히 거주하는 것을 승인받으려고 지금까지 7~8년을 토착하였고, 해마다 4~6월까지 물결이 그치고 바람이 고요할 때 배를 타고 일본인 남녀 300~400명이 일본 샤가이[사카이 정(境町)] 지방에서부터 이 섬으로 왔는데, 혹은 어획하거나, 혹은 나무를 베고, 혹은 일본인이 재목, 콩, 보리, 감자, 마 등의 물품을 저장해 둔 것을 실어 나르는 자가 끊이지 않는다고 하고, 현재 섬에 거주하는 사람 중 일본 여자는 32명이고, 무릇 일본인이 하는 일은 규목을 작벌하여 일본으로 출매(出賣)하고, 쌀, 소금, 술, 식품과 그 외 포목을 구매하여 섬에 들여와서 한국 사람들과 잡곡을 교환하고 드물게 전폐로 값을 치른다. 섬에 거주하는 일본인이 2개의 무리가 있으니 하나는 하다모도가 당의 우두머리로 있고, 하나는 와기다가 당의 우두머리로 있다. 2개의 당이 남북의 강토를 분할하고 스스로 삼림을 거느리며 작년 7월 15일에 한국인에게 고시하기를, 이제부터 일본인의 허가가 없다면 제멋대로 벌목하지 못하며 나무 한 그루도 수출하지 못하고, 만약 발견되면 응당 벌금을 배상해야 한다고 하였다. 이에 따라 한국인이 붙잡혀 벌금을 배상한 것이 여러 번인데, 그 섬의 관민(官民)이 권력을 금제(禁制)하지 못한다. 본 파원이 섬에 들어갈 때 마침 하나의 보고된 안건이 있었으니, 즉 올해 7월경에 한 한국인이 판목을 새로 베려는 것을 일본인에 의하여 발각되어 벌금 35,000문(文)을 징수당하고, 또 한 한국인은 그 거주지 내에서 나무 한 그루를 베었다가 남이 고발하여 또한 벌금 30,000문을 징수당하였으니, 모두 관련된 실제 사건이다. 섬에 있는 일본인은 재목을 작벌하나 모두 허가문서 없이 하며, 또한 재목, 곡식의 각종 수출, 수입도 역시 세금 없이 하며, 배계주는 그 섬을 감관(監管)한 지 이미 6년이 지났는데, 몇 해 전 배(裵) 도감이 재목을 환추(還推)하는 일로 인해 일본에 갔을 때, 섬 사람 오상일이 도감이 배를 타고 부재하자 서리(署理)로 사칭하고 수출입 물품에 세금을 부

과하여 강제로 거두어들였다고 하는데, 단지 쌀, 소금, 술 약간을 뇌물로 바쳤을 뿐이다. 섬에 거주하는 한국인은 대략 3,000명에 이르나 모두 전호(佃戶) 농민의 생활을 하는 자이니, 쌀, 포, 술 등은 모두 토산물인 콩, 보리, 감자, 마로 일본인과 교역하며, 혹 해가 나면 부산항에서 판다고 한다. 섬 동쪽의 작은 만안(灣岸) 위에 사는 일본인의 판잣집이 대략 50호(戶)이고, 신축한 것이 많고 연안에 또한 일본인 4~5개의 촌락이 있으나, 본원(本員)이 견제받는 일로 인하여 그 호수를 상세히 탐문할 수가 없다. 섬 사람 가운데 김경중(金敬重), 김성술(金性述), 전사능(田士能) 등 3명이 가장 간사하고 기편(欺騙)하여 사람들의 전재(錢財)를 탐하고 또 각 촌(村)에 말하기를, 부산 감리의 아들 현상건(玄尙健)이 요직(要職)에 현임(現任)하여 정부에서 이르기를, 시찰 강영우를 파송하여 일단 섬의 현직 관리를 아울러 모두 파면하고 영원히 도감을 두지 않을 것이나, 강(姜) 시찰이 필요한 금액 700,000문을 마땅히 민간으로부터 벼슬자리의 비용으로 바치라 하니, 어리석은 백성이 혹 그의 종용을 받아 자못 몰래 바치는 자가 있었다. 본원이 섬에 도착했을 때 양외선(兩桅船, 쌍돛대선) 16척이 해면에 정박하였고 또 5척의 배가 재목을 가득 싣고 출범을 준비하였고, 또 만안(灣岸)에 단단하고 빽빽한 판재와 체목(體木) 500개를 두었으니 길이가 10척(尺), 20척으로 모두 일본인이 벤 것이었다. 또한 고기잡이 배 7척과 잠수부정(潛水夫艇) 3척이 있으니, 모두 부산항 일본 영사관(領事館)으로부터 관의 허가를 받은 것이었다. 또 마른 전복, 해삼과 황두(黃豆) 300석(石)과 작교(雀膠) 등의 물품이 있고, 모두 장차 수출하는 것이다. 섬을 둘러싼 바다가 매우 깊어서 실로 항만에 합당한 곳은 전혀 없고, 해안과 4면이 넓게 열려있으나 다만 작은 만(灣)이 세 곳이 있어 윤선(輪船)이 정박할 수 있고, 섬 곳곳에 한국인의 전토(田土)가 있고 온 섬의 중앙은 삼림이며 더욱더 울창하길 바란다 하였더라.

서력(西曆) 1901년 8월 20일

해관파원(海關派員) 사미수(士彌須, F. J. Smith)

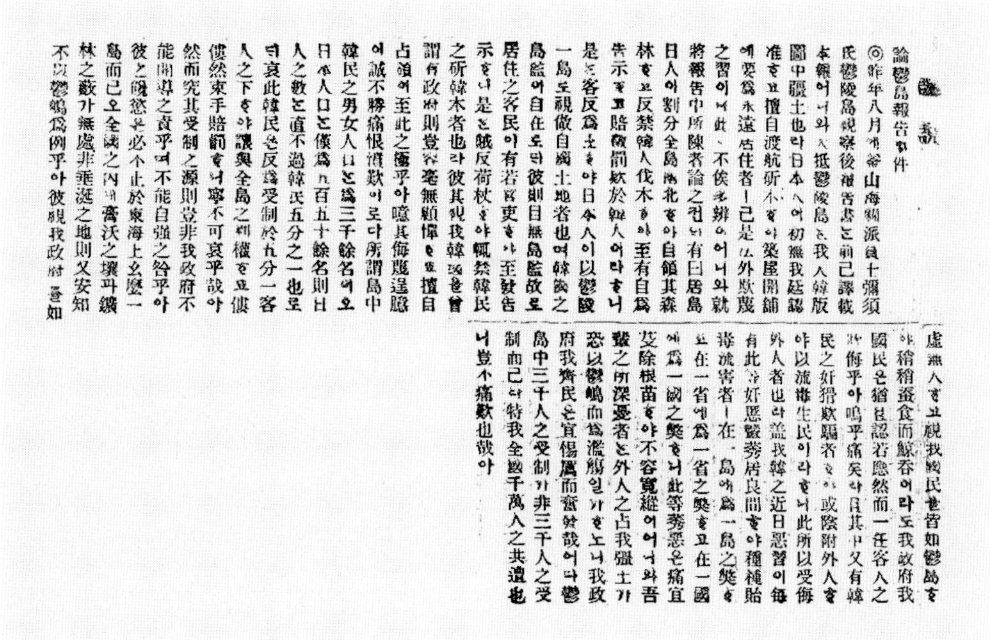
論說

論鬱島報告事件

◎昨年八月에釜山海關派員士彌須氏가鬱陵島視察後報告書는前已譯載本報어니와大抵鬱陵島는我大韓版圖中疆土也라日本人이初無我廷認准ᄒᆞ고擅自渡航斫木ᄒᆞ야築屋開舖에要爲永遠居住者ㅣ已是法外欺蔑之習이어此不俟多辨이어니와就將報告中所陳者論之컨ᄃᆡ有曰居島日人이割分全島南北ᄒᆞ야自領其森林ᄒᆞ고反禁韓人伐木ᄒᆞ야至有自爲告示ᄒᆞ고賠徵罰款於韓人이라ᄒᆞ니是는客反爲主ᄒᆞ야日本人이以鬱陵一島로視做自國土地者也며韓國之島監이自在로ᄃᆡ彼則目無島監故로居住之客民이有若官吏ᄒᆞ야至發告示ᄒᆞ니是ᄂᆞᆫ賊反荷杖ᄒᆞ야輒禁韓民之斫韓木者也라彼其視我韓을曾謂有政府則豈容毫無顧憚ᄒᆞ고擅自占領에至此之極乎아噫其侮蔑逞臆이誠不勝痛恨憤歎이로다所謂島中韓民之男女人口는爲三千餘名이오日本人口는僅爲九百五十餘名則日人之數는直不過韓民五分之一也로ᄃᆡ哀此韓民은反爲受制於九分一客人之下ᄒᆞ야讓與全島之利權ᄒᆞ고傀然束手賠罰ᄒᆞ니寧不可哀乎哉아然而究其受制之源則豈非我政府不能開導之責乎며不能自强之咎乎아彼之醜慾은必不止於東海上幺麼一島而已오全國之內에膏沃之壤과鑛林之藪가無處非垂涎之地則又安知不以鬱嶋爲例乎아彼視我政府를如虛無人ᄒᆞ고視我國民을皆如鬱島ᄒᆞ야稍稍蠶食而鯨呑이라도我政府我國民은猶且認若恩然而一任客人之所侮乎아嗚乎痛矣라且其中又有韓民之奸猾欺騙者ᄒᆞ야或陰附外人ᄒᆞ야以流毒生民이라ᄒᆞ니此所以受侮外人者也라蓋我韓之近日惡習이每有此等奸慝稂莠居良間ᄒᆞ야種種貽毒流害者ㅣ在一島에爲一島之弊ᄒᆞ고在一省에爲一省之弊ᄒᆞ고在一國에爲一國之弊ᄒᆞ니此等莠惡은痛宜芟除根苗ᄒᆞ야不容寬縱이어니와吾黨之所深憂者는外人之占我疆土가恐以鬱嶋而爲濫觴일가ᄒᆞ노니我政府我齊民은宜惕厲而奮發哉어다鬱島中三千人之受制가非三千人之受制而已라特我全國千萬人之共遺恥니豈不痛歎也哉아

論說 - 論鬱島報告事件

◎ 작년 8월에 부산(釜山) 해관파원(海關派員) 사미수(士彌須, F. J. Smith)씨가 울릉도를 시찰한 후의 보고서는 전에 이미 번역하여 본보에 실었는데, 대저 울릉도는 우리나라 사람, 한국의 세력이 미치는 강토이다. 일본인이 처음에 우리나라 조정의 인준을 받지 않고 제멋대로 도항하여 나무를 베고 집을 짓고 가게를 열어서 영원히 거주하기를 바라는 것은 이미 법외(法外)의 기만하고 업신여기는 습관으로, 이는 여러 말을 할 것이 못 된다. 그래서 보고 중에 진달한 바를 논하건대, 섬에 사는 일본인이 이르기를 온 섬의 남북을 분할하여 그 삼림을 스스로 영유하고 오히려 한국인의 벌목을 금지한다고 스스로 고시하고, 한국인에게 벌금을 배당하여 징수하였다고 하니, 이는 객지인이 오히려 토착민이 되어 일본인이 울릉도를 자

국의 토지로 간주하는 것이며, 한국의 도감이 자임(自任)하였는데, 저들은 도감이 눈에 보이지 않는다는 까닭으로, 거주하는 객민(客民)이 마치 관리인양 고시를 발부하기에 이르니, 이는 적반하장이다. 갑자기 한국인이 한국 나무를 베는 것을 금지한 것이다. 저들은 우리 한국을 보고 정부가 있다고 말하면서, 어찌 터럭만큼도 거리끼거나 뒤를 생각하지 않고 제멋대로 점령하여 이 지경에 이르게 하는가. 아! 그 모멸과 억측이 참으로 통한과 분탄(憤歎)을 견디지 못하겠다. 이른바 섬에 있는 한국인의 남녀 인구는 3,000여 명이고 일본인 인구는 거의 550여 명인데, 일본인의 수는 겨우 한국인의 5분의 1에 불과하다. 그런데 불쌍한 이 한국인은 오히려 5분의 1인 객인 아래에서 제재를 받으며, 온 섬의 이권을 양여하고 굽히고 속수무책으로 배상하니 어찌 슬프지 아니하겠는가. 그러나 제재를 받는 근원을 헤아려보면, 어찌 우리 정부가 개도하지 못한 책임과 자강하지 못한 허물이 아니겠는가. 저들의 탐욕은 반드시 동해상의 작은 한 섬에 그치지 않을 뿐이고, 전국 내의 비옥한 땅과 광림(鑛林)의 숲은 침 흘리지 않는 곳이 없으니, 또한 어찌 울도의 사례가 되지 않는다고 알수 있겠는가. 저들은 우리 정부를 사람이 없는 빈 곳과 같이 보고 우리 국민을 모두 울도와 같다고 보니 점점 잠식하여 고래처럼 삼킬지라도, 우리 정부와 우리 국민은 오히려 지난날 마땅히 그러한 것처럼 여겼으니, 객인의 기만과 모욕을 내버려두었던 것이라. 아! 통탄할 일이다. 또 그 가운데는 한국인에게 간활하고 기만하는 자도 있어서, 혹은 은밀히 외국인에게 붙어서 백성들에게 해독을 퍼뜨리니, 이것이 외국인에게 업신여김을 받는 것이다. 그래서 우리 한국의 요즘 악습은 늘 이런 간사한 무리가 선량한 사람들 사이에서 추하게 살고 있고, 종종 독을 끼치고 손해를 전하는 자가 한 섬에 있어서 한 섬의 폐해가 되고, 한 성(省)에 있어 한 성의 폐해가 되며, 한 국가에 있어 한 국가의 폐해가 되니, 이들의 흉악은 거의 근묘(根苗)를 베어버리는 고통이니 관종(寬縱)을 받아들이지 않으며, 우리가 매우 우려하는 것은 외국인의 우리 강토 점유가 울도로써 시작이 될지 두려운 것이니 우리 정부와 우리 백성은 마땅히 조심하고 분발할지어다. 울도의 30명의 수제(受制)가 3,000명의 수제가 아닐 뿐 아니라 특히 우리 전국 천만인의 공조(共遭)이니 어찌 통한하지 않겠는가.

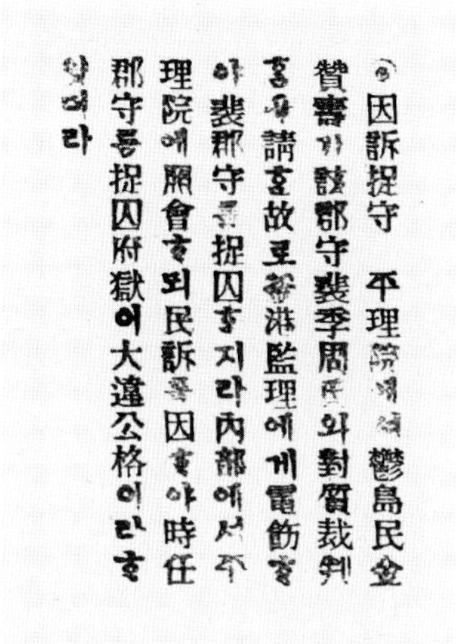

◎因訴捉守 平理院에셔鬱島民金贊壽가該郡守裵季周氏와對質裁判ᄒᆞᆷ을請ᄒᆞᆫ故로釜港監理에게電飭ᄒᆞ야裵郡守를捉囚ᄒᆞᆫ지라內部에셔平理院에照會ᄒᆞ되民訴를因ᄒᆞ야時任郡守를捉囚府獄이大違公格이라ᄒᆞ얏더라

因訴捉守

평리원(平理院)*에서 울도 사람 김찬수(金贊壽)가 군수 배계주씨와 대질하여 재판하기를 청하므로, 부산항 감리에게 전보로 신칙하여 배(裵) 군수를 잡아 가두었다. 내부에서 평리원에 조회하여 민소(民訴)로 인하여 시임(時任) 군수를 부옥(府獄)에 가두는 것이 공격(公格)과 크게 어긋난다 하였더라.

* 대한제국기 재판을 맡아보던 중앙 관청. 최고 법원에 해당.

〔112〕 1902년 5월 20일 ǀ 황성신문

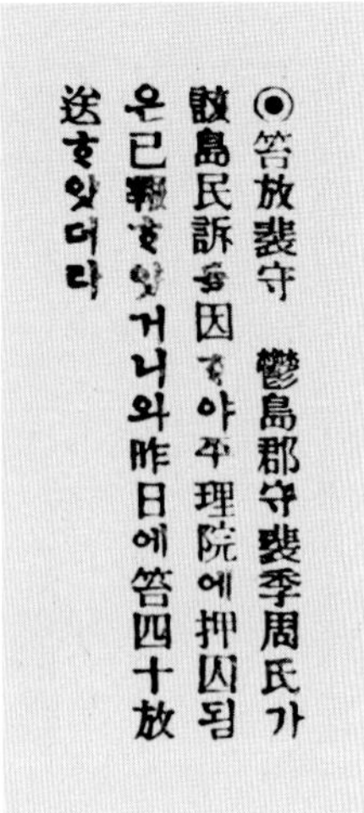

◉笞放裵守　鬱島郡守裵季周氏가該島民訴를因ᄒᆞ야平理院에押囚됨은已報ᄒᆞ얏거니와昨日에笞四十放送ᄒᆞ얏더라

笞放裵守

울도 군수 배계주씨가 그 섬의 민소(民訴)로 인하여 평리원에 잡아 가두게 됨은 이미 보도하였으며, 어제 태형(笞刑) 40대에 풀어 주라 하였더라.

[113] 1902년 6월 24일 | 황성신문

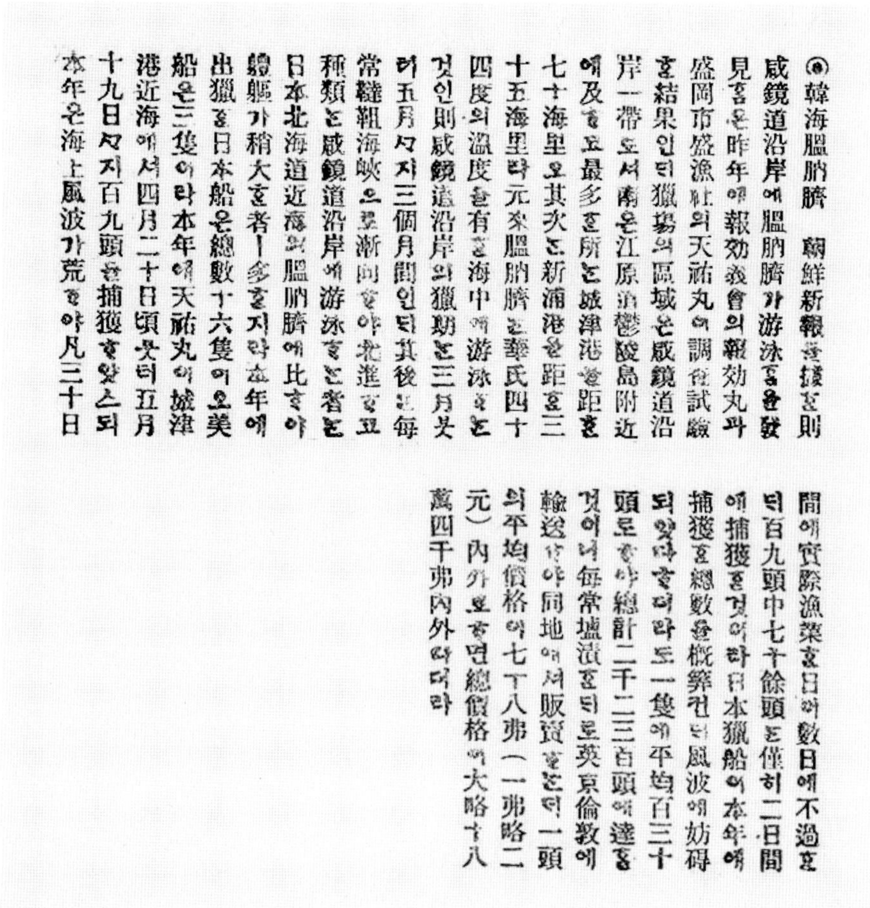

◉韓海膃肭臍 朝鮮新報를據ᄒᆞᆫ則咸鏡道沿岸에膃肭臍가游泳ᄒᆞᆷ을發見ᄒᆞᆷ은昨年에報効義會의報効丸과盛岡市盛漁社의天祐丸이調査試驗ᄒᆞᆫ結果인ᄃᆡ獵場의區域은咸鏡道沿岸一帶로서南은江原道鬱陵島附近에及ᄒᆞ고最多ᄒᆞᆫ所ᄂᆞᆫ城津港을距ᄒᆞᆫ七十海里오其次ᄂᆞᆫ新浦港을距ᄒᆞᆫ三十五海里라元來膃肭臍ᄂᆞᆫ華氏四十四度의溫度를有ᄒᆞᆫ海中에游泳ᄒᆞᄂᆞᆫ것인則咸鏡道沿岸의獵期ᄂᆞᆫ三月븟터五月ᄭᆞ지三個月間인ᄃᆡ其後ᄂᆞᆫ每常韃靼海峽으로漸漸向ᄒᆞ야北進ᄒᆞ고種類ᄂᆞᆫ咸鏡道沿岸에游泳ᄒᆞᄂᆞᆫ者ᄂᆞᆫ日本北海道近海의膃肭臍에比ᄒᆞ야軀幹가稍大ᄒᆞᆫ者ㅣ多ᄒᆞᆫ지라本年에出獵ᄒᆞᆫ日本船은總數十六隻이오美船은三隻이라本年에天祐丸이城津港近海에서四月二十日頃븟터五月十九日ᄭᆞ지百九頭를捕獲ᄒᆞ얏스되本年은海上風波가荒ᄒᆞ야凡三十日間에實際漁業ᄒᆞᆫ日이數日에不過ᄒᆞᆫᄃᆡ百九頭中七十餘頭ᄂᆞᆫ僅히二日間에捕獲ᄒᆞᆫ것이라日本獵船이本年에捕獲ᄒᆞᆫ總數를槪算컨ᄃᆡ風波에妨碍되얏다ᄒᆞ더라도一隻에平均百三十頭로ᄒᆞ야總計二千二三百頭에達ᄒᆞᆯ것이니每常鹽漬ᄒᆞᆫᄃᆡ로英京倫敦에輸送ᄒᆞ야同地에서販賣ᄒᆞᄂᆞᆫᄃᆡ一頭의平均價格이七十八弗(一弗略二元)內外로ᄒᆞ면總價格이大略十八萬四千弗內外라더라

韓海膃肭臍

『조선신보(朝鮮新報)』를 따르면 함경도 연안에 올눌제(膃肭臍, 해구 물개)의 유영을 발견한 것은 작년에 보효의회(報効義會)의 보효환(報効丸)과 성강시(盛岡市, 모리오카) 성어사(盛漁社)의 천우환(天祐丸)이 조사하고 시험한 결과인데, 사냥터의 구역은 함경도 연안 일대로서 남쪽은

강원도 울릉도 부근에 이르고 가장 많은 장소는 성진항(城津港)에서 70해리(海里) 떨어진 곳이고, 그 다음은 신포항에서 35해리 떨어진 곳이다. 원래 올눌제는 화씨 44도의 온도를 가진 바닷속에 유영하는 것으로 함경도 연안의 사냥철은 3~5월까지 3개월인데, 그 이후는 늘 달조(韃靼) 해협으로 차츰 북진하고, 종류는 함경도 연안에 유영하는 것은 일본 북해도(北海道, 홋카이도) 근해의 올눌제에 비하여 체구가 조금 큰 것이 많다. 올해에 출렵(出獵)하는 일본 배는 총수가 16척이고 미국 배는 3척이다. 올해 천우환이 성진항 근해에서 4월 20일경부터 5월 19일까지 109두를 포획하였고, 올해는 해상의 풍파가 거칠어 도합 30일 동안 실제 어업한 날이 며칠에 불과한데, 109두 중 70여 두는 단지 2일 동안에 포획한 것이다. 일본의 엽선(獵船)이 올해 포획한 총수를 대략 계산하면 풍파로 방해를 받았다 하더라도 1척에 평균 130두로 해서 총 계산하면 2,200~2,300두에 달할 것이니, 늘 염지(鹽漬, 소금으로 담금)하는 대로 영국 런던에 운송하여 그 땅에서 판매하는데 1두의 평균 가격이 78불(弗, 달러)[1불은 약 2원(元)] 내외로 하면 총 가격이 대략 184,000불 내외라더라.

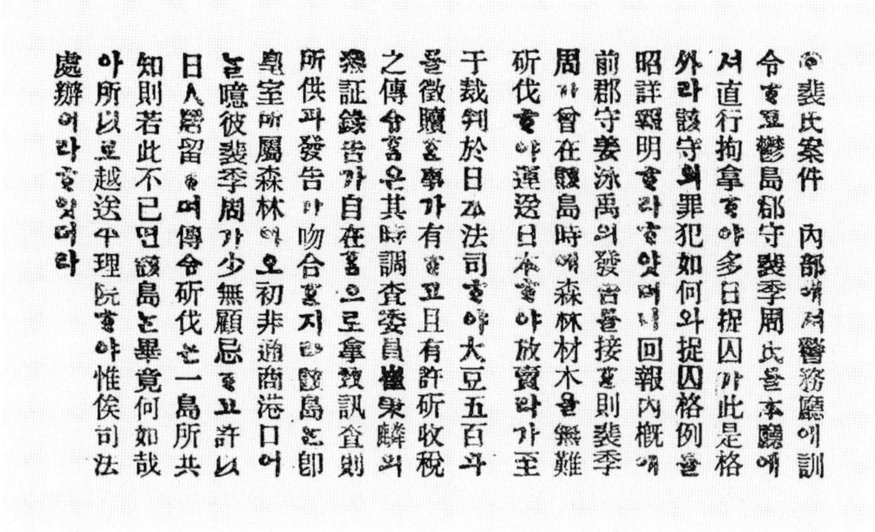
◎裴氏案件 內部에서警務廳에訓令ᄒᆞ고鬱島郡守裴季周氏를本廳에셔直行拘拿ᄒᆞ야多日捉囚ᄒᆞ니此是格外라該守의罪犯如何와捉囚格例를昭詳照明ᄒᆞ라ᄒᆞ얏더니回報內槪에前郡守姜泳禹의發告를接ᄒᆞᆫ則裴季周가曾在該島時에森林材木을無難斫伐ᄒᆞ야運送日本ᄒᆞ야放賣ᄒᆞ다가至于裁判於日本法司ᄒᆞ야大豆五百斗를徵贖ᄒᆞᆫ事가有ᄒᆞ고且有許斫收稅之傳令ᄒᆞᆫ者ᄂᆞᆫ其時調査委員崔秉麟의參證錄告가自在ᄒᆞᆫ故로拿致訊査則所供과發告가吻合ᄒᆞᆫ지라該島ᄂᆞᆫ卽皇室所屬森林이오初非通商港口어ᄂᆞᆯ噫彼裴季周가少無顧忌ᄒᆞ고許以日人留ᄒᆞ며傳令斫伐ᄒᆞᆫ은一島所共知則若此不已면該島ᄂᆞᆫ畢竟何如哉아所以로越送平理院ᄒᆞ야惟俟司法處辦이라ᄒᆞ얏더라

裵氏案件

내부에서 경무청에 훈령하고 울도 군수 배계주씨를 본청(本廳)에서 직접 잡아 와서 여러 날을 가두었는데, 이는 격례에 어긋난다. 그 군수의 범죄 여하와 죄인을 잡아 가두는 격례를 소상하게 보고하라 하였더니, 회보(回報) 내용의 대강은 전 군수 강영우의 고발을 접하니, 배계주가 일찍이 그 도에 재임할 때에 삼림 재목을 무난히 작벌하여 일본으로 운송하고 방매하여, 일본 법사(法司)에서 재판하기에 이르러 대두 500두(斗)를 징속(徵贖)한 일이 있었다. 또 작벌과 수세를 허락하는 명령을 전한 것은 그때 조사위원 최병린(崔秉麟)의 참고할 만한 증거와 고발이 있었으므로 잡아다가 신문하여 공초를 받아낸 바 고발이 들어맞았다. 그 섬은 곧 황실 소속 삼림이고 처음에는 통상하는 항구가 아니었는데, 아! 저 배계주가 조금도 거리낌 없이 일본인의 거류를 허락하며 작벌을 전령한 것은 온 섬이 다 알고 만약 이런 일이 그치지 않는다면 그 섬은 필경 어떻게 되겠는가. 그런 까닭으로 평리원으로 넘겨 보내서 오직 사법 처판을 기다리라 하였더라.

(115) 1902년 7월 17일 | 황성신문

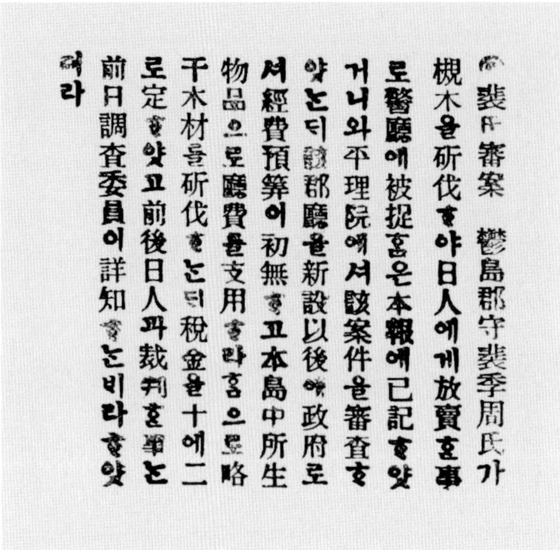

◎裵氏審案 鬱島郡守裵季周氏가槻木을斫伐ᄒᆞ야日人에게放賣ᄒᆞᆫ事로警廳에被捉ᄒᆞᆫ은本報에已記ᄒᆞ얏거니와平理院에서該案件을審査ᄒᆞ얏ᄂᆞᆫᄃᆡ該郡廳을新設以後에政府로셔經費預筭이初無ᄒᆞ고本島中所生物品으로廳費를支用ᄒᆞ라ᄒᆞᆷ으로略干木材를斫伐ᄒᆞᄂᆞᆫᄃᆡ稅金을十에二로定ᄒᆞ얏고前後日人과裁判ᄒᆞᆫ事ᄂᆞᆫ前日調査委員이詳知ᄒᆞᄂᆞᆫ비라ᄒᆞ얏더라

裵氏審案

울도 군수 배계주씨가 규목을 작벌하여 일본인에게 방매한 일로 경무청에 붙잡힌 것은 본보(本報)에 이미 기록하였고, 평리원에서 그 안건을 심사하였는데 해당 군청을 신설한 이후에 정부에서 경비 예산이 애초에 없어서, 본도(本島)에서 나는 물품으로 군청의 경비를 지용(支用)하라 함으로 약간의 목재를 작벌하는 데 세금을 10분의 2로 정하였고, 전후 일본인과 재판한 일은 지난번 조사위원이 상세히 아는 바라 하였더라.

(116) 1902년 10월 29일 | 황성신문

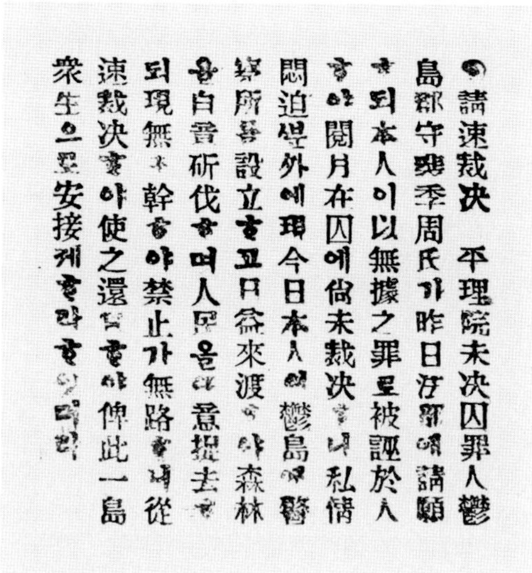

◎請速裁決 平理院未決囚罪人鬱島郡守裵季周氏가昨日法部에請願호되本人이以無據之罪로被誣於人홈이閱月在囚에尙未裁決호니私情悶迫뿐外에現今日本人이鬱島에警察所를設立호고日益來渡호야森林을自意斫伐호며人民을任意捉去호되現無主幹호야禁止가無路호니從速裁決호야使之還官호야俾此一島衆生으로安接게호라호엿더라

請速裁決

평리원의 미결수 죄인 울도 군수 배계주씨가 어제 법부(法部)에 청원하기를, 본인이 증거가 없는 죄로 무고를 당한 사람이며 한 달이 넘도록 갇혀서 아직 재결하지 못하니 심정이 몹시 애타고 답답할 뿐만 아니라, 지금 일본인이 울도에 경찰소를 설립하고 나날이 더 건너와 삼림을 자의로 작벌하며 인민을 임의로 붙잡아가도 현재 주간하는 바가 없어[現無主幹]하여 금지할 길이 없으니 속히 재결하여, 복귀하게 하여 온 섬의 중생으로 하여금 편안히 살게 하라 하였더라.

[117] 1903년 2월 20일 | 황성신문

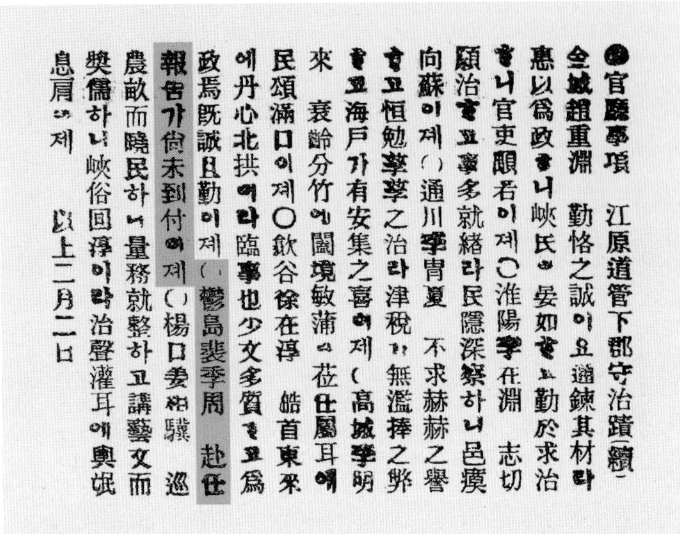

◉官廳事項　江原道管下郡守治蹟(續)
金城趙重淵　勤恪之誠이요遴鍊其材라
惠以爲政ᄒᆞ니峽民의晏如ᄒᆞ고勤於求治
ᄒᆞ니官吏顒若이제○淮陽李在淵　志切
願治ᄒᆞ고事多就緖라民隱深察하니邑瘼
向蘇이제○通川李冑夏　不求赫赫之譽
ᄒᆞ고恒勉孳孳之治라津稅ᄂᆞᆫ無濫捧之弊
ᄒᆞ고海戶가有安集之喜에제○高城李明
來　衰齡分竹에闔境敏蒲ᄒᆞ며莅任屬耳에
民頌滿口이제○歙谷徐在淳　皓首東來
에丹心北拱이라臨事也少文多質ᄒᆞ고爲
政焉旣誠且勤이제○鬱島裵季周　赴任
報告가尙未到付이제○楊口姜相驥　巡
農畝而曉民하니量務就整하고講藝文而
奬儒하니峽俗回淳이라治聲灌耳에輿[illegible]
息肩이제　以上二月二日

官廳事項

(전략)

○ 울도 배계주의 부임 보고가 아직 도착하지 않았다.

(후략)

別報

◎日本新聞週報에記載ᄒᆞᆫ바移住民의數로써韓國에吾國의形勢를占컨다ᄒᆞ랴면自前二三年間膨脹ᄒᆞᆷ은大端히人人의意를足히强固케ᄒᆞᆷ이라ᄒᆞᆫ全文을譯載如左ᄒᆞ노니各市各港의租界内에日人增加난更勿論이오京城地方에셔난永登浦及水原地方에日人의村落을建設ᄒᆞ며釜山地方에난密陽龜浦勿禁大邱地方에日人이連續ᄒᆞ야居ᄒᆞ고租界以外鬱陵島에住居ᄒᆞ난本邦人數난旣已二百九十名以上에達ᄒᆞ고濟州島内에在ᄒᆞ난者도約二百名이오其他所安島에三十名、黑山島에四十名、竹島에約千名、千山島에二百二十名、珍島에四十名이有ᄒᆞ니此等日人은全羅忠淸兩道海上을我領海와갓치獨占ᄒᆞ야盛ᄒᆞ게漁業을힘써年年히巨利를得ᄒᆞ니其漁業的經營은近來에頗히見ᄒᆞᆯ事로다海上에本邦人의播殖ᄒᆞᆷ이如此히盛ᄒᆞ고又陸上에셔난京城以南江景浦에八十名、永登浦에一千四十名、水原地方에二百名、大邱에三十名、東萊에十名、釜山鎭에二百餘名이有ᄒᆞ고京城以西開城府에二百名、海州에二十名其他韓國山河에至今本邦人의足迹이不到處가無ᄒᆞ도다人口增加를隨ᄒᆞ야事業도亦漸進ᄒᆞ며國家保護도漸漸進步ᄒᆞᆷ을見ᄒᆞ깃고租界地에警備隊及警察은己爲十分完全에達ᄒᆞ고京釜電線管轄에爲ᄒᆞ야난憲兵三百名이韓國兩道에安全과交通을保護ᄒᆞ며郵便航運의業도亦近頃에大進ᄒᆞ야沿岸内河航業이十의八九난本邦人手에由ᄒᆞ야成ᄒᆞᆫ이되고開城과京城의郵便은旣已密陽郵便에依ᄒᆞ고永登浦及京城仁川間郵便電話도亦是全히帝國事業에屬ᄒᆞ얏고韓人敎育의目的으로써本邦人이開始ᄒᆞᆫ日語學校난其後에漸漸好況을呈ᄒᆞ야大邱密陽晋州光州羅州全州水原開城京城學校가皆永遠的基礎를作ᄒᆞ고其他居留地一里以外에셔附屬權叉收益權利로爲名ᄒᆞ고事實上에土地를所有ᄒᆞᆷ이頗多ᄒᆞ니唯如此ᄒᆞᆫ好況을呈ᄒᆞᆷ에至ᄒᆞᆫ所以然은渡航에漸漸自由됨에全ᄒᆞ고韓國에서我國의地位가內外人士의認ᄒᆞ난비되고本邦人의經營이事實과若若顯然ᄒᆞᆷ을因ᄒᆞᆷ이라吾人은以上好況을報ᄒᆞᆷ에隨ᄒᆞ야更히本邦人에向ᄒᆞ야希望ᄒᆞᆯ비有ᄒᆞ니韓國에本邦人의移住及經營에決斷코如意ᄒᆞᆷ을滿足히녁이지말나韓國은貧ᄒᆞᆫ國에나然ᄒᆞ나此를開發식히지못ᄒᆞᆫ然故로貧國이되얏거니와富源의多大ᄒᆞᆷ은我國이及지못ᄒᆞᆯ이遠ᄒᆞᆷ은無疑ᄒᆞᆯ비라彈丸黑子의小天地에跼蹐ᄒᆞᆷ을止ᄒᆞ고進ᄒᆞ야鷄林을渡ᄒᆞ야事業을起ᄒᆞᆷ이但其一人의利益뿐아닌則特히吾人의遺憾ᄒᆞ난바난韓國에서本邦人의播殖은但南韓地方만專力ᄒᆞ고아즉京城以北及以西에난及지못ᄒᆞᆷ이라朝鮮의南方으로從ᄒᆞ야制ᄒᆞᆷ은難ᄒᆞ고北方으로從ᄒᆞ야制ᄒᆞᆷ에容易ᄒᆞᆷ은韓國歷史의證明ᄒᆞᆫ비라南方에盤據ᄒᆞᆫ勢力은屢屢히崩解ᄒᆞ야永久ᄒᆞᆫ地步를占ᄒᆞ기難ᄒᆞ나然에나北方의勢力을振ᄒᆞ난者ㅣ恒常韓에向ᄒᆞ야永遠的勢力을振ᄒᆞᆫ은鎖國韓國歷史一讀ᄒᆞᆫ者난皆知ᄒᆞ난바라此地方을他國에委ᄒᆞᆷ은遺憾치아니치못ᄒᆞ리로다近來에所傳을依ᄒᆞᆫ則露國은徐徐히北韓을蠶食ᄒᆞ야漸次로北韓에서地位를鞏固케ᄒᆞ다ᄒᆞ니吾人은此報를聞ᄒᆞᆫ則本邦人의北韓經營은至今急境에迫ᄒᆞᆷ을見ᄒᆞ리로다本邦人은某條로此事에注意ᄒᆞ야奮勵一切ᄒᆞ야漸漸加多移住ᄒᆞ야事業을益益擴張ᄒᆞ야韓半島를野心圈中에委치勿케ᄒᆞᆷ이可ᄒᆞ도다ᄒᆞ엿더라

嗚乎라本記者ㅣ此日本報殖民論을讀ᄒᆞᆷ이不覺髮堅眦裂ᄒᆞ고心寒骨顫ᄒᆞ야不忍再看ᄒᆞ고로되爲此譯載者ᄂᆞᆫ所以望全國人之共讀ᄒᆞ야俱知日本人移殖之策略矣니讀此而不髮堅眦裂ᄒᆞ고心寒骨顫ᄒᆞ난無人心者也로다然이나但有痛憤之恨ᄒᆞ고無防制之術이면則亦奚益於國哉아如是而不過幾年에日人之數ㅣ必膨脹於全國ᄒᆞ야客勢日熾矣리니將何以遏制오吾輩난祇自痛哭而太息焉爾로다嗚乎同胞여

別報

◎ 일본 신문 주보(週報)에 기재한 바 이주민의 수로서 한국에서의 일본의 형세를 살펴보려면 지난 2~3년간부터의 팽창은 대단해서 사람들마다 뜻을 충분히 견고하게 함이라고 한

전문을 번역하여 아래에 기재하니,

각 시(市), 각 항(港)의 조계지 내에 일본인의 증가는 다시는 논하지 마시오. 경성 지방에서는 영등포와 수원 지방에 일본인의 촌락을 건설하며 부산 지방에는 밀양(密陽), 구포(龜浦), 물금(勿禁), 대구(大邱) 지방에 일본인이 연속해서 들어와 살고, 조계지 이외에 울릉도에 거주하는 일본인의 수는 이미 290명 이상에 달하고 제주도 내에 있는 자도 약 200명이다. 그 외 소안도(所安島)에 30명, 흑산도(黑山島)에 40명, 죽도(竹島)에 약 1,000명, 천산도(千山島)에 220명, 진도(珍島)에 40명이 있으니, 이들 일본인은 전라, 충청의 양도 해상을 일본 영해와 같이 독점하여 왕성하게 어업에 힘써 해마다 큰 이익을 얻으니, 그 어업적 경영은 근래에 자못 볼 만한 일이다. 해상에 일본인의 파식(播殖)함이 이와 같이 왕성하고 또 육지상에서는 경성 이남의 강경포(江景浦)에 80명, 영등포에 1,040명, 수원 지방에 200명, 대구에 30명, 동래(東萊)에 10명, 부산진(釜山鎭)에 200여 명이 있고, 경성 이서의 개성부(開城府)에 200명, 해주(海州)에 20명이고, 그 외 한국 산하에 지금 일본인의 발자취가 미치지 못할 곳이 없도다. 인구 증가에 따라 사업도 또한 점진하며 국가 보호도 점점 진보함을 보겠고, 조계지에 경비대와 경찰은 이미 충분히 완전하게 갖추었고, 경부전선의 관할에 대해서는 헌병 300명이 한국의 부도(府道)에 안전과 교통을 보호하며, 우편항운사업도 또한 요즘 크게 진전해서 연안내 하항업(河航業)이 10의 8~9는 일본인의 손으로 이루어졌고, 개성(開城)과 경성의 우편은 이미 제국 우편에 의지하고 영등포와 경성, 인천 사이의 우편, 전화도 또한 완전히 제국사업에 속하였고, 한국인을 교육할 목적으로 일본인이 개시한 일본어 학교는 그 후에 점점 호황을 나타내서 대구, 밀양, 진주, 광주, 나주, 전주, 수원, 개성, 경성의 학교가 모두 영원히 기초를 이루었고, 그 외 거류지 1리(里) 밖에서의 사용권도 수익권리라고 지칭하여 사실상 토지를 소유하는 것이 파다하니, 오직 이와 같은 호황을 드러나게 된 까닭은 도항(渡航)이 점점 자유로워지고 한국에서 일본의 지위를 내외(內外) 인사가 인정하는 것이 되고 일본인의 경영이 실제로 착착 두드러지게 나타났기 때문이다. 우리는 이상의 호황을 보도함에 따라 다시 일본인에 대하여 희망하는 것이 있으니, 한국에서 일본인의 이주와 경영이 결단코 뜻대로 되는 것을 만족하게 여기지 말라. 한국은 실제로 빈국(貧國)이다. 그러나 이것을 개발시키지 못한 까닭으로 빈국으로 있으나, 부원(富源)이 다대(多大)함은 일본이 미치지 못하게 먼 것은 의심하지 않는 바다. 탄환흑자(彈丸黑子)와 같이 좁은 세상에 뒤쫓는 것을 그치고 나아가 한국으로 건너가서 사업을 일으키는 것이 다만 한 사람의 이익뿐만이 아니다. 특별히 우리가 유감하는 바는 한국에서 일본인의 파식은 단지 남한 지방만 전력하고 아직 경성의 북쪽과 서쪽에는 미치지 못하였다. 조선의 남방으로 나아가 만드는 것은 어렵고, 북방으로 나아가 만드는 것이 용이한 것은 한국 역사에서 증명하였다. 남방에 반거(盤據)한 세력은 자주 부서져 흩어지고 영구한 지보(地步)를 지키기 어렵지만, 북방에 세력을 떨치는 자는 항상 한국에서 영원한 세력을 떨치는 것은 자못 한국 역사를 일독한 자는 모두 아는 것이다. 이 지방을 다른 나라에 위임하는 것은 유감이 아닐 수 없다. 요즘에 전해오는 소식에 따르면, 러시아는 서서히 한국의 북쪽을 잠식하여 점차 한국의 북쪽에서 지위를 공고하게 한다고 하니, 우리는 이 소식을 듣고 일본인의 한국 북쪽에서의 경영이 지금 위급한 경우가 다가오는 것을 보고 있다. 일본인은 아무쪼록 이 일에 주의하여 일체 분발하여 점점 이주를 더 많이 늘려서 사업을 더욱더 확장하여 한반도를 야심있는 나라에게 위임하지 말도록 하는 것이 옳다고 하였더라. 오호라! 본 기자는 이 일본 신문의 식민론을 읽을 때, 머리털이 곤두서고 흘겨보는 것을 깨닫지 못하고 마음이 싸늘하고 뼈가 떨려서 다시 보며 참을 수 없는데, 이것을 번역하여 기재한 것은 전 국민이 함께 읽고 일본인의 이식 책략을 모두 알기를 바라는 까닭이다. 이것을 읽고 머리털이 곤두서고 흘겨보고 마음이 싸늘하고 뼈가 떨리지 않는 자는 인심(人心)이 없는 자이다. 그러나 단지 통분의 한(恨)만 있고 방제(防制)할 수단이 없다면, 또한 나라에 무슨 도움이 되겠는가.

이처럼 몇 년 지나지 않아 일본인의 수가 반드시 전국에 팽창하여 외부 세력이 날로 세지니, 장차 어찌 막을 수 있으리오. 우리들은 다만 스스로 통곡하고 크게 한숨을 쉴 뿐이다. 아! 동포여!

(119) 1903년 3월 30일 | 황성신문

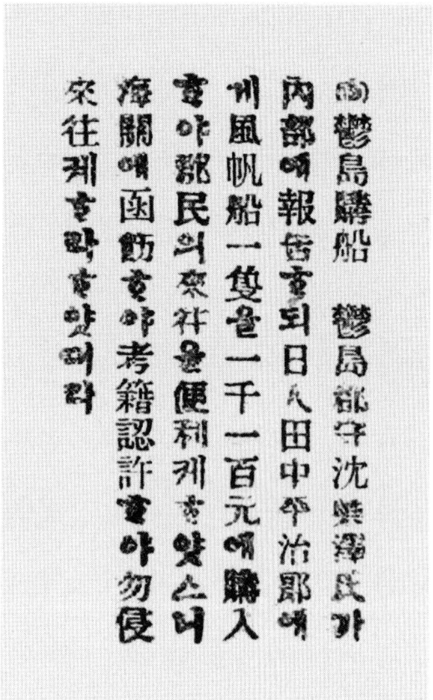

◎鬱島購船 鬱島郡守沈興澤氏가內部에報告ᄒᆞ되日人田中平治郎에게風帆船一隻을一千一百元에購入ᄒᆞ야郡民의來往을便利케ᄒᆞ얏스니海關에函飭ᄒᆞ야考籍認許ᄒᆞ야勿侵來往케ᄒᆞ라ᄒᆞ얏더라

鬱島購船

울도 군수 심흥택(沈興澤)씨가 내부에 보고하기를, 일본인 전중평치랑(田中平治郎, 다나카 헤이지로)에게 풍범선(風帆船) 1척을 1,100원(元)에 구입하여 군민(郡民)의 왕래를 편리하게 하였으니, 해관(海關)에 함칙(函飭)하여 문서를 살펴 인허하고 왕래를 간섭하지 말게 하라 하였더라.

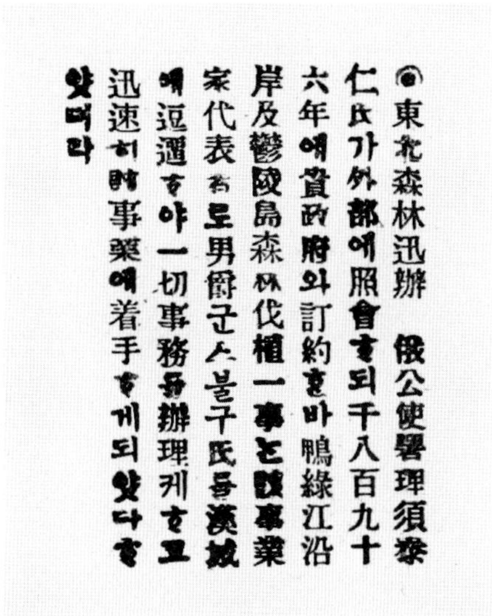

◉東北森林迅辦 俄公使署理須泰仁氏가外部에照會ᄒᆞ되千八百九十六年에貴政府와訂約ᄒᆞᆫ바鴨綠江沿岸及鬱陵島森林伐植一事ᄂᆞᆫ該事業家代表者로男爵군스불구氏를漢城에逗遛ᄒᆞ야一切事務를辦理케ᄒᆞ고迅速히該事業에着手ᄒᆞ게되얏다ᄒᆞ얏더라

東北森林迅辦

러시아 공사(公使) 서리(署理) 수태인(須泰仁, E. Stein)씨가 외부에 조회하기를, 1896년에 귀 정부와 조약을 약정한 바, 압록강 연안과 울릉도의 삼림 채벌과 식수(植樹)하는 일은 해당 사업가이자 대표자인 남작(男爵) 군스불구(Gunzberg)씨를 한성(漢城)에 머물게 하여 일체 사무를 편리하게 하고 신속히 그 사업에 착수하게 되었다 하더라.

〔121〕 1903년 4월 24일 ㅣ 황성신문

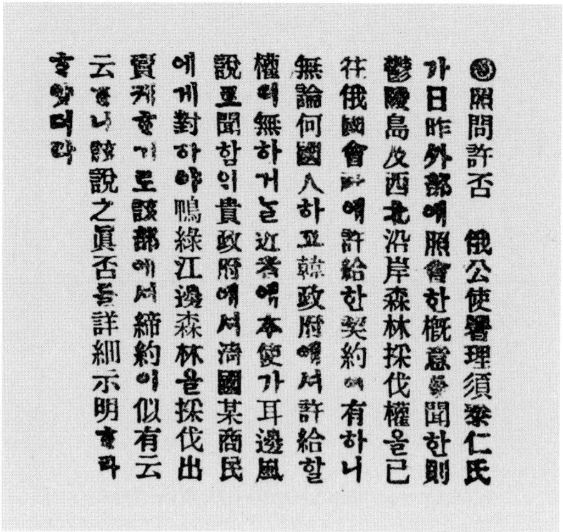

◎照問許否　俄公使署理須泰仁氏가日昨外部에照會한槪意를聞한則鬱陵島及西北沿岸森林採伐權을已往俄國會社에許給한契約에有하니無論何國人하고韓政府에서許給할權利가無하거날近者에本使가耳邊風說로聞함의貴政府에서淸國某商民에게對하야鴨綠江邊森林을採伐出賣케할거로該部에서締約이似有云云하니該說之眞否를詳細示明하라하얏더라

照問許否

러시아 공사(公使) 서리(署理) 수태인(須泰仁, E. Stein)씨가 일전에 외부로 조회한 대강의 뜻을 들으니, 울릉도와 서북(西北) 연안의 삼림 채벌권을 이왕 러시아 회사에 허급한 계약이 있으니 어느 나라 사람을 막론하고 대한 정부에서 허급할 권리가 없는데, 근래 본 공사가 풍문을 들으니 귀 정부에서 청나라 아무개 상인에게 압록강변 삼림을 채벌, 출매(出賣)하게 하기로 해당 부(部)에서 계약을 체결한다는 말이 있으니, 그 풍문의 진위 여부를 상세히 시명하라 하였더라.

論說

約章無用

◎現今世界列國이不得不開放門戶하야互相往來通商則亦不得不另立約款하야遵行毋越然後에各自有保守限制之權利矣니此난天下之公理오國際之明信也라旣締約款하야互交批准이면毋得以强弱으로侵犯違越은誠以公理之不可棄蔑이오明信之不可隳壞也니此又萬國公法之所以立也라然而近來列强之所謂主唱平和者ㅣ徒假仁義而濟私欲之手段耳라曷嘗有眞實的平和意味歟아强食弱肉하며大呑小魚하야曰保護曰維持者ㅣ其保護其維持난固勿論하고吹毛刮鱗에討覺生事하다가脫有小拂이면紛紛嘵嘵이俄然已泊於港海之口矣니其保護其維持를惡足以恃乎며所謂平和之目을於何足徵乎아然則曰公法曰約章이不過形式上文具而已오非實際可信之表準이니如以公法以約章으로謂之可恃者난豈非愚之至愚者乎며豈非騃之至騃者乎아我韓이自開國四百八十五年以來로始與日本及歐美各國으로互准約款하고開九港一市場하야與各國人通商交易이凡數十年于玆矣라其初締約之時에倂有確定條款하야昭載文案하니各宜遵守施行이卽所謂天下之公理오與國之明信이어늘以目今形便而觀之면各國人之行動이與所立約款으로난大相違背하니惡在其約款之本意歟아試擧其一二尤著者証之컨딘租界十里以外에購地設棧은約章之所禁이어늘今外人之侵入內地하야購買土地하며開設棧屋이迨不一而足이로되我政府ㅣ不能擧章禁制하며不通商口岸에運貨貿易도約所不許어늘其貨物交易은姑捨하고如鬱陵島濟州島孤下島等과其他不通商內地에或多數占住하야森林土地를自爲領轄하고反禁韓民之採伐하며或購買田段에開棧設房하며或稱買有金島而植桑營農호되無能禁制하고脫有支吾하면輒添兇威하야以示威脅하니惡在其約章之明信歟아且海面三里以內漁採난亦約款之所禁而今三里內漁採난毋論하고反奪韓人之漁基하야禁止韓人之漁採호되亦莫之而莫敢誰何하며兵弁之侵入內地난亦約章之所禁而犯則賠罰에어늘今義州龍川等地에外國兵弁이斫伐森林하며留收地屋에도我韓官吏난賠罰은姑置하고但瞠目坐視에莫之禁制하며愚昧人民은畏怯奔避하니何有於約款歟아推此而例其餘則所謂約款이皆無用矣라惟觀其勢力之如何而已니約款을惡可恃乎아噫라如比利時、丁抹、荷蘭、瑞西等諸國은其土地面積에不及我韓이로되能自立於列强之間하야不受如我之欺凌에어늘我韓은以若疆土로不能自强하야受此凌踏에有約如無하니寧不痛恨憤歎哉아外人之侵越約章은皆我之自召也라我不能自守我法律故로外人이亦凌蔑至此也니何尤於外人哉며嗚乎何尤於外人哉아

論說 - 約章無用

◎ 지금 세계 열국이 결국 문호를 개방하여 서로 왕래하고 통상하며 또한 반드시 약관을 세우고 준행하여 어기지 않는다. 그런 뒤에 각자 지키고 제한하는 권리가 있으니, 이것은 천하의 공리(公理)이고 국제적 명신(明信)이다. 이미 약관을 맺고 서로 교환하여 비준(批准)하면 강약으로 침범하고 어길 수 없으므로, 진실로 공리로써 기멸(棄蔑)할 수 없고 명신으로 무너뜨릴 수 없다. 이는 또 만국공법(萬國公法)을 세운 까닭이다. 그러나 요즘 열강이 이른바 평화를 주창하는 것은 단지 인의(仁義)를 빌어 사사로운 욕구를 이루려는 수단일 뿐이다. 어찌 일찍이 진실의 평화를 의미하겠는가. 약육강식(弱肉强食)하고 대탐소어(大呑小魚)하며 보호한다 말하고 유지한다 말하는 것은 그 보호와 유지에 대해 굳이 논할 것도 없고, 털을 불고 거북

의 등에 털을 깎아내듯 허물을 찾으며 일을 만들 틈을 찾다가, 만일 조금이라도 거스르면 대포와 군함이 분분하고 곧바로 항구에 정박하니, 그 보호와 유지를 어찌 믿을 수 있으며 이른바 평화의 목적을 증명할 수 있겠는가. 그런즉 공법에서 이르기를 약장이 형식상 구문에 불과할 뿐이고 준칙을 믿을 수 있는 실제가 아니라고 하였다. 만약 공법과 약장으로서 의지할 수 있다고 하는 것은 어찌 지극히 우매한 자가 우매하지 않으며 어찌 지극히 어리석은 자가 어리석지 않겠는가. 우리 한국이 개국(開國) 485년(1876) 이래로부터 일본과 구미 각국과 처음으로 서로 약관을 비준하였고, 9개의 항구와 1개의 시장을 열어 각국의 사람들과 통상 교역한 지 무릇 수십 년이 되었다. 처음 약관을 맺을 때 아울러 조관(條款)을 확정하여 문안(文案)에 분명히 기재하고 각자 마땅히 준수하며 시행하니, 이른바 천하의 공리이자 동맹국의 명신(明信)인데, 지금의 형편으로 보면 각국 사람들의 행동과 약관을 세운 것이 매우 위배되니, 어찌 약관의 본의에 있는 것이라고 하겠는가. 그 한두 가지 매우 분명한 것을 들어보면, 조계지 10리(里) 이외에 땅을 구해서 창고를 설치하는 것은 약장에서 금지하는 것인데, 지금 외국인은 내지에 침입하여 토지를 구매하며 개설한 창고와 집이 하나만이 아니다. 우리 정부에서는 법을 들어 금제(禁制)할 수 없으며, 통상하지 않는 항구에 물건을 나르고 무역하는 것도 약관에서 허가하지 않는데, 재물을 교역하는 것은 말할 것도 없고 울릉도, 제주도, 고하도(孤下島) 등과 같이 그 외 통상하지 않는 내지에 혹은 다수가 차지하고 거주하며 삼림과 토지를 스스로 다스리고 관할하고 오히려 한국인의 채벌을 금지하며, 혹은 구매한 지역에 창고를 열고 집을 설치하며, 혹은 온 섬을 사서 뽕나무를 기르고 영농을 하는데 금제할 수 없고, 만일 우리가 지탱할 수 있으면 갑자기 군함을 보내서 위협을 보이니, 어찌 약장의 명신이 있다고 하겠는가. 또한 해면 3리 이내의 어채는 약관에서 금지하는 것인데, 지금 3리 내의 어채는 물론이고 오히려 한국인의 어기(漁基, 어장)도 뺏고 한국인의 어채를 금지하는데 또한 그곳을 맡아서 누구도 감히 따지지 못한다. 군사들의 내지 침입은 또한 약장에 없는 것이고 침범은 곧 벌로 배상해야 하는데, 지금 의주(義州), 용천(龍川) 등지에 외국 군사가 삼림을 작벌하며 땅과 집을 매수하니, 우리 한국 관리는 벌주는 것은 차치하고 다만 눈 뜨고 앉아서 보면서도 금제할 수 없으며, 우매한 인민은 두려워 도망가니 어찌 약관이 있다고 하겠는가. 이것으로 추정하건대 그 나머지 경우에도 이른바 약관이 모두 쓸모가 없다. 오직 그 세력이 어떠한가를 볼 따름이니 약관을 어찌 믿을 수 있겠는가. 아! 벨기에, 덴마크, 포르투갈, 스위스 등의 여러 나라는 그 토지 면적이 우리 한국에 미치지 않지만, 열강 사이에서 자립할 수 있어서 우리와 같이 업신여김을 받지 않는데, 우리 한국은 이처럼 강토를 자강하지 못하여 이런 능답(凌踏)을 받으니, 약장이 있어도 없는 것과 같고 어찌 통한하고 분하며 한탄하지 않겠는가. 외국인이 약장을 침월(侵越)하는 것은 모두 우리가 스스로 초래한 것이다. 우리는 우리의 법률을 스스로 지키지 못한 까닭으로 외국인도 동방을 능멸하는 것이 여기에 이르렀으니, 어찌 외국인을 탓하겠는가. 아! 어찌 외국인을 탓하겠는가.

論說

西北森林及龍岩浦事件

◎本年四月初에闕西來傳信則有云俄兵數千이屯駐於鳳凰城及安東縣等地하야聲言將渡鴨綠江이라하고又云安東縣附近地에馬賊黨魁가出沒剽掠이라가被民兵襲擊하야一時退散이나人心이尙恂恂未定이라홈이吾儕每以西警으로爲憂러니未幾에又聞俄兵三千이移屯安東縣하고外部ㅣ電飭義州하야安東縣駐屯俄兵實數를詳探報明하라하얏더라先是에俄公使署理須泰仁氏가照請外部曰鴨綠江邊沿岸森林會社社員이現以調査次前往하니另飭保護하라홈으로外部ㅣ因此訓飭于平安北道觀察使하야森林社員到境之時에另加保護하라하얏더니至是에俄公使署理須泰仁氏가又照會外部曰曾於千八百九十六年에（我開國五百五年丙申）與貴政府所訂約호鴨綠江沿岸及鬱陵島森林伐權一事난韓事業家代表者勤十勃求氏가現方逗遛漢城하야辦理一切事務하고將欲事業을迅速着手홀터이니貴政府난照亮하라하얏고越數日에俄使ㅣ又照會外部曰森林會社員이今將始役而所需機械及粮食材料器具等屬을行將輸入홀터이니函飭海關하야幷行免稅케하라하얏고又爲照會曰鬱陵島及西北沿岸의森林採伐權은以許給俄國會社之意로曾立契約則無論何國人하고韓政府난更無許給之權이어늘近日本使가以耳邊風說로略聞則貴政府ㅣ對淸國某商民하야鴨綠江邊森林을以採伐出資事로似有締約云하니該說之眞否를詳細示明하라하얏난딕外部난照覆하기를實無此事하니訛言莫信이라하얏고日公使林權助氏난照會外部曰聞以西北森林採伐權을許與俄淸兩國人하야設立森林會社라하니其採伐權을日本人에게도亦且特許하야使之均霑利益케하랴한지라外部ㅣ覆照曰森林採伐權을曾已許人하야該駐員等이現方着手工役하니今若更將該權하야許與他國人則隣國間에必有不好事할터이니不可准施라하얏더니日公使가又日本人阿部準輔의請願을據하야再照外部曰日淸韓三國人에組織한理材會社의代辦人阿部準輔가鴨綠江與森林採伐權을由貴國既立約與故로將着手工役이라한지라外部ㅣ據此照詢于農部하야叩其何年何日에有與日人으로設立特許之契約乎아한딕農部ㅣ覆照曰弊部난初無認許어날今此該公使之稱有約與가誠甚訝惑이라該社請願人의住地姓名과受認年月을詳探示明하라하얏기로以此覆照日館하얏더니至同月中旬頃하야義州來電에有曰大東溝安東縣에駐屯俄兵이藉稱鴨綠江森林保護하고聲言將渡江이라하얏슴으로外部ㅣ知照俄館하야叩其確否則俄使ㅣ覆稱森林會社保護次로若干兵이將渡來라하얏더라

（未完）

論說 - 西北森林及龍岩浦事件

◎ 올해 4월 초에 서쪽에서 전해 온 소식을 들으니, 러시아 군사 수천 명이 봉황성(鳳凰城)과 안동현(安東縣) 등지에 주둔하여 압록강(鴨綠江)을 장차 건넌다고 성언(聲言)하고, 또 안동현 부근의 땅에서 마적의 우두머리가 출몰하여 위협하고 탈취하자, 민병(民兵)이 습격하여 일시에 흩어져 도망갔으나 인심이 오히려 흉흉하여 안정되지 않는다고 하더라. 우리는 늘 서쪽의 경비를 걱정하는데 머지않아 또 러시아 군사 3,000명이 안동현에 주둔한다고 듣고, 외부에서 의주(義州)로 전칙(電飭)하여 안동현에 주둔하는 러시아 군사의 실제 수효를 상세히 알려달라고 하였다더라.

이보다 앞서 러시아 공사(公使) 서리(署理) 수태인(須泰仁, E. Stein)씨가 외부에 조회를 청하며 말하기를, 압록강 연안의 삼림회사 사원이 현재 조사하러 갔으니 별도의 보호를 신칙하라고 하니, 외부는 이에 따라 평안북도 관찰사(觀察使)에게 훈칙하여 삼림사원이 지역에 도착할 때 별도로 보호를 추가하라고 하였다. 그리하여 러시아 공사 서리 수태인씨가 또 외부로 조회하여 말하기를, 일찍이 1896년[우리 개국(開國) 505년 병신(丙申)]에 귀 정부와 압록강 연안과 울릉도 삼림 채벌과 식수(植樹)하는 것을 약정하였고, 그 일은 사업가 대표자 근사발구(勤士勃求, Gunzberg)씨가 지금 한성에 머무르며 일체 사무를 맡아 처리하고 장차 그 사업을 신속히 착수할 것이니 귀 정부는 사정을 살펴달라고 하였다. 며칠 후에 러시아 공사가 또 외부로 조회하여 말하기를, 삼림회사원이 이제 공사를 시작하여 필요한 기계와 양식, 목재, 기구 등을 장차 수입할 것이니, 해관(海關)에 함칙(函飭)하여 아울러 면세하게 하라고 하였다. 또 조회에서 이르기를, 울릉도와 서북 연안의 삼림채벌권은 러시아 회사에 허급하는 뜻으로 일찍이 계약하였고, 어느 나라 사람을 막론하고 대한 정부에는 다시 허급할 권한이 없는데, 최근 본 공사가 풍문으로 들으니 귀 정부가 청(淸)나라 어느 상인에게 압록강변 삼림을 채벌, 출매하게 한다는 조약을 체결한다고 하니, 그 풍문의 진위 여부를 상세히 시명해달라고 하였다. 외부는 조회에 답하기를, 이 일은 실제와 무관하니 와전된 말을 믿지 말라고 하였다. 일본 공사 임권조(林權助)씨는 외부로 조회하여 말하기를, 서북의 삼림채벌권을 러시아와 청의 양국 사람에게 허락하여 삼림회사를 설립한다고 들었는데, 그 채벌권을 일본인에게도 또한 특별히 허락하여 이익을 균점하게 하라고 하였다. 외부가 조회에 답하기를, 삼림채벌권을 일찍이 이미 허락해서 해당 사원 등이 지금 공사를 착수하였으니, 지금 만약 다시 그 권리를 다른 나라 사람에게 허락해 준다면 이웃 나라 사이에 필시 좋지 않은 일이라 시행할 수 없다고 하였다. 일본 공사가 또 일본인 아부준보(阿部準輔, 아베 슌스케)의 청원에 따라 외부로 다시 조회하기를, 일본, 청나라, 대한의 세 나라 사람이 조직한 이재회사(理材會社)의 대표자 아부준보가 압록강변 삼림채벌권을 귀국으로부터 이미 입약(立約)한 까닭으로 장차 공사를 착수한다고 하였다. 외부가 이 조회를 근거하여 농부에 문의하였는데, 어느 해, 어느 날에 일본인에게 설립 특허의 계약을 주었느냐고 물었더니, 농부에서 조회에 답하여 말하기를, 우리 부(部)에서는 처음부터 인허(認許)하지 않았는데 지금 그 공사가 계약을 했다고 하니 진실로 매우 의아하고, 그 회사 청원인의 거주지, 성명과 수인(受認)한 연월을 상세히 살펴보고 알리겠다 하였기로, 답한 조회를 일본 공관(公館)에 하였다. 같은 달 중순 경에 이르러 의주에서 온 전보에 대동구(大東溝) 안동현에 주둔한 러시아 병사가 압록강 삼림 보호를 자칭하고 장차 강을 건넌다고 성언하였으므로, 외부에서는 러시아 공관에 조회하여 그 확실한 여부를 물으니, 러시아 공사가 다시 삼림회사를 보호하려고 약간의 군사가 건너왔다고 하였더라. (미완)

論說

西北森林及龍岩浦事件 (續)

◎又未幾에義州來電에有曰俄人이率匪三十名을帶同渡來하야白馬山城所養森林을擅自斫伐하니何以措處오한지라外部ㅣ直時返電曰此地난係是森林條約以外之地則設法禁止하라하고仍即移照于俄淸兩公館하야請禁其約外擅斫之弊한디俄使覆照曰鴨綠江森林은原來該地原流及支流가並入於該社契約이기로雇傭淸國役夫而已오俄人에非帶ㅅ淸匪者則本公使난必無禁飭之理由라하얏고淸公使許台身氏난覆照曰必無是理하니當訓探奉天將軍하야使之關飭이라하얏더라

又義州駐隊來電에云俄兵三十餘名이自安東縣으로渡來龍川地界하야駐屯於購買家屋이라하얏기로外部ㅣ又電飭該郡曰該地方은本非通商口岸則設法禁戢하라하고又以此照詰俄館則俄使ㅣ覆曰江邊森林保護次로來駐而已라하얏고同時駐俄公使李範晋氏가電告云俄兵이由淸國安東縣等地하야將向義州라하얏더라

至五月初하야外部ㅣ發電義州隊하야詳探俄人近況하야卽爲回報하다ᄒᆞᆫ則該隊回電난白馬山樹木斫伐은今姑停止나龍岩浦俄人은尙此逗遛하니其意難測이라하얏고龍川郡守電告난曰俄人及淸人이多數入來于龍岩浦하야田土家舍를一倂買收하니民心遑遑이나以郡守之力으로난不可禁制다ᄒᆞᆫ지라外部ㅣ回電義州曰俄人이因何逗留인지就問探情하고按約章曉諭退送하라하고又訓飭平北觀察曰嚴飭各郡하야俄國人購買田宅을設法禁斷하라하얏더라

從義州來信에曰俄兵六十名이脫却軍裝하고淸人八十名과韓人四十名을募役하야造築家屋하고爲永遠久住之計라하고又云淸人服裝은胸間에大俄國右軍中營馬隊라繡貼하얏고俄人의通辯者金朴兩姓의名으로土地를買收하난디材木煉瓦器具等을陸續運來라하얏더라

外部ㅣ乃照會于農商工部하야問往歲俄國森林會社合同條約中에第二條第十三條을如何締結인지詳細示明하라하얏더니農部ㅣ謄送該條約하얏난디其槪意가如左하니

第二條 鴨綠江邊界所在森林을照詳檢閱하야該地方登林의合當處를選擇할事오

第十三條 朝鮮政府와關係한事務에난官員一人을命하야監督하되伐木한數爻를搞奸하게하고時時로冒員을派送하야簿冊을詳考케하며又同條中第二난地方官一員을特派하야木材出浦時에憑文을給한다하얏더라

(未完)

論說 – 西北森林及龍岩浦事件(續)

◎ 또 얼마 전에 의주(義州)에서 온 전보에서 말하길, 러시아 사람이 청국(淸國) 비적 30명을 대동하고 와서 백마산성(白馬山城)의 삼림을 자기 멋대로 찍어 베어내니 어찌 조치하오리까 한지라. 외부가 즉시 회답 전보하여 말하길, 그 땅은 삼림조약과 관련 없는 땅인즉 즉시 금지하는 법을 만들라 하고, 러시아와 청국 두 공사관에 즉시 알려 조약에 정한 것 외 멋대로 베어내는 폐해를 금해 주도록 청하라고 하였는데, 러시아 공사가 조회하여 오기를, 압록강 삼림은 원래 그 땅의 원류와 지류 모두 그 회사의 계약 사항에 들어가고 청국 인부만 고용할 뿐이요, 러시아인이 데리고 들어간 청국 비적이 아닌즉 본 공사가 금할 이유가 없다고 하였고, 청나라 공사 허태신(許台身)씨가 조회하여 오기를, 결코 그런 일이 있을 수 없으므로

마땅히 봉천장군(奉天將軍)이 조사하고 훈계하여 타이르게 할 것이라 하였더라.

또 의주 주둔 군대에서 온 전보에서 말하길, 러시아 병사 30여 명이 안동현(安東縣)에서 용천(龍川) 지역으로 건너와서 주둔한 다음 가옥을 구매하였다 하였기로, 외부가 다시 전보로 해당 군(郡)에 신칙(申飭)하기를, 그 지방은 본디 통상 항구가 아닌즉 금하는 법을 정하여 단속하라 하고, 또 이 전보 내용으로서 러시아 공사에게 따지자 러시아 공사가 말하여 오길, 강변의 삼림 보호를 위해 주둔했을 뿐이라 하였고, 동시에 주 러시아 공사 이범진(李範晉)씨가 전보로 보고하여 오길, 러시아 병사가 청나라 안동현(安東縣) 등지에서 장차 의주를 향하여 온다고 하였더라.

5월 초에 이르러 외부가 의주 주둔 군대에 전보를 보내 러시아인의 근황을 상세히 살핀 후 즉시 전보를 보내라 하여 그 군대에서 회답하여 말하길, 백마산(白馬山)의 수목 작벌은 지금 잠시 정지되어 있으나 용암포(龍岩浦)에 있는 러시아인은 여전히 그곳에 머무르고 있으니 그 속내를 알 수 없다고 하였고, 용천(龍川) 군수는 전보로 보고하길, 러시아인과 청인이 다수 용암포로 와서 전토(田土)와 가옥을 함께 구매하여 민심이 흉흉하나, 군수의 힘으로는 금제(禁制)하기 어렵다고 하는지라. 외부에서 의주에 회답 전보를 보내어 말하길, 러시아인이 무엇 때문에 머무르고 있는 것인지 속내를 정탐하고 약장(約章)에 근거하여 퇴거하도록 설득하라 하고, 또 평안북도 관찰사에게 훈령하기를, 각 군(郡)에 엄히 타일러 러시아 사람들의 전토와 가옥 구매를 금단하는 법을 만들라 하였더라.

의주에서 온 소식에 따라 말하길, 러시아 병사 60여 명이 군장(軍裝) 없이 청나라 사람 80명과 한국인 40명의 인부를 모아 가옥을 만들고 영원히 거주하기 위함이라 하고, 또 말하길, 청인의 복장은 가슴 부분에 '대 러시아 우군 중영 마대(大俄國右軍中營馬隊)'라고 수(繡) 놓은 것을 붙였고, 러시아인의 통역인 김(金)씨와 박(朴)씨 두 사람의 이름으로 토지를 매수하였는데 재목과 벽돌, 기구 등을 끊임없이 육지로 운반해 온다고 하더라.

외부가 농상공부에 조회하여 묻기를, 예전에 러시아 삼림회사 합동 조약 중 제2조, 제13조를 어떻게 체결한 것인지 상세하게 알려달라 하였더니, 농부(農部, 농상공부)에서 그 조약을 베껴서 보내주었는데, 그 개요가 다음과 같으니,

제2조 압록강변 소재 삼림을 소상히 검열하여 그 지방에서 양림(養林)하기에 합당한 곳을 선택할 것이오

제13조 조선 정부와 관련한 사무에는 관원 한 사람을 임명하여 감독하게 하되, 벌목한 수

효를 조사하게 하고 때때로 관원을 파견하여 장부를 상세히 검토하게 하며, 또 동 조약 제2는 지방관 한 사람을 특파하여 목재를 포구에서 반출할 때 허가증[憑文]을 발급한다고 하였더라. (미완)

(125) 1903년 5월 27일 | 황성신문

雜報

西北森林及龍岩浦事件（續）

◎本月望間에龍川郡守徐相懋氏가又電告曰本郡守ㅣ承部令馳往龍岩浦하야諭以撤退之旨則露稱木商하고終不退去할지라仍卽電訓于平安觀察府曰該郡守ㅣ力不得禁制則自該府設法禁斷하라하고又電飭龍川郡曰俄淸人來駐數爻와所買家舍幾處와田土幾斗落을詳査馳報하되家舍田土潛買之本國人은一倂譏囚하고使之不日還退케하라하고又照會義州監理하야使之問俄商直報하며依章程曉諭使退하라하고仍卽照會俄館曰貴國人의多數來駐於龍岩浦하야土地家舍를隣入故로該郡守ㅣ雖欲禁斷이나頗不聽從하니我地方官禁令을如是藐蔑하고終不撤退則豈足以完全兩國之友誼하야遵行互守之約章乎아須飭論于同地來駐之俄人等하야令其迅速撤退케하라하얏더니至十八日에俄公使巴禹路厚氏가覆照云

貴照均稱俄國人等在龍川龍岩浦買地購屋一事准此飭覆如左　來文內俄人四五十名云者　本公使現據確報則該等　係是貴政府許給俄商氏불이엘森林條約之所設森林會社理事及雇用人員暨役夫之類也　若條約第三款載明本會社在約定之處家屋與工匠所　任意建造等語　龍岩浦之自在第二條所定之處　無須爭論也　然則俄國森林會社社員等　今於龍岩浦　家屋工匠所機屋建造　自有其權　非所可疑者也　且査家屋工匠所機屋建造之方　非其租買土地無他道理　顯然之勢也　韓國境內今有諸般條約合同之各國會社及平人等　獲得如右權利而行之者　京仁鐵路鐵道會社暨美國人等各礦山會社是也　該外國各會社等　在合同指定之際　土地租買已得自由　家屋與凡鐵路業所需者　種種建築　貴政府已所許認　而尙未有約章違反等說抗議　則亦不能有此論也　總之以上緣由如此　該會社之在龍岩浦家屋工匠所機屋建築者　貴政府已許不可禁之權矣　是以貴國諸該地俄人等約論撤還之語　本公使不能遵施而令貴大臣還有所請　務要行飭龍川地方官　並照俄商董에게已准之約章　飭森林會社社員等　依約自由建築之處　非但無所阻碍　特施交誼　妥爲保護切盼

龍川郡守調査後續報曰龍岩浦來駐俄人은四十名이오淸人은百餘名이오所住處問倚則答云木商故로依約曉諭하되稱託不去하며所買家屋은十七戶合六十三間이오田土난三日五時耕及畓十二斗落인데皆潛賣人은現方詗捕中이라한지라內部ㅣ電訓義龍兩郡曰俄淸人許에田土及家屋潛賣人은一一捉囚還退케하되若不捉致면斷當嚴譴이라하고外部난電飭義州曰俄人之稱木商者ㅣ所帶物品及住居姓名을一一査報하라하고其飭龍川은亦同內部하고又移照俄館曰査鐵道礦山會社가在開工之際하야雖有建築之事나原無不先指定하고任意恣行之例하니此森林會社도苟欲建造家屋匠所면宜於擇定之後에在森林之內하야相地起工이어늘忠孫地리오總之龍岩浦買地購屋은與約章不符하니本大臣은決不准施하고先以飭禁하고隨卽訂期互派妥員하야以便擇定事라하얏더라(未完)

論說 - 西北森林及龍岩浦事件(續)

◎ 이번 달 중에 용천(龍川) 군수 서상훈(徐相薰)씨가 또 전보로 보고하여 말하길, 본 군수가 명령을 받고 용암포로 달려가서 철퇴(撤退)하라고 타일렀으나 자칭 목재상이라 칭하고 끝내 퇴거하지 않았다고 한지라, 이에 영변(寧邊) 관찰부에 전보로 훈령하기를, 해당 군수의 힘으로는 막기가 어려우니 관찰부에서 금단하는 법을 만들라고 하였고, 또 전보로 용천군에 지시하기를, 러시아인과 청인의 들어온 수효와 몇 군데에서 가옥을 구매했는지와 전토는 몇 두락인지를 상세히 조사하여 빨리 보고하되, 가옥과 전토를 몰래 판 본국인은 모두 잡아 가두고 빠른 시일 내에 그들을 되돌려 보내라 하고, 또 의주 군대에 전보로 훈령하길, 정황을 조사하여 직보(直報)하며 장정(章程)에 따라 퇴거하도록 타이르라 하고, 러시아 공사가 조회해 왔길래 귀국인 다수가 용암포에 와서 토지와 가옥을 구입하였기 때문에 해당 군수가 금지하려고 했으나 듣고 따르려고 하지 않으니, 우리 지방관의 금령(禁令)을 이처럼 업신여기고 끝내 철퇴(撤退)하지 않은즉 어찌 양국의 우의(友誼)가 완전하여 서로 약장(約章)을 지키기에 족하다 할 수 있으랴, 이곳에 온 러시아인을 우리 말에 따라 급히 철퇴하게 하라 하였더니, 18일에 러시아 공사 파우로후(巴禹路厚, Павлов)씨가 조회에 답변하길,

귀국이 용천 용암포에 있는 러시아 사람들이 땅을 사고 가옥을 구입하는 것에 대해 조회해 왔으므로 그와 관련하여 다음과 같이 답신한다, 조회문 중의 러시아인 사, 오십 명이라 한 자는, 본 공사가 확실한 보고에 따라 그들에 대해 말하자면, 그들은 귀 정부가 허가해 준 러시아 상인 불이옐(율리 이바노비치 브리너)과 맺은 삼림 조약으로 세운 삼림회사 이사와 고용 인원 및 인부다. 해당 조약 제3관에 본 회사와 한 약정(約定)이 명백히 게재되어 있기를, 가옥과 작업소[工匠所]를 임의로 건조할 수 있다는 등의 말이다. 용암포는 제2조가 정해놓은 곳에 있는바 쟁론의 여지가 없다. 그런즉 우리나라 삼림회사 사원 등이 지금 용암포에서 가옥과 사무소, 기기실을 건조하는 것은 그 권한에 따름임을 의심해서는 안 된다. 또 가옥과 사무소, 기기실은 도리에 어긋나게 토지를 구매하여 건조한 것이 아님이 확연하다. 현재 한국 경내에서 추진되고 있는 제반 사업은 각국 회사 및 일반 사람[平人]들이 그와 같은 권리를 획득하여 추진하고 있기를, 경인·경기 철도회사 및 영국, 미국, 독일, 일본 등 각 광산회사가 그러한데, 해당 외국의 각 회사 등이 함께 지정된 곳의 토지를 빌려 구매하여 이미 자유롭게 얻어서 가옥과 사업상 필요한 건물들을 건축하였다. 귀 정부가 이미 상세히 알고 있으면서

약장의 취지를 위반하였다고 항의하는 것은 역시 논리가 맞지 않는다. 모든 것이 이와 같으니 해당 회사가 있는 용암포의 가옥과 작업소, 기기실 건축은 귀 정부가 이미 허가한 것으로 빼앗을 권리가 없다. 이는 귀 정부가 해당 지역의 러시아인 등을 타일러 철환(撤還)하라고 요청한 것에 대해 본 공사는 따를 수 없다. 향후 귀 대신이 러시아 상인 불이옐이 이미 맺은 약장의 취지에 근거하여 자유롭게 얻어 누리는 것이니 거리낄 일이 없으며, 특히 교의(交誼)를 베풀어 보호함이 온당하다고 용천(龍川) 지방관에게 다시 지시하기를 원한다.

용천(龍川) 군수가 조사 후 전보하기를, 용암포에 와서 주둔하는 러시아인은 40명이요, 청인(清人)은 백여 명이요, 그들이 거주하는 곳의 정황을 물은즉 답하여 말하길, 약정에 의거하여 설득하였으나 목상(木商)임을 칭하며 퇴거하지 않았고, 구매한 가옥은 17호에 합이 63간(間)이요, 전토(田土)는 삼일오시경(三日五時耕) 및 답(畓) 12두락(斗落)인데 그것들을 몰래 판 사람을 지금 찾는 중이라 한지라. 내부에서 전보로 의주(義州)와 용천(龍天) 두 군에 훈령하기를, 러시아와 청인에게 전토와 가옥을 몰래 판 사람은 일일이 잡아 가두고 다시 되돌리게 하되 만일 잡지 못하면 단연코 엄히 경계하라 하고, 외부는 의주(義州)에 전보하여 말하길, 목상(木商)을 칭하는 러시아인의 소지하고 있는 물품과 주거(住居), 성명(姓名)을 일일이 조사하여 알리라 하고, 용천(龍川)에도 지시하고 또 내부에도 알리고, 또 러시아 공사관에게 조회하길, 철도, 광산회사가 공사하는 곳에서 건축한다고 하나 먼저 장소를 지정하지 않고 임의로 자행하는 사례는 없으니, 이 삼림회사도 가옥과 사무소를 건축하길 원하면 마땅히 선정한 후에 삼림 가운데 땅을 골라 기공하면 어찌 근심이 있으리오. 모든 용암포의 토지와 가옥 구매는 약정과 같지 않아 본 대신은 시행하기가 꺼려지니[未便准施], 먼저 타일러 금하고 기일을 정하여 서로 적절한 관원을 파견하여 정하도록 하였더라. (미완)

論說

西北森林及龍岩浦事件（續）

◎本記者曰盖俄人森林會社條約은距今七年前開國五百五年丙申에駐韓俄公使韋貝氏와與我外部大臣으로互締條約者而江原道鬱陵島와咸鏡道豆滿江과平安道鴨綠江等地沿岸山林을二十年爲限하고以其植伐權으로許與俄人森林會社者也라自鬱陵島로沿豆滿江岸하야以至鴨綠江下流히綿亘數千里가皆我韓國境重要地段也오其森林之植養이亦屢百年邊塞防禦之所故로如松楸槻木等良材之富饒가亦甲于全國하니大抵以 祖宗朝幾百年苦心殫精하야綢繆守養之物로一朝容易許與於外國之人하야任其斫伐權利하니此ㅣ吾儕之所嘗痛恨咄嘆에嘔血疼腹者則當時貿國之恨은欲言氣塞하야已無擧論이어니와今俄人之擧措ㅣ誠怪矣라彼藉稱鴨綠江原流支流가俱係條約之地라하고白馬山森林을恣先著手하니盖白馬城은在義州郡東南下游하야實非鴨綠江沿岸之地則其有約與否난不必過問也오且其山은卽我國防禦地也라粤在 仁祖丁卯之際에淸兵이充斥於遼瀋之間하야發言將朝暮渡江故로朝廷이相西路險阨之處하야並皆築城設堡하야以爲防守之計而十年癸酉에命淸北防禦使林慶業하야監築白馬山城하고使林忠愍留屯山城하야倚爲西邊長城而自是以後로난歷數百年禁養樹木하야以爲國之封山하니其所重이顧非尋常可比則當初締約之時에決無以此混入之理而今俄人이藉約擅斫支則不能據理痛禁이면是난蹂躪我國權也니斷不當拋棄腦後者也오且龍岩浦난距義州西南九十里之地而本非通商口岸也라租界十里外購買之禁은約章之所明在則外國人이應無租占之理어날今俄人이不先妥認我廷하고擅自侵入이已屬違越이온况其經營이不但着手斫木而已라甚至於購買田土하며築造家屋하야斫我之材하며宅我之土하야以爲永遠居留之計하니此난非特通商約章之所不見이라抑其所謂森林條約之旨로亦無此等句語어날强力恣行이此何主見이며又稱森林保護하고駐滿之兵이次第渡來하야閃忽於鴨綠東西之界하니其光景이宛然有威壓的狀態뿐더러又有萬萬不可者난駐紮入이如欲實着於斫輸材木인된何患雇役之無人而必招募無賴之馬賊하야恣行刼掠에騷擾邊境하야隱有利用指使的手段하니此又何故也오以上所陳數條난皆非常理上可究者오實出意料之外하야譎詭叵測하니吾輩所以가疑惑層生에必欲研究而不置者也로다據俄公使之所覆照於外部者컨된有曰京仁京釜鉄道及奕美德日等各礦山會社之在合同指定處하야土地租買와家屋建築을皆得自由云云者ㅣ此今俄人之所以爲藉口之柄者也라 （未完）

論說 - 西北森林及龍岩浦事件(續)

◎ 본 기자가 말하기를, 무릇 러시아인의 삼림회사 조약은 지금으로부터 7년 전 개국(開國) 505년 병신(丙申, 1896)에 주한 러시아 공사(駐韓俄公使) 위패(韋貝, Weber, K.)씨와 우리 외부대신이 서로 조약을 체결한 것이고, 강원도와 울릉도와 함경도 두만강과 평안도 압록강 등지의 연안 산림을 20년간으로 한정하여 그 식수(植樹)와 벌목권을 러시아인의 삼림회사에게 허급한 것이다. 울릉도와 두만강 연안에서부터 압록강 하류까지 수천 리(里)가 뻗어져 있는데, 모두 우리 한국의 중요한 지역이다. 그 삼림의 식양(植養)이 또한 수백 년간 변방을 방호하는 곳이므로 송추(松楸), 규목 등 좋은 목재가 넉넉하여 전국에서 첫째로 한다. 대저 조종조(祖宗朝) 몇백 년 이래로 고심하여 정성을 다해 주무(綢繆)하고 수양(守養)하는 물품을 하루

아침에 외국인에게 쉽게 허락하여 작벌의 권리를 맡기니, 이는 우리가 일찍이 통한하고 혀를 차며 탄식했던 것이고 피를 토하고 배가 아픈 것이니, 당시 매국(賣國)의 한은 말하고 싶어도 숨이 꽉 막혀 이미 거론할 것도 없는데, 지금 러시아 사람의 행동이 참으로 괴이하다. 저들은 압록강의 원류와 지류가 모두 조약의 땅과 관계한다는 핑계로 백마산(白馬山) 산림을 먼저 제멋대로 착수하니, 무릇 백마성(白馬城)은 의주군(義州郡)의 동남쪽 아래에 떨어져 있으니, 실제는 압록강 연안의 땅이 아니며 그 조약에 있는지 여부는 물어볼 필요도 없고, 또 그 산은 우리나라 방어상 중요한 지역이다. 인조(仁祖) 정묘(丁卯, 1627) 즈음에 청나라 군사가 요동(遼東)과 심양(瀋陽) 사이에 가득 차서 장차 날이 저물면 강을 건넌다고 성언하는 까닭에, 조정에서 서로(西路)를 막는 곳에 모두 다 성을 축조하고 보(堡)를 설치하여 방어할 계책으로 삼았고, 인조 10년 계유(癸酉, 1633)*에 청북방어사(淸北防禦使)로 임경업(林慶業)에게 백마산성(白馬山城)의 축성을 감독하도록 명하고, 임충민[林忠愍, 임경업(林慶業)]으로 하여금 산성에서 머무르게 하여 서쪽 변방의 장성을 의지하여, 이후부터는 수백 년 동안 수목을 금양(禁養)하여 국가의 봉산(封山)으로 만드니, 그 중요함을 돌이켜 생각해 보아도 비할 것을 찾을 수 없다. 그런데 당초 조약을 체결할 때 결코 이렇게 혼입(混入)할 이유가 없는데도, 지금 러시아인이 약조를 구실로 제멋대로 나무를 베는데 이치에 근거해서 엄금할 수 없다면, 이는 우리나라의 권리를 유린하는 것이니 결단코 뇌후(腦後, 뒤통수)를 포기하는 것은 마땅하지 않다. 또한 용암포(龍岩浦)는 거리가 의주에서 서남(西南)으로 90리의 땅이고 본래 통상하는 항구가 아니라서, 조계지 10리 밖의 구매를 금지함은 약장에 명백하게 있어서 외국인이 응당 조점(租占)하여 다스릴 수 없는데, 지금 러시아인이 먼저 우리 조정과 허가를 타협하지 않고 제멋대로 침입하여 이미 위반에 속한다. 하물며 그 경영이 나무를 베는 것을 착수했을 뿐만 아니라 심지어 전토를 구매하며 가옥을 축조하여 우리의 재목을 베고 우리의 땅에 자리 잡고 영원히 머물러 살려는 계책이니, 이는 통상 약장에서 볼 수 없을 뿐 아니라 이른바 삼림조약의 취지에도 어긋나는 것이고 이런 구절도 없었는데, 강력히 자행하는 것은 무슨 주견(主見)으로 그러는 것인가. 또 삼림보호라 칭하고 만주(滿洲)에 주둔하는 병사가 차례로 건너와서 압록 동서(東西)의 경계에 홀연히 나타나니, 그 광경이 완연히 위압적인 상태일뿐더러 또한 매우 불가한 일이다. 그 삼림회사 사람이 재목을 베고 나르기 시작하고자 한다면, 어찌 고역

---

* 유년칭원법(踰年稱元法)에 따라 『황성신문』은 1633년을 인조 10년으로 표기함.

(雇役)할 사람이 없음을 근심하겠는가. 그러면 반드시 무뢰한 마적(馬賊)을 불러 모아 위협과 탈취를 자행하며 변경에서 소요를 일으키고, 은밀히 일을 시키는 수단으로 이용하니 이는 또한 무슨 까닭인가. 늘어놓은 몇 가지 조목은 모두 보통의 도리로는 생각할 수 있는 것이 아니고, 실로 뜻밖이어서 속이는 것이 헤아릴 수 없으니, 우리를 의심에 겹겹이 둘러싸이게 하여 반드시 연구하고자 하고 내버려 두지 않을 것이로다. 러시아 공사의 외부에 거듭 조회한 것을 보니, 경인, 경부 철도와 영국, 미국, 독일, 일본 등 각 광산회사의 합동 지정처는 토지 조매(租買)와 가옥의 건축을 모두 자유롭게 얻을 수 있다고 운운하는 것이 지금 러시아인이 구실의 수단으로 삼는 것이다. (미완)

(127) 1903년 5월 29일 | 황성신문

論說

西北森林及龍岩浦事件（續）

盖俄使之意난以爲今韓國內地에如英美德日等各國人의所借得礦山鐵道等權利者ㅣ無不有購買土地하며建築家屋匠所호되未聞以違反約章으로抗論拒絕之說이러니奚獨於龍岩浦事件에如是反抗耶아하야執此以藉口하니其言이亦容或無怪也라以表面上驟看이면似是一般均平的意想이로되以實際推究면有千里之謬하니如礦山如鐵道等權利를無不借與外人은固吾儕之所嘗歎恨者어니와旣往誤錯은姑勿論하고今只就其事面上하야比較言之컨된彼礦山或鐵道之實着事業者ㅣ無不於其所借地界內에必先經由我政府認准妥查하야井井然劃定區域然後에始許土地匠所等購買建築하고其或於通商口岸及租界外內地에有架設機房及營業開場者나是亦非擅自占住라必有公許或默認而着鞭者오未嘗有不先認准妥查하며不先劃定區域하고突如驅入하야自占地段하며自意駐兵者也니假令森林條約中에有自由建築匠所等句語라도設工役着手之日에난宜預先知照我政府及地方官廳하야互相妥査然後에踐行이爲可어늘今俄人이只憑原初條約[illegible]自由建築匠所之文하고不復經由我政府而恣意占住要地하니然則自鬱陵島迤北으로至豆滿鴨綠數千里沿邊之邑에凡山林所在附近之地를到處에皆可自由占住하며皆可自由建築匠所라도稱云此會條約中包含이라하고不聽禁制가可乎아是난決無之理也오且其條約中에只有自由建築匠所之句하고未嘗有自由購買土地之語則妥定地段後에機械工匠之所난以約欵을任其自由建築也어니와至於土地家屋하야난不先妥定하고奚可任其自由購買而不之制限乎아大槪如此自由行動은他礦山鐵道等各社에所未聞之事則不可以礦山鐵道로執爲藉口者也니此난不必多辨이오最尤怪異者난方俄人之帶淸匪始來也에我土지鄕民이倉猝見此하고莫不驚駭鳥竄하야恇怯奔避之不暇하니自由行動的森林社員은有何保護之必要하야派兵保護를如是汲汲然先着之急務也며且如必要森林會社之保護인된豫先聲明我政府하고只須若干兵卒及幾個巡査면足矣라何故로初無一言半辭하고暫眼間以屢十兵卒로多率賊匪하고突入不適商之內地하야使恣行刼掠에肆其暴行하니此亦森林會社之所條約歟아況現今許多草兵이駐屯於國境咫尺之地하야聲言渡江에威勢壓來하니此其意實有叵測之情形일식或者ㅣ以爲目今俄人之擧措난要不出示威的運動而已오未必有何等格別之含包也라하고或者ㅣ以爲森林保護난假託之辭라호되吾輩난以爲固有示威的狀態也로되亦不但止於示威的而已也며固有森林保護之名稱也로되亦不但在於森林之保護而已라其所謂森林保護四字가含包無窮之意味하야乃投合時機的好個名目이니盖俄人이自駐兵滿洲以來로經營於我韓西北沿邊者ㅣ固其熱心也라

（未完）

論說 - 西北森林及龍岩浦事件(續)

무릇 러시아 공사(公使)의 뜻은 지금 한국 내지에 영국, 미국, 독일, 일본 등의 각국 사람이 광산, 철도 등을 빌려서 얻은 권리로 토지를 구매하고 가옥과 공장소를 건축하는데, 약장을 위반한 것이라고 듣지 못하였으므로 거절하는 말로 항론(抗論)하고 어찌 유독 용암포 사건에 이처럼 반항하는가 하며, 이것에 대해 핑계하며 우기는데 그 말이 또한 그럴 수가 있으니 혹 괴이하지 않는지라. 표면상으로 언뜻 보면 일반 균점한 뜻이 비슷한 것 같지만 실제로 추구해보면 큰 착오가 있으니, 광산과 철도 등과 같은 권리를 외국인에게 빌려주지 않은 것이 없다. 진실로 우리는 일찍이 한탄하였지만 이미 지나간 잘못은 잠시 논하지 말고, 지금 다만 그 일의 면모에 대해서만 비교하여 언급하건대, 저 광산 혹은 철도를 실제 착수하는 사업은 차지(借地)의 경계 안이 아닌 곳이 없으니, 반드시 먼저 우리 정부가 타당하게 조사하여 인준하는 절차를 거쳐, 질서정연하게 구역을 획정한 이후에 비로소 토지, 공장소 등을 구매, 건축하는 것을 허가하고, 그 통상하는 항구와 조계지 외의 내지에 창고의 가설과 영업을 개장한다. 이 또한 제멋대로 점주(占住)하는 것이 아니라 반드시 공식적인 허가가 있거나 혹은 묵인하고 착수하는 것이다. 먼저 타당하게 조사하여 인준하지 않고 먼저 구역도 획정하지 않고 갑자기 몰려 들어와서 스스로 지역을 점령하며 자의로 군대를 주둔하는 것은 일찍이 있지 않았다. 가령 삼림조약 중에서 자유롭게 공장소 등을 건축한다는 글귀라도 그 공사를 착수하는 날에는 미리 먼저 우리 정부와 지방관청에 알려야 하는 것이 마땅하고 상호 타당하게 조사를 한 이후에 실행이 가능한데, 지금 러시아인이 단지 원래 조약 중에 자유롭게 공장소를 건축한다는 문구를 근거하여 우리나라 정부를 거치지 않고 자의(恣意)로 요지(要地)를 점주한다고 하니, 그렇다면 울릉도를 따라 이어진 북쪽에서 두만, 압록 수천 리 연변의 읍(邑)에 이르기까지 부근의 땅에 소재한 산림을 가는 곳마다, 모두 자유롭게 점주할 수 있고 모두 자유롭게 공장소를 건축할 수 있다고 하면서, 이는 모두 조약에 포함된 것이라 말하고 금제(禁制)를 듣지 않는 것이 옳은가. 이는 결단코 이치가 없는 것이다. 또한 그 조약 중에 자유롭게 공장소를 건축한다는 글귀가 있을 뿐이고 일찍이 자유롭게 토지를 구매한다는 말은 있지 않은데, 지단(地段)을 타당하게 정한 이후에 기계, 공장소는 약관에 의거해서 그것을 자유롭게 건축하도록 맡기는 것인데, 토지, 가옥에 이르러서는 먼저 타당하게 정하지 않고 어찌 그것을 자유롭게 구매하도록 맡기고 제한하지 않는 것이 옳은가. 대개 이처럼 자유로운 행동은 기타 광산, 철도 등의 각 회사에서도 그런 일은 듣지 못하였으니, 광산, 철도로 핑계를 삼을 수가 없다. 이는 많은 말로 변명할 필요도 없다. 제일 괴이한 것은 바야흐로 러시아 사람이 청(淸)나라 비적을 데리고 비로소 온 것이다. 우리 토착 향민이 이것을 보고 갑자기 당황하고, 짐승처럼 놀라고 새처럼 흩어지지 않은 자가 없었다. 겁나서 피할 겨를도 없었는데, 삼림회사 사원의 자유로운 행동을 어찌 보호할 필요가 있겠는가. 군사를 파견하여 보호하는 것을 이처럼 급급히 먼저 착수해야 할 급선무라고 하였으며, 또 만약 삼림회사의 보호가 필요하다면 미리 먼저 우리 정부에게 성명(聲明)하고 단지 약간의 병사와 몇 사람의 순사면 충분하다. 무슨 까닭으로 당초에 한마디 말도 없다가 별안간 수십의 병사가 비적을 많이 거느리고, 통상하지 않는 내지에 돌입하여 약탈을 자행하고 방자하게 폭행하니 이 또한 삼림회사의 조약인가. 하물며 지금 허다한 군병이 국경의 지척에 주둔하여 강을 건너겠다고 성언하고 위세로 압박해 오니, 그 뜻은 실로 정형을 헤아리기 어렵다. 혹자는 지금 러시아인의 거조는 위협적인 움직임을 보이는 데 벗어나지 못할 따름이고 반드시 어떤 각별한 함축이 있는 것도 아니라고 하고, 혹자는 삼림 보호는 거짓으로 핑계대는 말이라 한다. 우리는 진실로 위세를 과시하는 상태로 여기고 있으며 또한 위세를 과시하는 것에 그칠 뿐만 아니고, 진실로 삼림 보호라는 명칭이 있지만 단지 삼림을 보호하는 것뿐만 아니며, 그것은 이른바 삼림보호의 4글자가 끝없는 의미를 함축하여 시기적으로 적합한 몇 개의 명목을 투합(投合)하는 것이다. 그래서 러시아인이 만주(滿洲)에 군사를 주둔하고 나서부터 우리 한국의 서북 연변을 경영하는 것에 진실로 열성적이다. (미완)

論說

西北森林及龍岩浦事件 (續)

◎蓋我韓西北兩路난土地膄沃하고山林富饒하야實天產之奧區而滿洲大陸交通之門戶也오我韓西北關阨之咽喉也라鴨綠은滿黃海之口하고豆滿은接日本海之線하야將來開放之際에必極繁昌하야爲第一樞要區域은不必贅論이어니와以俄人觀之컨딕此兩沿之地가與滿洲로關係絕大故로其注意經畧者ㅣ已久矣라如豆滿北은曾揮烏蘇哩等地方에派駐軍兵하며鴨綠江對岸安東縣鳳凰城等地에亦派駐軍兵者ㅣ其意有眈眈南漸之勢而欲以兵力으로扼控我關阨咽喉者也로딕兵不可以無名而入則迫此森林採伐之時機하야遽以保護爲名하고突然侵入하야留駐於龍岩浦者也니實非一朝一夕之故而藝自駐俄公館으로亦有派兵鴨綠之電報云則明是俄廷之所與知者也라其影響所及은豈但在示威的運動而已歟며豈但爲森林的保護而已歟아今若不能禁撤하야任其恣行이면設或從玆以往으로溯至鴨綠江上流하야自滿浦楚山以下로沿江七八邑之地와與豆滿江沿岸으로茂會穩鍾之間히凡山林所在之地에一律藉託以護하고擺設兵站하며踞土築屋하야自爲把任을如龍川之爲라도亦且諉之森林條約中所許而莫之禁制矣리니此豈非先機而力拒者乎아且況我韓西北一帶난與滿洲로陸連彊接하야與東南之天限區域으로逈有異故로自古事變之生이每從西北而起하야末乃決裂紛紜은讀史者之皆瞭然而現今俄人之於滿洲에其勢力之樹立이至宏大하야影響之波及於我난世人之所共知也라夫出其不意하며瞰其無備하야如猛獸鷙鳥之發하며如風雨雷霆之變하야閃忽叵測에不可摸捉者난今俄人之慣用手段也라假令今日龍川之來駐者ㅣ志在森林而已오實無他意라하야도彼募入之淸匪난猶飼賊之發徙라하나니此類伎倆은皆梁山泊落草耳며安保無刼掠騷擾之患乎며沿北匪賊之連年勦掠者ㅣ亦豈無接踵滋患之慮乎아若爾則因此藉口하고多數保護之兵이雖陸續渡來라도亦無辭而却之矣리니是其異日之患을不寧預防於濫觴之爲愈乎아雖然이나此난特假設之言耳라吾儕난對今此問題하야憂慮之及이無所不至故로發此預度之說이로딕彼俄國之於我韓에友誼親密하야每常以平和保護로主唱而局은吾儕之所聽信者則必不其政略之至此狡猾也오現我外部大臣이方以此交涉申複하야據約章請撤하니依章准施난固國際上公理之當然也라自應互相妥辦이리니無須多辨이어니와我儕之所一言者난龍岩浦之買地駐兵이并皆約章之所無而與先經妥查之礦山鉄道等諸社로有異則不可以礦山鉄道等諸社로執爲一般藉口也며窃恐礦山鉄道諸他之人에反以此로爲藉口之端일가하노니是난宜訂諸公理之當否如何오不可以威嚇而服從者也로다

(完)

論說－西北森林及龍岩浦事件(續)

◎ 대개 우리 한국의 서쪽과 북쪽 두 길*은 토지가 넓고 기름지며 산림이 부요(富饒)하여 실로 천연산물의 중심[奧區]이며 만주 대륙과 오가는 문호요, 우리 한국의 서북 관문의 목구멍이라. 압록강은 황해로 통하고 두만강은 동해와 접하여 장래 개방을 하면 반드시 번창하여 가장 중요한 지역이 될 것임은 두말할 필요가 없거니와, 러시아인이 보건대 이 두 길에 연해 있는 땅이 만주와 관계가 깊으므로 그 땅의 경영에 주의한 지가 이미 오래된지라. 두만강과 북강(北江)** 훈춘(揮春) 오소리(烏蘇哩) 등 지방에 군대를 보내고 압록강 건너편의 안동현(安東縣) 봉황성(鳳凰城) 등지에 또 군병을 보낸 뜻은 병력으로써 그 세력을 점차 남쪽으로 넓히고자 하는 것으로 우리 관문을 잡아당기는 목구멍으로서, 병사가 명분없이 들어와서는 안되는즉, 삼림 채벌의 시기에 이르러 갑자기 보호를 명목으로 돌연 침입하여 용암포에 주둔한 것이 실로 짧은 기간이 아니었기에 일전에 러시아 공사관으로 압록강에 또 파병(派兵)이 있었다고 전보한즉, 러시아 정부도 알고 있었던 것이 명백한지라. 그 영향이 미치는 곳이 어찌 시위적 운동에만 있으며 어찌 삼림 보호하는 것에만 있으랴. 지금 만일 막지 못하여 제멋대로 하게 되면 혹시 이때를 기회로 압록강 상류를 거슬러 올라가 만포(滿浦)에서 초산(楚山) 아래 강에 접해 있는 일고여덟 마을의 땅과, 두만강 연안 무산, 회령(茂會)과 온성, 종성(穩鍾) 사이 모든 삼림이 있는 땅을 보호한다는 핑계로 병참(兵站)을 벌여 세우며 땅을 사들이고 집을 지어 마음대로 거주하기를 용천(龍川)과 같이 할지라도, 또 삼림조약에서 허락된 바로 금제(禁制)한 바 없다고 하리니, 이 어찌 사전에 힘써 물리치지 않으랴. 또 하물며 우리 한국의 서북 일대는 만주 땅 동남쪽과 연접하여 하늘이 만들어놓은 경계 구역으로, 자고로 사변(事變)이 매번 서북에서 일어나 마침내 사방으로 갈라져 혼란스러워짐은 역사를 읽은 자면 모두 다 알고 있으며, 지금 러시아인의 만주에서의 세력이 매우 굉장해져 그 영향이 우리에게 미치고 있음은 세상 사람이 모두 아는 바라. 이는 생각지도 않은 곳에서 나와 방비(防備)가 없음을 굽어보고 맹수나 사나운 새처럼 나오는 것이며, 풍우나 우레의 변화처럼 갑자기 예측할 수 없이 포착하기 어려운 것이 이 러시아인의 익숙한 수단이라. 가령 지금 용천에

---

* 원문은 "西北兩路"로, 관서지방인 평안도와 관북지방인 함경도를 지칭함.

** 북강(北江)은 가야하와 부르하통하가 합쳐진 강을 이름.

와 있는 자가 삼림에 뜻이 있을 뿐이요 실로 다른 뜻이 없다고 하여도 저들이 모은 청의 비적(淸匪)은 실로 향적(餉賊)의 폭도(暴徒)라 하나, 이 무리의 기량(伎倆)은 모두 양산박(梁山泊)에 들어간 도적이라. 어찌 위협과 약탈, 소란의 근심이 없을 수 있으며, 북쪽에 접한 비적의 해를 이은 약탈은 역시 발꿈치에 붙은 근심이 없겠는가. 만일 이를 핑계로 다수를 보호하겠다는 병사가 몰려온다고 할지라도 말없이 돌아가지 않으리니 이는 훗날의 근심거리를 미리 막지 못하는 시초가 되지 않는가. 그렇다고 하나 이 말은 가설(假設)일 뿐이라. 우리는 지금 이 문제에 대하여 우려가 미치지 않는 곳이 없으므로 예상해 본 것이로되, 저 러시아가 우리 한국에 우의친밀(友誼親密)하여 늘 평화보호(平和保護)를 주창하는 것은 우리들이 들어 믿고 있는 것에 불응하는 교활한 정략이오. 현재 우리 외부대신이 이에 대한 교섭을 거듭하여 약장에 근거하여 철수를 청하니 약장에 따라 실시함은 원래 국제적인 공리로 당연한 것이라. 서로 사리에 맞게 판별하여 응하면 많이 따질 것도 없을 것이나, 우리들이 한마디 해야 할 것은 용암포의 토지 매매와 병사 주둔이 모두 약장에는 없는바 먼저 타당한 조사를 거친 광산과 철도 등 여러 회사의 사례와는 다름이 있으므로, 광산과 철도 등 관련 회사로 핑계를 대는 것은 불가할뿐더러 슬그머니 광산과 철도 관련 사람들이 이와 반대로 핑계를 대는 단서가 될까 하니, 이것은 여러 공리(公理)의 옳고 그름을 마땅히 바로잡는 문제요, 위혁(威嚇)때문에 복종해서는 안 되는 것이로다. (완)

論說

答或問

◎或이有詰之者曰現今外人侵凌之
患이誠如貴報之論述者어니와以僕
愚見으로난容有不然者하니今外人
之經營我韓者ㅣ奚和俄人哉리오凡
不通商口岸及內地各市場都會之總
와與京釜鐵道停車場檳貫之類와稷
山金鑛과鬱島森林等地方에日人이
蠶食蝟集하야移民殖力하며買土購
屋하며採山漁海하며設郵遞電하며
流通江海之船路하며伐植島山之樹
木하며爵用銀行之紙片하며設立商
業之會所하고守以兵士하며護以警
察하야其行動施措가無非凌踏侵占
之狀而此則嘿而不論하고但俄人之
暫任龍浦하야遵約伐木者울何其如
是張大하야有若大患之迫頭而恐嚇
萬端하야稱曰危急存亡之秋라하니
抑有其說歟아以僕所見으로난日俄
之相持가如蚌鷸之勢而畢竟害我稍
我者난皆日人之所爲오若夫俄人은
隱有保我扶我之跡則寧依恃俄人하
야以抗日勢가爲今日之得策也어놀
足下난何不揣度時勢하며揣摩情形
하고輕發排斥之論也오此ㅣ僕所未
解於心而願聞先生之高論也하노라
하야놀本記者聞之하고太息長吁而
答曰嗚呼ㅣ라有是哉宜有吾子之問也
로다試爲言之하리니蓋目今日人之
事난果如吾子之言하야全國內地에
無處不往하며無處不在하야開機營
業은不可枚述이로되吾輩曷嘗緘默
而無言也哉아其移民之計난先幾而
痛論者ㅣ可謂舌獘而筆禿矣오銀券
之用은辨性而排斥者ㅣ不止家論而
戶說矣라其他稷鑛鬱林과釜鐵京漁
等諸般利益權吸取之事에抗爲痛疎
에不曾申複而灌且矣오더或已締密
約하며或旣有公認하야雖有千言萬
語라도歸之無益之地에난將獨奈何
哉오豈足下ㅣ未識當時之論辨耶아
只自腹痛心裂而已라奚必過時而空
言에리오但現今俄人之森林一欵도
亦有旣往之條約하니其次第條理를
若遵約而踐行이면猶可說也어니와
今其事ㅣ多違背約旨而實非如千之
要也라其關係之大ㅣ卽全國之一大
問題故로近日吾輩之所論者난乃國
防之大計而皆自修之方略耳니大抵
西北事件은不可以等閒做視而日後
無窮之患을不可張皇形言이로되脫
或疎虞면俄人之靴聲帽形이必洞繞
於豆滿鴨綠數千里之沿하야 祖宗
朝苦心血誠開拓之地가將不知究竟
何如也리니其影響所及이豈不爲全
國存亡之機關歟아然則其獘害ㅣ豈
但如東隣之事而止哉아本記者ㅣ所
以不堪深憂者ㅣ此也오且依恃之說
은萬萬不可하니於日於俄에豈可依
恃而圖安哉아夫旣締之約을今不可
破棄則爲我之計난但當益究防制之
策하야自修禦侮之方이라야庶幾免
叵測之患故로所於連日紙面에疾聲
痛論하야竊望鼾睡之醒覺者也니嗚
呼라保護之說도未足恃也오威脅之
喝도不必懼也라只可自着精神하며
自振筋力하야講究自强之術이爲今
日之上策也니勉之哉어다吾子난宜
毋且前之執迷하고洞究腦後之遠慮
를是所區區之望也로다

論說 - 答或問

◎ 간혹 그것을 힐난하는 자가 말하기를, 지금 외국인의 침략과 능멸에 대한 걱정이 진실로 귀 신문의 논설과 같은데, 제 어리석은 견해로는 그렇지 않다고 받아들이니 지금 외국인이 우리 한국을 경영하는데 어찌 러시아인만 기다리겠는가. 무릇 통상하지 않는 항구와 내지의 각 시장, 도회처와 더불어 경부철도 정거장을 가로지르는 땅과 직산(稷山) 금광과 울도의 삼림 등의 지방에 일본인이 잠식하여 몰려들고 이민하며 세력을 늘리고, 토지를 매입하고 가옥을 구매하며 산에서 캐고 바다에서 고기를 잡으며, 우편과 통신을 설치하고 강과 바다의 선로로 유통하고, 섬의 수목을 채벌하고 식수(植樹)하며, 위협하여 은행의 지폐를 쓰게 하고 상업회의소를 설립하고, 군사로서 지키게 하며 경찰로서 보호하게 하였다. 그 행동을 시행하는 조처가 모두 능답(凌踏)하고 침점(侵占)하는 상황인데 이것을 침묵하고 논하지 않으면서, 다만 러시아 사람이 용암포(龍巖浦)에서 잠시 머무르고 벌목에 대한 조약을 따르는 것을 어찌 이렇게까지 확대하는가. 마치 큰 근심이 임박한 것 같다면서 갖가지로 공갈 협박하고 위급하고 존망이 달린 때라 하니 그 말을 물리칠 수 있겠는가. 제 소견으로는 일본과 러시아의 상호 대립이 마치 대합과 황새가 서로 물고 버티는 것처럼 하고 있으나, 결국 우리를 해하고 우리를 위협하는 것은 모두 일본인의 소행이다. 그런데 러시아인은 은밀히 우리를 보호하고 우리를 돕는 행적이 있었고, 차라리 러시아인을 믿고 의지하여 일본 세력에 대항함으로써 오늘날의 훌륭한 계책으로 삼은 것인데, 족하(足下)는 어찌 시세를 헤아리고 정형을 생각하지 않으며 가볍게 배척하는 논의만 하고 있는가. 이에 풀리지 않는 마음을 숨기고 선생의 고견을 듣기를 바란다고 하는데, 본 기자가 그것을 듣고 크게 한숨 쉬고 몹시 탄식하며 대답하기를, 아! 과연 그러하다. 당신의 질문이 있는 것이 마땅하도다. 그것을 말해 본다면, 무릇 지금부터 일본인의 일은 과연 당신의 말과 같아서, 전국 내지에 가지 않는 곳이 없으며 없는 곳이 없다. 창고를 벌려 경영하는 것을 낱낱이 서술할 수 없지만, 우리가 어찌 일찍이 입을 다물고 말이 없었는가. 그 이민의 계책은 먼저 조짐을 살펴 통렬히 논하는 것이 설폐(舌弊)와 필독(筆禿)이라 할 수 있다. 은권(銀券)의 사용은 그 성질을 분별하여 배척하는 것을 집집마다 타일러 설득시키는 것을 그치지 않을지라. 그 외 직산 금광, 울도 삼림과 경부철도, □고기잡이 등 제반 이익권을 취득하는 일에 항론을 통절하게 늘어놓고 거듭하여 말하기를 그치지 않으니 귀에 익히도록 하라. 혹은 이미 밀약을 체결하였으며 혹은 이미 공인하였다며, 비

록 수없이 많은 말도 무익한 곳으로 돌아가면 장차 홀로 어떻게 하겠는가. 어찌 족하는 당시의 논변을 이해하지 못하는가. 다만 배가 아프고 마음이 찢어질 뿐이다. 어찌 반드시 때늦은 헛소리겠는가. 다만 지금 러시아인의 삼림 문제 또한 이미 지나간 조약이니, 그 차례와 조리(條理)를 만약 준약(遵約)하고 천행(踐行)하면 오히려 말할 수 있으나, 지금 그 사건은 조약의 뜻에 많이 위배되었고 실로 여간 근심이 아니다. 크게 관계된 것은 즉시 전국의 중대한 문제이므로 최근 우리의 논의는 국방의 대계(大計)이고 모두 스스로 지키는 방략이다. 대저 서북(西北)의 사건은 등한시하면 안 되고 후일의 끝없는 근심을 장황하게 형언할 수 없으나, 혹시 소홀해지면 러시아인의 가죽신 소리와 모자의 모양이 반드시 두만강, 압록강 수천 리의 연안에 두루 둘러싸여 조종조(祖宗朝)의 고심과 혈성으로 이룬 개척지가 장차 결국 어떻게 될지 모르는 것이니, 그 영향이 미치는 곳이 어찌 전국의 존망(存亡)이 달린 기관일 뿐이겠는가. 그렇다면 그 폐해가 어찌 다만 동남의 일로 그치겠는가. 본 기자가 칠우[漆憂, 칠실지우(漆室之憂)의 준말로 나라를 위한 걱정을 함]를 견디지 못한다는 것이 이것이다. 또 말을 믿고 의지하는 것은 절대로 안 되니, 일본에 대해서도 러시아에 대해서도 어찌 믿고 의지하며 편안함을 도모하겠는가? 무릇 이미 조약을 체결하고 이제 우리의 계책으로는 파기할 수 없고, 단지 방제(防制)의 대책을 더욱 연구하고 스스로 어모(禦侮)의 방책을 익히는 것이 마땅하다. 헤아리기 어려운 근심을 면하길 바라는 까닭으로 연달아 지면에 다급한 소리로 통렬히 논하여, 깊은 잠에서 깨어나 각성하길 바란다. 아! 보호의 말도 믿을 수 없다. 위협의 소리도 두려워할 필요가 없다. 단지 스스로 정신을 세우며 스스로 근력을 떨쳐서, 자강의 방법을 강구하는 것이 지금의 상책이니, 그것을 힘쓸지어다! 당신은 마땅히 눈앞의 잘못에 집착하지 말고, 뇌후(腦後, 뒤통수)의 먼 근심을 깊이 꿰뚫는 것이 구구(區區)한 소망이로다.

(130) 1903년 6월 22일 | 황성신문

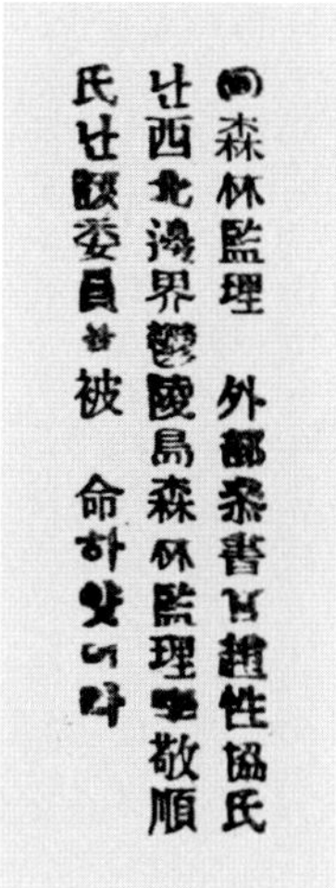

◎森林監理 外部參書官趙性協氏난西北邊界鬱陵島森林監理로李敬順氏난該委員을被 命하얏더라

森林監理

외부 참서관(參書官) 조성협(趙性協)씨는 서북(西北) 변경 울릉도 삼림 감리로, 이경순(李敬順)씨는 해당 위원(委員)으로 임명을 받았다더라.

[131] 1903년 6월 23일 | 황성신문

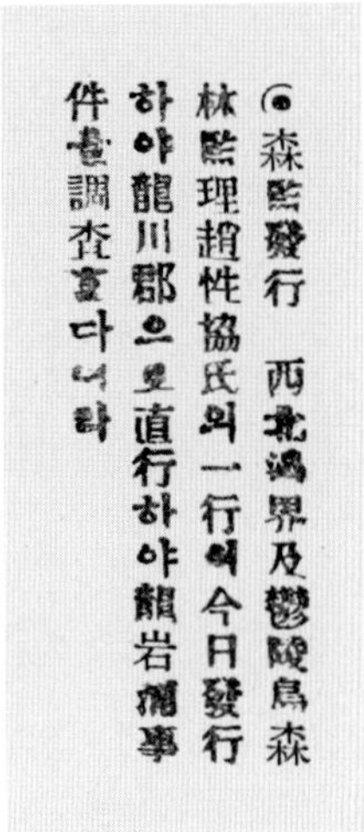
◎森監發行 西北邊界及鬱陵島森林監理趙性協氏의一行이今日發行하야龍川郡으로直行하야龍岩浦事件을調査혼다더라

森監發行

서북(西北) 변경과 울릉도 삼림 감리 조성협(趙性協)씨의 일행이 오늘 출발하여 용천군(龍川郡)으로 직행하여 용암포 사건을 조사한다더라.

[132] 1903년 6월 23일 | 황성신문

◎敍任及辭令 平安北道觀察府主事鄭
禹範 仝[illegible]集 依願免本官 白燮基
金舜烈 任平安北道觀察府主事敍判任
官六等 以上六月十七日
肇慶廟參奉閔綱植 崇靈殿參奉金希麟
依願免本官○任 肇慶廟參奉敍判任官
八等 趙秉溢○任 崇靈殿參奉敍判任
官八等 朴永模 以上六月十八日
弘文館侍讀金聖基 通信司電話課主事
李星煥 仝閔琮鎬 仝閔達鎬 仝宋憲
植 管理署主事趙潤九 仝梁東軾 仝
金周鳳 仝尹致說 仝田有根 仝金時
浩 仝全宗元 仝金時鼎 仝姜鳳儀
仝金準千 仝趙秉學 慶基殿參奉金澈
洙 崇靈殿參奉朴永模 東明王陵參奉
權聲駿 厚陵參奉安鍾樂 宣陵參奉申
昊永 依願免本官○典膳司主事李膺植
教坊司主事尹蘷燮 解免任學禮院主事
○任弘文館侍讀敍判任官六等 六品任
百瑛○教學院主事尹龍植 任通信司電
話課主事敍判任官六等○任教學院主事
敍判任官五等 宗正院主事金思重○通
信司電話課主事河承洛 任宗正院主事
敍判任官六等○任 厚陵參奉敍判任官
八等 昭陵園參奉金謹鏞○任 昭陵園
參奉敍判任官八等 章陵參奉金昇九○
任 章陵參奉敍判任官八等 朴顯鉉○
任 宣陵參奉敍判任官八等 姜允熙○
任 慶基殿參奉敍判任官八等 九品尹
亨重○任 崇靈殿參奉敍判任官八等
九品金希麟○任 東明王陵參奉敍判任
官八等 九品金元鉉○命西北邊界鬱陵
島森林監理 外部秘書官趙性協○命西
北邊界鬱陵島森林委員 六品李敬鎬○
以上六月十九日
譴責報告 太醫院主事朴胤錫
依願免本官 平壤監理署主事金賢基○
任平壤監理署主事敍判任官六等 閔明
植 以上六月二十日

敍任及辭令

(전략)

○ 외부 참서관 조성협(趙性協)씨를 서북(西北) 변경 울릉도 삼림 감리로 임명한다.

○ 6품(品) 이경순(李敬順)씨를 서북(西北) 변경 울릉도 삼림 위원(委員)으로 임명한다.

(중략)

이상 6월 19일

(후략)

[133] 1903년 6월 24일 | 황성신문

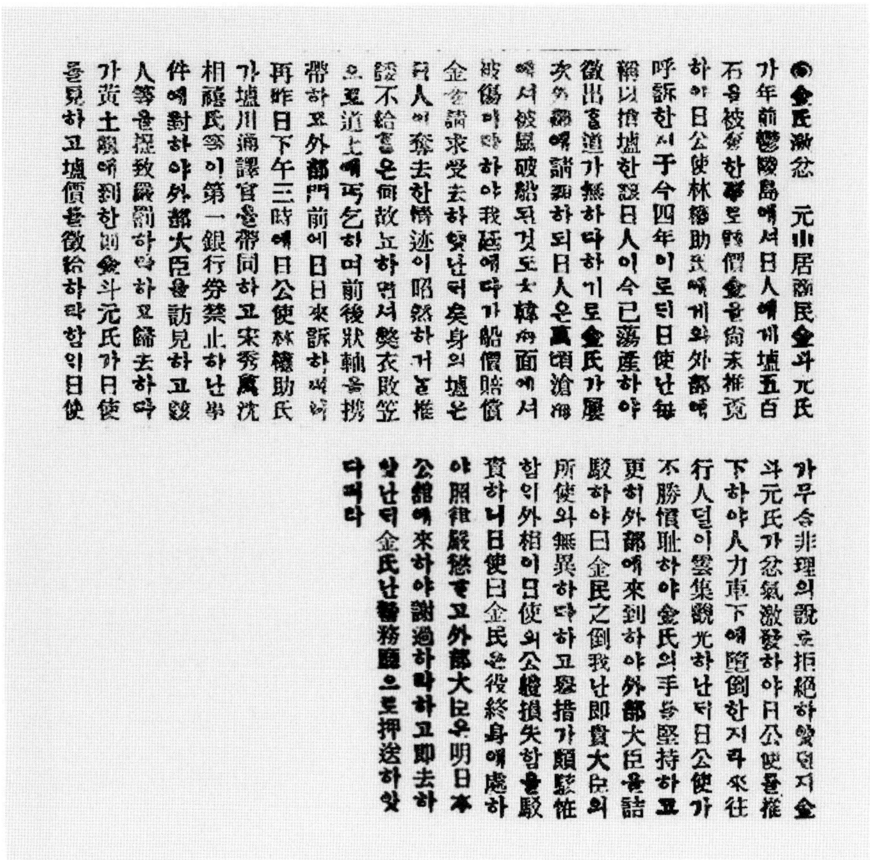
◎金氏激忿　元山居商民金斗元氏가年前鬱陵島에셔日人에게塩五百石을被奪한事로該價金을尙未推覔하야日公使林權助氏에게와外部에呼訴한지于今四年이로되日使난每稱以搶塩한該日人이今已蕩産하야徵出홀道가無하다하기로金氏가屢次外部에請求하되日人은眞頑滄海에서被風破船된것도大韓海面에서被傷이라하야我廷에다가船價賠償金을請求受去하얏난데矣身의塩은日人에奪去한憐迹이昭然하거늘推諉不給홈은何故오하면셔弊衣敗笠으로道上에丐乞하며前後狀軸을携帶하고外部門前에日日來訴하더니再昨日下午三時에日公使林權助氏가塩川通譯官을帶同하고宋秀萬沈相薰氏等이第一銀行券禁止하난事件에對하야外部大臣을訪見하고該人等을捉致嚴罰하라하고歸去하랴가黃土峴에到한則金斗元氏가日使를見하고塩價를徵給하라함의日使가무숨非理의說로拒絶하얏던지金斗元氏가忿氣激發하야日公使를推下하야人力車下에隨倒한지라來往行人덜이雲集觀光하난데日公使가不勝憤耻하야金氏의手를堅持하고更히外部에來到하야外部大臣을詰駁하야曰金民之倒我난即貴大臣의所使와無異하다하고擧措가頗駭惟함의外相이日使의公體損失함을駁責하니日使曰金民은役終身에處하야照律嚴懲하고外部大臣은明日本公館에來하야謝過하라하고即去하얏난데金氏난警務廳으로押送하얏다더라

金氏激忿

원산에 사는 상민 김두원(金斗元)씨가 몇 해 전에 울릉도에서 일본인에게 소금 500석(石)을 빼앗긴 일로 그 값을 아직 되돌려 받지 못하여 일본 공사 임권조(林權助, 하야시 곤스케)씨와 외부에 호소한 지 지금까지 4년이 되었다. 일본 공사는 늘 소금을 탈취했다고 하는 그 일본인이 지금 이미 재산을 탕진하여 징출(徵出)할 도리가 없다고 하니, 김씨(金氏)가 누차 외부에

청원하기를, 일본인은 끝없이 넓은 바다에서 풍파를 만나 파선된 것도 한국[大韓]의 바다에서 상해를 입은 것이라 하여, 우리 조정에다가 선가(船價) 배상금을 청구하여 수거한다고 하였는데, 저의 소금은 일본인이 탈거(奪去)한 흔적이 소연(昭然)한데 미루고 핑계를 대며 돌려주지 않는 것은 무슨 까닭이냐고 하며, 옷이 해지고 삿갓이 떨어져 길 위에서 구걸하며 전후 사정을 적은 문서를 휴대하고 외부의 문전에 매일 와서 호소하였다. 그저께 오후 3시에 일본 공사 임권조씨가 염천(鹽川, 시오가와) 통역관을 대동(帶同)하고 송수만(宋秀萬), 심상희(沈相禧)씨 등이 제일은행권(第一銀行券)을 금지한 사건에 대하여 외부대신을 찾아와 만나고 그 사람들을 붙잡아 와서 엄벌하라 하고 돌아가다가 황토현(黃土峴)에 이르렀을 때 김두원씨가 일본 공사를 보고 소금값을 징수하라고 하였다. 일본 공사가 무슨 이치에 맞지 않는 말로 거절하였는지 김두원씨가 분노가 치밀어 일본 공사를 아래로 밀어 인력거 밑으로 떨어져 넘어졌다. 오고 가는 행인들이 운집하여 구경하는데 일본 공사가 분노와 수치를 이기지 못하여 김씨의 손을 붙들고 다시 외부에 와서 외부대신을 힐박(詰駁)하여 말하기를, 김씨가 나를 넘어뜨리는 것은 귀 대신이 시킨 바와 다르지 않다고 하였다. 행동거지[擧措]가 자못 해괴하여 외상(外相)이 일본 공사가 관리 사이의 예의를 잃은 것을 힐책하니 일본 공사가 말하기를, 김씨는 종신역에 처하여 법에 따라 엄징하고 외부대신은 내일 본 공관에 와서 사과하라고 하고 곧 돌아갔는데, 김씨는 경무청으로 압송되었다더라.

[134] 1903년 7월 14일 | 황성신문

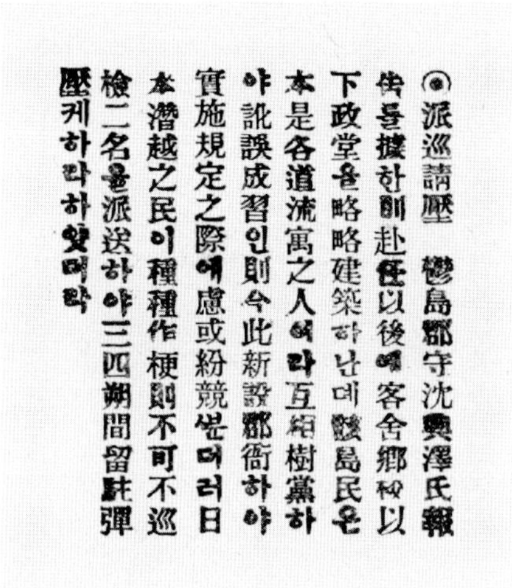
◉派巡請壓　鬱島郡守沈興澤氏報告를據한則赴任以後에客舍鄉校以下政堂을略略建築하난데該島民은本是各道流寓之人이라互相樹黨하야訛誤成習인則今此新設郡衙하야實施規定之際에慮或紛競뿐더러日本潛越之民이種種作梗則不可不巡檢二名을派送하야三四朔間留駐彈壓케하라하얏더라

派巡請壓

울도 군수 심흥택씨 보고에 따르면, 부임한 이후에 객사, 향교 이하 정당(政堂, 시골의 관아)을 매우 간략하게 건축하는데, 해당 도민은 본디 각 도(道)에서 떠돌다 머무는 사람인지라 상호 당파를 세워 유언비어를 퍼뜨리는 습관이 있고, 이번에 군아(郡衙)를 신설하여 규정을 실시하는 때에 혹시 분쟁이 있을지 염려될뿐더러, 일본에서 몰래 넘어온 사람들이 종종 행패를 부려 순검 2명을 파송하지 않을 수 없으니 3, 4개월 동안 머무르면서 탄압해 달라고 하였더라.

〔135〕 1903년 7월 20일 | 황성신문

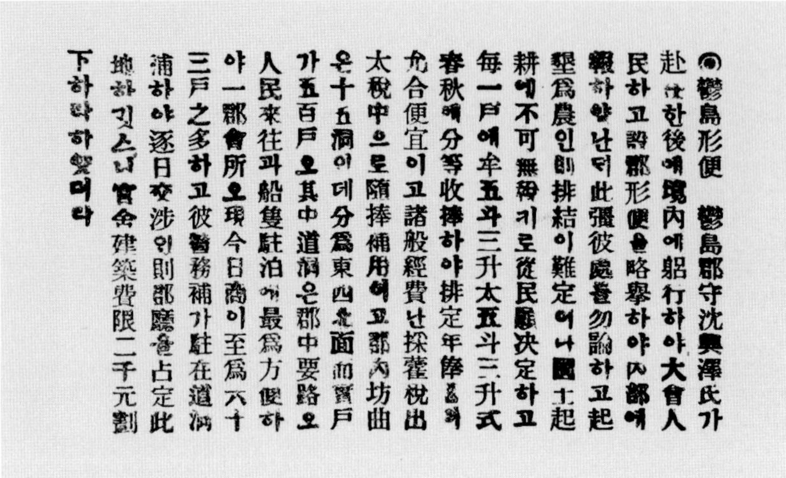

◎鬱島形便　鬱島郡守沈興澤氏가
赴任한後에境內에躬行하야大會人
民하고設郡形便을略擧하야內部에
報하얏난대此彊彼處를勿論하고起
墾爲農인則排結이難定이나國土起
耕에不可無稅키로從民願決定하고
每一戶에牟五斗三升太五斗三升式
春秋에分等收捧하야排定年例홈이
允合便宜이고諸般經費난採藿稅出
太稅中으로隨捧補用하고郡內坊曲
은十五洞인데分爲東西北面而實戶
가五百戶오其中道洞은郡中要路오
人民來往과船隻駐泊에最爲方便하
야一郡會所오現今日商이至爲六十
三戶之多하고彼警務補가駐在道洞
浦하야逐日交涉인則郡廳을占定此
地하깃스니官舍建築費限二千元劃
下하라하얏더라

鬱島形便

울도 군수 심흥택씨가 부임한 후에 경내에 직접 돌아다니며 사람들을 크게 모아놓고 군(郡)을 설치한 형편을 대략 설명하였다고 내부에 알렸는데, 이곳저곳은 물론하고 농사짓기 위하여 개간한 배결(排結)을 정하기 어려우나, 국토의 기경(起耕)에 세금이 없을 수 없기로 백성들이 원하는 대로 결정하고 매 1호(戶)에 보리 5두(斗) 3승(升), 콩 5두 3승씩 봄, 가을에 등급을 나누어 거두어들이는 것이 실로 편리하고 합당하며, 제반 경비는 채곽세(採藿稅), 출태세(出太稅) 중 거두어들이는 것에 따라 보태어 쓰고, 군 내의 마을은 15동(洞)인데 동서북면으로 나누었고 실호(實戶)가 500호고, 그 중 도동(道洞)은 군 내의 중요한 길목이라서 인민의 왕래와 선척의 정박에 최고의 방편이라 온 군의 회소(會所)이다. 지금 일본 상인이 63호에 이를 만큼 많고, 저 경무보(警務補)가 도동포(道洞浦)에 주재하여 날마다 교섭하며 군청을 이 땅에 선점하겠으니 관사 건축비를 2,000원에 한정하여 획하(劃下)하라 하였더라.

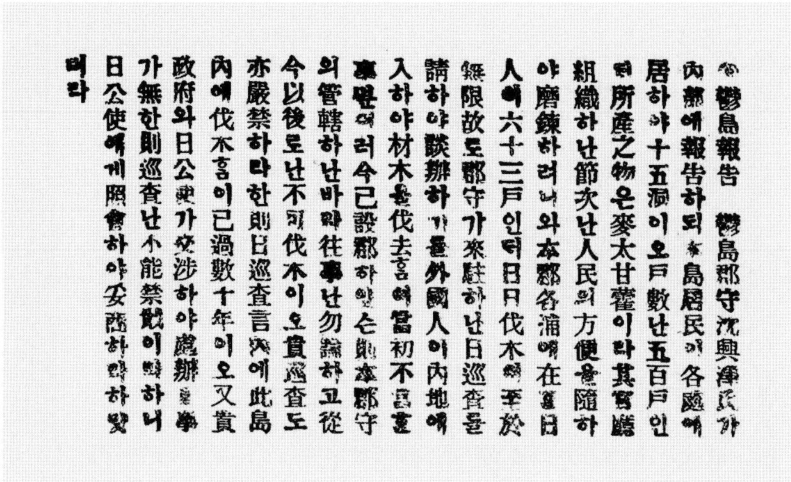

◎鬱島報告 鬱島郡守沈興澤氏가內部에報告하되本島居民이各處에居하야十五洞이오戶數난五百戶인데所産之物은麥太甘藿이라其官廳組織하난節次난人民의方便을隨하야磨鍊하려니와本郡各浦에在한日人이六十三戶인데日日伐木이至於無限故로郡守가來駐하난日巡査를請하야談辦하기를外國人이內地에入하야材木을伐去함이當初不當할뿐더러今已設郡하얏슨則本郡守의管轄하난바라往事난勿論하고從今以後로난不可伐木이오貴巡査도亦嚴禁하라한則日巡査言內에此島內에伐木함이已過數十年이오又貴政府와日公使가交涉하야處辦을擧가無한則巡査난不能禁戢이기하니日公使에게照會하야妥商하라하얏더라

鬱島報告

울도 군수 심흥택씨가 내부에 보고하기를, 본도 거주민이 각처에 살며 15동(洞)이고 호수는 500호인데 생산물은 보리, 콩, 감곽(甘藿, 미역)이라. 그 관청 조직의 절차는 인민의 방편을 따라 마련하는데, 본군(本郡) 각 포구에 있는 일본인이 63호인데 매일 벌목이 한도가 없으므로 군수가 주재하는 일본 순사에게 청하여 담판하기를, "외국인이 내지에 들어와서 재목을 베어가는 것은 당초 부당한 것일뿐더러 지금 이미 군을 설치해서 본 군수가 관할하는 것인데, 지나간 일은 논하지 말고 지금 이후로는 벌목할 수 없으며 귀 순사도 또한 엄금하라"고 하니 일본 순사의 말 가운데에, "이 섬 내에 벌목하는 것은 이미 수십 년이 지났고 또 귀 정부와 일본 공사가 교섭하여 처판한 일이 없는데, 순사는 이를 금지할 수 없으니 일본 공사에게 조회하여 합의하라"고 하였더라.

(137) 1903년 8월 19일 | 황성신문

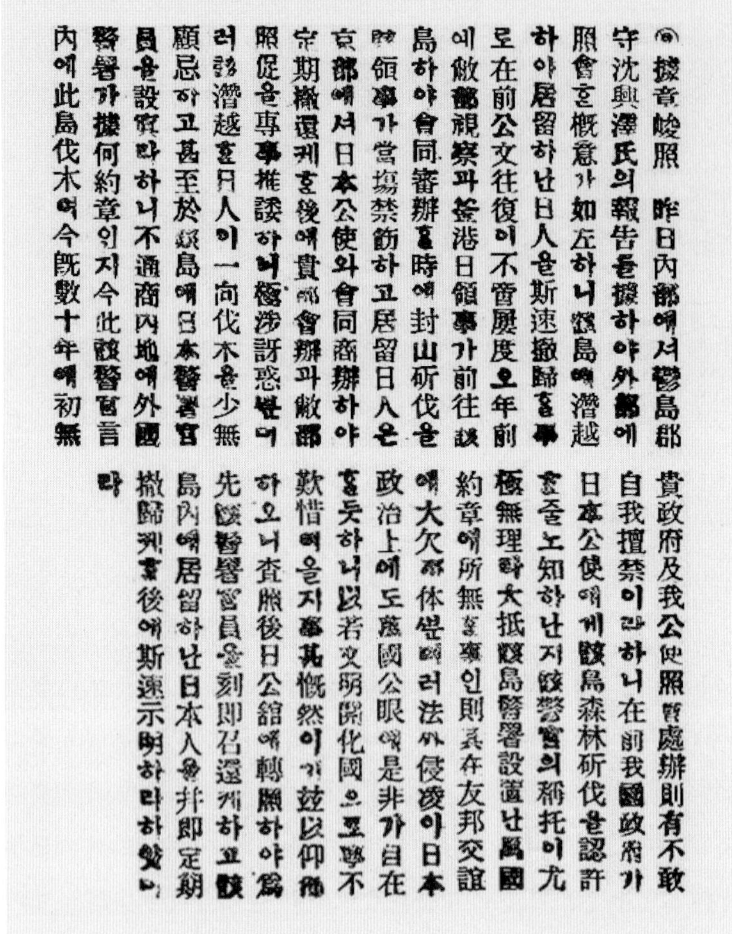

(雜)據章峻照　昨日內部에서鬱島郡守沈興澤氏의報告를據하야外部에照會훈槪意가如左하니該島에潛越하야居留하난日人을斯速撤歸훌事로在前公文往復이不啻屢度오年前에敝部視察과釜港日領事가前往該島하야會同審辨훌時에封山斫伐을嚴領事가當場禁飭하고居留日人은京部에서日本公使와會同商辨하야定期撤還케훈後에貴部會辨과敝部照促을專事推諉하며徒涉訴惑뿐더러該潛越훈日人이一向伐木을少無顧忌하고甚至於該島에日本醫署官員을設寘타하니不通商內地에外國醫署가據何約章인지今此該醫官言內에此島伐木이今旣數十年에初無貴政府及我公使照會處辨則有不敢自我擅禁이라하니在前我國政府가日本公使에게該島森林斫伐을認許훈줄노知하난지該警官의稱托이尤極無理하야大抵該島醫署設寘난萬國約章에所無훈事인則其在友邦交誼에大欠好体뿐더러法外侵凌이日本政治上에도萬國公眼에是非가自在훌듯하니以若文明開化國으로豈不歎惜하올지라甚慨然이기玆以仰佈하오니査照後日公館에轉照하야爲先該醫署官員을刻即召還케하고該島內에居留하난日本人을幷即定朔撤歸케훈後에斯速示明하라하얏니라

據章峻照

어제 내부에서 울도 군수 심흥택씨의 보고를 근거하여 외부에 조회한 대강의 뜻이 다음과 같으니, 그 섬에 몰래 넘어와서 거류하는 일본인을 신속하게 철귀할 일로 이전에 공문이 오

고 간 것이 여러 차례일 뿐만 아니오. 몇 해 전에 폐부(敝部)에서 시찰하고 부산항의 일본 영사(領事)가 그 섬에 가서 회동하여 심판할 때에 봉산(封山)의 작벌을 그 영사가 당장 금칙(禁飭)하고 거류하는 일본인은 경부(京部)에서 일본 공사와 회동해서 의논하고 판명하여 기한을 정하여 철환하게 한 후에 귀부(貴部) 회판(會辦)과 폐부에서 조회로 재촉한 것을 오직 일을 미루고 전가하니 매우 의아할뿐더러 몰래 넘어온 일본인이 하나같이 벌목을 조금도 거리낌 없이 하고 심지어 그 섬에 일본 경서관원(警署官員)을 설치한다고 하니, 통상하지 않는 내지에 외국 경서가 어떤 약장(約章)에 근거한 것인지 지금 그 경관의 말 가운데 이 섬의 벌목이 지금 이미 수십 년이고 원래 한국 정부와 일본 공사의 조회에 근거하여 처리하지 않았는데 감히 한국이 임의로 금지하지 못한다고 하니, 이전에 우리나라 정부가 일본 공사에게 그 섬의 삼림에 대한 작벌을 인허한 줄로 알고 있는데 그 경관의 칭탁(稱托)이 더욱 이치에 맞지 않는지라. 대저 그 섬 경서의 설치는 만국의 약장에 없는 일인데, 우방의 교의(交誼)에 있어서 큰 흠이 될 사건일뿐더러 법외로 침해하고 욕보이는 것이 일본 정치상에도 만국의 공안(公眼)에 시비가 자재할 듯하니, 만약 문명개화국으로서 어찌 한탄하고 애석하지 않겠는가. 일이 몹시 개탄스럽기 때문에 이것을 알리니 사조(査照)한 후에 일본 공관에 전조(轉照)하여 먼저 그 경서관원을 즉각 소환하게 하고 섬 내에 거류하는 일본인을 모두 기한을 정해서 철귀하게 한 후에 신속하게 시명(示明, 일반에게 자세히 알림)하라 하였더라.

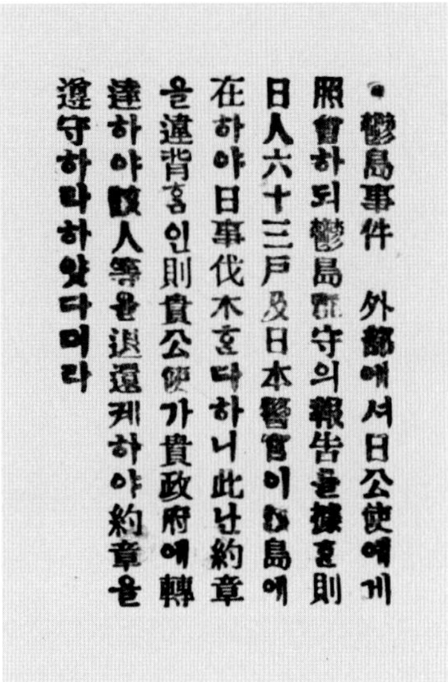

◦鬱島事件 外部에서日公使에게照會하되鬱島郡守의報告를據ᄒᆞᆫ則日人六十三戶及日本警官이該島에在하야日事伐木ᄒᆞᆫ다하니此난約章을違背ᄒᆞᆷ인則貴公使가貴政府에轉達하야該人等을退還케하야約章을遵守하라하얏다더라

鬱島事件

외부에서 일본 공사에게 조회하되, 울도 군수의 보고를 따르면, 일본인 63호(戶)와 일본 경관(警官)이 그 섬에 있어 날마다 벌목한다고 하니 이는 약장(約章)을 위배한 것이니, 귀 공사가 귀 정부에 전달하여 그 사람들을 환속하게 하여 약장을 준수하라고 하였다더라.

[139] 1903년 10월 21일 | 황성신문

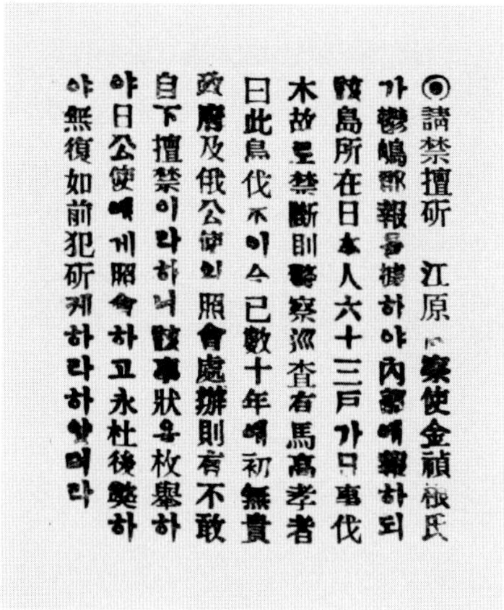
◉請禁擅斫 江原觀察使金禎根氏
가鬱島郡報를據하야內部에報하되
該島所在日本人六十三戶가日事伐
木故로禁斷則警察巡査有馬高孝者
曰此島伐木이今已數十年에初無貴
政府及俄公使의照會處辦則有不敢
自下擅禁이라하니該事狀을枚擧하
야日公使에게照會하고永杜後弊하
야無復如前犯斫케하라하얏더라

請禁擅斫

강원 관찰사(觀察使) 김정근(金禎根)씨가 울도군의 보고에 따라 내부에 알리기를, 그 섬에 소재한 일본인 63호(戶)가 날마다 벌목하므로 금단하고자 하니 경찰 순사 유마고효(有馬高孝, 아리마 타카요시)가 말하길, 이 섬에서 벌목한 지 지금 이미 수십 년이고 처음부터 귀 정부와 러시아 공사(公使)의 조회, 처판이 없었는데 감히 밑에서 마음대로 금단할 수는 없다고 하니, 그 사항을 낱낱이 설명하여 일본 공사에게 조회하고, 이후의 폐해를 영구히 막아서 이전처럼 불법으로 작벌하는 것을 다시는 없게 하라 하였더라.

[140] 1903년 11월 14일 | 황성신문

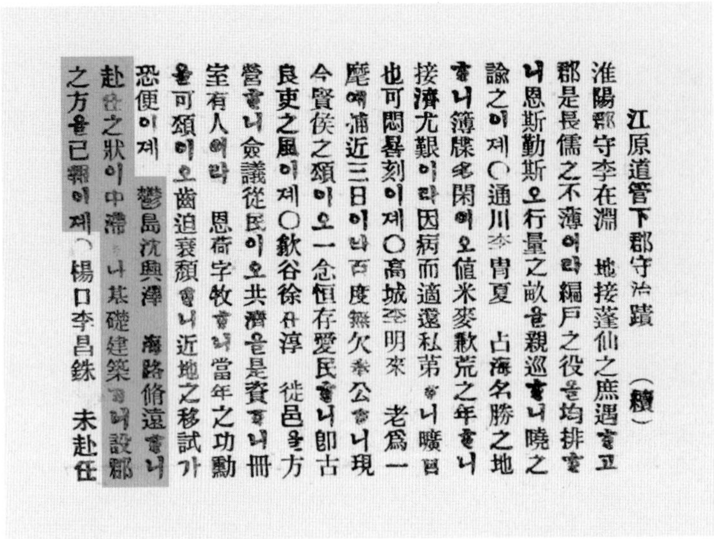

江原道管下郡守治蹟 (續)
淮陽郡守李在淵　地接蓬仙之庶遇ᄒᆞ고
郡是長儒之不薄이라編戶之役을均排ᄒᆞ
니恩斯勤斯오行量之畝을親巡ᄒᆞ니曉之
諭之이졔○通川李冑夏　占海名勝之地
ᄒᆞ니簿牒多閑에오値米麥歉荒之年ᄒᆞ니
接濟尤艱이라因病而適還私第ᄒᆞ니曠官
也可悶晷刻이졔○高城李明來　老爲一
麾에浦近三日이나百度無欠奉公ᄒᆞ니現
今賢侯之頌이오一念恒存愛民ᄒᆞ니郎古
良吏之風이졔○歙谷徐丹淳　徙邑을方
營ᄒᆞ니僉議從民이오共濟을是資ᄒᆞ니冊
室有人에라　恩荷字牧ᄒᆞ며當年之功勳
을可頌이오齒迫衰頹ᄒᆞ니近地之移試가
恐便이졔　鬱島沈興澤　海路脩遠ᄒᆞ니
赴任之狀이中滯ᄒᆞ나基礎建築ᄒᆞ며設郡
之方을已報이졔○楊口李昌銖　未赴任

江原道管下郡守治蹟(續)

(전략)

○ 울도 심흥택은 해로가 멀리 있어서 부임하는 상황이 중간에 지체했으나, 기초를 건축하여 군을 설치하는 방안을 이미 보고했다.

(후략)

(雜) 鬱島來報 鬱島郡守沈興澤氏의報告를據흔則陰七月十二日에俄國兵艦一隻이本郡南陽洞浦口에來泊흠야隊官一名과副官二人과率兵丁二十三名흐고下陸흠야仍爲上山흐야或量地段흐며木株를計數흐며山川地形과各浦를巡環模寫흐얏고同十九日에隊官이率兵丁二十七名흐고到道洞本官直所흐야四面環圍흐고隊長이問흐되此島木料는五年前俄國會社가貴政府에約條請得흔예有흔則此島森林은俄國之物이라俄國人外他國人은不可斫伐이어늘如何히日人之伐木이甚多흔지貴伐木에有貴政府許可文字乎아有日本政府文字乎아有俄國會社文字乎아흔즉本官曰皆無타흔니彼曰其伐木을何不禁止乎아且曰日本警部가駐此흔니有貴政府約條否아本官曰其約條有無는吾所未知나本郡에赴任後에聞知駐此라흔니俄官이以此로詰迫흔다가仍以汽船으로去흐얏더라

鬱島來報

울도 군수 심흥택씨의 보고에 따르면, 음력 7월 12일에 러시아 군함 1척이 본군(本郡) 남양동 포구에 와서 정박하고 대관(隊官) 1명과 부관(副官) 2명과 병정 23명을 인솔해서 하륙하고, 산으로 올라가거나 혹은 지단(地段)을 측량하며 나무 그루를 셈하며 산천의 지형과 각 포구를 돌아다니며 모사하였고, 같은 달 19일에 대관이 병정 27명을 거느리고 도동(道洞)의 본관(本官) 직소(直所)에 가서 사면을 포위하고 대장이 묻기를, "이 섬의 목재는 5년 전 러시아 회사가 귀 정부와 약조하여 얻은 것이니 이 섬의 삼림은 러시아의 물건이다. 러시아 사람 이외에 다른 나라 사람은 작벌할 수 없는데, 어떻게 일본인의 벌목이 매우 심한지, 그 벌목에 귀 정부의 허가 문서가 있는가? 일본 정부의 문서가 있는가? 러시아 회사의 문서가 있는가?" 하였는데, 본관이 말하길 "모두 없다"고 하니, 그 대장이 말하길, "벌목을 어찌 금지하지 않는가?" 하며 또 말하길, "일본 경부(警部)가 여기서 주재하니 귀 정부와 약조가 있는가, 없

는가?" 하니 본관이 말하길, "그 약조의 유무를 나는 알지 못하나, 본직에 부임한 이후에 이곳에 주재한다고 들어서 알았다" 하니, 러시아 대관이 이처럼 힐문하다가 배를 출발시켜 갔다고 하였더라.

[142] 1903년 11월 30일 | 황성신문

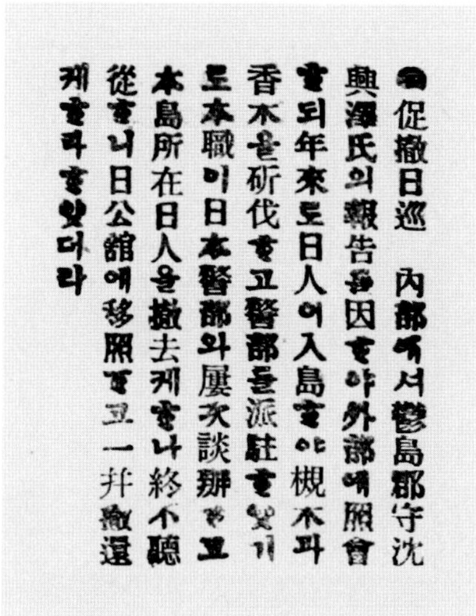

◎促撤日巡　內部에서鬱島郡守沈興澤氏의報告를因ᄒᆞ야外部에照會ᄒᆞ되年來로日人이入島ᄒᆞ야槻木과香木을斫伐ᄒᆞ고警部를派駐ᄒᆞ얏기로本職이日本警部와屢次談辦ᄒᆞ고本島所在日人을撤去케ᄒᆞ나終不聽從ᄒᆞ니日公舘에移照ᄒᆞ고一幷撤還케ᄒᆞ라ᄒᆞ얏더라

促撤日巡

내부에서 울도 군수 심흥택씨의 보고로 인하여 외부에 조회하기를, 여러 해 전부터 일본인이 섬에 들어와 규목과 향목을 작벌하고 경부(警部)를 보내서 주재하였기로, 본직(本職)이 일본 경부와 누차 담판하고 본도(本島)에 소재한 일본인을 철환하게 하였으나 끝내 듣고 따르지 않으니, 일본 공관에 조회를 보내서 모두 철환하게 하라고 하였더라.

(143) 1903년 12월 10일 | 황성신문

論說

鬱島沿革始末

◎鬱島者난我蔚珍東海中小島也니新羅時에始發現者ㅣ라三國史에云新羅智證麻立干十三年에于山國이歸服하야歲以土宜로爲貢이라하고又云于山國은在溟州正東海島니或名鬱陵島라하고又云何瑟羅州(今江陵)軍主異斯夫ㅣ謀并于山國홀새謂其國人이愚悍하야可以計服이라하고乃多造木獅子하야分載戰船하고抵其島誑之曰汝若不服이면放此獸踏殺之라한대其人이懼乃降하엿하니此ㅣ鬱島歸服之始也라高麗史太祖十三年에島人白吉土豆ㅣ獻方物이라하고毅宗時에遣金柔立하야往視島中할새回奏言島中에有大山村落基址하며或有石佛石塔鐘鐵等하고多生柴胡石楠藁本草라하며니其後에崔忠獻이議以東郡民으로實之라가因風濤이야復還本居라하며然則鬱島之空無居人은已自毅宗時故로欲移民實之而不果者也라又按麗史에云女眞人이常乘船寇鈔芋陵諸島라하니芋陵者난卽鬱陵而意者當時北界女眞이每寇掠該島故로因而曠廢者也라麗季에倭人漁採者ㅣ每歲到鬱陵島라하고其後에未有聞焉이러니國朝 太宗時에聞流民이逃其島하고命三陟人金麟雨하야刷出하고空其地러니至 世宗二十年에遣萬戶南顥하야率數百人하고往搜逋民홀새盡俘金丸等七十人而還하고 成宗二年에遣朴元宗하야覓三峰島하다가因風波하야只取大竹大鰒而還하고自是以後난每三年에一送人審視호되賞給斧十五하야伐取竹木하고又采土物納于 朝하야以爲信하니三陟營將과越松萬戶가輪遞入島러라寶鑑에云 肅宗二十八年五月에三陟營將李浚明과倭譯崔再弘이還自鬱陵島하야獻其圖形及紫檀香、靑竹、石間朱、魚皮等物하니盖鬱陵島에間二年使邊將으로輪回搜討가已有定式而是年은三陟이當差故로浚明이乘船于蔚珍竹邊鎭하야兩晝夜而還歸라하고又 英祖十一年에江原監司趙最壽가啓言鬱陵島에每三年一搜討而今年은歉荒하니請停其搜討라하야늘 上이以問筵臣하신대對曰往在丁丑에倭人이來請此島故로朝家ㅣ特送張漢相하야圖形以來하니盖地廣土沃에有人居舊址하고其西에又有于山島하니亦甚廣濶하故로朝家遂定三年一搜之法하야至今遵行이라한대 上이遂命搜討하시니라盖自 國朝 世宗朝以來로空其地하고久無居民이러니自近三四十年來로因連年飢饉하야各道男女流伊入居者ㅣ漸繁하야其設監設郡之事는已記於前後本報之中故로煩不疊錄하노라

輿地勝覽에云鬱陵島一名은武陵이오又云羽陵이니在蔚珍正東海中하야地方百里오土地饒沃하야竹大如杠하며鼠大如猫하며桃核大如升하고島有三峰이撑空이니風日晴朗則峰頭樹木과山根沙渚를歷歷可見이니二日에可到라하고文獻備考에云鬱陵島에産藤艸香木하며蘆竹이多合抱者하야蘆實桃核가大可爲盃升이라하고又云鬱陵島海中에有獸하니牛形赤眸無角이오群臥海岸이라가見人獨行이면害之하고遇人多하면赴入水하니名曰可之라하니冷齋柳得恭詩所謂惟見可之登岸臥하고更無獅子撲人來之句가是也라又安順庵鼎福地理考證에曰周書에云濊人前兒난若彌猴立行하고聲如小兒라하니今鬱陵島에有嘉支魚하니無鱗하고穴居巖礖하며有尾四足而後足이短하야陸不善走하고水行如飛하며聲如嬰兒하고脂可燃燈하니或是歟아하노니라

論說 - 鬱島沿革始末

◎ 울도는 우리 울진 동해의 작은 섬이니, 신라 시대에 처음 발견된 것이다. 『삼국사(三國史)』에 이르기를, 신라 지증(智證) 마립간(麻立干) 13년(512)에 우산국이 귀복(歸服)하여 매년 토산물로서 조공을 바쳤다. 또 우산국은 명주(溟洲)의 정동해(正東海)에 있는 섬이니 혹은 울릉도라 하고 또는 하슬라주[何瑟羅州, 지금의 강릉(江陵)] 군주(軍主) 이사부가 우산국을 통합할 계책을 세울 때 그 나라 사람들이 어리석고 사나워서 가히 계교로써 항복시키리라고 하자 그 사람들이 두려워서 이내 항복한다 하니, 이것은 울릉도가 처음 복속한 것이다. 『고려사(高麗史)』 태조(太祖) 13년(930)에 섬 사람이 백길토두(白吉土豆)에게 방물(方物)을 바치라 하고, 의종(毅宗)대에 김유립(金柔立)을 보내서 섬을 시찰하는데 돌아와서 아뢰는 말이 섬 가운데 큰 산과 촌락의 터가 있으며 간혹 돌부처, 돌탑, 쇠북 등이 있고, 시호(柴胡), 석남(石楠), 고본초(藁本草) 등이 많이 자란다고 하더니, 그 후 최충헌(崔忠獻)이 동쪽 군민(郡民)을 그곳에 다다르도록 하였는데 바람과 큰 물결로 인하여 다시 본 거주지로 돌아왔다. 그런즉 그 섬이 거주민 없이 빈 것은 이미 의종대부터인 까닭으로 백성을 옮겨 그곳으로 가고자 했으나 이루지 못하였다. 또 『고려사(高麗史)』를 살펴보면 여진인(女眞人)이 항상 배를 타고 우릉(芋陵)의 여러 섬을 약탈했다고 하니, 우릉은 곧 울릉을 의미하는 것이다. 당시 북계(北界)의 여진이 늘 그 섬을 노략질하는 까닭으로 비워 두었던 것이다. 고려 말에 어채(漁採)하러 들어온 왜구는 해마다 울릉도에 도착했다고 하고 그 후에는 아직 들은 것이 없다. 우리 조정에 와서는

태종(太宗)대에 유민들이 그 섬으로 도망갔다는 것을 듣고, 삼척(三陟) 사람 김인우(金麟雨)에게 쇄출(刷出)하고 그 땅을 비우라고 명하였더니, 세종(世宗) 20년(1438)에 만호(萬戶) 남호(南顥)가 수백 명을 거느리고 가서 도망간 사람을 찾아서 김환(金丸) 등 70여 명을 전부 사로잡아 돌아왔다. 성종(成宗) 2년(1471)에 박원종(朴元宗)을 보내서 삼봉도(三峰嶋)를 찾았는데, 바람과 파도로 인해 단지 큰 대나무와 큰 전복을 갖고 돌아오고, 이후로는 3년에 1번 사람을 보내 시찰하는데 관(官)에서 도끼 15자루를 주고 대나무와 나무를 베었고, 또 토산물을 채취해서 조정에 바치는 것으로서 신표로 삼았다. 삼척 영장(三陟 營將)과 월송만호(越松萬戶)가 번갈아 들어갔다. 『보감(寶鑑)』에 이르기를, 숙종(肅宗) 28년(1702) 5월에 삼척 영장 이준명(李浚明)과 역관(譯官) 최재홍(崔再弘)이 울릉도에서 돌아와서, 섬의 도형(圖形)과 자단향(紫檀香), 청죽(靑竹), 석간주(石間朱), 어피(魚皮) 등의 물건을 바쳤다. 무릇 울릉도에 2년간 변장(邊

將)으로 하여금 번갈아 가며 찾아 구하는 것이 이미 정식(定式)으로 되어 있었는데, 올해는 삼척이 그 차례에 해당되기 때문에, 이준명이 울진 죽변진(竹邊津)에서 배를 타고 이틀 낮밤만에 귀환하였다. 또 영조(英祖) 11년(1735)에 강원도사(江原監司) 조최수(趙最壽)가 아뢰기를, 울릉도에 매 3년에 1번의 수토(搜討)는 올해 흉년이 들었으니 수토를 정지하도록 청한다고 하였는데, 임금이 연신[筵臣, 조선시대 경연(經筵)에 관계하던 관리]에게 묻자 그들이 대답하기를, 지난 정축(丁丑, 1697)년에 왜인들이 이 섬을 달라고 청하므로 조정에서 장한상(張漢相)을 특별히 보내서 섬의 모양을 그려서 왔으며, 무릇 땅이 넓고 비옥하여 사람이 거주하던 옛 터가 있고, 그 서쪽에 또 우산도(于山嶋)가 있어서 매우 광활하므로* 조정에서 3년에 1번씩 수색하는 법을 정하고 따르라 하니, 지금까지 준행한다고 하였다. 임금이 수토를 명하고 따르라 하셨다. 묘조(廟朝) 세종조(世宗朝) 이래로 그 땅이 비어서 오랫동안 거주민이 없었으나, 최근 30~40년 이래부터 해마다 기근으로 인해 각도의 남녀가 흘러들어와 사는 자가 점차 많아져서 그곳에 감(監)을 설치하고 군(郡)을 설치하는 일은 이미 전후의 본보에서 기록한 까닭으로 번거롭게 거듭 기록하지 않노라.

『여지승람(輿地勝覽)』에 이르기를, 울릉도는 일명 무릉(武陵)이고 또는 우릉(羽陵)이다. 울진 정동해(正東海) 중에 있고, 지방이 100리(里)이고 토지는 비옥하고 대나무는 장대처럼 크고 쥐는 고양이처럼 크고 복숭아씨가 되(升)처럼 크다. 섬에 3개의 봉우리가 있는데, 하늘에 닿을 듯하고, 바람과 날씨가 청명하면, 봉우리 꼭대기의 수목과 산 밑의 모래톱을 뚜렷하게 볼 수 있으니, 2일 만에 도착할 수 있다고 한다. 『문헌비고(文獻備考)』에 이르기를, 울릉도는 등초(藤艸)와 향목이 나며 노죽이 많고, 노실(蘆實)과 복숭아씨가 잔이나 되를 만들 만큼 크다 하고, 또 울릉도 바다에는 소 모양으로 붉은 눈을 가진 뿔이 없는 짐승이 있고, 무리를 지어서 해안에 누워 있다가 혼자 지나가는 사람을 보면 해치고, 많은 사람을 만나면 바다로 달아나 들어가는데, 이름을 가지(可之)**라고 한다. 영재(冷齋) 유득공(柳得恭)의 시에서 이르길, "오직 가지(可之)가 언덕에 올라와서 누워 있는 것만 보이고, 다시 사자가 사람을 치러 오지 않네"라는 구절이 있다. 또 순암(順庵) 안정복(安鼎福)이 『지리고(地理考)』「예고(濊考)」에 이르기를, 『주서(周書)』에서 "예인(濊人)은 전아(前兒)인데 원숭이가 서서 다니는 것 같다 하고, 작

---

* 『신증동국여지승람』(1530) 부속도인 「팔도총도」 계통의 지도를 바탕으로 기술한 것 같음. 「팔도총도」에는 우산도가 울릉도의 서쪽에 있고 이후 정상기의 「동국대지도」(18세기 중엽)에서 우산도는 울릉도의 동쪽에 표기됨.

** '가지'는 강아지의 차자 표기. 여기서는 같은 기사 아래에서도 보듯이 '가지어(嘉支魚)', 물개를 뜻함.

은 아이와 같은 소리를 낸다"고 하였다. 지금 울릉도에 가지어(嘉支魚, 물개)가 있으니 비늘이 없고, 바위틈에 서식하며 꼬리가 있고 다리가 4개가 있으며 뒷다리는 짧아서 육지에서는 잘 달리지 못하고 물에서는 날 듯이 간다. 갓난아이처럼 소리를 내고 기름은 등불에 사용할 수 있다 하니, 혹 이것인가 하노라.

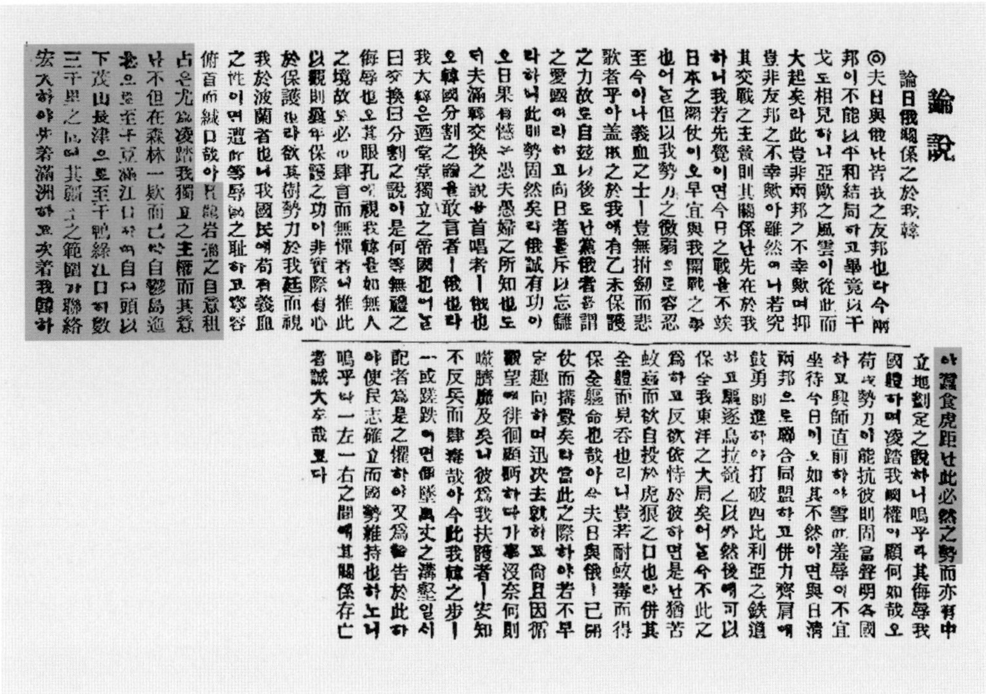

論說

論日俄關係之於我韓

◎夫日與俄는皆我之友邦也라今兩邦이不能以平和結局하고畢竟以干戈로相見하니亞歐之風雲이從此而大起矣라此豈非兩邦之不幸歟며抑豈非友邦之不幸歟아雖然이나若究其交戰之主義則其關係는先在於我하니我若先覺이면今日之戰을不竢日本之開仗이오早宜與我開戰之이也어늘但以我勢力之微弱으로容忍至今이나義血之士ㅣ豈無拊劍而悲歌者乎아蓋俄之於我에有乙未保護之力故로自玆以後로난黨俄者를謂之愛國이라하고向日者를斥以忘讎라하니此時勢固然矣라俄誠有功이오日果有憾은愚夫愚婦之所知也도다夫滿韓交換之說을首唱者ㅣ俄也오韓國分割之論을敢言者ㅣ俄也라我大韓은迺堂堂獨立之帝國也어늘曰交換曰分割之說이是何等無禮之侮辱也오其眼孔에視我韓을如無人之境故로必也肆言而無憚者니推此以觀則癸年保護之功이非實際自心於保護也라欲其樹勢力於我廷而視我於波蘭者也니我國民에苟有義血之性이면遭此等辱之恥하고寧容俯首而緘口哉아況龍岩浦之自意租占은尤爲凌踏我獨立之主權而其慾난不但在森林一欵而已라自鬱島迤北으로至于豆滿江口하며自白頭以下茂山長津으로至于鴨綠江口히數三千里之間에其關占之範圍가聯絡宏大하야步步滿洲하고次着我韓하야蠶食虎距난此必然之勢而亦有中立地劃定之說하니嗚呼라其侮辱我國體하며凌踏我國權이顧何如哉오苟我勢力이能抗彼則固當聲明各國하고興師直前하야雪此羞辱이不宜坐待今日이오如其不然이면與日淸兩邦으로聯合同盟하고倂力齊肩에鼓勇前進하야打破西比利亞之鐵道하고驅逐烏拉嶺之以外然後에可以保全我東洋之大局矣어늘今不此之爲하고反欲依恃於彼하면是난猶苦蚊蝱而欲自投於虎狼之口也라倂其全體而見呑也리니豈若耐蚊毒而得保全軀命也哉아今夫日與俄ㅣ已開仗而搆釁矣라當此之際하야若不早定趣向하며迅決去就하고尙且因循觀望에徘徊顧眄하다가事沒奈何則噬臍靡及矣니彼爲我扶護者ㅣ安知不反兵而肆噬哉아今此我韓之步ㅣ一或蹉跌이면億萬丈之溝壑일시記者爲是之懼하야又爲論告於此하야使民志確立而國勢維持也하노니嗚呼라一左一右之間에其關係存亡者誠大矣哉로다

論說 - 論日俄關係之於我韓

◎ 무릇 일본과 러시아는 모두 우리의 우방(友邦)이다. 지금 양국이 평화롭게 매듭지을 수 없고 마침내 서로 전쟁을 벌이니, 아시아와 구주(歐洲)의 풍운(風雲)이 이로 인해 크게 일어날 것이다. 이는 어찌 두 나라의 불행이 아니며, 또한 어찌 우방의 불행이 아니겠는가. 그렇지만 만약 그 교전의 주요 책임을 살펴보면 그 관계는 먼저 우리에게 있으니, 우리가 만약 먼저 깨달았으면 지금의 전쟁을 일본의 개전으로 기다리지 않을 것이오. 일찍이 우리와 개전하는 것이 마땅할 것이다. 단지 우리 세력이 미약하여 지금까지 참은 것이나, 의혈(義血)을 가진 선비가 어찌 검을 어루만지며 슬픈 노래를 부르는 자가 없겠는가. 러시아는 우리를 을미년(乙

未年, 1895)에 보호해준 세력이므로 이후로는 러시아파를 애국이라 부르고, 일본을 향하는 자를 원수를 잊었다고 배척하려 하니 이는 형세가 진실로 그러하기 때문이다. 러시아는 진실로 공이 있고, 일본은 과연 유감이 있는 것은 보통 사람들도 아는 것인데, 만주(滿洲)와 대한(大韓)을 교환한다는 말을 주창하는 자는 러시아고, 한국 분할의 논리를 감히 말하는 자는 러시아다. 우리 대한은 곧 당당히 독립한 제국(帝國)인데, 교환과 분할에 대한 말은 이 얼마나 무례한 모욕인가. 그 안공(眼孔)에는 우리 대한을 사람이 없는 땅처럼 간주하는 까닭이니, 필연 방자하고 거리낌 없이 말하는 것이다. 이것을 미루어 보건대 지난해 보호의 공이 실제로 보호의 마음이 있어서가 아니라 우리 조정에 세력을 세우기 위함이고 우리를 폴란드처럼 보고 있는 것이다. 우리 국민이 진실로 의혈의 성품을 가졌다면 어찌 나라를 모욕하는 수치를 당하고도 머리를 숙이고 입을 닫으려 하는가. 또 용암포(龍岩浦)의 자의적 조점(租占)은 더욱 우리의 독립을 업신여겨 짓밟고, 그 주권과 의사는 단지 삼림의 한 조목에 있을 뿐만 아니라 울도에서부터 북쪽으로 두만강 입구로 하여 백두산 이하 무산(茂山), 장진(長津)으로 압록강 입구에 이르기까지 3,000리(里) 사이에 그 강토의 범위가 광대하게 연락되어, 먼저 만주에서 시작하여 차례로 우리 대한에 다다르고 잠식하고 갈고 막는 것은 필연적인 형세이다. 또한 중립지를 획정한다는 말이 있다니, 아! 우리 국체(國體)의 모욕이며, 우리 국권(國權)을 업신여기고 짓밟는 것이 과연 어떠한가. 만약 우리의 세력이 저들에 대항할 수 있고 각국에 성명할 수 있다면, 군사를 일으켜 곧장 전진해서 이 수치를 씻어야 하며 지금처럼 앉아서 기다리는 것은 마땅하지 않을 것이오. 만일 그렇지 않다면 일본과 청(淸)의 두 나라와 연합하고 동맹하여 힘을 합치고 어깨를 나란히 하며 북소리를 울리고 용맹하게 나간다면, 시베리아의 철도를 타파하고 오랍령(烏拉嶺) 밖으로 몰아서 내쫓고 난 후에, 우리 동양의 대국(大局)을 보전할 수 있을 것이다. 그런데 지금 이렇게 하지 않고 도리어 저들에게 믿고 의지하고자 하면, 이는 기어코 모기와 등에가 스스로 호랑이의 입에 들어가고자 하는 것이다. 그 전체가 함께 해도 병탄될 것인데, 어찌 모기의 독을 견디고 신체와 목숨을 보전할 수 있듯이 하는가. 지금 대저 일본과 러시아가 이미 개전하고 분쟁이 이루어졌다. 이러한 때를 당하여 만약 서둘러 의향을 결정하고 거취를 신속히 결단하지 않으면, 오히려 또 머뭇거리고 관망하며 배회하고 기웃거리다가 일이 어떻게 될지 모르니, 후회해도 소용없게 될 것이다. 저들이 우리를 돕고 보호하다가 도리어 군사를 마음대로 움직여서 독을 부리지 않는다고 어찌 알겠는가. 지금 우리 대한의 행보가 혹시라도 차질이 생기면, 곧 만장(萬丈)의 구렁으로 떨어질 것이다. 기자는 이것을 두려워하고 경고하여 백성의 뜻을 확립하게 하고 국가의 형세를 유지하게 하려 한다. 아! 한번은 왼쪽으로 한번은 오른쪽으로 하는 사이에 존망과 관계되는 것이 진실로 크다 하노라.

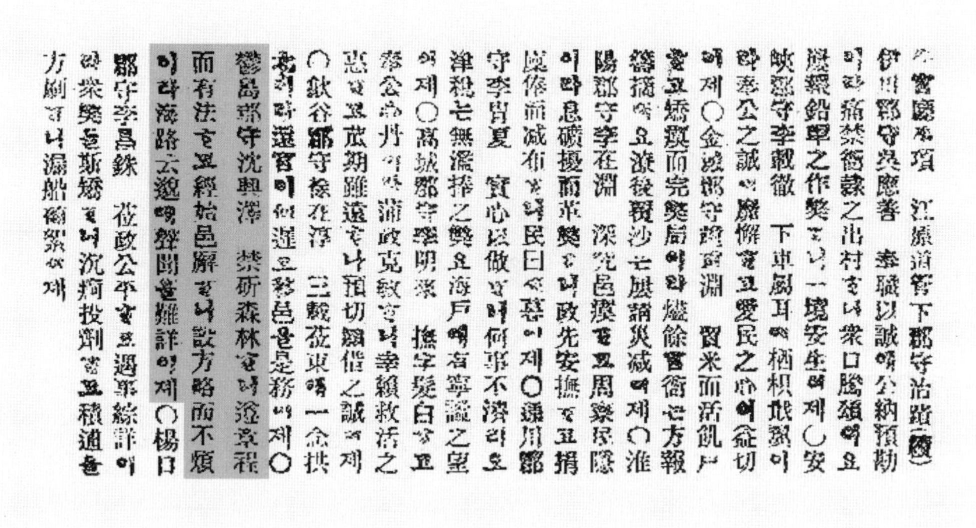
官廳事項 江原道管下郡守治蹟(續)
伊川郡守吳應善 奉職以誠ᄒᆞ야公納預勸
이라痛禁衙隷之出村ᄒᆞ니衆口騰頌이오
[illegible][illegible]鉛草之作弊ᄒᆞ니一境安生이제○安
峽郡守李載徹 下車[illegible]耳에[illegible][illegible][illegible][illegible]이
라奉公之誠이[illegible][illegible]ᄒᆞ고愛民之心이[illegible]切
이제○金城郡守[illegible][illegible]淵 貿米而活飢戶
ᄒᆞ고[illegible][illegible]而完[illegible]局이라燼餘[illegible]衙ᄂᆞᆫ方報
[illegible][illegible]ᄒᆞ고[illegible][illegible][illegible]沙ᄂᆞᆫ歷請災減이제○淮
陽郡守李在淵 深究邑[illegible]ᄒᆞ고周察民隱
이라[illegible][illegible][illegible]而來[illegible]ᄒᆞ니政先安撫ᄒᆞ고捐
廩俸而減布ᄒᆞ니民曰[illegible]이제○通川郡
守李胄夏 實心[illegible]做ᄒᆞ니何事不濟리오
津稅ᄂᆞᆫ無濫捧之弊오海戶에有寧謐之望
이제○高城郡守[illegible][illegible] 撫字[illegible]白ᄒᆞ고
[illegible][illegible][illegible][illegible][illegible]蒲政克敦ᄒᆞ니幸賴救活之
恩ᄒᆞ고[illegible]期雖遠ᄒᆞ나預切[illegible]借之誠이제
○歙谷郡守徐在[illegible] 三載莅東에一念拱
北이라還官이何遲오[illegible]邑을是務이제○
鬱島郡守沈興澤 禁斫森林ᄒᆞ야遵章程
而有法ᄒᆞ고經始邑廨ᄒᆞ니設方略而不煩
이라海路云邈ᄒᆞ야聲聞을難詳이제○楊口
郡守李昌[illegible] 莅政公平ᄒᆞ고[illegible][illegible]綜詳이
라[illegible]弊를斯[illegible]ᄒᆞ며沈痾[illegible][illegible]ᄒᆞ고積逋를
方劃ᄒᆞ니漏船[illegible][illegible]이제

官廳事項 – 江原道管下郡守治蹟(續)

(전략)

○ 울도 군수 심흥택이 삼림 베는 것을 금지하니 장정을 따르고 법을 지켰다. 읍해(邑廨)를 짓기 시작하니 방략을 세우는 데 번거롭지 않았다. 바닷길이 아득하여 소식을 상세히 하기 어렵다.

(후략)

[146] 1904년 4월 19일 | 황성신문

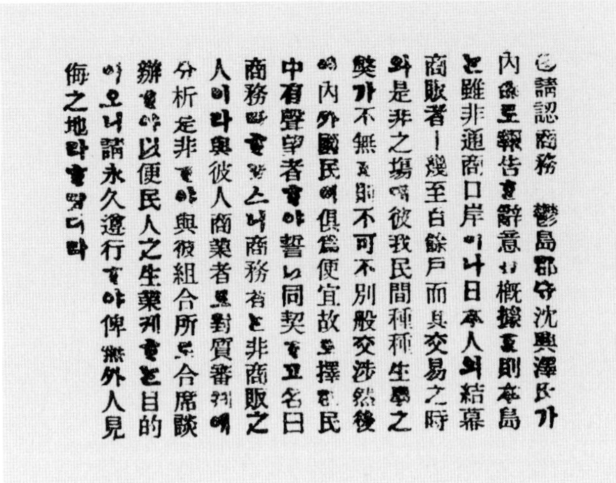

◎請認商務 鬱島郡守沈興澤氏가內部로報告ᄒᆞᆫ辭意를槪據ᄒᆞᆫ則本島ᄂᆞᆫ雖非通商口岸이나日本人의結幕商販者ㅣ幾至百餘戶而其交易之時와是非之場에彼我民間種種生業之弊가不無ᄒᆞ니不可不別般交涉然後에內外國民에俱爲便宜故로擇ᄒᆞᆫ民中有聲望者ᄒᆞ야誓以同契ᄒᆞ고名曰商務라ᄒᆞ얏ᄉᆞ니商務者ᄂᆞᆫ非商販之人이라與彼人商業者로對質審判에分析是非ᄒᆞ야與彼組合所로合席談辦ᄒᆞ야以便民人之生業케ᄒᆞᆷ은目的이오니請永久遵行ᄒᆞ야俾無外人見侮之地라ᄒᆞ얏더라

請認商務

울도 군수 심흥택씨가 내부로 보고한 사의(辭意)에 근거하면, 본도(本島)는 비록 통상 항구가 아니지만 일본인이 움막을 짓고 상판(商販)하는 자가 거의 100여 호(戶)에 이르고, 교역할 때와 시비를 가릴 경우에 저들과 우리나라 사람 사이에 종종 생업의 폐해가 없지 않으니 특별히 교섭하지 않을 수 없으며, 그러한 후에 내외국민이 마땅히 모두 편리하게 되므로 군민 가운데 성망(聲望) 있는 사람을 뽑아서 계(契)를 맺고 상무(商務)라고 하였으니, 상무는 장사를 업으로 하는 사람이 아니라 그들과 함께 상업을 하는 사람으로서, 대질, 심판하며 분석하고 시비를 가르며 저들과 조합소에 합석하고 담판하여, 백성의 생업을 편리하게 하는 목적이니 영구히 준행하기를 청하며 외국인에게 모욕을 당하는 처지가 없도록 하라 하였더라.

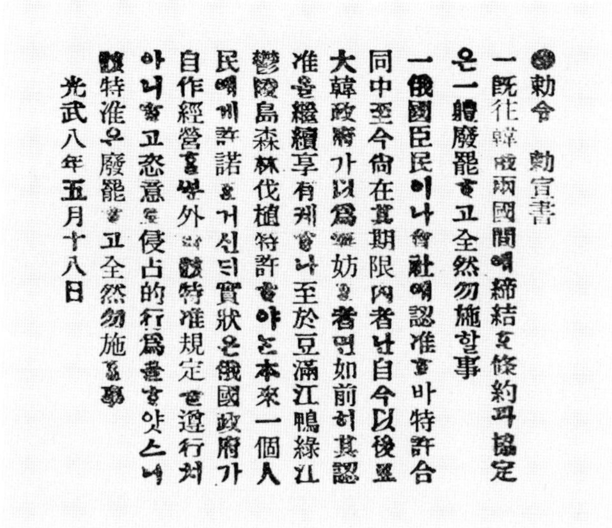

◉勅令　勅宣書
一既往韓俄兩國間에締結ᄒᆞᆫ條約과協定은一體廢罷ᄒᆞ고全然勿施ᄒᆞᆯ事
一俄國臣民이나會社에認准ᄒᆞᆫ바特許合同中至今尙在其期限內者난自今以後로大韓政府가以爲無妨ᄒᆞᆫ者면如前히其認准을繼續享有케ᄒᆞ나至於豆滿江鴨綠江鬱陵島森林伐植特許ᄒᆞ야ᄂᆞᆫ本來一個人民에게許諾ᄒᆞᆫ거신ᄃᆡ實狀은俄國政府가自作經營ᄒᆞᆯᄲᅮᆫ外라該特准規定을遵行치아니ᄒᆞ고恣意로侵占的行爲를ᄒᆞ얏스니該特准은廢罷ᄒᆞ고全然勿施ᄒᆞᆯ事
光武八年五月十八日

勅令勅宣書

1. 기왕에 한·러 양국 간에 체결한 조약과 협정은 일체 폐기하고 전혀 시행하지 말 것.
1. 러시아의 신민이나 회사에 인준한 특허 계약 가운데 지금까지 기한 내에 있는 것은 이제부터는 대한(大韓) 정부가 무방하다고 하는 것만 이전대로 그 인준하는 것을 계속 향유하나, 두만강, 압록강, 울릉도에 이르는 삼림 채벌과 식수(植樹)의 특허권은 본래 한 개인에게 허락한 것인데, 실상은 러시아 정부가 자체 경영할 뿐 아니라, 그 특준(特准, 특별히 허가함) 규정을 준행하지 않고 자의로 침략, 점거 행위를 하였으니, 그 특준은 폐기하고 전혀 시행하지 말 것.

광무(光武) 8년(1904) 5월 18일.

〔148〕 1904년 6월 23일 | 황성신문

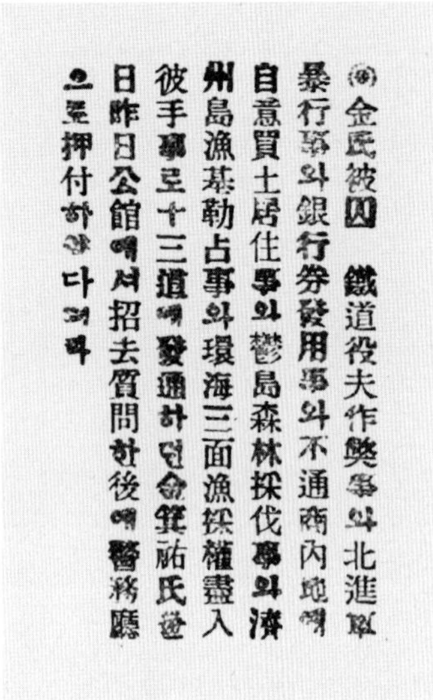

金氏被囚 鐵道役夫作弊事와北進軍暴行事와銀行券發用事와不通商內地에自意買土居住事와鬱島森林採伐事와濟州島漁基勒占事와環海三面漁採權盡入彼手事로十三道에發通하던金箕祐氏를日昨日公館에서招去質問한後에警務廳으로押付하얏다더라

金氏被囚

철도 역부의 작폐한 일과 북진군(北進軍)이 폭행한 일과 은행권을 발용(發用)한 일과 통상하지 않는 내지에 자의로 토지를 팔고 거주하는 일과 울도의 삼림을 채벌하는 일과 제주도의 어기(漁基, 어장)를 강제로 점유한 일과 3면을 둘러싼 바다의 어채권이 남의 손에 다 들어간 일로 13도(道)에 통문(通文)을 발송하려던 김기우(金箕祐)씨를 일전에 일본 공관에서 데려가서 질문한 후에 경무청으로 압송하여 넘겼다더라.

[149] 1904년 7월 2일 | 황성신문

鬱島役費 鬱島郡守가該郡官廳
을道洞에建築竣工하고役費二千元
을內部에請求하얏더라

鬱島投費

울도 군수가 해당 군의 관청을 도동(道洞)에 건축하여 공사를 마치고 공사비 2,000원을 내부에 청구하였더라.

[150] 1904년 10월 14일 | 황성신문

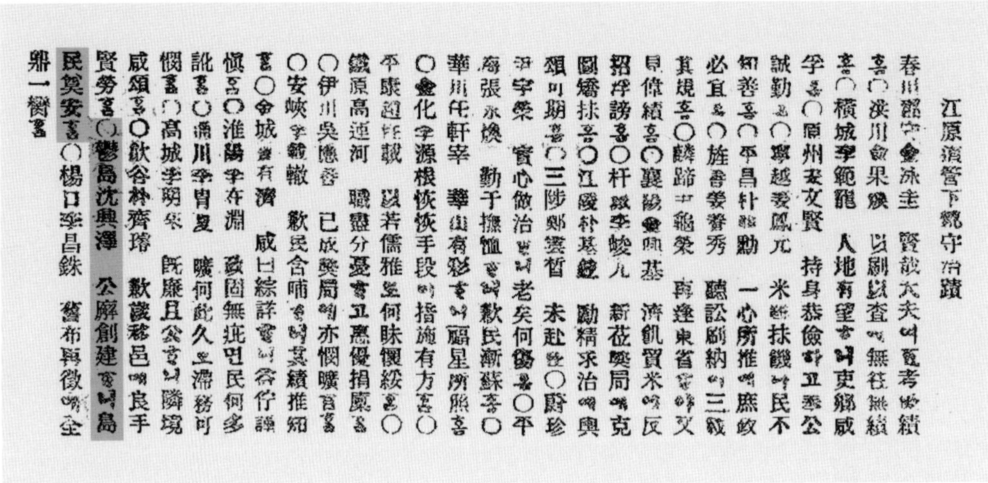

江原道管下郡守治蹟
春川郡守金永圭 賢哉大夫여 覈考歷績
ᄒᆞᆫ〇洪川金果煥 以剔以查ᄒᆞ야 無往無績
ᄒᆞᆫ〇橫城李範龍 人地有望ᄒᆞ며 吏鄕咸
孚ᄒᆞᆫ〇原州安文賢 持身恭儉ᄒᆞ고 秉公
誠勤ᄒᆞᆫ〇寧越姜鳳元 米斂抹錢ᄒᆞ야 民不
知苦ᄒᆞᆫ〇平昌朴[illegible]勳 一心所推ᄒᆞ야 庶政
必宜ᄒᆞᆫ〇旌善姜晉秀 聽訟剛納ᄒᆞ야 三載
其規ᄒᆞᆫ〇麟蹄[illegible]龜榮 再逢東省ᄒᆞ야 又
見偉績ᄒᆞᆫ〇襄陽金鼎基 濟飢貿米ᄒᆞ야 反
招浮謗ᄒᆞᆫ〇杆城李畯九 新莅奬局ᄒᆞ야 克
圖矯抹ᄒᆞᆫ〇江陵朴基鍵 勵精求治ᄒᆞ야 輿
頌可期ᄒᆞᆫ〇三陟鄭雲晳 未赴ᄒᆞᆫ〇蔚珍
尹字榮 實心做治ᄒᆞ나 老矣何傷ᄒᆞᆫ〇平
海張永煥 勤于撫恤ᄒᆞ야 歡民漸蘇ᄒᆞᆫ〇
華川任軒宰 華由有彩ᄒᆞ야 福星所照ᄒᆞᆫ
〇金化李源根 恢恢手段이 措施有方ᄒᆞᆫ〇
平康趙[illegible]載 以若儒雅로 何昧慣綏ᄒᆞᆫ〇
鐵原高進河 職靈分憂ᄒᆞ고 惠優捐廩ᄒᆞᆫ
〇伊川吳憲[illegible] 已成奬局에 亦憫曠官ᄒᆞᆫ
〇安峽李鎬轍 歎民含哺ᄒᆞ야 其績推細
ᄒᆞᆫ〇金城[illegible]有濟 咸曰綜詳ᄒᆞ야 各佇讚
頌ᄒᆞᆫ〇淮陽李在淵 政固無疵면 民何多
訛ᄒᆞᆫ〇通川李肯夏 曠何能久오 滯務可
憫ᄒᆞᆫ〇高城李明[illegible] 既廉且公ᄒᆞ니 隣境
咸頌ᄒᆞᆫ〇歙谷朴齊璐 歎歲移邑에 良手
賢勞ᄒᆞᆫ〇鬱島沈興澤 公廨創建ᄒᆞ니 島
民奠安ᄒᆞᆫ〇楊口李昌銖 奮布與徵에 全
鼎一欝ᄒᆞᆫ

江原道管下郡守治蹟

(전략)

○ 울도 심흥택이 공해(公廨, 관가의 건물)를 창건하니 도민이 안정됨.

(후략)

[151] 1904년 12월 22일 | 황성신문

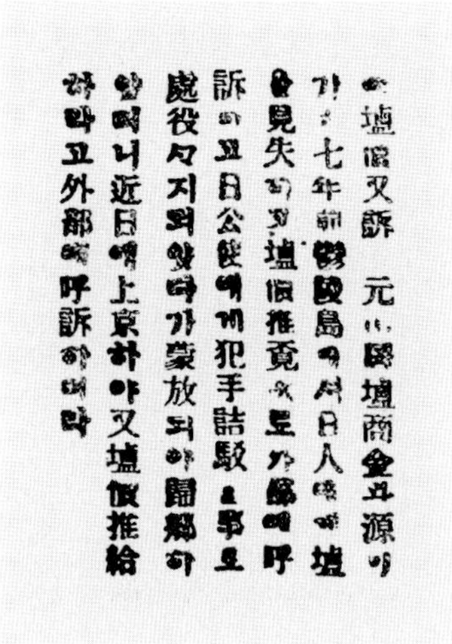

○鹽商又訴 元山居鹽商金斗源이
가六七年前鬱陵島에셔日人의게鹽
을見失하고鹽價推覓次로外部에呼
訴하고日公使에게犯手詰駁한事로
處役ᄭᆞ지되얏다가蒙放되야歸鄕하
얏더니近日에上京하야又鹽價推給
하라고外部에呼訴하더라

鹽商又訴

원산에 거주하는 염상(鹽商) 김두원이가 6~7년 전 울릉도에서 일본인에게 소금을 잃고 소금값을 되찾기 위해 외부에 호소하고, 일본 공사에게 손찌검을 하며 따지고 논박한 일로 징역에 처하기까지 되었다가 풀려나서 귀향하였는데, 최근에 상경하여 다시 소금값을 찾아달라고 외부에 호소하더라.

(152) 1905년 1월 30일 | 황성신문

◎墺商金과源氏가日本領司令部와日公領事館諸處에上書흔은已記하앗거니와其上書全文이如左하니
光武九年一月日咸鏡南道德源府元山港居商民金과源謹再拜泣血上書于大日本陸軍大將長谷川閣下하오니伏願細垂察納焉하옵소서伏以有寃必訴하고有訴必伸은天地之常經이오有物有法하고有法必信은古今之通義也라是故로民所恃以爲生者도法也오國所恃以治民者도亦法也而況貴國은文明至治와開明商規가獨步於五大洲世界上하옵거늘本人則獨不被其化而反致失所하야積寃未伸者非徒私心之抑鬱이라亦係敎治上有欠이오니豈不憐哉며可不痛哉잇가本人이去己亥三月二十五日分에商販次로往于慶尙道蔚山府邦貿墺이온바同港居金治順墺慕九釜에서連日과量이爲一千八十八桶과인되每桶에以恒用次斗로四斗式入盛則墺釜에서例以一桶으로作爲一石이온바貨載於土地船하고往泊于[illegible]毛浦金雙童家하야下陸積置러니同年六月分에[illegible]北海道島根縣隱崎國옥기느군이기무라兄弟會社風船에換太次로約定時에鬱陵島時直을探問則以現載墺으로換太하면太爲四千餘斗라하더니猶豫未決之際에기무라兄弟가甘言誘之에請以渠之船隻으로同日發載故로信之無疑하고從其載墺하야六日到泊鬱陵島則日已暮矣라待天明解卜爲約하고本人은卽爲上陸하야其時島長裴季周氏接隣에沈某環家에留宿하고翌曉에推尋船卜次로往見船頭則同기무라兄弟가將其船隻하고乘夜逃走하얏스오니茫茫大海에邈問何處오号天而天不應하고叩地而地亦無言하와國願情跡에殆若喪離之狗라屢零行色이艱辛回程하야轉到皇城而一朝被人誘奪하와家旣傾蕩하고身且丐乞積有年所하오니[illegible]上에豈有如此至寃切骨之痛乎잇가朴大臣齊純氏在任外部時에屢次鳴寃而末蒙歸正이온바昨年二月以後로半年이되도록呈訴不得이라가至於五月二十七日午後二時에呈訴于外部次로抱狀過黃土峴이니가望見外部門前適有貴國公使六人이自外部出來에시옵기忽忽馳往하야大呼公使而告曰洪州郡古島에서觸破於巖石하온貴國風船價를不得徵出於巖石하고我韓政府에賠償金三千元을徵去하온章程은有하고惟獨大韓民金과源의物貨를貴國人에게見失흔것은推尋하난章程은無乎잇가하고高聲大叫할際에人力車驚에驚動致傾하야公使六人이至於下車則本人도亦爲驚悼하야手中訴狀을指示曰己亥以後로六年于茲에緣失業은荷矣勿論하고損害金에治爲葉錢杯二萬餘兩則幾弱商民이何以保生乎잇가伏願大人公은憐之矜之하사從速推給云云則公使六人도答稱唯唯이오되語音을難辨키로路上躊躇흘際에該跟隨者從前突出曰有蓄呼訴하야如是高聲하야人力車軍이驚倒하난境遇에至케하나뇨하며本人曰豈有一毫非理之鳴寃乎잇가假令貴國商民이大韓船에裝載物貨라가大韓船에不由物貨主하고逃還大韓地方하면易地處之컨단宜有奔訴於大韓政府흘터에나政府에서若以恤金名色決處하시면貴國商民은不計其所載物貨之多少하고受其恤金而止乎잇가所以로當捧償推可也오恤金與受난萬不穩當이로소이다 (未完)

鹽商金斗源氏가 日本軍司令部와

소금 상인 김두원씨가 일본군 사령부와 일본 영사관 등 여러 곳에 상서(上書)함은 이미 기재하였는데, 그 상서의 전문이 다음과 같다.

광무(光武) 9년(1905) 1월 어느날, 함경남도 덕원부(德源府) 원산항에 사는 상민 김두원이 삼가 재배(再拜)하고 피눈물을 흘리며 대일본 육군 대장 장곡천호도(長谷川好道, 하세가와 요시미치)께 상소를 올리니 상세히 살펴서 받아들여 주시기를 엎드려 바라옵니다. 삼가 생각건대 원통함이 있으면 반드시 호소하고 호소하면 반드시 해명하는 것은 천지의 상경(常經)입니다. 만물이 있으면 법이 있고, 법이 있으면 반드시 믿는 것은 고금의 통의(通義)입니다. 이런 까닭으로 백성이 살면서 의지하는 것은 법이고, 국가가 백성을 다스리며 의지하는 것 또한 법입니다. 하물며 귀국(貴國)은 문명으로 다스리고 상인에 대한 규칙이 개명하여 오대주(五大洲)의 세계상에서 독보적인데, 본인은 홀로 그 교화를 입지 못하고 도리어 의지할 곳을 잃으니 원통함이 쌓여 말하지 못하고 비단 개인적으로 억울할 뿐만 아니라 또한 정치상의 흠결과 이어지니, 어찌 가련하지 않으며 마음이 아프지 않겠습니까. 본인이 지난 기해년(己亥年, 1899) 3월 25일경에 상판(商販)하러 경상도 울산 마평(馬坪)에 소금을 구입하러 갔는데, 그 항에 사는 김치원(金治順)의 염막(鹽幕)의 구부(九釜)에서 날마다 두량(斗量)이 1,088통(桶) 두(斗)인데 매 통에 항상 대두(大斗)를 사용해서 4두씩 담아 두었다가 염부(鹽釜)에서 으레 1통으로 해서 1섬으로 만들어서, 토지선(土地船)에 임재하고 장기군 모포(毛浦)에 정박하여 김쌍동(金雙童)의 집에 쌓아 두었으니, 같은 해 6월경에 일본 북해도(北海道, 홋카이도) 도근현(島根縣, 시마네현) 은기국[隱崎國, 오키군(隱岐郡)을 가리킴]의 목촌(木村, 기무라) 형제 회사의 풍선(風船, 바람으로 움직이는 배의 통칭)에 콩[太]을 교환하러 약속을 정하고 울릉도 시가(時價)를 탐문해서 현재 싣고 있는 소금을 콩으로 바꾸면 콩 4천여 두라 하는데, 망설이며 결정하지 못하던 때에 목촌 형제가 감언이설(甘言利說)로 그들의 선척에 13일에 싣기로 청하는 까닭에 믿어 의심하지 않고 그 말에 따라 소금을 싣고 16일에 울릉도에 정박하였고 곧 날이 저물었습니다. 날이 밝기를 기다렸다가 풀기로 약속하고 본인은 곧 상륙해서 당시 도장 배계주씨의 가까운 이웃인 심기수의 집에 머물렀고 이튿날 새벽에 뱃짐을 추심하러 뱃머리에 가서 보고 목촌 형제가 장차 그 선척을 몰고 밤을 틈타 도주하였으니 망망대해에 어느 곳에 빙문(憑問)하겠습니까. 하늘에 호소해도 하늘이 답하지 않고, 땅에 물어봐도 땅 또한 말이 없으니, 정적을 돌이켜보면 거의 울타리를 넘는 개를 바라보는 것과 같습니다. 떠돌아다니는 행색으로 간신히 돌아와서 황성(皇城)으로 옮겨 갔는데, 하루아침에 저들에게 꾀어서 빼앗기니 가산이 탕진하고 몸 또한 개걸한 지 여러 해가 되었는데 세상에 어찌 이와 같이 억울해서 뼈에 사무치는 고통이 있겠습니까. 박제순(朴齊純) 대신이 외부에 부임했을 때에, 여러 차례 원통함을 호소했으나 바로잡지 못하였고, 작년 2월 이후로 반년이 되도록 정소(呈訴)를 얻지 못하다가 5월 27일 오후 2시에 이르러 외부에 정소하러 소장을 들고 황토현(黃土峴)을 지나다가 외부의 문전을 바라보았는데 마침 귀국 공사 대인이 외부에서 나오시니, 급히 달려가서 큰 소리로 공사를 불러 말하기를 홍주군(洪州郡) 장고도(長古島)에서 암석에 부딪혀 파손된 귀국의 풍선(風船)의 가격을 암석에 징출할 수 없어서 우리나라 정부에 배상금 3,000원(元)을 거두어 가는 장정이 있었는데, 유독 대한의 백성 김두원의 물화를 귀국 사람에게 잃은 것에 대해 추심하는 장정은 없는 것입니까 하고 크게 부르짖을 때에 인력거꾼이 놀라서 기울어져 공사께서 인력거에서 떨어졌고 본인 또한 놀라서 허둥지둥하며 손에 있던 소장을 가리키며 말하기를, 기해년 이후로 6년이 되었는데 그 연유로 생업을 잃은 것은 오히려 말할 것도 없고, 손해금이 모두 엽전 2만여 냥(兩)이나 되는데 잔약(殘弱)한 상민이 어찌 삶을 보전할 수 있습니까. 엎드려 바라건대 대공은 가엾고 불쌍히 여기셔서 속히 찾아내라 하옵시고 공사께서도 두말없이 답해주시고 말을 분별하기 어려워서 길 위에서 주저할 때에 그 근수자(跟隨者)가 앞으로 튀어나와 말하기를, 호소하는 것이 너무 지나쳐 고성을 지르는 것과 같아 인력거꾼이 놀라서 넘어지는 경우에까지 이르게 하느냐 하기에 본인이 말하기를, 어찌 사리에 맞지 않게 억울함을 호소하는 것이 조금이라도 있겠습니까. 가령 귀국의 상민이 대한의 배에 화물을 싣다가 대한의 배가 화물의 주인이 허용하지 않았는데 대한의 지방으로 도망쳐서 돌아오면 입장을 바꿔보건대 마땅히 대한 정부에 달려가서 호소할 터이니 정부에서 만약 휼금(恤金)의 명색으로 결정하여 처리하시면 귀국의 상민은 실었던 물화의 다소(多少)를 헤아리지 않고 그 휼금을 받고 그치겠습니까. 그런 까닭으로 당장 빚을 헤아려 바치는 것이 옳습니다. 휼금의 수여는 결코 온당하지 않습니다. (미완)

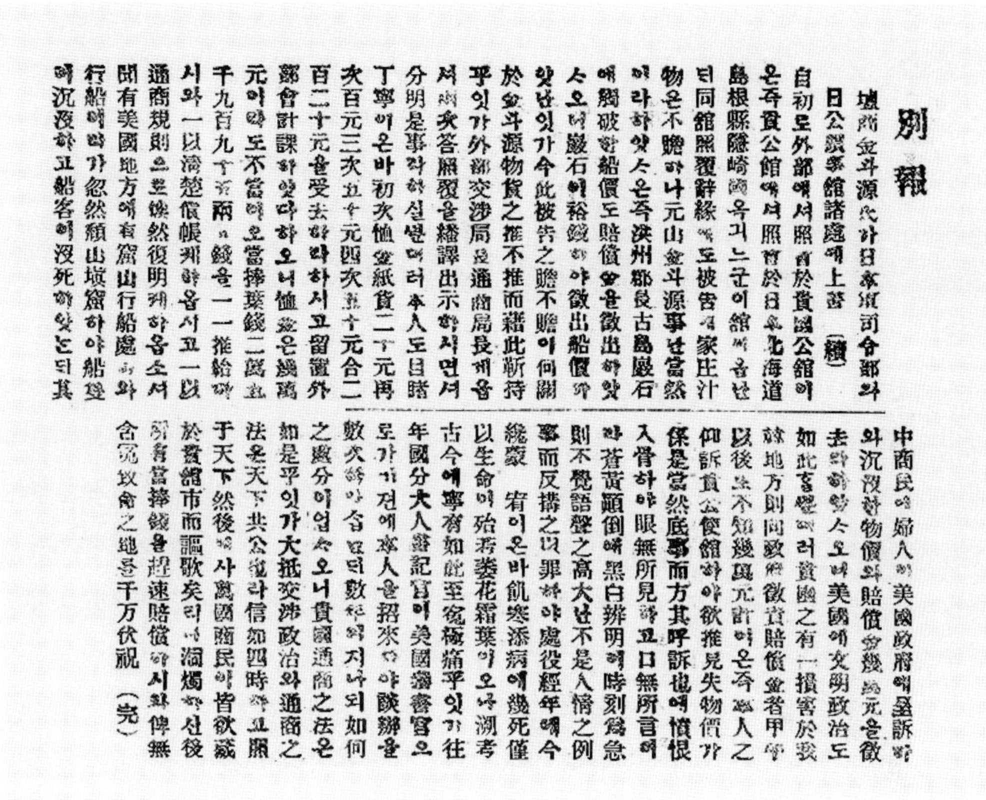

別報

塩商金斗源氏가日本軍司令部와
日公領事館諸處에上書 (續)
自初로外部에셔照會於貴國公舘이
온즉貴公館에셔照會於日本北海道
島根縣隱崎國옥기느군이舘에照會한
되同舘照覆辭緣에도被告의家庄汁
物은不贍하나元山金斗源事난當然
이라하얏스온즉洪州郡長古島巖石
에觸破한船價도賠償金을徵出하얏
스오며巖石에裕錢하야徵出船價하
얏난잇가今此被告之贍不贍이何關
於金斗源物貨之推不推而藉此靳持
乎잇가外部交涉局은通商局長께옵
셔兩次答照覆을繙譯出示하시면셔
分明是事라하실뿐더러本人도目睹
丁寧이온바初次恤金紙貨二千元再
次百元三次五十元四次五十元合二
百二十元을受去하얏다하시고留置外
部會計課하얏다하오니恤金은幾萬
元이라도不當이오當捧葉錢二萬五
千九百九十五兩의錢을一一推給하
시와一以淸楚假帳케하옵시고一以
通商規則으로燦然復明케하옵소셔
聞有美國地方에有窟山行船處하와
行船에때가忽然頹山壞窟하야船隻
이沈沒하고船客이沒死하얏는되其
中商民의婦人이美國政府에呈訴하
와沈沒한物價와賠償金幾萬元을徵
去하얏스오며美國에文明政治도
如此호옵거던더러貴國之有一損害於我
韓地方則向政府徵貴賠償金者甲乎
以後生不知幾萬元許이온즉本人之
仰訴貴公使舘하야欲推見失物價가
係是當然底事而方其呼訴也에憤恨
入骨하야眼無所見하고口無所言이
라蒼黃顚倒에黑白辨明이時刻爲急
則不覺語聲之高大난不是人情之例
事而反搆之以罪하야處役經年에今
纔歲　宥이온바飢寒添病에幾死僅
以生命이殆若萎花霜葉이오며溯考
古今에寧有如此至寃極痛乎잇가往
年國分大人蠶記官이美國審官으
로가기젼에本人을招來하야談辦을
數次하야숩더니數年에지나되如何
之處分이업사오니貴國通商之法은
如是乎잇가大抵交涉政治와通商之
法은天下共公한라信如四時하고照
于天下然後에사萬國商民이皆欲藏
於貴舘市而謳歌矣리니洞燭하신後
期有當捧錢을趕速賠償하시와俾無
含寃致命之地를千万伏祝 (完)

塩商金斗源氏가 日本軍司令部와(續)

소금 상인 김두원씨가 일본군 사령부와 일본 공·영사관 등에 올린 상서(上書) (속)

처음에 외부에서 귀국 공관에 조회한즉, 귀국 공관에서 일본 북해도(北海道) 도근현(島根縣) 은기국[隱崎國, 오키군(隱岐郡)의 오기]에 있는 관청에 조회하였는데 동 관청으로부터의 회답에도 피고(被告)의 가장집물(家庄汁物)은 넉넉하지 못하나 원산 김두원에 대한 배상은 당연하다는 내용이 있었습니다. 홍주군 장고도 암석에 부딪혀 파손된 뱃값도 배상금을 거두어 갔는데 암석이 돈이 많아 뱃값을 거두어 간 것입니까. 지금 피고가 부유하거나 부유하지 못한 것이 김두원 물화(物貨) 배상을 미루는 것과 무슨 관련이 있습니까. 외부의 교섭국장(交涉局長)과 통상국장(通商局長)께서 두 차례의 회답을 번역하여 보여 주시면서 이것이 분명하다 하시기에 본인도 찬찬히 살펴보았습니다. 처음의 휼금(恤金)은 지폐 20원(元)이고 다음은 100원이며 3차에는 50원, 4차에 50원으로 모두 220원을 외부 회계과에 맡겨 놓겠으니 받아 가라고 하셨다 하오니, 휼금이 몇만 원이라도 부당합니다. 거두어야 할 엽전(葉錢) 25,995냥 5전을 일일이 찾아주시어 채무장부를 깨끗이 정리하게 해주시고 통상규칙으로 분명하게 바로잡아 주시옵소서. 미국에서 굴산(窟山) 아래를 지나던 배가 홀연히 산이 무너져 내려 배가 침몰하고 승객이 몰사하였는데, 그 중 한 상인의 부인이 미국 정부에 소송하여 침몰한 화물 값과 배상금 수만 원을 받아 갔다고 합니다. 미국의 문명 정치도 이와 같은데 귀국이 우리 한국에서 입은 손해에 대해 한국 정부에 청구한 배상금이 갑오(甲午) 이래 몇만 원이 되는지 알지 못합니다. 그런즉 본인이 귀 공사관에 하소연하여 잃어버린 물건값을 배상받고자 하는 것은 당연한 호소이나, 원한이 뼈에 사무치고 눈에 보이는 것이 없으며 할 말이 없어서 갑자기 뒤바뀌어 흑백을 가리는 것이 시급하여 나도 모르게 언성이 높아지는 것은 인정의 보통일이 아니며, 도리어 죄가 되어 징역에 처해져 몇 해를 보낸 뒤 지금 이제 풀려난바, 추위에 주리고 병들어 언제 죽을지 모를 생명이 거의 서리 맞아 시들어 떨어지는 꽃과 낙엽 같으니, 고금(古今)을 되돌아보면 어찌 원통하다 하지 않을 수 있겠습니까. 이전에 국분(國分, 고쿠분) 서기관이 미국 참사관으로 가기 전에 본인을 불러 수차 담판하였는데, 수년이 지나도록 어떤 처분도 없으니 귀국의 통상법이 이와 같은 것입니까. 대저 교섭정치(交涉政治)와 통상법(通商法)은 천하가 공유하는 것입니다. 사계절과 같이 믿고 천하에 비춘 연후에 만국 상인이 귀국의 시장과 거래를 원하고 입을 모아 칭송하리니, 통촉하신 후 거두어야 할 돈을 조속히 배상해 주시어 원통하게 목숨이 다하지 않도록 천만 번 엎드려 바랍니다. (완)

江原道管下郡守治績
春川郡守金永完 重厚公正澤流百里上
○洪川郡守金果煥 巡察使封庫○橫城
郡守李範培 愷悌其性仁善爲政上○原
州郡守宋文賢 臨民既廉東更必嚴中○
寧越郡守姜鳳九 可畏非民惟患不公下
○平昌郡守朴龍勳 撫字之政慈祥宜先
中○旌善郡守姜養秀 无妄之毁何疵於
政中○麟蹄郡守尹龜榮 愈公愈信万口
成碑上○襄陽郡守尹興基 深知治體又
明察眉上○杆城郡守李埈九 銳意臨事
款器漸整上○江陵郡守朴基鎭 民殷歲
饑可見廉惠中○三陟郡守鄭雲晳 政尙
蒲鞭化及部屋上○蔚珍郡守尹宇榮 請
絡結稅志切懷保上○平海郡守張泳煥
旣優存恤益勉束濕中○華川郡守徐軒淳
曠由親務恒切輿望上○金化郡守李源楨
覵於狩致何其浮謗中○平康郡守金禎潤
經擾殘局幾至安堵上○鐵原郡守高運河
做治誠信繼災精詳上○伊川郡守盧冰稷
民日何暮侯來其蘇上○安峽郡守學徹
二年涖任一環無事上○金城郡守金有濟
文學政事自有其規上○淮陽郡守 未差
○通川郡守 未差○高城郡守李明來
官撥賦歸民恐或失上○歙谷郡守朴齊璟
通明與章綜核聽斷上○鬱島郡守沈興澤
海山雖遠聲譽莫掩上○楊口郡守李昌銖
戒必于寒衆務是濟上

江原道管下郡守治績

(전략)

○ 울도 군수 심흥택 : 바다와 산으로 비록 멀지만 기리고 칭찬하는 목소리를 숨길 수 없다.

(후략)

(155) 1905년 6월 2일 | 황성신문

◉日艦隊의公報 日本聯合艦隊司令官의公報를槪擧ᄒᆞᆫ則聯合艦隊의大部隊가二十八日後에ᄂᆞᆫ안고후島附近에셔敗殘ᄒᆞᆫ俄國艦隊의主力隊를包圍攻擊ᄒᆞ야其降服을受ᄒᆞᆫ後에追擊은中止ᄒᆞ고此艦을措處ᄒᆞᄂᆞᆫ中이오午後五時頃에ᄂᆞᆫ俄艦아도미라루자고후號가南西方向에셔北方으로航走ᄒᆞᆷ을見ᄒᆞ고磐手號와八雲號가即時追擊ᄒᆞ야降服ᄒᆞᆷ을勸告ᄒᆞᄂᆞᆫ俄艦이不應ᄒᆞᆷ으로午後六時後에不得已擊沈ᄒᆞ고其生存者三百餘名을救濟ᄒᆞ얏고又同五時頃에西方에俄國巡洋艦라미도리돈스고리號가有ᄒᆞᆷ을見ᄒᆞ고第四艦隊及第二驅逐艦隊가追及ᄒᆞ야日沒에至ᄒᆞ기ᄭᆞ지猛烈히砲擊ᄒᆞ얏스나擊沈ᄒᆞᆷ을不得ᄒᆞ고入夜ᄒᆞ야第二驅逐隊가襲擊ᄒᆞ얏스나其結果가未詳ᄒᆞ고又二十九日에至ᄒᆞ야第二驅逐隊가도미도리돈스고이號가鬱陵島東南岸에擱坐ᄒᆞᆷ을見ᄒᆞ고目下春日號와ᄒᆞᆷᄭᅴ措處ᄒᆞᄂᆞᆫ中이오漣號ᄂᆞᆫ二十八日夕刻에鬱陵島南方에셔俄艦뷔도뷔샨号를捕獲ᄒᆞ얏ᄂᆞᆫᄃᆡ二十七日戰鬪中에沈沒ᄒᆞᆫ俄國旗艦구냐스와로후號에셔司令官로지이엔스키副將과엔구이스도參將과其幕僚八十餘名이該艦에移來ᄒᆞᆫ故로皆捕虜ᄒᆞ얏스나兩將官이皆重傷을被ᄒᆞ얏고千歲號ᄂᆞᆫ二十八日朝에北方으로向ᄒᆞᄂᆞᆫ中路에셔俄國驅逐艦一隻을見ᄒᆞ고擊沈ᄒᆞ얏고新高號와村雲號ᄂᆞᆫ同日午頃에竹邊島附近에在ᄒᆞᆫ俄國驅逐艦一隻을擊沈ᄒᆞ얏다ᄂᆞᆫ報告를接ᄒᆞ고第三艦隊ᄂᆞᆫ同日日沒頃에俄艦아루마스號가自由로進退ᄒᆞᆷ을不得ᄒᆞ야將次沈沒ᄒᆞ랴ᄒᆞᆷ을目擊ᄒᆞ얏다ᄒᆞ나未可信이오俄艦오스라비야號와나와리號가沈沒ᄒᆞᆷ은確實ᄒᆞᆷ으로認ᄒᆞ고시소이우에리지號도亦沈沒ᄒᆞ얏다ᄂᆞᆫ報告接受ᄒᆞ얏ᄂᆞᆫᄃᆡ于今ᄭᆞ지俄艦의損害가如左ᄒᆞ니沈沒ᄒᆞᆫ軍艦은戰鬪艦후란스스와로후號와임페라도로아레기산도루三世號와보로지노號와오수라피아號와미소이우에기號와ᄂᆞ와리시號와巡洋艦아도미라ᄒᆞ나히모후號와도미이도리둔스고이號와우라지미루모노마후號와수에도다나號와젬주구號와海防艦아도미라루우시야고후號와特務艦가우쟈구號와이루쟈구號와其他驅逐艦三隻이오捕獲ᄒᆞᆫ軍艦은戰鬪艦아리요루號와임페라도루니고라이一世號와海防艦제비라루아도미라루아푸라기號와아도미라루세니야우린신號와비에도우이號니合計二十二艘이오噸數ᄂᆞᆫ十五萬三千四百十一噸이오此外巡洋艦아루마수號도擊沈ᄒᆞᆫ듯ᄒᆞ고日本艦隊各艦艇의損害에就ᄒᆞ야ᄂᆞᆫ詳細ᄒᆞᆫ報告를接受치못ᄒᆞ얏스나本官의視界內에在ᄒᆞᆫ者ᄂᆞᆫ大破ᄒᆞᆫ者가無ᄒᆞ고死傷者ᄂᆞᆫ調査키未遑ᄒᆞ나第一戰隊에將校以下四百餘名이라ᄒᆞ얏더라

日艦隊의 公報

일본 연합 함대 사령관의 공보(公報) 대략을 의거하면, 연합 함대의 대부대(大部隊)가 28일 후에는 안고후 섬 부근에서 패전한 러시아 함대의 주력대를 포위하고 공격하였으며, 그 항복을 받은 후에 추격은 중지하고 이 함대를 조처(措處)하는 중이오. 오후 5시경에는 러시아 함선 아도미라루 자고후(아드미랄 우샤코프)호가 남서 방향에서 북방으로 항주(航走)하는 것을 보고, 반수(盤手)호와 팔운(八雲)호가 즉시 추격하여 항복을 권고하였으나, 러시아 함선이 불응하므로 오후 6시 이후에 부득이하게 격침하고 그 생존자 300여 명을 구제하였고, 또 같은 날 5시경에 서방에 러시아 순양함(巡洋艦) 도미도리 돈스고이호(드미트리 돈스코이)가 있는 것을 보고, 제4함대와 제2구축함대(驅逐艦隊)가 뒤쫓아서 따라잡고 일몰에 이르기까지 맹렬하게 포격하였으나, 격침하지 못하고 밤이 되어서야 제2함대가 습격하였으나 그 결과가 미상하고, 또 29일에 이르러서 제2구축대가 도미도리 돈스고이호가 울릉도 동남해안에 좌초하는 것을 보고 지금 춘일(春日)호와 함께 조처하는 중이요, 연(漣)호는 28일 저녁때 울릉도 남방에서 러시아 함선 류도뷔샤호를 포획하였는데, 27일 전투 중에 침몰한 러시아 기함(旗艦) 구냐스와로후호에서 사령관 로지이엔스키 부장(副將)과 엔구이스도 참장(參將)과 그 막료 80여 명이 그 함선에서 옮겨 오는 까닭으로 모두 포로로 잡았으나 양 장군이 모두 중상을 입었고, 천세(千歲)호는 28일 아침에 북방으로 향하는 길 중간에서 러시아 구축함 1척을 보고 격침하였고, 신고(新高)호와 재운(材雲)호는 같은 날 정오(正午) 무렵에 죽변도(竹邊島) 부근에 있는 러시아 구축함 1척을 격침하였다는 보고를 접하고, 제3함대는 같은 날 일몰 경에 러시아 함선 아루마스호가 자유롭게 진퇴를 하지 못해서 장차 침몰하려 하는 것을 목격하였다고 하나 믿을 수가 없다. 러시아 함선 오스라비야(오슬라뱌)호와 나와리호가 침몰한 것은 확실하다고 알고, 시소이우에리지호도 또한 침몰하였다는 보고를 접수하였는데, 지금까지 러시아 함선의 손해가 다음과 같으니, 침몰한 군함은 전투함 후란스 스와로후호와 임페라도로 아레기산도루(이페라토르 알렉산드르) 3세호와 보로지노(보도디노)호와 오수라피아(오슬라뱌)호와 미소이우에기호와 나와리시호와 순양함(巡洋艦) 아도미라 히나히모후호와 도미도리 돈스고이호와 우라지미루 모노마후(블라디미르 모노마프)호와 수에도다나(스베틀라나)호와 젬줏구호(젬추크)와 해방함(海防艦) 아도미라루 우시야고후(아드미랄 우샤코프)호와 특무함(特務艦) 가무쟛구(캄차카)호와 이루쟛구호와 그 외 구축함 3척이다. 포획한 군함은 전투함

아리요루호와 임페라도루 니고리이(임페라토르 니콜라이) 1세호와 해방함 제비라루 아도미라루 아루라기호와 아도미라루 세니아우린신호와 비에도우이호이다. 합계 22척이고 톤수(噸數)는 153,411톤(噸)이다. 이것 외에 순양함 아루마수호도 격침할 듯하고 일본 함대의 각 함정의 손해에 대해서는 상세한 보고를 접수하지 못하였으나, 본관(本官)의 시계(視界) 내에 있는 것은 크게 파손된 것이 없고 사상자는 조사할 겨를이 없었으나, 제1전대(戰隊)에 장교(將校) 이하 400여 명이라 하였더라.

◎日本海戰의續聞 同報를據ᄒᆞᆫ則日艦春日號가俄國巡洋艦도미도리돈스코이號와生存者를搭載ᄒᆞ고去月三十一日午後歸來ᄒᆞ얏는ᄃᆡ該艦長의報告를據ᄒᆞᆫ則俄艦도미도리돈스코이號는五月二十九日朝에沈沒ᄒᆞ고該艦搭乘員과該艦에移來ᄒᆞᆫ戰鬪艦오스라비야號及驅逐艦부이누이號의生存者는鬱陵嶋에下陸ᄒᆞ얏는ᄃᆡ俄艦부이누이號가五月二十七日午後에俄國旗艦이沈沒ᄒᆞ기前에該艦의司令長官로지에스트엔스키副將과及其幕僚와俄艦오스라비야號의生存者二百名을移乘케ᄒᆞ얏스나航海가困難ᄒᆞᆷ으로로지에스도엔스키副將과及其幕僚를便ᄒᆞ야俄國驅逐艦리에도위이號로移乘케ᄒᆞ고航行ᄒᆞ다가五月廿八日朝에俄艦도미도리돈스코이號를逢ᄒᆞ야其餘搭乘員을總히移乘케ᄒᆞᆫ後에自沈ᄒᆞᆫ듯ᄒᆞ고戰鬪艦오스라비야號는其生存者의言을據ᄒᆞᆫ則五月二十七日海戰에日艦에셔一次發ᄒᆞᆫ彈丸으로由ᄒᆞ야其司令塔이擊破되야司令官부루에게루쓰委將이戰死ᄒᆞ며該艦이陸續中丸ᄒᆞ야午後三時頃에沈沒ᄒᆞ고俄艦돈스코이號生存者의言을據ᄒᆞᆫ則五月二十七日激戰中에俄國驅逐艦兩隻이沈沒ᄒᆞᆷ을目擊ᄒᆞ얏다ᄒᆞᆫ지라然則俄國驅逐艦中沈沒ᄒᆞᆫ者가五隻이오司令官島村小將의報告를據ᄒᆞᆫ則日本旗艦淺手號는五月二十七日午後에俄國巡洋艦젬죠구號를三千米突되는處에셔擊沈ᄒᆞᆷ이確實ᄒᆞ고日艦淺手號及八雲號의報告를據ᄒᆞᆫ則鳥總土海關에俄艦을一隻도不見이라ᄒᆞ얏더라

日本海戰의 續聞

본 신문에 따르면, 일본 함선 춘일호(春日號)가 러시아 순양함(巡洋艦) 도미도리 돈스고이(드미트리 돈스코이)호의 생존자를 탑재하고 지난달 31일 오후 돌아왔는데, 그 함장의 보고에 따르면 러시아 함선 도미도리 돈스고이호는 5월 29일 아침에 침몰하였다. 함선에 탑승한 인

원과 그 섬에 오기로 한 전투함(戰鬪艦) 오스라비아(오슬라뱌)호와 구축함(驅逐艦) 부이누이호의 생존자는 울릉도에 하륙(下陸)하였는데, 러시아 함선 부이누에(브이누이)호가 5월 27일 오후에 러시아 기함(旗艦)이 침몰하기 전에 그 함선의 사령장관 로지네스도엔스키(로제스트벤스키) 부장(副將)과 그 막료와 러시아 함선 오스라비아호의 생존자 200명을 바꿔 태웠으나, 항해가 곤란하므로 로지에스도엔스키(로제스트벤스키) 부장과 그 막료를 다시 러시아 구축함 리에도위이호로 바꿔 타고 항해하다가, 5월 28일 아침에 러시아 함선 도미도리 돈스고이호를 만나 남아 있는 탑승 인원을 모두 바꿔 태우게 한 이후에 스스로 가라앉은 듯하고, 전투함 오스라비아호의 생존자의 말에 따르면, 5월 27일 해전(海戰)에 일본 함선에서 처음 발사된 탄환으로 말미암아 그 사령탑이 격파되어 사령관 부루에게루쓰 참장(參將)이 전사하였으며, 그 함선이 계속해서 총탄을 맞아 오후 3시경에 침몰하고, 러시아 함선 돈스고이(돈스코이)호 생존자의 말에 따르면, 5월 27일의 격전 중에 러시아 구축함 2척이 침몰하는 것을 목격했다고 하였다. 그러면 러시아 구축함 중에 침몰한 것이 5척이다. 사령관 도촌속웅(島村速雄, 시마무라 하야오) 소장(小將)의 보고에 따르면, 일본 기함 반수(磐手)호는 5월 27일 오후에 러시아 순양함 젬쭛구(젬추크)호를 3,000미터 되는 곳에서 격파함이 확실하고, 일본 함선 반수호와 팔운(八雲)호의 보고에 따르면, 조도(鳥嶋, 도리시마)와 상해(上海) 사이에 러시아 함선을 한 척도 보지 못했다고 하였더라.

[157] 1905년 8월 10일 | 황성신문

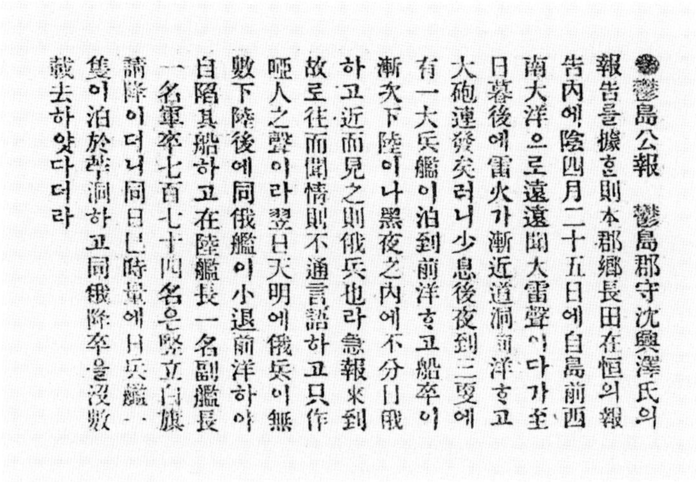

◉鬱島公報 鬱島郡守沈興澤氏의報告를據ᄒᆞᆫ則本郡鄕長田在恒의報告內에陰四月二十五日에自島前西南大洋으로遠遠聞大雷聲이다가至日暮後에雷火가漸近道洞前洋ᄒᆞ고大砲連發矣러니少息後夜到三更에有一大兵艦이泊到前洋ᄒᆞ고船卒이漸次下陸이나黑夜之內에不分日俄하고近而見之則俄兵也라急報來到故로往而聞情則不通言語하고只作啞人之聲이라翌日天明에俄兵이無數下陸後에同俄艦이小退前洋하야自陷其船하고在陸艦長一名副艦長一名軍卒七百七十四名은竪立白旗請降이더니同日巳時量에日兵艦一隻이泊於苧洞하고同俄降卒을沒數載去하얏다더라

鬱島公報

울도 군수 심흥택씨의 보고에 따르면, 본군(本郡) 향장(鄕長) 전재항(田在恒)의 보고 내에 음력 4월 25일에 섬 앞 서남쪽 대양(大洋)으로부터 멀리 큰 뇌성을 들었다가, 날이 저문 뒤에 뇌화(雷火)가 점차 도동(道洞) 앞바다로 가까워지고 대포를 연달아 발사하니, 조금 줄어든 후 밤 삼경(三更, 11시~1시)에 이르러 큰 병함이 앞바다에 정박하고 선졸(船卒)이 점차 하륙하였으나, 캄캄한 밤중에 일본인지 러시아인지 분별할 수 없고 가까이에서 보니 러시아 병사였다. 급히 보고가 도착하므로 가서 정황을 들으니, 언어가 통하지 않고 단지 벙어리의 소리만 냈다. 다음 날 날이 밝으니 러시아 병사가 무수히 하륙한 후에 러시아 함선이 앞바다로 조금 물러나 스스로 그 배를 침몰시키고, 함장(艦長) 1명, 부함장(副艦長) 1명, 군졸 774명이 육지에 내리고 백기를 수립하고 항복을 청하더니, 같은 날 사시(巳時, 오전 9시~11시) 즈음에 일본 병함 1척이 저동(苧洞)에 정박하여 항복한 러시아 병사를 몰수해 갔다더라.

(158) 1905년 8월 11일 | 황성신문

○官廳事項 江原道管下郡守治跡

春川郡守李明來 謹厚其性이오老鍊爲治라發之爲政하야爲適宜事上△洪川郡守金榮鎭 銳意圖治ᄒᆞ니初到新擧라後蘇羣情이日望遄還事上△橫城郡守李範龍 久治成效하야四載如一이라民邑是賴하니迅速還任事上△原州郡守金泳圭 七年再遂하니一省三遷이라治成制定ᄒᆞ야蔚有輿頌事上△寧越郡守金善圭 敝郡開餘ᄒᆞ야哦松多暇라館宇請葺ᄒᆞ니知所先務事上△平昌郡守張鴻植 一政先發眉에民方拭目이라莅任未幾ᄒᆞ니行觀來頭事上△旌善郡守姜夔秀 六考爲政에一副成規라不費聲氣ᄒᆞ나治在其中事上△麟蹄郡守尹龜榮 屢典聲擧가通達治體라自西徂東ᄒᆞ니普聞令見事上△襄陽郡守金興基 七考成績ᄒᆞ니政淸訟簡이라懷綏撫愛에民不知勞事上△杆城郡守李焌九 質實謹慤에惻愊無華라自守本領하고不求赫譽事上△江陵郡守朴承彦 未赴任△三陟郡守鄭雲晳 端士儀度요良吏治規라竹樓名勝에公餘優事閑上△蔚珍郡守尹字榮 朞年爲吏하야不憚勞苦라綜核纖密에備說民瘼事上△平海郡守張永煥 海隅民情이樂仰政化라旣公且平에自有餘頌事上△華川郡守任軒宰 四載居官에治績茂著라尤當念民ᄒᆞ야促裝歸來事上△金化郡守千世顯 懋戴洪恩에一倍闡報라新莅孔路하야接應便宜事上△平康郡守金鎭潤 經年爲政에制治有道라凡厥施措가隨處斡當事上△鐵原郡守高運河 勤孜爲治에愈久策勵라鎭靖字和하야習俗回淳事上△伊川郡守朴基鉉 未赴任△安峽郡守李載徹 恬約持操ᄒᆞ고雍容做治라民皆樂趨하야輪奐一新事上△金城郡守金有濟 然非久按요職當快展이라仙槎舊班이借屈下邑事上△淮陽郡守尹發榮 淸漣遠溢에官庭如水라曲盡心謨ᄒᆞ야善措辦應事上△通川郡守沈在昇 初政實心이隨車致雨라岐麥三日에環海騰頌事上△高城郡守金麟洙 日淺△歙谷郡守朴齊璘 稅納無愆ᄒᆞ고策應有方이라南北民衆이樂歸安集事上△鬱島郡守沈興澤 鬱乎蒼海에島嶼渺茫이라一邑改觀하야令譽遠聞事上△楊口郡守李昌銖 斗邑凋殘하나必須剗理라視務旣勞ᄒᆞ고矯弊愈勤事上

官廳事項－江原道管下郡守治蹟

(전략)

△ 울도 군수 심흥택 울창한 창해에 도서(島嶼)가 아득하고 넓은지라. 한 고을이 개관하여 영예(令譽)가 멀리 들려 온다.

(후략)

[159] 1905년 8월 12일 | **황성신문**

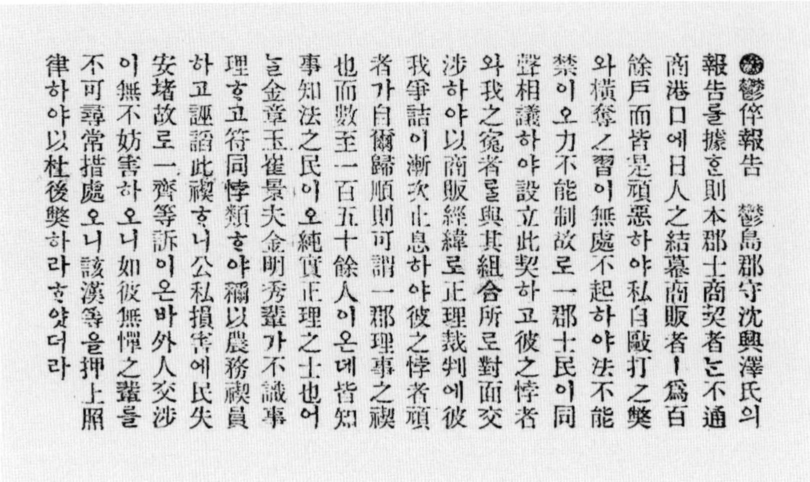

◉鬱倅報告 鬱島郡守沈興澤氏의報告를據흔則本郡士商契者는不通商港口에日人之結幕商販者ㅣ爲百餘戶而皆是頑惡하야私自毆打之弊와橫奪之習이無處不起하야法不能禁이오力不能制故로一郡士民이同聲相議하야設立此契하고彼之悖者와我之寃者를與其組合所로對面交涉하야以商販經緯로正理裁判에彼我爭詰이漸次止息하야彼之悖者頑者가自爾歸順則可謂一郡理事之禊也而數至一百五十餘人이온데皆知事知法之民이오純實正理之士也어늘金章玉崔景夫金明秀輩가不識事理흐고符同悖類흐야稱以農務禊員하고誣謟此禊흐니公私損害에民失安堵故로一齊等訴이온바外人交涉이無不妨害하오니如彼無憚之輩를不可尋常措處오니該漢等을押上照律하야以杜後弊하라흐얏더라

鬱倅報告

울도 군수 심흥택씨의 보고에 따르면, 본군(本郡) 사상계(士商契)는 통상하지 않는 항구에 일본인이 움막을 짓고 상판(商販)하는 자가 100여 호(戶)인데, 모두 완악(頑惡)하여 제멋대로 구타하는 폐해와 횡탈하는 풍습이 일어나지 않는 곳이 없어 법으로 금지할 수가 없다. 힘으로 능히 제어할 수 없으므로 한 군(郡)의 사민(士民)이 함께 호소하면서 서로 상의하여 이 계(契)를 설립하고, 저 패악한 자와 우리 억울한 자를 함께 그 조합소에서 대면하여 교섭하고 상판의 경위를 올바른 도리로 재판하자, 저쪽과 이쪽의 다투고 따지는 것이 점차 그치고 저 패악한 자와 완악한 자가 자연히 순응하고, 한 군의 일을 처리하는 계라고 할 수 있다. 수가 150여 명에 이르는데, 모두 사건과 법을 아는 백성이고 순실(純實)하고 올바른 도리를 가진 선비이다. 그런데 김장옥(金章玉), 최경부(崔景夫), 김명수(金明秀)의 무리가 사리를 알지 못하고 패악한 무리와 부동(符同)하여 농무계원(農務禊員)이라 칭하면서 이 계를 속이니, 공사(公私)의 손해로 백성이 안도하지 못하므로 일제히 하소연하고 외인(外人)의 교섭이 방해하지

않는 것이 없는데, 저렇게 거리낌 없는 무리를 심상히 조처할 수 없으니, 그놈들을 압송하여 법규에 적용하여 처리함으로써 이후의 폐단을 막아라 하였더라.

(160) 1905년 9월 22일 | 대한매일신보

鬱島問題

昨日에大東報를閱ᄒᆞᆫ則鬱島盛況이라ᄂᆞᆫ題下에曰日本海中에鬱餞로有名ᄒᆞᆫ鬱陵島ᄂᆞᆫ自日本人開拓以後로其各般狀況이關啟發達ᄒᆞ고日人戶口가每月增加라ᄒᆞ얏스나

余ᄂᆞᆫ此問題를對ᄒᆞᆷ의實로韓國山川을爲ᄒᆞ야悲吊를不堪ᄒᆞ노라

夫鬱陵島ᄂᆞᆫ韓國三陟海中에在ᄒᆞ야古所謂于山國이니自新羅時로入于版圖ᄒᆞᆫ者라地誌로觀ᄒᆞ던지歷史로觀ᄒᆞ던지原係韓國領土오其官吏ᄂᆞᆫ韓國政府에서任ᄒᆞᆫ者오其人民은韓國版籍에載ᄒᆞᆫ者이거날

今에日人이該島로日本海中에在ᄒᆞ다ᄒᆞ며日本人이開拓ᄒᆞ얏다ᄒᆞ니是ᄂᆞᆫ毅然히該島를日本의原有地로指稱ᄒᆞᆫ것인則韓人이엇지此를對ᄒᆞ야恬然看過ᄒᆞ고默無一言ᄒᆞ리오

設或日本이弱肉强食에行爲로써韓國에疆土와利益을次第占領ᄒᆞ야惟其所欲ᄒᆞ나他事件은오히려幾個提出과幾回抗議를經過ᄒᆞ더니鬱島事件은初無一言半辭라가一朝에忽然히日本原有地로써說明ᄒᆞ니甚히可駭可歎ᄒᆞᆫ事로다

余가韓國[illegible]을觀ᄒᆞ니或人民中에巧詐狡猾之輩가他人의田土를奪코저ᄒᆞ면假券을做出ᄒᆞ야法官을欺瞞ᄒᆞᄂᆞᆫ者가有ᄒᆞ더니

今에鬱島盛況이라ᄒᆞᄂᆞᆫ題目이此等手段과恰如ᄒᆞᆫ지라原來地誌歷史에舊文券이自在ᄒᆞ나勢力壓制之下에假券으로得勝ᄒᆞᄂᆞᆫ弊가有ᄒᆞᆫ則吾儕가世界眼目에共公ᄒᆞᆫ證據를發明ᄒᆞ기爲ᄒᆞ야一場辨論ᄒᆞ거니와韓國山川은如斯히無主之物이되얏ᄂᆞᆫ가他人이占取호되一個說話를不費ᄒᆞ고逞其所欲ᄒᆞ니可憐ᄒᆞ다韓國山川이여

鬱島問題

어제 『대동신보(大東新報)』를 살펴보았더니 「울도성황(鬱島盛況)」이라는 제목으로 이르기를, 동해(원문에는 '일본해'라 기술)*에서 풍요하다고 유명한 울릉도는 일본인이 개척한 이후부터 제반 상황이 해마다 발달하고 일본인의 호구가 매월 증가라 하였으니,

나는 이 문제에 대하여 실로 한국 산천을 위하여 비적(非吊, 슬픔으로 조문함)을 견디지 못하겠노라.

무릇 울릉도는 한국 삼척 바다 중에 있으며 옛날에 우산국이라 불리니 신라(新羅) 시대부터 판도(版圖)에 들어온 것이다. 지지(地誌)로 보든지 역사로 보든지 원래 한국 영토에 속하고 그 관리는 한국 정부에서 내리는 자이고 그 인민은 한국 판적(版籍)에 오른 자인데,

지금 일본인이 그 섬이 '일본해' 가운데에 있다고 하며 일본인이 개척하였다 하니, 이는 엄연히 그 섬을 일본의 원유지(原有地)로 게재한 것인데 한국인이 어찌 이것에 대하여 무심하게 간과하고 묵묵히 한마디 말이 없이 없으리오.

설혹 일본이 약육강식의 행위로써 한국의 강토와 이익을 차례로 점령하여 오직 하고 싶은 대로 하려는 의도인데, 다른 사건은 오히려 몇 차례 의견을 내고 몇 차례 항의하는 과정을 거치더니,

울도 사건은 처음부터 단 한마디 말도 없다가 하루아침에 홀연히 일본의 원유지로서 명백하게 밝히니 매우 놀랍고 탄식할 만한 일이로다.

내가 한국의 나쁜 습속을 보니 혹 인민 중에 교활하고 협잡한 무리가 타인의 전토(田土)를 빼앗고자 하면 거짓 문서를 만들어서 법관(法官)을 기만하는 자가 있다더니,

지금 「울도성황」이라는 제목이 이들의 수단과 흡사한지라. 원래 지지, 역사에 옛 문서가 있으나 세력의 압제 아래 거짓 문서로 얻어내는 자가 있으니, 우리들이 세계 안목에 전부 드러낼 수 있는 증거를 분명히 밝히기 위하여 일장 변론하지만 한국 산천은 이와 같이 주인 없는 곳이 되었는가. 타인이 점취하는데 하나의 말도 쓸 필요 없이 하고자 하는 바를 마음대로 하니, 가련하다. 한국 산천이여.

---

* 일본에서 발행한 신문에서 보도한 대로 표현한 것임.

●申論鬱島問題

尙日本社에셔鬱島問題의對ᄒᆞ야公論을維持ᄒᆞᄂᆞᆫ義務로써旣爲說破ᄒᆞ얏거니와韓國政府大官이던지一般社會人民이던지만일此等重大ᄒᆞᆫ事件에關ᄒᆞ야不敢出聲ᄒᆞ면是ᄂᆞᆫ祖宗疆土을棄視ᄒᆞᄂᆞᆫ者니엇지愛國ᄒᆞᄂᆞᆫ臣民이라謂ᄒᆞ리오側聽屢日에尙此寥寥ᄒᆞᆫ故로又復申論ᄒᆞ노라

按公法會通에曰兩國이於其處荒地에占居部落ᄒᆞ야辨界未定에若無江河山嶺이爲限이면應於居中畫界라ᄒᆞ고

又曰兩國이以江河爲界ᄒᆞ야其中洲嶼가若無條約明言이면必歸相近之國管轄이라ᄒᆞ고如滿在水之中央ᄒᆞ면均分이爲是라ᄒᆞ얏거늘

況此島ᄂᆞᆫ韓國의二十一故都之一이라自新羅至今數千年에係在韓國版圖ᄒᆞᆫ것이歷史와地誌에不啻斑斑可攷인ᄃᆡ

今彼大東記者가肆然簪之曰鬱島가日本海中에在ᄒᆞ다ᄒᆞ며日人이開拓ᄒᆞ얏다ᄒᆞ니是ᄂᆞᆫ該島ᄅᆞᆯ日本의固有ᄒᆞᆫ物件으로聲明ᄒᆞᆫ者니

雖其韓人을侮蔑ᄒᆞᄂᆞᆫ氣習으로出ᄒᆞᆫ者나엇지世界에公眼을瞞過ᄒᆞ리오日本이韓人을對ᄒᆞ야恒言ᄒᆞ되友邦의親密ᄒᆞᆫ義務로實心忠告ᄒᆞᆫ다ᄒᆞ며領土保全은確實保証ᄒᆞᆫ다ᄒᆞ나

其義가甚高ᄒᆞᆫ지라韓國上下間에誰가不信코져ᄒᆞ리오만은但日本의蠶食之計가種種現發ᄒᆞ야言實이違反ᄒᆞ니韓人이亦有心腸ᄒᆞ면豈無感情이리오

至若此島事件ᄒᆞ야ᄂᆞᆫ韓國政府와社會間에宜乎彼의謬妄ᄒᆞᆫ揭載을詰駁ᄒᆞ야使卽正誤가可也오公法을據ᄒᆞ야各國에聲明ᄒᆞ고談判歸正ᄒᆞᆷ이可也라ᄒᆞ노라

申論鬱島問題

지난번 본사(本社)에서 울도 문제에 대하여 공론을 유지하는 의무로써 이미 설파하였는데, 한국 정부의 대관(大官)이든지 일반 사회의 인민이든지 만일 이런 중대한 사건에 관하여 감히 아무 소리도 내지 않으면, 이는 조종(祖宗)의 강토를 무시하는 자니 어찌 애국하는 신민이라 말하리오. 여러 날을 귀 기울여 들어도 아직 잠잠한 까닭으로 다시 거듭하여 의견을 펼치노라. 『공법회통(公法會通)』을 살펴보니, 양국이 어떤 곳의 황무지를 점거하여 부락을 이루고 변경이 정해지지 않았으며, 만약 강하(江河)와 산령(山嶺)으로 경계를 할 수 없다면 부락의 중간에서 경계를 구분하라 하였다.

또 이르기를, 양국이 강하로 경계를 삼아야 그 가운데 주서(洲嶼)가 만약 조약에서 분명하게 언급하지 않았다면, 반드시 가까운 나라의 관할로 돌아가게 하고 물의 중앙에 있으면 알맞게 균분하는 것이 옳다고 하였는데, 하물며 이 섬은 한국의 21개 고도(故都)의 하나이고, 신라(新羅)에서부터 지금 수천 년에 이르기까지 한국의 영토에 있는 것이 역사와 지지(地誌)에 매우 명백하게 살펴볼 수 있을 뿐만 아니라,

지금 저 『대동신보(大東新報)』의 기자가 방자하게 쓴 글에 이르기를, 울도가 '동해(원문에는 '일본해)' 중에 있다고 하며 일본인이 개척하였다 하니 이는 그 섬을 일본의 고유한 물건으로 성명(聲明)한 것이니, 아무리 한국인을 모멸하는 습성으로 나온 것이라도 어찌 세계의 공정한 안목을 속이리오. 일본인이 한국인에 대하여 늘 말하기를 우방의 두터운 의무로 진심으로 충고한다고 하며 영토의 보전은 확실히 보증한다고 하니,

그 뜻이 매우 높은지라. 한국의 상하(上下) 간에 누가 불신하고자 하겠냐만, 단지 일본의 잠식하는 계책이 종종 드러나서 그 말의 내용을 위반하니, 한국인도 심장을 가지고 있는데 어찌 감정이 없겠는가.

만약 이 섬의 사건에 대해 한국 정부와 사회 간에 저 사리에 맞지 않는 게재를 따지고 논박하는 것이 마땅하며 바르게 고치도록 하는 것이 옳고, 공법(公法)에 근거하여 각국에 성명하고 담판해서 바로 잡는 것이 옳다 하노라.

寄書

鬱陵島　嘔心生

◉鬱陵島一幅은堂堂大韓國版圖內之舊山川이라昭然有可證於數千年歷史上者나一白一黑이豈局外燭柯者의所可窺哉리오緣言其沿革인ᄃᆡ漢逊岡博物志에有曰渤海之東朝鮮海中에有一島國하니其名曰于山이라多禽獸之怪者라하니是島之在朝鮮海中이昭然有可證이오

三國史에曰新羅智證麻王十三年에使異斯夫로爲阿瑟那軍主謀하야伐于山國降之하야歲以土宜로爲貢ᄒᆞ라하니是島之歸服이昭然有可證이오

三韓誌日에曰于山國은在溟州（江陵）正東海島니或名鬱陵島라島民이附庸於溟州하야歲獻土物이라하니是島之入貢이昭然有可證이오

輿地勝覽에曰鬱陵島는一曰武陵이오又云羽陵이라在朝鮮蔚珍縣正東海中이니地方百里오土地饒沃이라ᄒᆞ니是島之隸屬於朝鮮海面이昭然有可證이오

本朝野史에曰世宗二十六年에遣萬戶南顥하야搜捕俘虜金丸等七十餘人而還하야慮其爲亂而遂空其地하니是島之入于朝鮮版圖가昭然有可證이오

文獻備考에曰鬱陵島는產蘗木、柴胡、石楠藤、諸藥草及諸香木하며蘆竹이多合抱者하고芦實桃核가大可爲杯升하니本朝에刷出逃民하고空其地ᄒᆞ야每三年에一送審視官ᄒᆞ니月松萬戶三陟營將이遞入爲일셕官給斧子十五하야伐其竹若木하며幷采土物ᄒᆞ야納于朝以爲信이라하니是島之五百年保管이昭然有可證이오

二十一都懷古詩集에曰于山國은卽新羅之歸服者라ᄒᆞ며毅遮其來而註之하니　正廟朝柳得恭惠風이有于山詩曰「春風五兩邏帆廻海上桃花寂寞開唯見可之登岸臥更無獅子撲人來」註曰鬱陵島海中有獸形赤眸無角臥海岸見人獨行害之라ᄒᆞ며又曰異斯夫伐之不服乃造木爲獅子皷船老之曰汝若不服放此獸蹈殺之其人恐懼而降이라ᄒᆞᆫ니是島之入於二十一故都之來蹟이昭然有可證이오

當宁二十年癸未에裵季周崔秉鈴等이率同志者十六家ᄒᆞ고入于此島ᄒᆞ야開拓山林하며起墾土地하야居人이日增하니聞于政府라政府ㅣ以裵季周로爲島監ᄒᆞ고崔秉麟으로爲視察하야鎭撫勞來하니此島之爲朝鮮人開拓이昭然有可證이오

光武六年에　皇上陛下勅命內部ᄒᆞ사以鬱陵島로爲鬱陵郡하라하사고裵季周로陞郡守러니今沈興澤이現任之郡守也니是島之爲郡縣이昭然有可證이라　（未完）

寄書-鬱陵島
嘔心生

울릉도[鬱陵島一幅]는 당당한 대한 영토의 오래된 산천이라. 수천 년의 역사가 명백하게 증명할 수 있으니, 일백일흑(一白一黑)이 바둑과 관계없지 않은 것처럼 살펴볼 수 있는 것이다. 대개 그 연혁을 말하건대 한(漢)의 반고(班固)가 『박물지(博物志)』에 대해 말하길, 발해(渤海)의 동쪽 조선의 바다[朝鮮海] 가운데에 한 섬나라가 있으니 그 이름은 우산(于山)이고 금수(禽獸)가 많아 괴이한 곳이라 하니, 이 섬이 조선의 바다 가운데 있는 것이 명백히 증거라 할 만하다.

『삼국사(三國史)』에 이르기를, 신라(新羅) 지증(智證) 마립간(麻立干) 13년(512)에 이사부로 하여금 아슬라(阿瑟那)의 군주(軍主)로 삼아 우산국 정벌을 모의하여 항복을 받고 해마다 토산물을 바치라 하였으니, 이 섬의 귀복(歸服)이 명백히 증거라 할 만하다.

『삼한강목(三韓綱目)』에 이르기를, 우산국은 명주(溟州) 강릉(江陵)의 정동(正東) 바다에 있는 섬이니 혹은 울릉도라 하고 도민(島民)이 명주에 부용(附庸)하여 해마다 토산물을 바친다 하니, 이 섬의 입공(入貢)이 명백히 증거라 할 만하다.

『여지승람(輿地勝覽)』에 이르기를, 울릉도는 한편으로는 무릉(武陵)이고 또는 우릉(羽陵)이라 한다. 조선 울진현(蔚珍縣)의 정동 바다 가운데에 있으니 지방이 100리(里)이고 토지는 기름지다 하니, 이 섬이 조선 해면에 예속함이 명백히 증거라 할 만하다. 본 조정의 야사(野史)에 이르기를, 세종(世宗) 26년(1444)에 만호(萬戶) 남호(南顥)를 보내서 김환(金丸) 등 70여 명의 포로를 사로잡아서 돌아오고 난을 일으킬까 염려하여 마침내 그 땅을 비우니, 이 섬이 조선 영토에 들어간 것이 명백히 증거라 할 만하다.

『문헌비고(文獻備考)』에 이르기를, 울릉도는 고본(藁本), 시호(柴胡), 석남등(石楠藤), 여러 약초와 여러 향목, 노(蘆)가 나며, 아름드리 대나무가 많고 노실(芦實)과 복숭아씨가 커서 잔이나 되(升)를 만들만 하니, 본 조정에서 도망간 백성을 샅샅이 찾아내어 그 땅을 비우게 하고, 매 3년에 한 번 관리를 보내서 살펴보게 하니 월송(月松)의 만호와 삼척 영장이 교대로 들어가서, 관에서 도끼 15자루를 주고 대나무를 베고 토산물을 모조리 캐서 조정에 바침으로써 신표(信標)로 삼았다 하니, 이 섬의 500년 동안 관리를 유지함이 명백히 증거라 할 만하다.

『이십일도회고시집(二十一都懷古詩集)』에 이르기를, 우산국은 곧 신라에 귀복한 곳이라 하며 그 일을 모두 서술하고 주석을 달았으니, 정묘조(正廟朝)에 혜풍(惠風) 유득공(柳得恭)이 지은 우산(于山)시에서, "봄바람에 다섯 양(兩)의 순라하는 배가 돌아오니, 바다 위에 복숭아꽃이 적막하게 피었구나. 오직 가지(可之, 물개)가 언덕에 올라와서 누워 있는 것만 보이고, 다시 사자가 사람을 치러 오는 것은 없다네"* 한다. 주석에서 이르길, 울릉도 바다에는 뿔이 없고 붉은 눈을 가진 짐승이 있는데 해안에 누워서 혼자 다니는 사람은 해친다고 한다. 또 이사부가 그 섬을 정벌하러 갔으나 항복하지 않아서 나무로 만든 사자를 배에 싣고 말하길, 만약 너희가 항복하지 않으면 이 짐승이 짓밟아 살해하도록 풀어 놓겠다고 하니, 그 사람들이 매우 두려워하며 항복하였다고 한다. 이 섬이 21개의 고도(故都)의 사적에 들어가 있음이 명백히 증거라 할 만하다. 당저(當宁, 현재 재위 중인 임금) 20년 계미(癸未, 1883)에 배계주, 최병린(崔秉麟) 등이 뜻을 같이하는 자 16가(家)를 거느리고 이 섬에 들어가서, 산림을 개척하고 토지를 개간하여 거주하는 사람이 날로 증가하니 정부에서 듣고, 정부는 배계주를 도감으로 삼고 최병린이 시찰하게 하여 진무하고 오는 사람을 위로하니, 이 섬은 조선인이 개척한 곳이니 명백히 증거라 할 만하다.

광무(光武) 6년(1902)에 황상 폐하께서 내부에 칙명을 내려 울릉도를 울릉군(鬱陵郡)으로 하라 하시고 배계주가 군수(郡守)에 올랐는데, 이제 심흥택이 군수에 부임하였으니 이 섬이 군현(郡縣)이 된 것은 명백히 증거라 할 만하다. (미완)

---

* 원문은 "春風五兩邏帆迴。海上桃花寂寞開。唯見可之登岸卧。更無獅子撲人來。"

寄書

鬱陵島 嘔心生 (續)

一片孤島가縹紗在海中이나六鰲가不可負矣오一鳥가不可翳矣어늘昭然有可證者ㅣ非但班班可攷於數千年歷史上이라炯然在目於一世之人者를不意今者所謂大東報記事에有曰日本海中에豐饒로有名ᄒᆞᆫ鬱陵島는自日本人開拓以後로日人戶口가每月增加라하니豈有如此可驚可愕可痛可怪之發于言紀于事者乎아如此千不當萬不近之說로肆然揭載於新聞紙上하야沒頭撤尾하고若八風鬼露臉하야歸之於日本之原有地然하니以一隻之手로其可以掩得天下之目哉리오마는

聞此報者ㅣ孰不髮竪膽掉哉아但處於政府之上者ㅣ視若不見ᄒᆞ고闇之尋常하야已經數日에一無質問之端하며又無正誤之擧하니顧此無責任之政府는全幅金甌를付之鑿舟라도猶所甘心이니不足責備어니와至若有國民思想者는不可結舌而緘口者라據此一縷之萌而安知他日에作成重大之一大問題乎리오

日本은以善隣之高義로韓國之領土保全을不啻若歃血共盟이라旣爲聲明於萬國者니豈可以尺寸之土로遽歸於已有也리오噫彼一種齷齪之新聞記者가縱發妄言於造次之間이라도若將有害於善隣之高義면必有取消之處分이오記者ㅣ若有一時之誤筆이라도必飜然是正하야以謝友國之人民矣리니第待數日之自悟自覺이어니와

鯫生이腔血所激에不可泯嘿하야警其大東記者之誤ᄒᆞ노니若或未正其誤하고一向固執其迷면爲韓國人者는盟天誓地하고要不購讀大東新報矣리니一言斷案ᄒᆞ야爲我韓同胞一告之하며又告我靑年會同志者ᄒᆞ노라

(完)

寄書－鬱陵島(續)

嘔心生

한 조각 외딴 섬이 아득하게 바다 가운데 있으나 여섯 마리 자라가 짊어질 수 없고 한 마리 새가 가릴 수 없는데, 명백히 증거라 할 만한 것은 비단 수천 년의 역사상에서 확실히 살필 수 있고, 온 세상 사람들의 눈에 분명히 있다. 뜻밖에 지금 이른바 『대동신보(大東新報)』 기사에서 "일본해(동해) 중에 풍요로 유명한 울릉도는 일본인이 스스로 개척한 이후로 일본인 호구가 매월 증가한다"고 하니, 어찌 이처럼 두렵고 놀랍고 슬프고 괴이함을 일으키는 언

사가 있겠는가?

이처럼 아주 부당한 말로 신문지에 방자하게 게재하였는데 거두절미하고, 팔풍(八風, 8가지 방위에서 불어오는 바람)이 멀리까지 닿는다면 일본의 원유지(原有地)에 귀속된다고 한 것이다. 한 손으로 천하의 눈을 가릴 수 있겠냐만, 이 보도를 듣고 누군들 머리털이 곤두서고 간담이 떨리지 않겠는가. 단지 정부의 자리에 오른 자가 보고도 보지 않은 척하고 대수롭지 않게 물리치고 이미 수일이 지났는데 질문에 대한 생각이 하나도 없으며 또한 정오(正誤)의 행동도 없으니, 생각건대 이런 무책임한 정부는 전폭의 금구[金甌, 정승(政丞)을 가리키는 말]를 골짜기에 있는 배*에 의지하더라도 오히려 달가운 마음이니 책망하기에도 부족하다.

만약 국민에 대한 사상이 있는 자는 입을 막고 말을 하지 않을 수 없는 자이다. 이것에 근거해서 한 줄기 맹아가 뒷날에 중대한 일대의 문제를 이루게 될지 어찌 알겠는가?

일본은 선린(善隣)의 두터운 의리로서 한국의 영토 보전에 대해 삽혈(歃血, 맹세할 때 표시로서 짐승의 피를 서로 먹거나 입가에 바르던 일)로 함께 맹세하였을 뿐만 아니라 이미 만국에 성명(聲明)하였으니, 어찌 감히 척촌(尺寸)의 땅을 갑자기 자기 소유로 귀속시킬 수 있겠으리오. 아! 저 일종의 비열한 신문기자가 별안간 망언을 늘어놓고 장차 선린의 두터운 의리에 해를 가하려고 하면 반드시 취소의 처분이 있을 것이다. 기자가 만약 한때 잘못된 글이 있다면 반드시 분명하게 시정하여, 우국(友國)의 인민에게 사죄해야 한다. 단지 스스로 깨닫고 깨우치기를 며칠을 기다렸으나

추생(鯫生)이 몸속의 피가 격해지는데 먹물을 지울 수 없으니, 그 『대동신보』 기자의 오보를 경계하고 만약 혹시 그 잘못을 고치지 않고 한결같이 혼미함을 고집하면, 한국인은 하늘과 땅에 맹세하고 다시는 『대동신보』를 구독하지 마라. 한마디 말로 옳고 그름을 판단하여 우리 대한 동포를 위하여 알리며 또 우리 청년회 동지에게 알리노라. (완)

---

* 도적을 겁내어 배를 골짜기에 숨겨 놓았으나 밤중에 힘센 사람이 배를 메고 도망가 버렸다는 『장자(莊子)』에 있는 고사.

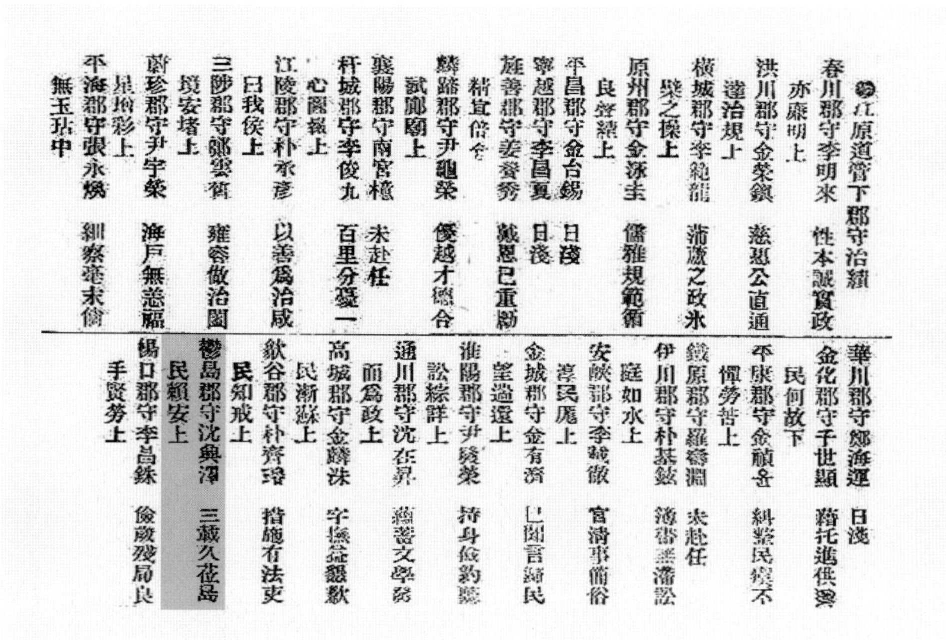
◎江原道管下郡守治績
春川郡守李明來 性本誠實政亦廉明上
洪川郡守金榮鎭 慈惠公直通達治規上
橫城郡守李範龍 沛然之政氷蘗之操上
原州郡守金演圭 儒雅規範循良聲績上
平昌郡守金台錫 日淺
寧越郡守李昌夏 日淺
旌善郡守姜發秀 幾恩已重勵精宜倍令
麟蹄郡守尹龜榮 優越才德合試鄉關上
襄陽郡守南宮檍 未赴任
杆城郡守李俊九 百里分憂一心圖報上
江陵郡守朴承彥 以善爲治咸曰我侯上
三陟郡守鄭雲衡 雍容做治閭境安堵上
蔚珍郡守尹宇榮 海戶無恙福星與彩上
平海郡守張永煥 細察毫末備無玉玷中
華川郡守鄭海運 日淺
金化郡守尹世顯 藉托進供民何故下
平康郡守金禎[illegible] 糾察民瘼不憚勞苦上
鐵原郡守羅壽淵 未赴任
伊川郡守朴基鉉 簿書無滯訟庭如水上
安峽郡守李[illegible]徹 官淸事簡俗淳民庶上
金城郡守金有濟 已閱言謠民望遞還上
淮陽郡守尹發榮 持身儉約聽訟綜詳上
通川郡守沈在昇 篤著文學務而爲政上
高城郡守金麟洙 字撫益懃民漸蘇上
歙谷郡守朴齊璐 措施有法民知戒上
鬱島郡守沈興澤 三載久莅島民賴安上
楊口郡守李昌銖 儉蔽殘局良手賢勞上

江原道管下郡守治績

(전략)

울도 군수 심흥택은 재임 3년이 지났으니, 도민이 의지하여 편안히 살았다.

(후략)

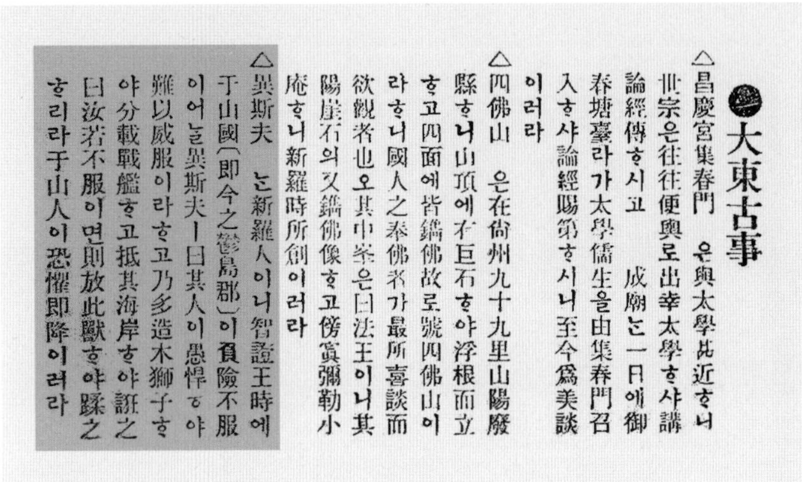

●大東古事

△昌慶宮集春門 은與太學相近ᄒᆞ니世宗은往往便輿로出幸太學ᄒᆞ샤講論經傳ᄒᆞ시고 成廟ᄂᆞᆫ一日에御春塘臺라가太學儒生을由集春門召入ᄒᆞ샤論經賜第ᄒᆞ시니至今爲美談이러라

△四佛山 은在尙州九十九里山陽廢縣ᄒᆞ니山頂에在巨石ᄒᆞ야浮根而立ᄒᆞ고四面에皆鐫佛故로號四佛山이라ᄒᆞ니國人之奉佛者가最所喜談而欲觀者也오其中峯은曰法王이니其陽崖石의又鐫佛像ᄒᆞ고傍冥彌勒小庵ᄒᆞ니新羅時所創이러라

△異斯夫 ᄂᆞᆫ新羅人이니智證王時에于山國(即今之鬱島郡)이負險不服이어ᄂᆞᆯ異斯夫ㅣ曰其人이愚悍ᄒᆞ야難以威服이라ᄒᆞ고乃多造木獅子ᄒᆞ야分載戰艦ᄒᆞ고抵其海岸ᄒᆞ야詐之曰汝若不服이면則放此獸ᄒᆞ야蹂之ᄒᆞ리라于山人이恐懼即降이러라

大東古事

(전략)

△ 이사부는 신라인(新羅人)이니 지증왕(智證王) 대에 우산국[즉 지금의 울도군(鬱島郡)]이 험한 것을 믿고 복종하지 않았으나, 이사부가 말하길 그 사람들은 어리석고 사나워서 위세로 굴복시키기는 어렵고 나무로 사자를 많이 만들어 전함에 나눠 싣고 해안에 도착하여, 그들에게 거짓으로 "만약 너희가 항복하지 않으면 이 짐승을 풀어서 짓밟게 하리라"고 말하니 우산국 사람들이 몹시 두려워서 항복하였다고 하더라.

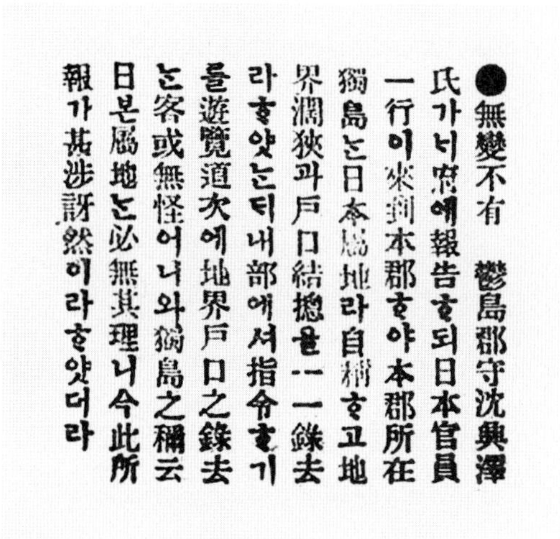

●無變不有　鬱島郡守沈興澤氏가ᄂᆡ部에報告ᄒᆞ되日本官員一行이來到本郡ᄒᆞ야本郡所在獨島ᄂᆞᆫ日本屬地라自稱ᄒᆞ고地界濶狹과戶口結摠을一一錄去라ᄒᆞ얏ᄂᆞᆫᄃᆡ내部에서指令ᄒᆞ기를遊覽道次에地界戶口之錄去ᄂᆞᆫ容或無怪어니와獨島之稱云日본屬地ᄂᆞᆫ必無其理니今此所報가甚涉訝然이라ᄒᆞ얏더라

無變不有

울도 군수 심흥택씨가 내부에 보고하기를, 일본 관원 일행이 본군(本郡)에 도착하여 본군에 소재한 독도(獨島)는 일본의 속지(屬地)라 자칭하고 지계(地界)의 넓이와 호구, 결총(結摠)을 일일이 기록해서 갔다고 하였는데, 내부에서 지령하기를 유람하는 도중에 지계, 호구를 기록해 갔다는 것은 혹시 그럴 수도 있으므로 괴이할 것이 없지만, 독도를 칭하여 일본에 속지라 말한 것은 전혀 이치가 없는 것이니 이번에 보고한 것은 매우 의아하다고 하였더라.

[167] 1906년 5월 8일 | 황성신문

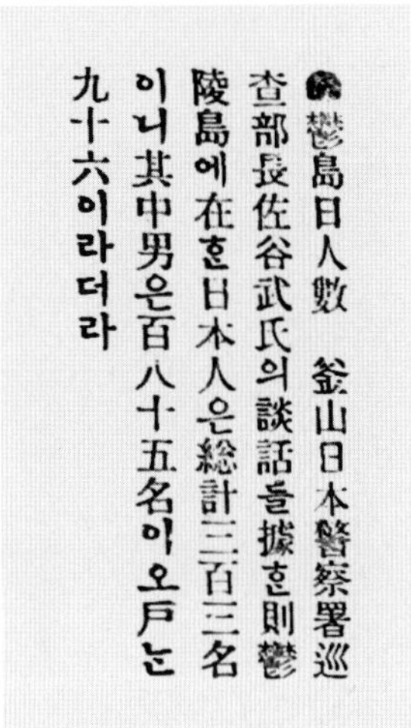

◉鬱島日人數 釜山日本警察署巡査部長佐谷武氏의談話를據ᄒᆞᆫ則鬱陵島에在ᄒᆞᆫ日本人은總計三百三名이니其中男은百八十五名이오戶는九十六이라더라

鬱島日人數

울도에 있는 일본인의 수에 대해 부산(釜山)의 일본 경찰서 순사부장 좌곡무(佐谷武, 사타니 다케시)씨의 담화를 따르면, 울릉도에 있는 일본인은 총계가 303명이니 그중 남자는 185명이고 호(戶)는 96이라더라.

[168] 1906년 5월 9일 | 황성신문

鬱倅報告內部 鬱島郡守沈興澤氏가內部에報告ᄒᆞ되本郡所屬獨島가在於外洋百餘里外인ᄃᆡ本月四日에日本官人一行이來到官舍ᄒᆞ와自云獨島가今爲日本領地故로視察次來到이다이온바其一行則日本島根縣隱岐島司東文補及事務官神西田太郎과稅務監督局長吉田坪五分署長警部影山岩八郎과巡査一人會議一人醫師技手各一人其外隨員十餘人인ᄃᆡ戶総人口와土地生產多少와人員及經費幾許와諸般事務를調査錄去ᄒᆞ얏다더라

鬱倅報告內部

울도 군수 심흥택씨가 내부에 보고하기를, 본군 소속 독도가 외양(外洋) 100여 리(里) 밖에 있는데 이번 달 4일에 일본 관원 일행이 관사로 와서 스스로 말하기를, 독도가 지금은 일본의 영지이므로 시찰하러 왔다고 하였으니, 그 일행인 일본 도근현(島根縣, 시마네현) 은기도사(隱岐島司, 오키도사) 동문보(東文補, 히가시 분스케)와 사무관(事務官) 신서전태랑[神西田太郎, 진자이 요시타로(神西由太郎)의 오기]과 세무감독국장 길전평오[吉田坪五, 요시다 헤이고(吉田平五)의 오기], 분서장(分署長) 경부(警部) 영산암팔랑(影山岩八郎, 가게야마 이와하치로)과 순사 1명, 회의(會議) 1명, 의사와 기수(技手) 각 1명, 그 외 수행원 10여 명이었는데, 호총(戶総), 인구, 토지 생산의 다소(多少)와 인원 및 소요 경비와 제반 사무를 조사하고 기록해서 갔다더라.

〔169〕 1906년 7월 13일 | 황성신문

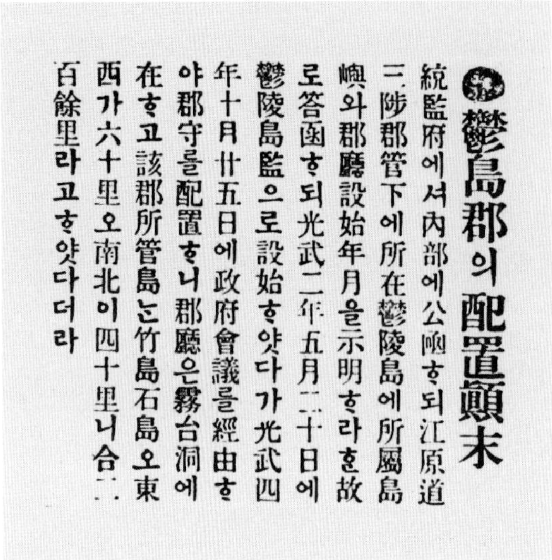

鬱島郡의配置顚末

統監府에셔內部에公函ᄒᆞ되江原道
三陟郡管下에所在鬱陵島에所屬島
嶼와郡廳設始年月을示明ᄒᆞ라ᄒᆞᆫ故
로答函ᄒᆞ되光武二年五月二十日에
鬱陵島監으로設始ᄒᆞ얏다가光武四
年十月廿五日에政府會議를經由ᄒᆞ
야郡守를配置ᄒᆞ니郡廳은霧台洞에
在ᄒᆞ고該郡所管島ᄂᆞᆫ竹島石島오東
西가六十里오南北이四十里니合二
百餘里라고ᄒᆞ얏다더라

鬱島郡의 配置顚末

통감부(統監府)에서 내부에 보낸 공문에 강원도 삼척군 관하에 소재한 울릉도에 소속된 도서(島嶼)와 군청의 설시 연월을 시명하라고 한 까닭에 공문에 답하기를, 광무(光武) 2년(1898) 5월 20일에 울릉 도감으로 설시하였다가, 광무 4년(1900) 10월 25일에 정부 회의를 거쳐 군수(郡守)를 배치하니 군청은 하태동[霞台洞, 태하동(台霞洞)의 오기]에 있고, 해당 군이 관할하는 섬은 죽도(竹島), 석도(石島)이다. 동서(東西)가 60리(里)요, 남북이 40리니, 합하여 200여 리라고 하였다더라.

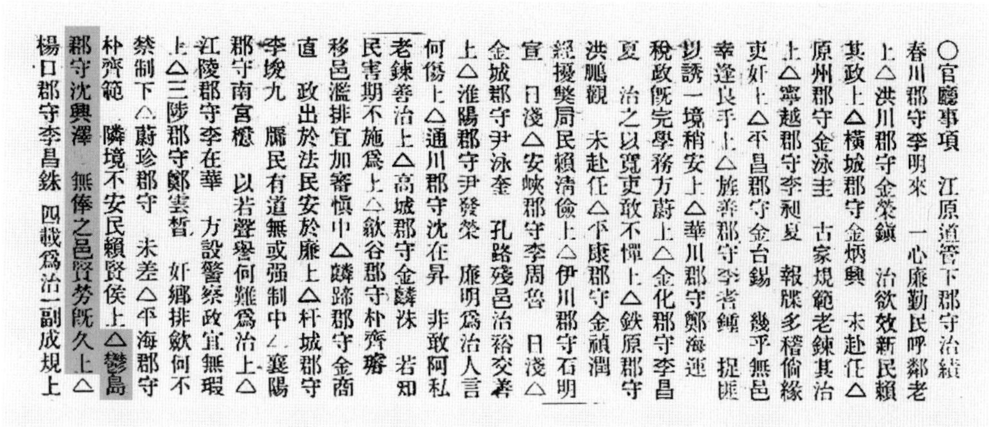
○官廳事項　江原道管下郡守治績
春川郡守李明來　一心廉勤民呼鄰老
上△洪川郡守金榮鎭　治欲效新民賴
其政上△橫城郡守金炳興　未赴任△
原州郡守金泳圭　古家規範老鍊其治
上△寧越郡守李祀夏　報牒多稽偸緣
吏奸上△平昌郡守金台錫　幾乎無邑
幸逢良手上△旌善郡守李耆鍾　捉匪
剔誘一境稍安上△華川郡守鄭海璉
稅政既完學務方蔚上△金化郡守李昌
夏　治之以寬吏敢不慄上△鐵原郡守
洪鵬觀　未赴任△平康郡守金禎潤
經擾獘局民賴淸儉上△伊川郡守石明
宣　日淺△安峽郡守李周魯　日淺△
金城郡守尹泳奎　孔路殘邑治裕交著
上△淮陽郡守尹發榮　廉明爲治人言
何傷上△通川郡守沈在昇　非敢阿私
老鍊善治上△高城郡守金麟洙　若知
民害期不施爲上△歙谷郡守朴齊璿
移邑濫排宜加審愼中△麟蹄郡守金商
直　政出於法民安於廉上△杆城郡守
李焌九　蹶民有道無或强制中△襄陽
郡守南宮檍　以若聲譽何難爲治上△
江陵郡守李在華　方設警察政宜無瑕
上△三陟郡守鄭雲晳　奸鄕排歛何不
禁制下△蔚珍郡守　未差△平海郡守
朴齊範　隣境不安民賴賢侯上△鬱島
郡守沈興澤　無俸之邑賢勞既久上△
楊口郡守李昌銖　四載爲治一副成規上

官廳事項 - 江原道管下郡守治績

(전략)

△ 울도 군수 심흥택은 무봉(無俸)의 읍에서 현로(賢勞)한 지 이미 오래되었다.

(후략)

[171] 1906년 9월 26일 | 황성신문

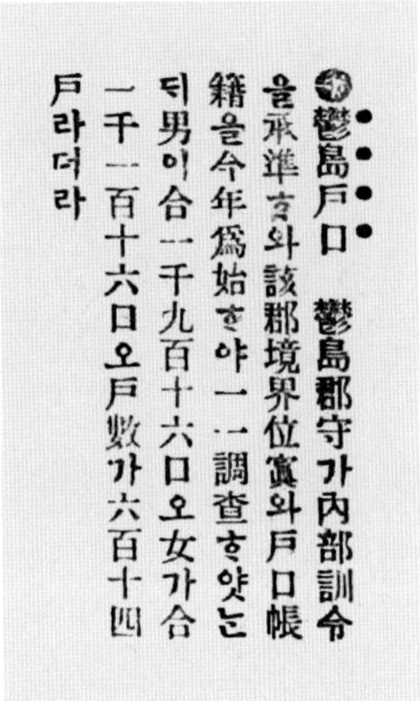
◎鬱島戶口 鬱島郡守가內部訓令을承準ᄒᆞ와該郡境界位寘와戶口帳籍을今年爲始ᄒᆞ야一一調査ᄒᆞ얏는ᄃᆡ男이合一千九百十六口오女가合一千一百十六口오戶數가六百十四戶라더라

鬱島戶口

울도 군수가 내부의 훈령을 승준(承準)하여 해당 군의 경계, 위치와 호구, 장적(帳籍)을 올해 일일이 조사를 시행하였는데, 남자가 합하여 1,916명이고 여자가 합하여 1,116명이며 호수(戶數)가 614호라더라.*

* 같은 내용의 기사로 『제국신문』 1906년 9월 26일 「鬱島戶口」가 있음.

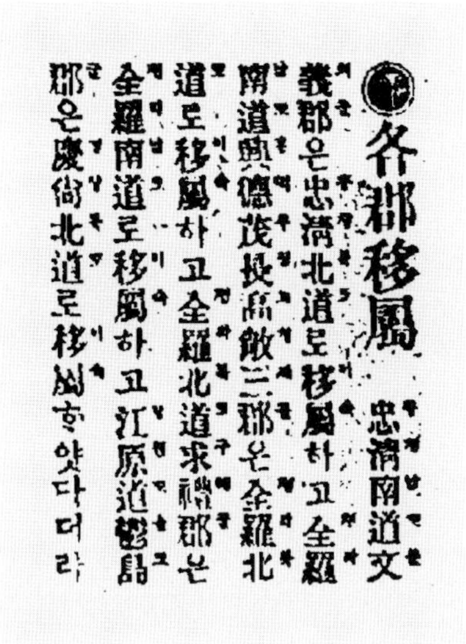
◎各郡移屬 忠淸南道文義郡은忠淸北道로移屬하고全羅南道興德茂長高敞三郡은全羅北道로移屬하고全羅北道求禮郡은全羅南道로移屬하고江原道鬱島郡은慶尙北道로移屬ᄒᆞ얏다더라

各郡移屬

충청남도 문의군(文義郡)은 충청북도로 이속하고, 전라남도 흥덕(興德), 무장(茂長), 고창(高敞)의 세 군(郡)은 전라북도로 이속하고, 전라북도 구례군(求禮郡)은 전라남도로 이속하고, 강원도 울도군(鬱島郡)은 경상북도로 이속하였다더라.*

* 같은 내용의 기사로 『황성신문』 1906년 9월 28일 「移屬郡道」가 있음.

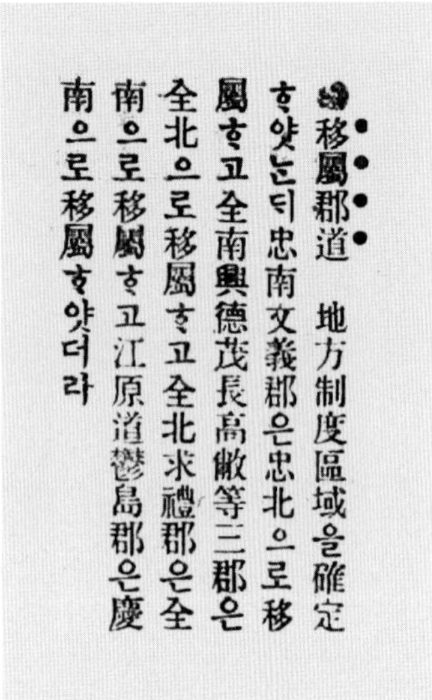

◉移屬郡道 地方制度區域을確定ᄒᆞ얏는ᄃᆡ忠南文義郡은忠北으로移屬ᄒᆞ고全南興德茂長高敞等三郡은全北으로移屬ᄒᆞ고全北求禮郡은全南으로移屬ᄒᆞ고江原道鬱島郡은慶南으로移屬ᄒᆞ얏더라

移屬郡道

지방제도 구역을 확정하였는데, 충남 문의군(文義郡)은 충북으로 이속하고, 전남 흥덕(興德), 무장(茂長), 고창(高敞) 등 세 군(郡)은 전북으로 이속하고, 전북 구례군(求禮郡)은 전남으로 이속하고, 강원도 울도군(鬱島郡)은 경남으로 이속하였더라.

◎塩商五泣 大韓咸鏡南道元山港居商民金斗源五次泣血上書于大日本伊藤侯爵統監閤下

伏以生은以元山海隅之一商民으로跋涉風濤에販鹽資業이다가一自被賊於

貴國人木村源一郞兄弟以後로産業蕩敗에身勢飄零ᄒᆞ와不敢歸返故鄕ᄒᆞ고流離京城ᄒᆞ야銜恨切骨에抱冤塞臆일ᄉᆡ誓欲抵死爲期ᄒᆞ고徵捧鹽價ᄒᆞ야以雪冤恨乃已이온故로抱狀號訴가已閱七八星霜이온지라由是로其事狀顚末이累登於各新報ᄒᆞ고傳播於一世人ᄒᆞ야塗人耳目ᄒᆞ며膾炙萬口ᄒᆞ오니非但

貴我兩國人習知라抑天下列國人所共傳聞者也니其事情之至冤極痛은孰有不諒哉아生이今不必覼縷陳述이되只以近日事略言호리니據本年九月二十七日에

貴府照覆第百四十九號於我政府者則有曰木村源一郞은明治三十二年七月二十四日鬱陵島에서被殺됨으로其相續人金之助와當時源一郞과同行ᄒᆞᆫ同人의弟乙吉等을對ᄒᆞ야査實ᄒᆞᆫ즉該人等이辨償ᄒᆞᆯ義務가읍다고主張ᄒᆞᆯᄲᅮᆫ더러相續人金之助의財産을內探ᄒᆞᆫ즉源一郞이失財ᄒᆞᆫ後其親族들이貧困ᄒᆞᆫ데陷ᄒᆞ야當場糊口도艱辛ᄒᆞᆫ貌樣이오니假令金斗源의訴旨와갓치賠償ᄒᆞᆯ義務가有ᄒᆞ다ᄒᆞ더ᄅᆞ도到底히其義務를成事키不能ᄒᆞᆯ줄로生覺ᄒᆞᆫ다ᄒᆞ얏스니 (未完)

塩商五泣

대한 함경남도 원산항에 거주하는 상민 김두원이 다섯 차례 피눈물을 흘리며 대일본 이등박문(伊藤博文, 이토 히로부미) 후작(侯爵) 통감(統監) 합하(閤下)에게 상서(上書)하였다.

엎드려 아뢰건대, 저는 원산 바다 한구석에 있는 한 상민으로 바람을 헤치고 파도를 건너

며 소금 판매를 생업으로 하다가,

귀국의 사람 목촌원일랑(木村源一郎, 기무라 겐이치로) 형제에게 도둑질을 당하면서부터 그 이후로 생업을 탕진[蕩敗]하여 떠돌아다니는 신세가 되었습니다. 감히 고향으로 되돌아갈 수도 없고 경성(京城)에서 유리하며 한을 머금고 뼈에 사무치게 원한을 품어 가슴이 막힐 때, 죽음을 각오하고 굳세게 저항하고자 맹세하였고 소금값을 징수[徵捧]하여 원한을 씻어 내고자 하는 까닭으로 글로 호소한 지가 이미 7, 8년이나 지나왔습니다. 이런 이유로 그 일의 전말이 여러 차례 각 신문에 보도되고 온 세상의 사람들에게 전파하여 사람들의 이목에 남아 있으며 많은 사람들의 입에 회자되어 비단,

귀국과 우리나라 양국의 사람들이 익히 알아야 할 뿐만 아니라, 천하의 여러 나라 사람들이 같이 전해 들어야 할 바이니, 그 사정이 지극히 원통한 것을 누가 헤아리지 못하겠습니까. 제가 지금 자세하게 말씀드릴 필요는 없으니 단지 요사이의 일만 간략하게 말씀드립니다.

올해 9월 27일에 귀부(貴府)에서 우리 정부로 보낸 조복(照覆) 제149호에 의거하면, 목촌원일랑은 1899년(명치 32년) 7월 24일 울릉도에서 피살되어 그 상속인 금지조(金之助, 킨노스케)와 당시 원일랑과 동행한 동인(同人)의 동생 을길(乙吉, 오쓰키치) 등에 대하여 사실을 조사하였더니, 그 사람 등이 변상할 의무가 없다고 주장할뿐더러 상속인 금지조의 재산을 몰래 알아보니, 원일랑이 재산을 잃은 후 그 친족들이 빈곤함에 빠져 당장 입에 풀칠하기도 힘든 모양이라서 가령 김두원이 고소한 뜻과 같이 배상할 의무가 있다고 하더라도 도저히 그 의무를 다하기 불가능할 것으로 생각한다고 하였습니다. (미완)

墟商五泣 大韓咸鏡南道元山港居商民金斗源五次泣血上書于大日本伊藤侯爵統監閣下 (續)

貴國이開明훈法律로써自詡ᄒᆞᄂᆞᆫ地位에此等理外의文字를發홈이大非示人以公平之道일듯ᄒᆞ도다蓋從前我政府와

貴公使間에以此屢屢交涉談辦ᄒᆞ야其時에雖不與金之助等으로對質審辦이오나生의失墟事狀과木村等의盜去훈情節이明白無疑故로其時林公使가只欲以恤金幾百圜으로草草塞責이오나生이牢拒不聽ᄒᆞ고直往公館ᄒᆞ야與通譯官國分象太郎으로再三談辦이온즉答以鹽價與損害金額을從當徵給홀것시니容俟數月ᄒᆞ라고斷言ᄒᆞ얏사오니然則生之當捧과木村之當徵은不俟更論이거ᄂᆞᆯ今에忽然辦償홀義務가無ᄒᆞ다고主張훈다ᄂᆞᆫ說은萬萬白賴의臆說일뿐더러況訴訟의法律에負訟者가貧窶홀境遇에ᄂᆞᆫ得勝者에對ᄒᆞ야報償홀수업다고抵賴不給ᄒᆞᄂᆞᆫ理由가有ᄒᆞ온지生은學問、鹵昧ᄒᆞ야文明國의法律을不知ᄒᆞ오나假如盜賊이自服ᄒᆞ야도貧窶ᄒᆞ다藉稱ᄒᆞ면賊律을勿施ᄒᆞ며負債者가債主에對ᄒᆞ야貧窶ᄒᆞ다抵賴ᄒᆞ면償金을白失훈다ᄒᆞᄂᆞᆫ지此ᄂᆞᆫ他國民에게만對ᄒᆞ야施行ᄒᆞᄂᆞᆫ法律이온지未可知오나蔽一言ᄒᆞ고此等事例에對ᄒᆞ야ᄂᆞᆫ曾往에

貴國에셔我國人에對ᄒᆞ야履行훈已例가有ᄒᆞ오니往在光武六年忠淸南道洪州郡長古島에셔

貴國風船이岩礁에觸破ᄒᆞ얏거ᄂᆞᆯ該船價金三千圜을該地住民에게督徵홈의我政府에셔不得已辦償훈事도有ᄒᆞ고光武八年公州郡에來住ᄒᆞᄂᆞᆫ

貴國商民寬辰太郎이軍人과爭鬪훈事에對ᄒᆞ야損金幾千圜을我政府에徵捧훈事도有ᄒᆞ고甲午乙未以後로人命損害라藉稱ᄒᆞ야其遺族에게恤金훈다ᄒᆞ고幾十萬圜을亦徵去ᄒᆞ얏사오니如此훈已例가皆

貴國에셔先行훈法律證援의比例라今日에生의鹽價에對ᄒᆞ야도木源의生死貧富를勿論ᄒᆞ고

貴政府에셔當然히徵給홀理由가分明ᄒᆞ온지라假令

貴國商民이物貨를韓人의船에裝載ᄒᆞ얏다가不幸히遭無名盜賊之變이라도

貴國에셔必應復用前例ᄒᆞ야督迫我政府ᄒᆞ야徵去賠償을不留時刻ᄒᆞ깃거날蔑視我政府柔弱ᄒᆞ고堂堂徵給之物을一向推諉ᄒᆞ고延拖歲月ᄒᆞ오니我政府ᄂᆞᆫ雖柔弱이라도獨不恤金斗源一個人之不柔弱乎잇가伏願

閣下ᄂᆞᆫ一一細察훈後에如此血冤胥痛훈金斗源의鹽一千八十八桶價金五千一百九十九圜十錢과大抵八年損害賠償金을

貴國行政되로並八倍를計훈즉四萬六千七百九十一圜九十錢이라我政府에셔無力ᄒᆞ야公函催促치못홈을晏視치勿ᄒᆞ고一個人의冤情을俯察ᄒᆞ야

貴府에셔火速히右額을辦給ᄒᆞ시와一人으로由ᄒᆞ야萬人이頌케ᄒᆞ고萬人으로由ᄒᆞ야天下가頌케ᄒᆞ심을伏望ᄒᆞ오니惟閣下ᄂᆞᆫ裁諒ᄒᆞ소셔

光武十年十月　日 (完)

擅商五泣(續)

대한 함경남도 원산항에 거주하는 상민 김두원이 다섯 차례 피눈물을 흘리며 대일본 이등박문(伊藤博文) 후작(侯爵) 통감(統監) 합하(閤下)에게 상서(上書)하였다. (속)

귀국이 개명한 법률로서 스스로 자랑하는 지위에 있으면서 이와 같이 도리에 맞지 않은 문자(文子)를 발함이 사람을 공평한 방법으로 대하는 것과는 크게 어긋나는 듯하도다. 종전에 우리 정부와 귀 공사 사이에 누누이 교섭 담판하였을 때, 비록 금지조(金之助) 등과 대질시켜 심판하지 않았으나 제가 소금을 잃은 일과 목촌(木村) 등이 도둑질하여 도망간 정황이 명백하여 의심할 여지가 없으므로, 그때 임공사(林公使)가 단지 휼금 수백 원으로 얼렁뚱땅 책임을 덮으려고 했으나 제가 거절하고 직접 공관으로 가서 통역관 국분상태랑(國分象太郎, 고쿠분 쇼타로)과 다시 담판하여 소금 가격과 손해 금액을 마땅히 추징해 줄 것이니 몇 개월만 기다리면 된다는 답변을 받았습니다. 그런즉 제가 마땅히 받아야 할 것과 목촌(木村)에게 마땅히 추징해야 할 것이 있음은 다시 말할 필요가 없는 것이거늘, 지금에 와서 갑자기 변상할 의무가 없다고 주장하는 것은 아주 심한 억지일뿐더러, 소송 관련 법률에서 피고가 가난할 경우에는 원고에 대하여 보상할 수 없다고 변명할 이유가 있습니까. 저는 학문이 얕아 문명국의 법률을 알지 못하오나 가령 도적이 자기 도적질을 자백하여도 가난함을 빙자하여 핑계를 대면 죄를 묻지 않으며, 채무자가 채권자에 대하여 가난하다고 변제를 거절하면 빚이 모두 없어지는지요. 이것이 다른 나라 사람에게만 시행하는 법률인지 모르겠으나 폐일언(蔽一言)하고 이와 같은 사례와 관련해서는 일전에 귀국이 우리나라 사람에 대하여 이행한 전례가 있으니 일찍이,

광무(光武) 6년(1902) 충청남도 홍주군 장고도에서,

귀국의 풍선(風船)이 암초에 부딪혀 파손하였거늘 그 선박 가격 금 3,000원을 그 지역 주민에게 강제로 거두어들임에 부득이 우리 정부가 변상한 일도 있었고,

광무(光武) 8년(1904) 공주군(公州郡)에 와서 살던 귀국 상민(商民) 관진태랑(寬辰太郎, 유타카 타쓰타로)이 군인과 싸운 일에 대해 손해금 수천 원을 우리 정부에 물려 받아낸 일도 있고, 갑오(甲午, 1894) 을미(乙未, 1895) 이후 인명 피해를 빙자하여 그 유족에게 휼금한다 하고 수십만 원을 다시 거두어 갔으니, 이와 같은 전례가 모두 앞서 귀국이 행한 법률 집행 사례입니다. 지금 저의 소금 가격에 대해서도 목원(木源)의 생사나 빈부를 막론하고 당연히 귀 정부에

서 추징해 줄 이유가 있음은 분명합니다. 가령 귀국의 상민이 물화(物貨)를 한국인의 배에 적재하였다가 불행히도 이름 모를 도적에게 도난을 당하였더라도 귀국은 반드시 전례대로 우리 정부에 압력을 가하여 지체없이 배상금을 받아갔을 것입니다. 유약한 우리 정부를 멸시하고 당당히 배상금을 받아가며 세월을 보내왔으니, 우리 정부는 유약하더라도 김두원 일개인 만큼은 유약하지 않아서 불쌍히 여기지 않겠다는 것입니까. 엎드려 바라옵건대 합하(閤下)는 일일이 살펴보신 후에 김두원의 원통한 사정을 불쌍히 여기셔서 소금 1,088통 가격 금 5,199원 10전과, 8년간의 손해배상금을 귀국 행정 기준대로 8배로 상정한 46,791원 90전을 주시옵소서. 우리 정부가 무력하여 공문으로 독촉하지 못함을 태연하게 보지 마시고, 일개인의 원통함을 두루 살피시어 귀 정부에서 신속히 위의 금액을 변급(辦給)하시어 한 사람으로 인하여 만인(萬人)이 칭송하고 만인으로 인하여 천하가 칭송하게 하심을 엎드려 바라오니 오직 합하는 헤아려 주소서.

광무(光武) 10년(1906) 10월 일 (完)

○部令　法部令第三號

各港市場裁判所各地方裁判所位置及管轄區域改正件

光武八年法部令第一號各開港市場裁判所와各地方裁判所位置中沃溝港裁判所次에「平壤市裁判所平壤市場內」十二字는刪去ᄒᆞ고咸鏡北道裁判所次에「濟州牧裁判所」는「濟州裁判所」로改正ᄒᆞ고同年法部令第二號「仁川港裁判所仁川港場內釜山港裁判所釜山港場內元山港裁判所元山港場內慶興港裁判所慶興港場內務安港裁判所務安港場內三和港裁判所三和港場內昌原港裁判所昌原港場內城津港裁判所城津港場內沃溝港裁判所沃溝港場內」九十九字는刪去ᄒᆞ고「仁川港裁判所仁川府釜山港裁判所東萊府元山港裁判所德源府慶興港裁判所慶興府務安港裁判所務安府三和港裁判所三和府昌原港裁判所昌原府城津港裁判所城津府沃溝港裁判所沃溝府龍川港裁判所龍川府義州市裁判所義州府」九十九字를添入ᄒᆞ고京畿裁判所下에「三府三十五郡」은「三十七郡」으로改正ᄒᆞ고廣州府江華府開城府의「府」字는幷以「郡」字로改正ᄒᆞ고喬桐郡次에「仁川郡」三字를刪去ᄒᆞ고忠淸北道裁判所下에「十七郡」은「十八郡」으로改正ᄒᆞ고陰城郡次에「文義郡」三字를添入ᄒᆞ고忠淸南道裁判所下에「三十八郡」은「三十七郡」으로改正ᄒᆞ고天安郡次에「文義郡」三字를幷刪去ᄒᆞ고全羅北道裁判所下에「二十六郡」은「二十七郡」으로改正ᄒᆞᆫ長水郡次에「求禮郡」三字와高山次에「沃溝郡」三字를幷刪去ᄒᆞ고長水郡次에「興德郡茂長郡高敞郡」九字를添入ᄒᆞ고全羅南道裁判所下에「三十一郡」은「二十六郡」으로改正ᄒᆞ고珍島郡次에「興德郡」三字와海南郡次에「茂長郡」三字와和順郡次에「高敞郡」三字와長城郡次에「務安郡」三字를幷刪去ᄒᆞ고慶尙南道裁判所下에「三十一郡」은「三十郡」으로改正ᄒᆞ고固城郡次에「東萊郡昌原郡」六字를刪去ᄒᆞ고鎭南郡次에「鬱島郡」三字를添入ᄒᆞ고平安北道裁判所下에「二十一郡」은「十九郡」으로改正ᄒᆞ고「義州郡」三字와龜城郡次에「龍川郡」三字를幷刪去ᄒᆞ고平安南道裁判所下에「二十三郡」은「二十二郡」으로改正ᄒᆞ고咸從郡次에「三和郡」三字를刪去ᄒᆞ고江原道裁判所下에「二十七郡」은「二十六郡」으로改正ᄒᆞ고安峽郡次에「鬱島郡」三字를刪去ᄒᆞ고咸鏡南道裁判所下에「十四郡」은「十三郡」으로改正ᄒᆞ고定平郡次에「德源郡」三字를刪去ᄒᆞ고咸鏡北道裁判所下에「十一郡」은「九郡」으로改正ᄒᆞ고鏡城郡次에「慶興郡城津郡」六字를刪去ᄒᆞ고第二項各港裁判所에서從前受理ᄒᆞ든港場外民刑事上一切文簿를各該郡所管地方三十二字는刪去ᄒᆞ고各道裁判所에서從前受理ᄒᆞ든各港市所在府에關ᄒᆞᆫ民刑事上一切文簿는各港市三十四字를添入ᄒᆞ고同年部令第四號는廢止ᄒᆞᆷ이라　光武十年十月二十七日

法部令第三號

각 항 시장 재판소 각 지방 재판소의 위치와 관할구역 개정건

광무(光武) 8년(1904) 법부령(法部令) 제1호 「각 개항 시장 재판소와 각 지방 재판소 위치」 중 옥구항(沃溝港) 재판소에

(중략)

경상남도 재판소 아래에 「31군(郡)」은 「30군」으로 개정하고, 고성군(固城郡) 다음에 「동래군(東萊郡), 창원군(昌原郡)」의 6자를 지우고, 진남군(鎭南郡) 다음에 「울도군(鬱島郡)」의 3자를 첨입하고

(중략)

강원도 재판소 아래에 「27군」은 「26군」으로 개정하고, 안협군(安峽郡) 다음에 「울도군」의 3자를 지우고

(중략)

각도 재판소에서 종전을 따라 수리하고 각 항 시장이 소재한 부(府)에 관한 민·형사상의 일체 문부(文簿)는 각항시(各港市) 34자를 첨입하고, 같은 해 법부령 제4호는 폐지한다.

광무 10년(1906) 10월 27일.

[177] 1906년 11월 27일 | 황성신문

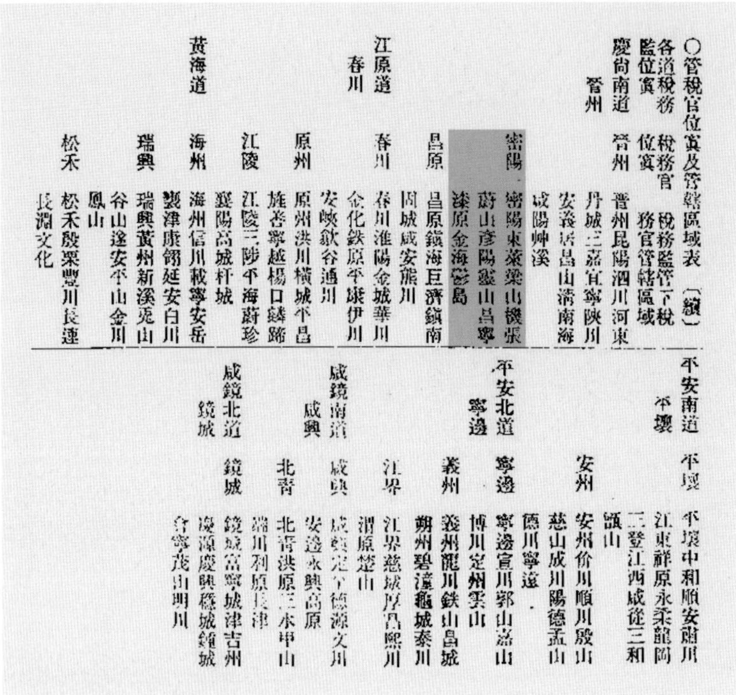

○管稅官位寘及管轄區域表(續)

各道稅務監位寘	稅務官位寘	稅務監管下稅務官管轄區域
慶尙南道 晉州	晉州	晉州昆陽泗川河東丹城三嘉宜寧陜川安義居昌山淸南海咸陽艸溪
	密陽	密陽東萊梁山機張蔚山彦陽靈山昌寧漆原金海鬱島
	昌原	昌原鎭海巨濟鎭南固城咸安熊川
江原道 春川	春川	春川淮陽金城華川金化鐵原平康伊川安峽歙谷通川
	原州	原州洪川橫城平昌旌善寧越楊口麟蹄
	江陵	江陵三陟平海蔚珍襄陽高城杆城
黃海道	海州	海州信川載寧安岳甕津康翎延安白川
	瑞興	瑞興黃州新溪兎山谷山遂安平山金川鳳山
	松禾	松禾殷栗豐川長連長淵文化
平安南道 平壤	平壤	平壤中和順安甑山江東祥原永柔龍岡三登江西咸從三和
	安州	安州价川順川殷山慈山成川陽德孟山德川寧遠
平安北道 寧邊	寧邊	寧邊宣川郭山嘉山博川定州雲山
	義州	義州龍川鐵山昌城朔州碧潼龜城泰川
	江界	江界慈城厚昌熙川渭原楚山
咸鏡南道 咸興	咸興	咸興定平德源文川安邊永興高原
	北靑	北靑洪原三水甲山端川利原長津
咸鏡北道 鏡城	鏡城	鏡城富寧城津吉州慶源慶興穩城鍾城會寧茂山明川

管稅官位寘及管轄區域表(續)

각도 세무감(稅務監) 위치	세무관(稅務官) 위치	세무감 관하 사무 관할구역
경상남도 진주(晋州)	진주	진주, 곤양(昆陽), 사천(泗川), 하동(河東), 단성(丹城), 삼가(三嘉), 의령(宜寧), 합천(陜川), 안의(安義), 거창(居昌), 산청(山淸), 남해(南海), 함양(咸陽), 초계(艸溪)
	밀양(密陽)	밀양, 동래(東萊), 양산(梁山), 기장(機張), 울산(蔚山), 언양(彦陽), 영산(靈山), 창녕(昌寧), 칠원(漆原), 김해(金海), 울도(鬱島)
	창원(昌原)	창원, 진해(鎭海), 거제(巨濟), 진남(鎭南), 고성(固城), 함안(咸安), 웅천(熊川)

(후략)

金氏八難

大韓咸鏡南道元山港居商民金斗源氏가光武三年己亥六月十三日商業次로慶尙北道長기郡毛浦金雙童旅舘에到ᄒᆞ야資本金五千一百九十圜十錢을支出ᄒᆞ야鹽一千八十八桶을貿得積置矣러니日本北海道島根縣隱崎國옥긔느군이會社船主木村源一郞兄弟가來到懇請日以鹽換太則利益이不少타ᄒᆞ고裝載ᄒᆞ기를懇請ᄒᆞᆫ죽金氏ᄂᆞᆫ他國通商ᄒᆞᆷ實由에確能치못ᄒᆞᆫ고로疑慮点이有ᄒᆞ다가該船主에懇請으로遂爲契約ᄒᆞ고該船에裝載ᄒᆞ야發帆同行拾六日에到泊鬱陵島則日已暮矣라 未完

金氏八難

대한 함경남도 원산항에 거주하는 상민 김두원씨가 광무(光武) 3년 기해(己亥, 1899) 6월 13일 상업을 목적으로 경상북도 장기군 모포(毛浦) 김쌍동(金雙童)의 여관에 도착하여 자본금 5,190환(圜) 10전(錢)을 지출하여 소금 1,088통(桶)을 사들여 쌓아두었더니, 일본 북해도(北海道) 도근현(島根縣) 은기국(隱崎國) 회사 선주(船主) 목촌원일랑(木村源一郎) 형제가 와서 간절히 청하여 말하기를, 소금을 콩으로 바꾸면 이익이 적지 않다고 하고 배에 짐을 싣기를 간절히 청하였으나, 김씨는 다른 나라와 통상하는 것이 실로 확신하지 못하였기 때문에 의심하는 점이 있다가, 그 선주의 간청으로 마침내 약조를 맺고 그 배에 짐을 싣고 돛을 펴고 함께 가서 16일에 울릉도에 정박하니 날이 이미 저물었더라. (미완)

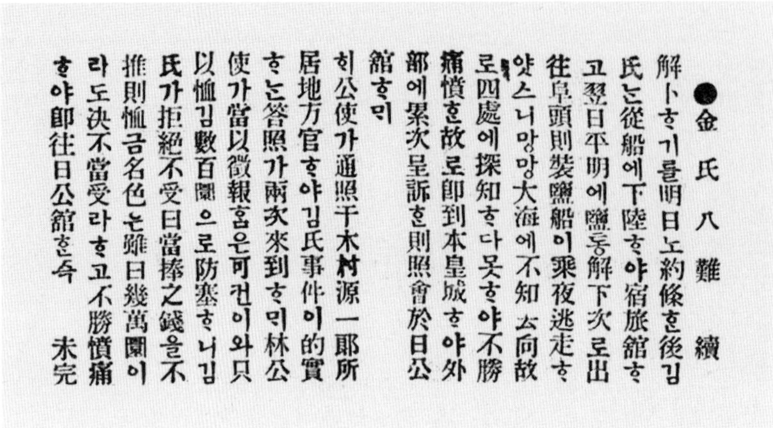

●金 氏 八 難 續
解卜ᄒᆞ기를明日노約條ᄒᆞᆫ後김
氏ᄂᆞᆫ從船에下陸ᄒᆞ야宿旅館ᄒᆞ
고翌日平明에鹽통解下次로出
往阜頭則裝鹽船이乘夜逃走ᄒᆞ
얏스니망망大海에不知去向故
로四處에探知ᄒᆞ다못ᄒᆞ야不勝
痛憤ᄒᆞᆫ故로卽到本皇城ᄒᆞ야外
部에累次呈訴ᄒᆞᆫ則照會於日公
館ᄒᆞ미
ᄒᆡ公使가通照于木村源一郞所
居地方官ᄒᆞ야김氏事件이的實
ᄒᆞᄂᆞᆫ答照가兩次來到ᄒᆞ미林公
使가當以徵報ᄒᆞᆷ은可건이와只
以恤금數百圜으로防塞ᄒᆞ니김
氏가拒絕不受曰當捧之錢을不
推則恤금名色ᄂᆞᆫ雖曰幾萬圜이
라도決不當受라ᄒᆞ고不勝憤痛
ᄒᆞ야卽往日公館ᄒᆞᆫ今 未完

金氏八難(續)

다음 날 계산하자고 약조한 후 김씨는 배에서 내려 여관에서 자고 다음 날 해 뜰 무렵에 소금통을 내리려고 배가 정박한 부두로 갔는데 소금 실은 배가 밤중에 도망갔으니 망망대해에 어디로 갔는지 알지 못하여 사방으로 찾아다녔으나 찾지 못하여 분통함을 이기지 못하고 즉시 황성(皇城)으로 가서 외부에 누차 고소하여 일본 공사관에 조회하기를,

해당 공사가 목촌원일랑(木村源一郎)이 거주하는 지방관에게 조회하여 보니 김씨 사건이 확실하다는 답변이 두 차례 와서, 임(林) 공사가 마땅히 추징해 주어야 하나 단지 수백 환의 휼금으로 무마하고자 하니 김씨가 거절하며 받지 않고 마땅히 받아야 할 돈을 휼금 명목으로는 수만 환이라도 결코 받지 않겠다고 하며 분통함을 이기지 못하여 즉시 일본 공사관으로 갔다. (미완)

●金 氏 八 難 續

林公使가不勝憤괴ᄒᆞ야金氏에手를堅執ᄒᆞ고還入外部ᄒᆞ야時任大臣을怨責ᄒᆞ며曰金氏之作梗이貴大신之所使라ᄒᆞ고擧措駭乖ᄒᆞᆫ지라外相이曰公使에公躰損失케ᄒᆞ얏다ᄒᆞ고金氏를詰責ᄒᆞᆫ지라日使曰金氏ᄂᆞᆫ照律嚴懲ᄒᆞ고

外部大신은明日에本公舘에來ᄒᆞ이謝過ᄒᆞ라ᄒᆞ고仍即還去ᄒᆞᄂᆞᆫᄃᆡ金씨를경務廳으로押送ᄒᆞ얏다가光武七年계卯六月二拾四日에金씨를三年懲役에處ᄒᆞ얏더니卅三個月만의幸蒙赦典放釋ᄒᆞ얏ᄂᆞᆫᄃᆡ該씨가林公ᄉᆞ의恤金을一向拒絕ᄒᆞ고受去치아니ᄒᆞ야曰賠償은可컨이와恤金은不當이라홈으로外部會計局에留置ᄒᆞ얏다가其시외部通商局長丁大有氏가公使林權助遞任歸國ᄒᆞᆫ다ᄂᆞᆫ말을듯고 未完

金氏八難(續)

임(林, 하야시) 공사가 분노를 참지 못하고 김씨의 손을 잡고 외부로 가서 당시 대신을 책망하며 말하길, 김씨의 못된 행실은 귀 대신이 시킨 것이라 하며 소란을 피웠다. 외상(外相)이 일본 공사의 체면을 손상시켰다고 하고 김씨를 질책했다. 일본 공사가 말하길, 김씨는 법률에 의거하여 엄히 징벌하고,

외부대신은 다음 날 본 공사관으로 와서 사과하라 하고 돌아갔는데, 김씨를 경무청으로 압송하였다가 광무(光武) 7년(1903) 계묘(癸卯)년 6월 24일에 김씨를 3년 징역에 처하였더니 33개월 만에 사면 석방되었다. 김씨가 임(林) 공사의 휼금을 일절 거절하고 받지 않으면서 말하길, 배상은 가당하나 휼금은 가당치 않다고 하므로 외부(外部) 회계국(會計局)에 유치하였다가 그때 통상국장 정대유(丁大有)씨가 공사 임권조(林權助)가 귀국한다는 말을 듣고, (미완)

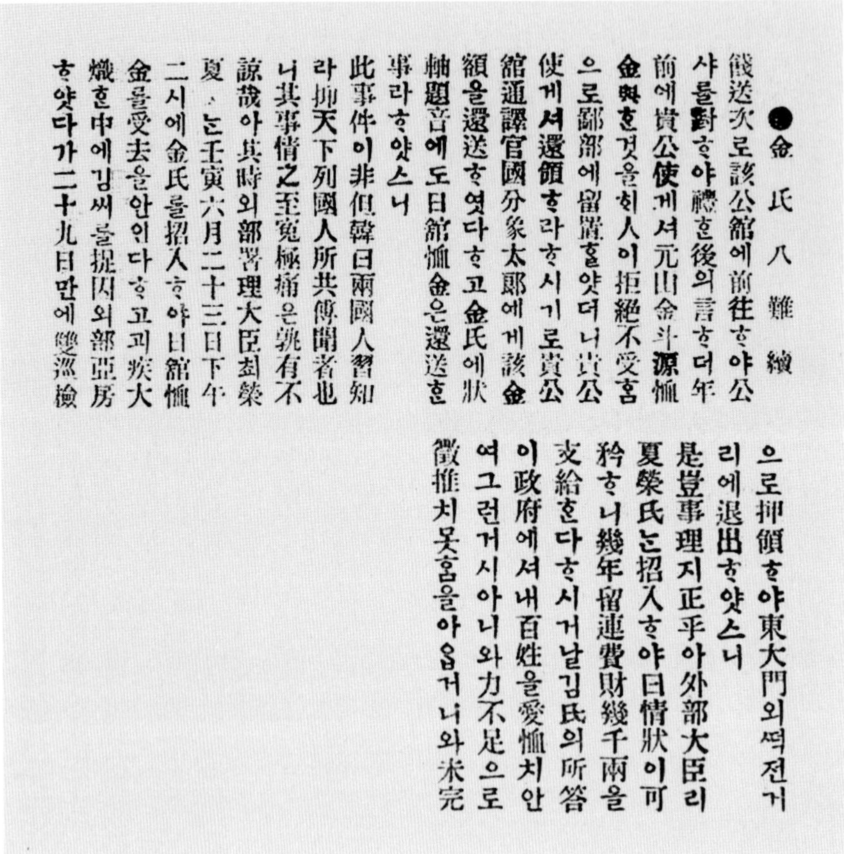

●金氏八難續

餞送次로該公舘에前往ᄒᆞ야公사를對ᄒᆞ야禮ᄒᆞᆫ後의言ᄒᆞ더年前에貴公使게셔元山金斗源恤金與ᄒᆞᆫ것을該人이拒絕不受ᄒᆞᆷ으로鄙部에留置ᄒᆞ얏더니貴公使게셔還領ᄒᆞ라ᄒᆞ시기로貴公舘通譯官國分象太郞에게該金額을還送ᄒᆞ엿다ᄒᆞ고金氏에狀軸題音에도日舘恤金은還送ᄒᆞᆫ事라ᄒᆞ얏스니

此事件이非但韓日兩國人習知라抑天下列國人所共傳聞者也니其事情之至寃極痛은孰有不諒哉아其時외部署理大臣최榮夏、ᄂᆞᆫ壬寅六月二十三日下午二시에金氏를招入ᄒᆞ야日舘恤金를受去은안인다ᄒᆞ고괴疾大熾ᄒᆞᆫ中에김씨를捉囚외部亞房ᄒᆞ얏다가二十九日만에變巡檢으로押領ᄒᆞ야東大門외썩전거리에退出ᄒᆞ얏스니是豈事理지正乎아外部大臣리夏榮氏ᄂᆞᆫ招入ᄒᆞ야日情狀이可矜ᄒᆞ니幾年留連費財幾千兩을支給ᄒᆞᆫ다ᄒᆞ시거날김氏의所答이政府에셔내百姓을愛恤치안여그런거시아니와力不足으로徵推치못ᄒᆞᆷ을아옵거니와未完

金氏八難(續)

송별차 공사관에 미리 가서 공사에게 인사한 후 말하길, 몇 해 전에 귀 공사께서 원산 김두원에게 휼금을 주려던 것을 그가 거절하고 받지 않음으로 비부[鄙部: 비루한 부. 여기서는 외부(外部)를 낮추어 부른 말]에 유치하였더니 귀 공사관께서 돌려보내라 하시기로 귀 공사관 통역관 국분상태랑(國分象太郎, 고쿠분 쇼타로)에게 그 휼금액을 돌려보냈다 하고, 김씨에 문서를

통해서 일본 공사관의 흁금은 돌려보냈다고 하였다.

이 사건이 단지 한일 양국인만이 알고 있는 일이 아니라. 천하 열국(列國) 사람들이 전해 들어 알고 있는 바이니 그 사정이 극히 원통한 것임은 누구나 안다. 그때 외부대신 최영하(崔榮夏)씨는 임인(壬寅, 1902) 6월 23일 오후 2시에 김씨를 불러들여 일본 공사관의 흁금을 받지 않는다 하여 괴질에 걸린 김씨를 외부(外部) 아방[亞房, 관청에서 심부름하던 사령(使令)이 일을 보는 곳]에 잡아가두었다가, 29일만에 두 명의 순검을 붙여 호송해서 동대문 밖 떡전거리로 내쫓았으니, 이 어찌 공정한 도리라 할 수 있으랴. 외부대신 이하영씨는 불러들여 말하길, 정상이 가련하니 몇 년간 들어간 비용 수천 냥(兩)을 지급한다 하시었으나 김씨의 대답은, 정부에서 내 백성을 불쌍히 여기지 않아서 그런 것이 아니라 힘이 부족하여 추징하지 못함을 알거니와, (미완)

(182) 1907년 1월 23일 | 대한매일신보

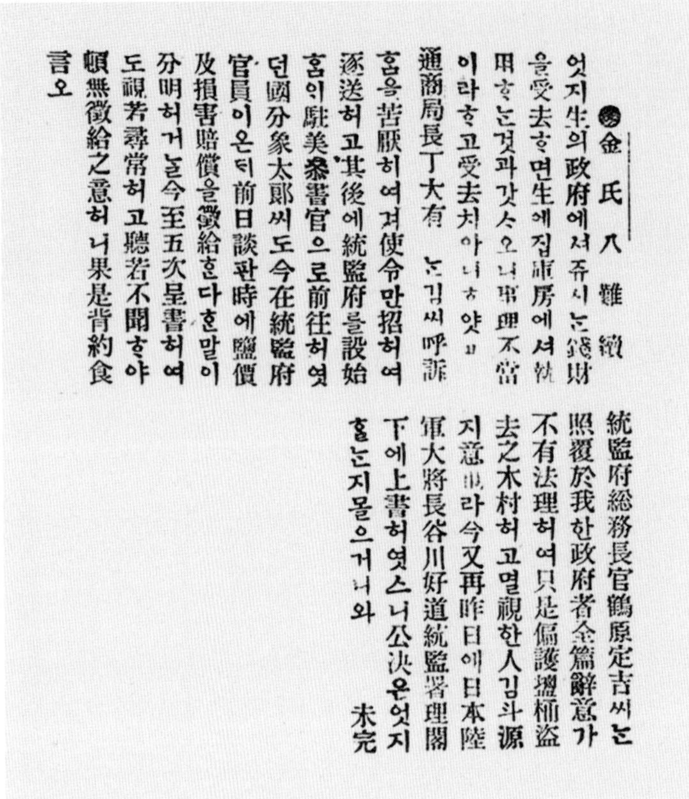
金氏八難 續

엇지生의政府에셔쥬시ᄂᆞᆫ錢財을受去ᄒᆞ면生에집庫房에셔執用ᄒᆞᄂᆞᆫ것과갓ᄉᆞ오니事理不當이라ᄒᆞ고受去치아니ᄒᆞ얏고通商局長丁大有 ᄂᆞᆫ김씨呼訴ᄒᆞᆷ을苦厭ᄒᆞ여겨使令만招ᄒᆞ여逐送ᄒᆞ고其後에統監府를設始ᄒᆞᆷ의駐美叅書官으로前往ᄒᆞ엿던國分象太郎씨도今在統監府官員이온ᄃᆡ前日談판時에鹽價及損害賠償을徵給ᄒᆞᆫ다ᄒᆞᆫ말이分明ᄒᆞ거ᄂᆞᆯ今至五次呈書ᄒᆞ여도視若尋常ᄒᆞ고聽若不聞ᄒᆞ야頓無徵給之意ᄒᆞ니果是背約食言오 統監府總務長官鶴原定吉씨ᄂᆞᆫ照覆於我한政府者全篇辭意가不有法理ᄒᆞ여只是偏護壟斷盜去之木村ᄒᆞ고멸視한人김斗源지意由라今又再昨日에日本陸軍大將長谷川好道統監署理閣下에上書ᄒᆞ엿스니公決은엇지ᄒᆞᆯᄂᆞᆫ지몰으거니와 未完

金氏八難(續)

제가 정부에서 주시는 전재(錢財)를 받아 가면 저의 집 광[庫房]에서 찾아 쓰는 것과 같으니 사리에 맞지 않는다 하고 받지 않았는데, 통상국장 정대유(丁大有)씨는 김씨의 호소를 매우 싫어하여 사령(使令)만 불러 쫓아냈고, 그 후에 통감부가 설치될 때 전에 주미 참서관(駐美參書官)으로 부임했던 국분상태랑(國分象太郎)씨도 지금 통감부 관원으로 있는데, 일전에 담판했을 때 소금값 및 손해배상금을 거둬서 지급한다고 한 말이 분명하다. 지금 다섯 번째로 서신을 올려도 대수롭지 않게 보고 듣지 않는 척하여 징급(徵給)할 뜻이 없으니, 정말로 이것은 약속을 위반한 것이요,

통감부 총무장관 학원정길(鶴原定吉, 쓰루하라 사다키치)씨는 우리 한국 정부가 조회한 글 전체의 뜻이 법리에 맞지 않는다고 하였으니, 이는 단지 소금통을 도적질한 목촌(木村)을 편들고 김두원을 멸시함이라. 엊그제 다시 일본 육군대장 장곡천호도(長谷川好道) 통감부 서리 합하에게 상소하였으니 어떤 결정이 날지는 모르겠거니와, (미완)

[183] 1907년 1월 24일 ㅣ 대한매일신보

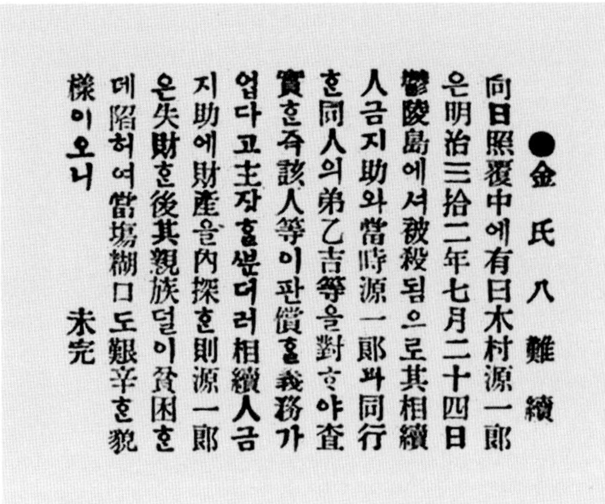

●金氏八難續
向日照覆中에有曰木村源一郎은明治三拾二年七月二十四日鬱陵島에셔被殺됨으로其相續人금지助와當時源一郎과同行ᄒᆞᆫ同人의弟乙吉等을對ᄒᆞ야査實ᄒᆞᆫ즉該人等이판償ᄒᆞᆯ義務가업다고主장ᄒᆞᆯ뿐더러相續人금지助에財產을內探ᄒᆞᆫ則源一郎은失財ᄒᆞᆫ後其親族덜이貧困ᄒᆞᆫ데陷허여當塲糊口도艱辛ᄒᆞᆫ貌様이오니 未完

金氏八難(續)

지난번 회답 가운데, 목촌원일랑(木村源一郎)은 명치(明治) 32년(1899) 7월 24일 울릉도에서 피살되어서 그 상속인인 금지조(金之助)와 당시 원일랑(源一郎)과 동행했던 그의 아우 을길(乙吉) 등에 대해 사실을 조사하였는데, 그들이 배상할 의무가 없다고 주장할 뿐더러, 상속인 금지조의 재산을 내탐하였더니 원일랑이 재산을 잃은 후 그 친족들이 빈곤해져서 당장 입에 풀칠하기도 곤란한 모양이오니, (미완)

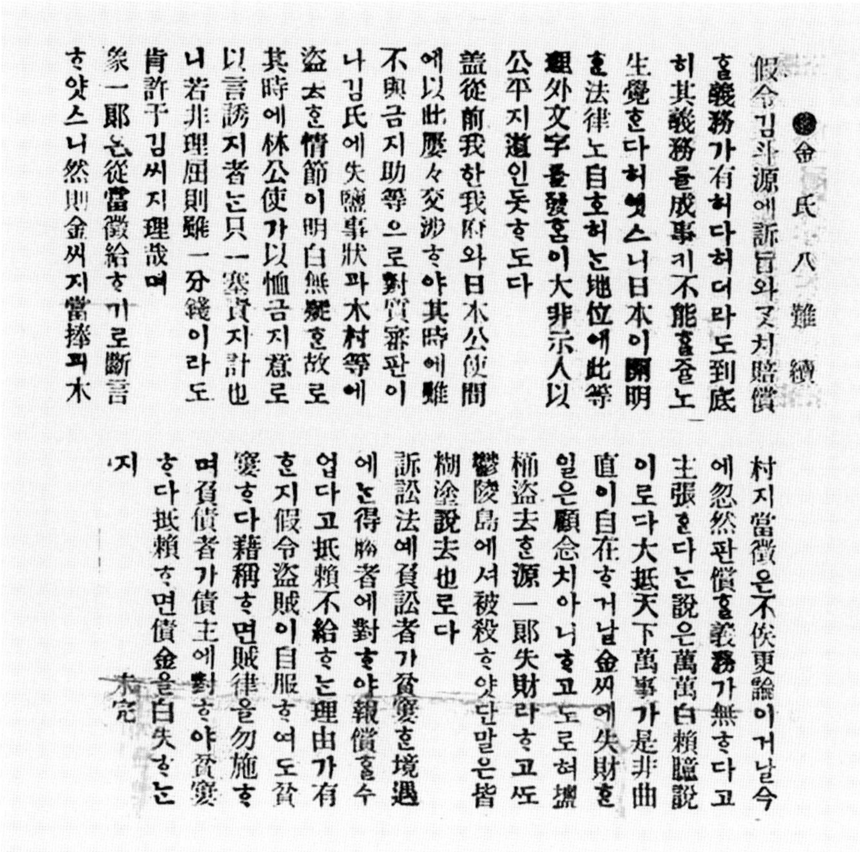
●金氏八難(續)
假令김斗源에訴旨와ᄀᆞᆺ치賠償ᄒᆞᆯ義務가有ᄒᆞ다ᄒᆞ더라도到底히其義務를成事키不能ᄒᆞᆯ줄노生覺ᄒᆞᆫ다ᄒᆞ엿스니日本이開明ᄒᆞᆫ法律노自호ᄒᆞ는地位에此等理外文字를發ᄒᆞᆷ이大非示人以公平지道인듯ᄒᆞ도다
蓋從前我한我府와日本公使間에以此屢々交涉ᄒᆞ야其時에難不與금지助等으로對質審판이나김氏에失鹽事狀과木村等에盜去ᄒᆞᆫ情節이明白無疑ᄒᆞᆫ故로其時에林公使가以恤금지意로以言誘지者는只一塞責지計也니若非理屈則雖一分錢이라도肯許于김씨지理哉며豕一郞은從當徵給ᄒᆞ기로斷言ᄒᆞ얏스니然則金씨지當捧과木村지當徵은不俟更論이거날今에忽然판償ᄒᆞᆯ義務가無ᄒᆞ다고主張ᄒᆞᆫ다는說은萬萬白賴臆說이로다大抵天下萬事가是非曲直이自在ᄒᆞ거날金씨에失財ᄒᆞᆫ일은顧念치아니ᄒᆞ고도로혀據稱盜去ᄒᆞᆫ源一郞失財라ᄒᆞ고또鬱陵島에서被殺ᄒᆞ얏단말은皆糊塗說去也로다
訴訟法예貧訟者가貧寠ᄒᆞᆫ境遇에는得勝者에對ᄒᆞ야報償ᄒᆞᆯ수업다고抵賴不給ᄒᆞ는理由가有ᄒᆞᆫ지假令盜賊이自服ᄒᆞ여도貧寠ᄒᆞ다藉稱ᄒᆞ면賊律을勿施ᄒᆞ며負債者가債主에對ᄒᆞ야貧寠ᄒᆞ다抵賴ᄒᆞ면償金을白失ᄒᆞ는지
未完

金氏八難(續)

가령 김두원에 소송의 취지와 같이 배상할 의무가 있다 하더라도 도저히 그 의무를 성사하기 불가능할 줄로 생각한다 하였으니, 일본이 개명한 법률로 스스로 자랑하는 지위에 이처럼 도리에 벗어나는 문자를 발함이 사람을 공평한 방법으로 대하는 것으로는 보이지 않는 듯하도다.

종전에 우리 한국 정부와 일본 공사 사이에 누누이 교섭하였던 때에 비록 금지조(金之助) 등과 대질 심판하지는 않았으나, 김씨(김두원)가 소금을 잃은 일과 목촌(木村) 등이 도둑질해 간 정황이 명백하여 의심할 바 없어서, 그때 임(林) 공사가 휼금의 뜻으로 달래려 한 말은 단지 책임을 덮으려는 꾀여서 도리가 아니라 하자,

상태랑*(象太郞, 국분상태랑)은 한 푼이라도 김씨의 이치에 승낙하겠다며 뒤에 마땅히 거두어 주겠다고 단언하였으니, 김씨가 마땅히 받아야 할 것과 목촌에게 마땅히 거둬야 할 것은 다시 논할 것이 아니거늘, 지금 갑자기 변상할 의무가 없다고 주장하는 이야기는 아주 심하게 꾸며낸 이야기로다. 무릇 천하만사의 잘잘못과 옳고 그름이 스스로 존재하거늘, 김씨가 재산을 잃은 일은 돌봐주지 않고 도리어 소금통을 훔쳐 도망간 원일랑(源一郞, 목촌원일랑)이 재산을 잃었다 하고, 또 울릉도에서 피살되었다는 말은 모두 진실을 호도하는 것이로다.

소송법에 피고[負訟者]가 가난할 경우에는 원고[得勝者]에 대하여 보상할 수 없다고 변명하며 지급하지 않을 이유가 있는지. 가령 도적이 자백하여도 가난함을 빙자하여 핑계를 대면 죄가 무효가 되며, 채무자가 채권자에 대하여 가난하다고 변명하고 거절하면 빌린 돈을 건지지 못하고 잃는지, (미완)

---

* 국분상태랑(國分象太郞, 고쿠분 쇼타로). 원문에는 '象一郞'으로 잘못 기재됨.

(185) 1907년 2월 1일 | 대한매일신보

●金氏八難 續

文明國에法律이々러ᄒᆞᆫ가他國民에만對허여施行허ᄂᆞᆫ法律인지未可知也로다曾往에日本이此等事例로我한人에對허여履行ᄒᆞᆫ前例가有허엿ᄉᆞ니自甲午乙未以後로內地의셔人命損害라藉稱허여其遺族의게恤금ᄒᆞᆫ다허고幾拾萬圓을徵去ᄒᆞ얏시며

광무八年에公州郡의來住허ᄂᆞᆫ日本商民寬辰太郞이軍인과爭鬪ᄒᆞᆫ事件에게對허여損金幾千圓을我한政府의徵捧ᄒᆞᆫ事도有허니如此ᄒᆞᆫ已例가皆日本政府의셔先行ᄒᆞᆫ法律의諡援比例라今의김氏鹽價의對ᄒᆞ야도木村源一郞의貧富生死를勿論허고일本政府의셔當然히徵給ᄒᆞᆯ理由가分明ᄒᆞᆫ지라

假令日本國商民이物貨를한人의船에裝載ᄒᆞ얏다가不幸遭無名盜賊지變이라도日政府에셔必應復用前例ᄒᆞ야督迫韓政府ᄒᆞ야徵去賠償을不留時刻ᄒᆞᆯ것거ᄂᆞᆯ今此堂々徵給지物을壹向推위ᄒᆞ고延타歲月者ᄂᆞᆫ此果멸親我한政府지故也로다不然則豈有如此理ㅣ지行事哉아痛冤莫甚이오며我한議政參政은國지大任을擔負ᄒᆞ야民情을保護ᄂᆞᆫ可거ᄂᆞᆯ今於七八年訴訟허ᄂᆞᆫ金斗源事件에無壹言半辭허고顧弗顧見而只是竊祿尸位而已也오외事局長한昌洙씨ᄂᆞᆫ김씨에訴狀을案독에留置ᄒᆞᆫ지六十餘日만에參贊으로陞差만허고

未完

金氏八難(續)

문명국의 법률이 이러한가. 다른 국민에만 대하여 시행하는 법률인지 알 수 없도다. 일찍이 일본이 이러한 사례로 우리나라 사람에 대하여 이행한 전례가 있었으니, 갑오(甲午, 1894) 을미(乙未, 1895) 이후로 내지(內地)에서 인명 피해를 빙자하여 그 유족에게 휼금한다 하고 몇십만 원을 거두어 갔으며,

광무 8년(1904)에 공주군(公州郡)에 와서 사는 일본 상민 관진태랑(寬辰太郎)이 군인과 싸운 사건에 대하여 손해금 몇천 원을 우리 정부에 물려 받아낸 일도 있으니, 이와 같은 사례가 모두 일본 정부에서 법률을 집행한 선행 사례이다. 지금의 김씨 소금값에 대하여도 목촌원일랑(木村源一郎)의 빈부와 생사를 물론하고 일본 정부에서 당연히 거두어 줄 이유가 분명한지라.

가령 일본국 상민이 물화를 한국 사람의 배에 실었다가 불행히 이름 모를 도적에게 변을 당했더라도 일본 정부에서 반드시 전례대로 한국 정부를 다그쳐 지체 없이 배상금을 받아 갔을 것이거늘, 지금 이 당당히 거두고 지급해야 할 사안을 한결같이 책임을 전가하고 세월을 보낸 것은 우리 정부를 멸시한 까닭이로다.

그렇지 않다면 어찌 이와 같은 도리에 맞지 않은 일이 있겠는가. 슬프고 원통함이 막심하며, 우리 한국 의정부 참정(參政)은 나라의 중대 임무를 짊어지고 민정을 보호해야 하거늘, 지금 7~8년 동안 소송하는 김두원 사건에 일언반구 없이 가지런히 돌이켜보지 않고, 단지 녹봉만 취하고 자리만 차지하고 있는가. 외사국장 한창수(韓昌洙)씨는 김씨의 소장(訴狀)을 관청 문서(案牘)에 받은 지 60여 일 만에 참찬(參贊)으로 벼슬만 오르고, (미완)

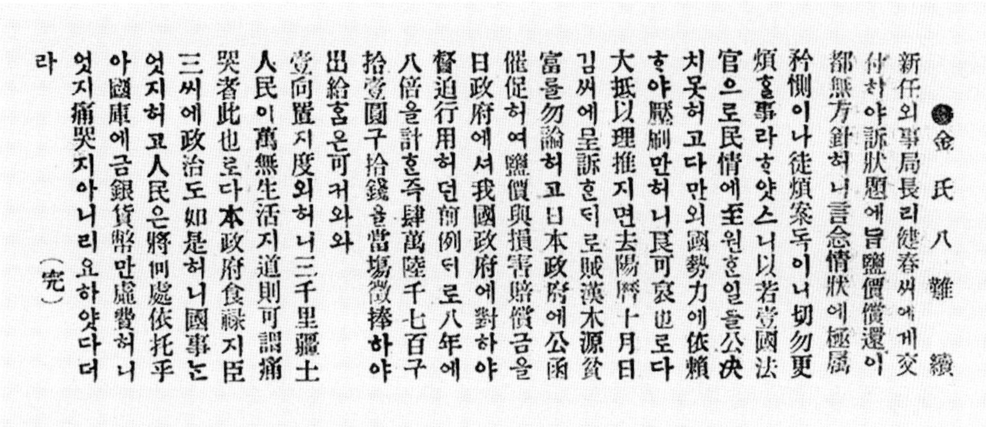

●金氏八難續
新任외事局長리健春씨에게交
付하야訴狀題에旨鹽價償還이
都無方針허니言念情狀에極屬
矜惻이나徒煩案독이니切勿更
煩ᄒᆞᆯ事라ᄒᆞ얏스니以若壹國法
官으로民情에至원ᄒᆞᆫ일을公決
치못허고다만외國勢力에依賴
ᄒᆞ야壓制만허니良可哀也로다
大抵以理推지면去陽曆十月日
김씨에呈訴ᄒᆞᆫᄃᆡ로賊漢木源貧
富를勿論허고日本政府에公函
催促허여鹽價與損害賠償금을
日政府에셔我國政府에對하야
督迫行用허던前例ᄃᆡ로八年에
八倍을計ᄒᆞᆫ즉肆萬陸千七百주
拾壹圓구拾錢을當場徵捧하야
出給ᄒᆞᆷ은可커와와
壹向置지度외허니三千里疆土
人民이萬無生活지道則可謂痛
哭者此也로다本政府食祿지臣
三씨에政治도如是허니國事는
엇지허고人民은將何處依托乎
아國庫에금銀貨幣만虛費허니
엇지痛哭지아니리요하얏다더
라 (完)

金氏八難(續)

신임 외사국장 이건춘(李建春)씨에게 교부하여 소장 제지[題旨, 백성이 제출한 소장(訴狀)이나 원서(願書)에 쓰던 관부(官府)의 판결 또는 지령]에 소금값 상환 방침이 없으니, 말과 생각의 상황이 매우 불쌍하고 가여우나 단지 장황한 문서여서 다시 번거롭게 하지 말 일이라 하였으니, 만약 한 나라의 법관으로 민정(民情)에 지극히 바라는 일을 공정하게 결정하지 못하고, 다만 외국 세력에 의지하여 눌려 처리만 하니, 참으로 애처롭다. 무릇 이치로 미루어 생각하면 지난 양력 10월 김씨가 낸 소장대로 흉악한 도둑인 목원(木源, 목촌원일랑)의 빈부를 물론하고 일본 정부에 공문으로 독촉하여 소금값과 손해배상금을 일본 정부에서 우리 정부에 대하여 심하게 다그쳐 행하던 전례대로 8년에 8배로 계산한즉, 46,791원 90전을 당장 징수하여 지급함이 가능한데 언제나 마음에 두지 아니하니,

삼천리 강토 인민이 생활할 길은 결코 없으며 이는 정말 통곡할 만한 것이로다. 본 정부의 녹을 먹는 신하 세 사람의 정치도 이와 같으니, 나랏일은 어찌 하고 인민은 장차 어디에 의탁할 것인가. 국고(國庫)에 금은화폐만 허비하니 어찌 통곡하지 아니하리요, 하였다더라. (완)

[187] 1907년 3월 16일 | 대한매일신보

◉叙任及辭令

任義州府尹 前參書官鄭海運
任洪州郡守 法官養成所敎官金祥演
任寶城郡守 內部參書官丁九섭
任靑陽郡守 議政府主事黃祐찬
任鎭安郡守 內部主事安基宅
任中和郡守 侍從院右侍御김然尙
任懷仁郡守 景孝殿令김永德
任興海郡守 侍從院左侍御李碩관
任新溪郡守 侍講院侍從官李병哲
任善山郡守 咸安郡守丁희섭
任咸安郡守 丹城郡守김병吉
任綾州郡守 珍島郡守權重冕
任珍島郡守 淸風郡守李병化
任橫城郡守 鬱島郡守沈興澤
任智島郡守 旌義郡守蔡[illegible]康
任楚山郡守 正三品리章遠
任延日郡守 六品陶容植
任牙山郡守 六品鄭翰朝
任內部參書官 前郡守洪鍾裕
江原道觀察道主事丁元섭
任江原道觀察道參書官
任度支部稅務主事 度支部主事리基世

叙任及辭令

(전략)

울도 군수 심흥택을 횡성(橫城) 군수로 임명하였다.

(후략)

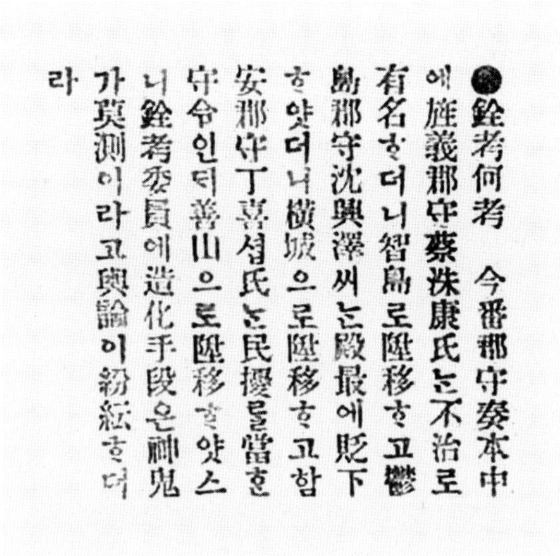
●銓考何考 今番郡守奏本中에旌義郡守蔡洙康氏ᄂᆞᆫ不治로有名ᄒᆞ더니智島로陞移ᄒᆞ고鬱島郡守沈興澤씨ᄂᆞᆫ殿最에貶下ᄒᆞ얏더니橫城으로陞移ᄒᆞ고咸安郡守丁熹燮氏ᄂᆞᆫ民擾를當ᄒᆞᆫ守令인ᄃᆡ善山으로陞移ᄒᆞ얏스니銓考委員에造化手段은神鬼가莫測이라고輿論이紛紜ᄒᆞ더라

銓考何考

이번 군수 주본(奏本) 중에 정의(旌義) 군수 채수강(蔡洙康)씨는 잘 다스리지 못하기로 유명하더니 지도(智島)로 승진하고, 울도 군수 심흥택씨는 전최(殿最)*에 폄하하였는데 횡성으로 승진하고, 함안(咸安) 군수 정희섭(丁憙燮)씨는 민요(民擾)를 당한 수령(守令)인데 선산(善山)으로 승진하였으니, 전고위원(銓考委員)의 조화수단(造化手段)은 귀신도 헤아릴 수 없다고 여론이 시끄럽다 하더라.

---

* 관찰사가 각 고을 수령의 치적을 심사하여 중앙에 보고하던 일. 전(殿)은 맨 아래 등급을, 최(最)는 맨 위 등급을 말함.

〔189〕 1907년 4월 16일 ǀ 황성신문

爲郵便局所在地 郵便으로貨幣을
換送ᄒᆞᄂᆞᆫ方法은昨紙에揭佈ᄒᆞ얏거니
와郵便局取及所의在地가如左ᄒᆞ니
京畿 京城 光化門 西大門 南大
門 仁川 永登浦 開城 水原
安城 楊州 漣川 坡州
廣州 楊根 驪州 長湍
金浦 南陽 陽智 振威
江華 抱川 京城新町 京
城東大門通 龍山 水原停
車場前 平澤 仁川花開洞
麻浦 素砂 烏山 漢江坊
藍島 汶山 仁川停車場前
土城 京城本町 龍山元町
忠淸南 江景 公州 洪州 太田
牙山 禮山 天安 全義
連山 恩津 鴻山 韓山
定山 藍浦 德山 沔川
瑞山 於靑島 成歡 鳥致
院 論山 稷山金鑛 屯浦
溫泉里 덕勢村
忠淸北 忠州 淸州 丹陽 鎭川
槐山 報恩 沃川 黃澗
文義 永同 沃川停車場前
秋風嶺 芙江
全羅南 木浦 光州 濟州 長興
谷城 同福 順川 麗水
綾州 長城 靈光 羅州
靈巖 珍島 海南 潭陽
興陽 木浦巡邏船內 榮山
浦 巨文島
全羅北 群山 全州 南原 咸悅
金堤 礪山 錦山 茂朱
鎭安 泰仁 扶安 淳昌
[illegible]德 萬頃 大場村
慶尙南 釜山 馬山 晉州 釜山本
町 草梁 蔚山 密陽
金海 咸安 昌寧 固城
巨濟 陝川 三嘉 南海
河東 咸陽 居昌 統營
馬山巡邏船內 密陽停車場
前 釜山巡邏船內 鬱陵島
統營 龜浦 三浪津 久佐
村 釜山鎭 昌原 舊馬山
浦 東萊 晉州城外 加德
島 蔚山長生浦 進永
絶影島
慶尙北 大邱 尙州 慶州 安東
慈仁 永川 星州 軍威
義城 善山 淸道 聞慶
醴泉 榮川 金山 靑松
延日 興海 盈德 金泉
若木 淸道停車場前 洛東
大邱西門外 慶山
江原 春川 江陵 金城 鐵原
淮陽 通川 杆城 襄陽
楊口 洪川 原州 平昌
三陟 蔚珍 伊川
黃海 海州 瑞興 平山 新溪
谷山 鳳山 黃州 甕津
長淵 殷栗 安岳 載寧
延安 兼二浦 龍湖島 沙
利院 新幕
平安南 鎭南浦 平壤 安州 中和
成川 陽德 順川 价川
德川 順安 江西 平壤大
和町 新安州
平安北 義州 新義州 龍岩浦 定
州 寧邊 江界 楚山 雲
山 車輦館 碧潼 厚昌
熙川 龜城 昌城 宣川
嘉山 慈城 白馬
咸鏡南 元山 咸興 北靑 松田
虎島 甲山 長津 永興
端川 惠山鎭 元山里 西
湖驛
咸鏡北 城津 鏡城 淸津 會寧
慶興 輸城 雄基 慶源
鍾城 富居 富寧 北蒼坪
茂山 明川 穩城

郵便局所所在地

우편으로 화폐를 환송하는 방법은 지난 호에 게재하였으며, 우편국 취급소의 소재지가 다음과 같으니,

(중략)

경상남도: 부산(釜山), 마산(馬山), 진주(晉州), 부산 본정(本町), 초량(草梁), 울산(蔚山), 밀양(密陽), 김해(金海), 함안(咸安), 창녕(昌寧), 고성(固城), 거제(巨濟), 합천(陜川), 삼가(三嘉), 남해(南海), 하동(河東), 함양(咸陽), 거창(居昌), 통영(統營), 마산 순라선(巡邏船) 안, 밀양 정거장 앞, 부산 순라선 안, 울릉도, 송진(松眞), 구포(龜浦), 삼랑진(三浪津), 입좌촌(入佐村), 부산진(釜山鎭), 창원(昌原), 구마산포(舊馬山浦), 동래(東萊), 진주성(晉州城) 밖, 가덕도(加德島), 울산 장생포(長生浦), 진영(進永), 절영도(絶影島)

(후략)

〔190〕 1907년 4월 26일 ｜ 황성신문

○敍任及辭令 命奉常司提調敍勅任
官二等 祕書監丞趙南升△任祕書監
丞敍奏任官三等 正三品申大均△祕
書監丞鄭泰均 警務廳總巡韓 甲
依願免本官△任祕書監丞敍奏任官
等 正三品金鳳模△命 帝室會計
查委員 內部參書官閔元植△警務廳
監獄署主事全承善 任警務廳總巡敍
判任官七級△任警務廳監獄署主事敍
判任官七級 李基鏞△咸鏡南道觀察
道通譯官朴宗烈 命兼任咸鏡南道裁
判所通譯官△平安南道觀察道譯官金
澤吉 命兼任平安南道裁判所通譯官
△全羅北道觀察道通譯官金鳳鎭 命
兼任全羅北道裁判所通譯官
以上四月二十二日
任中樞院副贊議敍奏任官二等 正三
品洪祐哲△任中樞院副贊議敍奏任官
四等 六品崔采龍△黃海道觀察道
主事丁晟燮 任務安府主事敍判任官
八級△江原道觀察道主事李宜春 任
黃海道觀察道主事敍判任官八級△任
仁川府主事敍判任官八級 慶興府主
事洪淳烱 以上四月二十三日
任牙山郡主事敍判任官八級 金 照
△任連山郡主事敍判任官八級 九品
金聲洙△任天安郡主事敍判任官八級
六品孟夔述△任永興郡主事敍判任官
八級 林始英△任丹城郡主事敍判任
官八級 崔厚林△任朔州郡主事敍判
任官八級 金時華△任古阜郡主事敍
任官八級 九品殷在吉△任濟風郡主
事敍判任官九級 朴商喆△任金堤郡
主事敍判任官八級 九品趙年式△任
金溝郡主事敍判任官九級 溫大根△
任黃州郡主事敍判任官八級 金相郁
△任瑞安郡主事敍判任官八級 申相
龍△任陽智郡主事敍判任官九級 金
斗燮△任安東郡主事敍判任官八級
李瀅鎬△任文義郡主事敍判任官八級
九品李儀宰△任尙州郡主事敍判任官八
級 宋基礼△任熊川郡主事敍判任官
八級 裵炳元△任楊口郡主事敍判任
官九級 任賢翊△任果川郡主事敍判
任官八級 六品李秀丙△任漆谷郡主
事敍判任官八級 蘇輝茂△任明川郡
主事敍判任官八級 金泰憲△任興德
郡主事敍判任官八級 李 湜△任長
湍郡主事敍判任官八級 申桓均△任
慈山郡主事敍判任官八級 九品李昌
模△任淸道郡主事敍判任官八級 朴
貞默△任善山郡主事敍判任官八級
張箕相△任定州郡主事敍判任官八級
六品盧鎭杓△任金海郡主事敍判任官
八級 許 周△任鐵原郡主事敍判任
官八級 權英集△任三登郡主事敍判
任官八級 朱基觀△任魯城郡主事敍
判任官八級 九品梁柱興△任穩城郡
主事敍判任官八級 金文熙△任順興
郡主事敍判任官八級 六品徐廷麟△
任淸安郡主事敍判任官八級 九品李
相泰△任松禾郡主事敍判任官八級
孫致洛△任海美郡主事敍判任官八級
蔡相晩△任林川郡主事敍判任官八級
姜錫範△任靈巖郡主事敍判任官八級
朴善義△任利川郡主事敍判任官八級
鄭起鎔△任河東郡主事敍判任官八級
鄭絢基△任楊根郡主事敍判任官八級
李殷哲△任鬱島郡主事敍判任官八級
田在恒△任梁山郡主事敍判任官八級
六品嚴宇永△任江陵郡主事敍判任官八級
崔祺集△任漢城府主事敍判任官七級
九品李鎣洙△任忠淸南道觀察道主事
敍判任官八級 梁載禹△任全羅南道觀
察道主事敍判任官八級 曹秉瑀△任全
羅南道觀察道主事敍判任官八級 沈
正純 任慶尙南道觀察道主事敍判任
官八級 六品金容李△任黃海道觀察
道主事敍判任官八級 九品鄭 □△
任仁川府主事敍判任官八級 金福坤
△任東萊府主事敍判任官八級 九品
金燦斗△任昌原府主事敍判任官八級
六品金秉濟△任義州府主事敍判任官
八級 金斗煥△任龍川府主事敍判任
官八級 朴度陽 以上四月十九日

敍任及辭令

(전략)

△ 전재항(田在恒)을 울도군 주사(主事)로 임용하고 판임관(判任官) 8급(八級)에 서임한다.

(후략)

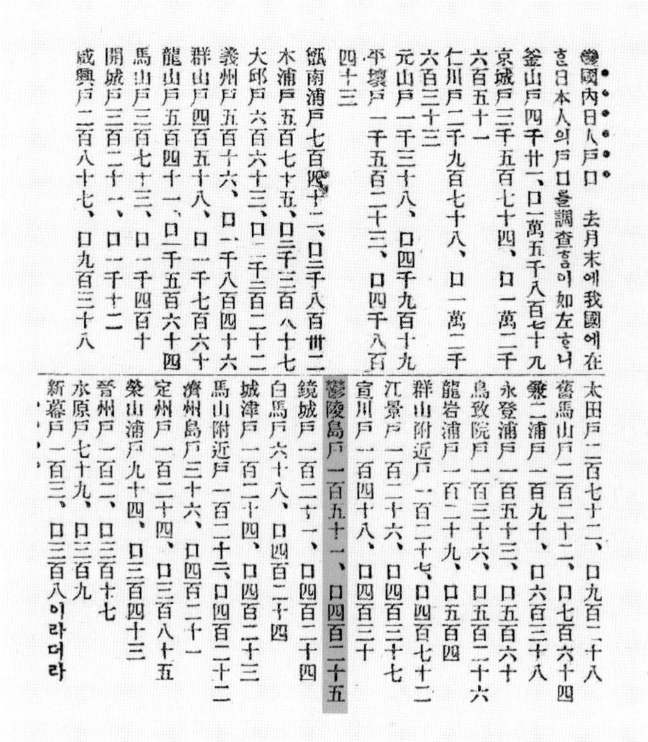

國內日人戶口　去月末에我國에在ᄒᆞᆫ日本人의戶口를調査ᄒᆞᆷ이如左ᄒᆞ니
釜山戶四千卄一、口一萬五千八百七十九
京城戶三千五百七十四、口一萬二千六百五十一
仁川戶二千九百七十八、口一萬二千六百三十三
元山戶一千三十八、口四千九百十九
平壤戶一千五百二十三、口四千八百四十三
甑南浦戶七百四十二、口二千八百卅二
木浦戶五百七十五、口二千三百八十七
大邱戶六百六十三、口二千二百二十二
義州戶五百十六、口一千八百四十六
群山戶四百五十八、口一千七百六十
龍山戶五百四十一、口一千五百六十四
馬山戶三百七十三、口一千四百十
開城戶三百二十一、口一千十二
咸興戶二百八十七、口九百三十八
太田戶二百七十二、口九百二十八
舊馬山戶二百二十二、口七百六十四
兼二浦戶一百九十、口六百三十八
永登浦戶一百五十三、口五百六十
鳥致院戶一百三十六、口五百二十六
龍岩浦戶一百二十九、口五百四
群山附近戶一百二十七、口四百七十二
江景戶一百二十六、口四百三十七
宣川戶一百四十八、口四百三十
鬱陵島戶一百五十一、口四百二十五
鏡城戶一百二十一、口四百二十四
白馬戶六十八、口四百二十四
城津戶一百二十四、口四百二十三
馬山附近戶一百二十二、口四百二十二
濟州島戶三十六、口四百二十一
定州戶一百二十四、口三百八十五
榮山浦戶九十四、口三百四十三
晉州戶一百二、口三百十七
水原戶七十九、口三百九
新幕戶一百三、口三百八이라더라

國內日人戶口

지난달 말에 우리나라에 있는 일본인의 호구를 조사하니 다음과 같은데,

부산(釜山) 호(戶)는 4,021, 인구는 15,879

경성(京城) 호는 3,574, 인구는 12,651

인천(仁川) 호는 2,978, 인구는 12,633

원산(元山) 호는 1,038, 인구는 4,919

평양(平壤) 호는 1,523, 인구는 4,843

증남포(甑南浦) 호는 742, 인구는 2,832

목포(木浦) 호는 575, 인구는 2,387

대구(大邱) 호는 663, 인구는 2,222

의주(義州) 호는 516, 인구는 1,846

군산(群山) 호는 458, 인구는 1,760

용산(龍山) 호는 541, 인구는 1,564

마산(馬山) 호는 373, 인구는 1,410

개성(開城) 호는 321, 인구는 1,012

함흥(咸興) 호는 287, 인구는 938

대전(太田) 호는 272, 인구는 928

구마산(舊馬山) 호는 222, 인구는 764

겸이포(兼二浦) 호는 190, 인구는 638

영등포(永登浦) 호는 153, 인구는 560

조치원(鳥致院) 호는 136, 인구는 526

용암포(龍岩浦) 호는 129, 인구는 504

군산 부근 호는 127, 인구는 472

강경(江景) 호는 126, 인구는 437

선천(宣川) 호는 148, 인구는 430

울릉도 호는 151, 인구는 425

경성(鏡城) 호는 121, 인구는 424

백마(白馬) 호는 68, 인구는 424

성진(城津) 호는 124, 인구는 423

마산 부근 호는 122, 인구는 422

제주도(濟州島) 호는 36, 인구는 421

정주(定州) 호는 124, 인구는 385

영산포(榮山浦) 호는 94, 인구는 343

진주(晉州) 호는 102, 인구는 317

수원(水原) 호는 79, 인구는 309

신막(新幕) 호는 103, 인구는 308이라더라.

◎敍任及辭令

任平安北道觀察道警務署總巡 崔秉徹
度支部稅務主事李愈善
任度支部書記郎 六品李龍求
任度支部稅務主事 前技師李鍾悆
任農商工部書記官 寧邊郡主事明濟[illegible]
免本官
右는法部大臣趙重應照會를
接准흔則平安北道裁判所檢
事安秉瓚報告書內槪意에
常播民間錢을歸諸私橐等因
此를査委ㅎ야該員이至登民
訴에關又撤露等因이옵기是
以로免本官
內部治道局技手金[illegible]
全 林英奎

依願免本官
任務安府尹 正三品洪在祺
任尙州郡守 奉化郡守金寅欽
任大邱郡守 칠谷郡守崔鉉達
任茂州郡守 六品韓貞奎
任奉化郡守 九品趙道相
任長興郡守 正三品權瀅容
任寧邊郡守 正三品鄭鳳說
任鬱島郡守 前技師具然壽
武官學校經理官鄭鎬琪
任安岳郡守
任楊根郡守 殷栗郡守鄭元謨
任天安郡守 前郡守安琦善
任江華郡守 正三品鄭有珠
任洪原郡守 六品李秉成
任井邑郡守 前參尉官金永旻
任安峽郡守 五品鄭[illegible]

任麟蹄郡守 前郡守李漢用
任南양郡守 正三品金得鍊
任칠谷郡守 莞島郡守金商섭
任加平郡守 前參書官康圭恒
任甲山郡守 六品金긔泳
任坡州郡守 前副贊議沈宜性
內部書記郎李升[illegible]
任殷栗郡守 從二品李台璉
任江陵郡守 正三品秦尙彥
任咸平郡守 前郡守鄭子朝
任莞島郡守 六品劉文卿
任端川郡守 內部書記官石鎭衡
官立漢城高等學校教官姜與秀
依願免本官 內閣書記官趙齊赫
任內閣特許局長 前書記生鄭爾相
九品趙爾九 全 命[illegible]
任內部書記官 米完

敍任及辭令

(전략)

전 기사(技師) 구연수(具然壽)를 울도 군수로 임명하였다.

(후략)

內地同胞의 所可一想

國債報償之聲이 一起에 全國이 響
應ᄒᆞ야 片片趣旨書의 本社에 來投
者ㅣ 雪갓치 紛紛ᄒᆞ니 寄書가 萬丈
叢躍中에 但恨本紙의 短幅에 許多趣
旨書ㅣ 一一揭載키 難ᄒᆞ야 曾往에 論
報ᄒᆞᆫ바 有ᄒᆞ거니와 今에 海外漂泊
의 羈旅와 絶島孤居의 人士가 一切
此目的에 振起ᄒᆞ야 祖國의 精神을
淬勵ᄒᆞ니 吁라 此不可以無記乎ㄴ
저 玆乃本欄에 錄謄ᄒᆞ고 數語를 略
撮ᄒᆞ야 內地同胞의 始終如一을 贊
ᄒᆞ며 內外協力을 祝ᄒᆞ노라

益窮ᄒᆞ면 變ᄒᆞ며 變ᄒᆞ면 動ᄒᆞᆷ은 理의
易치 못ᄒᆞᆷ이라 今 我海內二千萬同胞
가 國債一千三百萬圓에 對ᄒᆞ야 愚의
潮ᄒᆞᆷ이 埃及의 鑑ᄅᆞᆯ 지라 囊을 傾ᄒᆞ며
力을 竭ᄒᆞ야 死를 決코 償을 償ᄒᆞᆫ后에
야 已코져 保國一誠이 蒸之日上ᄒᆞ니
我韓四千年 未曾ᄒᆞᆫ 精神이오 未曾ᄒᆞᆫ
活動이라 噫라 寂寞乾坤에 晉晉衆生
이 抑何一朝에 有此風潮오 痛에 極ᄒᆞᆫ
이 忍을 忍치 못ᄒᆞᆷ이라 痛의 激ᄒᆞᆷ이 腹
中三寸에 厚ᄒᆞ니 決코 皮를 裂ᄒᆞ며 血
을 濺ᄒᆞ는 苦를 作ᄒᆞ야 包中腐汁汚濊
을 滌케 洗키 前에는 新藥의 效를 奏키
難ᄒᆞᆫ지라 自古로 宗教와 社會의 多小
ᄒᆞᆫ 血이 아니면 多小ᄒᆞᆫ 功을 奏치 못ᄒᆞᆷ
은 是로 因ᄒᆞᆷ이니 故로 義人志士가 一
國衆生을 爲ᄒᆞ야 血을 濺ᄒᆞᆷ은 榮에 歸
ᄒᆞᆷ이 此에 職ᄒᆞᆷ인ᄃᆡ 今의 一般國民이
痛에 共ᄒᆞᆫ者 守錢虜가 아니여던 엇지
囊을 封ᄒᆞ야 復生ᄒᆞᆯ 營業을 力치 아니
ᄒᆞ리오 今 我會中 數百志士가 懷忠義
捐ᄒᆞᆫ거시 米貨數百弗에 達ᄒᆞ얏고 益
加推廣ᄒᆞ야 以報內地二千萬同胞至
誠之萬一코져ᄒᆞ노이다

內外愛國同志 照鑑

北米大韓人大同保國會中央會
長李秉瑚 書記 淺昌洙 謹 告

夫國富則民強ᄒᆞ고 國貧則民弱은 古
今之明鑑而況國有外債者爲一千三
百萬圓之多則謂國富而民强乎아 謂
國貧而民弱乎아 其爲國爲民者孰無
慨然憂忡之心而今此國債以償事로
義聲이 一播에 遠近鄕曲과 大小人民
이 血誠이 濺出ᄒᆞ고 心氣가 活潑ᄒᆞ야
悅然如桴鼓之響應ᄒᆞ고 不覺其手足
之蹈舞ᄒᆞ야 不分貴賤ᄒᆞ며 不計貧富
ᄒᆞ고 隨力願助를 惟恐人後ᄒᆞ니 是天
運之循環耶아 人心之自然耶아 此國
權挽回之日也오 民命再生之秋也라
大官之銀租出義와 夫人之針工義捐
과 市婆之賣酒義聚와 老妓之結合義
聚와 傭者負者가 莫不願助를 不可盡
記矣라 惟我海部이 雖在遠外之絶域
이나 亦是化育中一物也라 見此之報
ᄒᆞ고 聞此之言에 十年之一心愛耿이
不覺淚下於欣抃之先矣로다 熱心所
激에 義不敢緩일ᄉᆡ 玆以舉義仰佈ᄒᆞ
오니 我一郡同胞은 石田生活이 非不
艱難而爲國義捐은 俱是一也라 擧化
所暨가 雖有海陸之遼近이나 誠心激
發이 豈有貧富之異同가 大小民人은
不分多少ᄒᆞ고 隨力誠助ᄒᆞ야 俾償外
債後期圖國富ᄒᆞ야 以成獨立自强之
基礎을 千萬希望

發起人 鬱島郡金光鎬、田在恒

內地同胞의 所可一想

국채보상의 함성이 동시에 일어나 전국이 향응(響應)하여 작은 조각의 취지서가 본사로 보내온 것이 눈과 같이 분분하니, 우리가 매우 기뻐하는 중에 다만 한스러운 것은 본지의 짧은 폭에 허다한 취지를 일일이 게재하기 어려움을 이미 지난번에 보도하였으나, 지금 해외를 떠도는 나그네와 외딴 섬에 외롭게 사는 인사(人士)가 모두 이 목적으로 떨치고 일어나 조국의 정신을 단련하니, 아! 이것은 기록하지 않을 수 없구나. 이에 본 지면에 기록하고 몇 마디 말을 대략 모아 내지의 동포에게 한결같이 경계하며 내외 협력을 부탁하노라. (중략)

무릇 국가가 부유하면 백성이 강하고 국가가 가난하면 백성이 약한 것은 고금의 좋은 본보기인데, 하물며 국가가 1,300만 원(圓)이 넘는 외채가 있는데 국가가 부유하고 백성이 강하다 하겠는가, 국가가 가난하고 백성이 약하다 하겠는가. 국가를 위하고 백성을 위하는 것에 누가 분하고 괴로운 마음이 없겠는가. 지금 국채보상하는 일로 의로운 함성이 한 번에 퍼져서 원근(遠近)의 향곡(鄕曲)과 대소 인민의 혈성(血誠)이 쏟아져 나오고 심기(心氣)가 활발하여 마치 부고(桴鼓)의 향응과 같고, 손발이 좋아서 날뛰는 것도 깨닫지 못하여 귀천을 나누지 않으며, 빈부를 계산하지 않고 능력에 따라 원조하기를 다만 남의 밑에 들어가게 될까 두려운 것이니, 이것은 천운이 순환하는 것인가. 인심이 저절로 그렇게 된 것인가. 이것이 국권을 만회하는 날이요, 백성의 운명을 재생할 때이다. 대관(大官)은 은조(銀租)로 의리를 내세우고, 부인은 바느질로 의연(義捐)하고, 시장의 노파는 술을 팔아 의거하고, 늙은 기생은 회(會)를 결성하여 한데 모으니, 품팔이꾼이나 짐꾼이나 원조하지 않는 자가 없어 다 기록할 수가 없다. 오직 우리 해군(海郡, 울도군)이 비록 먼 외방의 절역(絶域)이나 이 또한 화육(化育) 중의 하나다. 이 신문을 보고 이 말을 들으니 10년을 한결같이 근심하고 슬퍼하였는데, 기뻐서 박수가 먼저 나오고 나도 모르게 눈물이 흘렀도다. 열심(熱心)이 격해져서 정의를 감히 늦출 수 없을 때 거의(擧義)의 마음으로 우러러 말씀드리오니, 우리 군의 동포는 돌밭의 생활이 힘들고 곤란하지만 나라를 위해 의연하는 것은 모두 하나이다. 성화(聖化)가 미치는 것은 비록 바다와 육지에 원근이 있으나, 성심(誠心)이 격발하는 것은 어찌 빈부에 따라 다르겠는가. 대소 인민(大小人民)은 많고 적음을 나누지 말고 능력에 따라 정성으로 돕고 외채를 상환한 후에 국부를 기도(期圖)하여 독립자강의 기초를 이루기를 매우 희망하노라.

발기인 울도군 김광호(金光鎬), 전재항(田在恒).

○敍任及辭令 公立仁川普通學校敎
員李承鈦 公立富平普通學校敎員申
宰均 依願免本官 七月一日
命掌禮院卿敍勅任官一等 宮內府特
進官朴容大 七月十八日
命宮內府特進官敍勅任官一等 弘文
館學士南廷哲△命弘文館學士敍勅任
官一等 宮內府特進官申箕善
以上七月十九日
耆老所秘書長閔丙漢 命臨時署理宮
內府大臣事務△宮內府特進官李允用
命臨時署理侍從院卿兼任內大臣事務
△鬱島郡守具然壽 任警務使敍勅任
官二等△免本官 警務使金在豐 右
는該員이身爲警務長官하야愚昧人民
의興訛煽動을宜卽曉諭鎭定하야防害
未然이係是當行職務어날致玆漫濾하
야行政保安이不得其宜하기로甚至聚
衆作鬧에內外國人이淩轢殺傷하얏스
니揆以事體에誠極駭瞠이라此不可尋
常寘之이옵기是以로免本官△軍部軍
務局長陸軍叅將李熙斗 免本官 右
는該員이當此有事之時하야自立已見
에言辭妄率하야致損事體라不可仍寘
이온즉令陸軍法院으로拘拿懲辦이옵
기爲先免本官△命停職 侍從武官府
武官陸軍砲兵正領魚潭 右는該員이
處已行事가乖謬太多하오니令陸軍法
院으로拘拿審查하깃삽기爲先停職
免本官 軍部敎育局敎務課長陸軍步
兵叅領李甲 右는該員이參涉社會에
有損體貌하야不可仍寘이온즉令陸軍
法院으로拘拿懲辦이옵기爲先免本官
免本官 侍衛步兵第一聯隊第三大隊
長陸軍步兵正尉任在德 右는該員이
發在領兵하야日昨士卒之妄動을不能
趁時止戢이오니該員之平日鈐束不嚴
은無容更論矣라揆以軍紀에不可仍寘
이온즉令陸軍法院으로拘拿懲辦이옵
기爲先免本官
以上七月二十一日

敍任及辭令

(전략)

△ 울도 군수 구연수씨를 경무사(警務使)로 임명하고 칙임관(勅任官) 2등(二等)에 서임한다.

(후략)

○叙任及辭令 依願免本官 軍器廠
主事金秉逑 七月二十日
叙勳任官二等 尙方司提調閔泳徽
八月十三日
免本官 江原道觀察道參書官丁元燮
右ᄂᆞᆫ該道觀察使黃鐵의報告書를據ᄒᆞᆫ
즉該員이觀察使署理時에各處木商等
에게森林許斫과各郡守에게稱以顧助
ᄒᆞ고恣意排斂ᄒᆞ고該件事를預先暗通
ᄒᆞᆷ이俱失行政之奢體라ᄒᆞ야기是以로
免本官 八月十四日
免本官 主殿院庶務課長金相允△林
川郡守李用珪 河東郡守李圭三 楊
口郡守李昌銖 三陟郡守安垙煥 安
州郡守李圭璨 北靑郡守洪祐元 安
邊郡守李鍾林 永平郡守李敎承 綾
州郡守權重冕 白川郡守趙元奎 禮
安郡守李康準 襄陽郡守南宮檍 金
化郡守李昌夏 海州郡守呂仁燮 吉
州郡守沈赫之 結城郡守宋敎憲 鐵
原郡守洪龍觀 杆城郡守申鉉九 鎭
安郡守安基宅 丱溪郡守李圭煥 甕
津郡守尹榮鈺 通川郡守金孝益 泰
仁郡守宋憲斌 度支部稅務主事趙象
淳 仝李鴻善 依願免本官△任白川
郡守叙奏任官四等 六品金基寅△任
海州郡守叙奏任官四等 度支部稅務
官韓炯履△慶尙北道觀察道主事金承
源 任丱溪郡守叙奏任官四等△任金
化郡守叙奏任官四等 六品趙鏞夏△
任禮安郡守叙奏任官四等 六品鄭象
煥△任綾州郡守叙奏任官四等 正三
品閔象鎬△任泰仁郡守叙奏任官四等
正三品洪範植△任鬱島郡守叙奏任官
四等 沈能益△任鐵原郡守叙奏任官
四等 陸軍幼年學校敎官金彰鉉△慶
尙南道觀察道主事兪擧淳 任固城郡
守叙奏任官四等△任楊口郡守叙奏任
官四等 六品趙琬九△任永平郡守叙
奏任官四等 六品朴羲陽△任甕津郡
守叙奏任官四等 六品鄭泰應△任河
東郡守叙奏任官四等 正三品李承斗
△任安邊郡守叙奏任官四等 正三品
吳達泳△任學部書記官叙奏任官三等
正三品金奭基△任度支部書記郞叙判
任官 金敎哲 以上八月十九日
六品趙寬增 元貞常 任度支部稅務
主事叙判任官七級△侍衛步兵第一聯
隊第一隊中隊長陸軍步兵正尉崔禹相
仝金在洽 仝丁冕燮 仝羅 鎬 仝
隊副尉李觀榮 仝申奭煥 仝金洛奎
仝安鳳洙 仝白忠基 仝白南弼 仝
張容爽 仝參尉吳顯泳 仝申普均
仝孟道泳 仝吳熙善 仝朴斗桓 侍
衛步兵第二聯隊第一大隊中隊長陸軍
步兵正尉閔仲植 仝黃台秀 仝隊副
尉文敬善 仝李在鐸 仝李敎相 仝
金炳喆 仝隊參尉林弼鎬 仝魚曦善
免本官 右ᄂᆞᆫ該員等이俱長領兵之任
으로部下之妄動을不能止戢ᄒᆞᆷ은殊以
軍紀에不可仍寘이옵기令陸軍法院照
律懲辦次로免本官 以上八月二十日

敍任及辭令

(전략)

△ 심능익(沈能益)을 울도 군수로 임명하고 주임관 4등(四等)에 서임한다.

(후략)

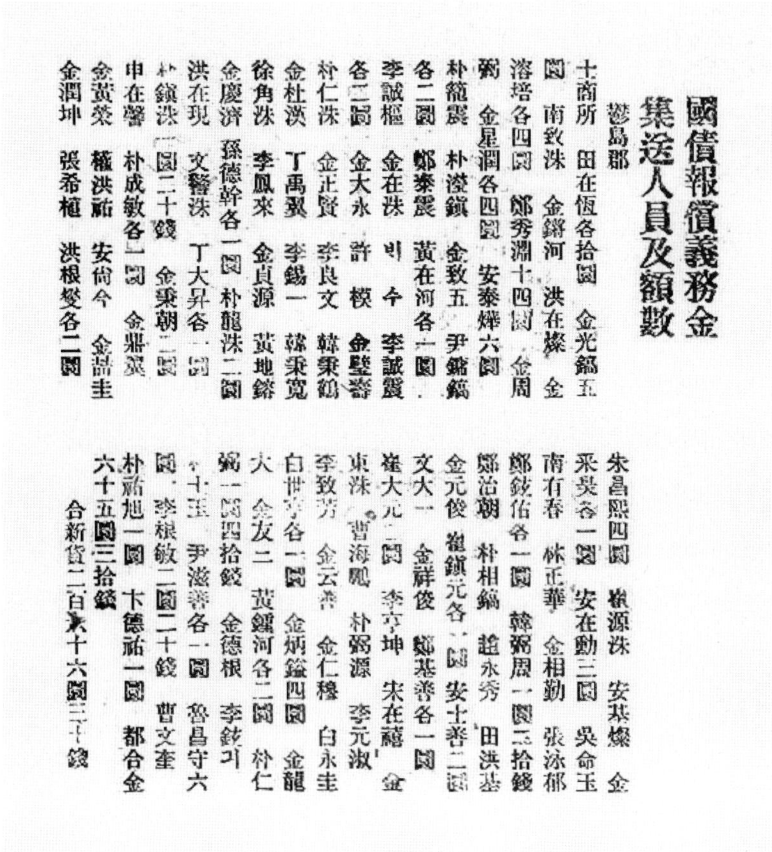
國債報償義務金
集送人員及額數
鬱島郡
士商所 田在恒各拾圜 金光鎬五圜 南致洙 金鏘河 洪在燦 金溶培各四圜 鄭秀淵十四圜 金周弼 金星潤各四圜 安泰燁六圜 朴籠震 朴瀅鎭 金致五 尹鏞鎬各二圜 鄭泰震 黃在河各一圜 李誠樞 金在洙 박수 李誠震各二圜 金大永 許模 金璧濬 朴仁洙 金正賢 李良文 韓秉鶴 金杜漢 丁禹翼 李錫一 韓秉寛 徐角洙 李鳳來 金貞源 黃地鎔 金慶濟 孫德幹各一圜 朴龍洙二圜 洪在現 文警洙 丁大昇各一圜 朴鎭洙一圜二十錢 金秉朝二圜 申在馨 朴成敏各一圜 金鼎翼 金黃榮 權洪祐 安尙今 金諾圭 金潤坤 張希植 洪根燮各二圜 朱昌熙四圜 崔源洙 安基燦 金釆奭各一圜 安在勳三圜 吳命玉 南有春 林正華 金相勳 張泳郁 鄭鉉佑各一圜 韓弼周一圜三拾錢 鄭治朝 朴相鎬 趙永秀 田洪基 金元俊 崔鎭元各一圜 安士善二圜 文大一 金祥俊 鄭基善各一圜 崔大元二圜 李亨坤 宋在蘊 金東洙 曹海鵬 朴弼源 李元淑 李致芳 金云善 金仁穆 白永圭 白世善各一圜 金炳鎰四圜 金龍大 金友三 黃鍾河各二圜 朴仁弼一圜四拾錢 金德根 李鉉기 七十五 尹滋善各一圜 魯昌守六圜 李根敏二圜二十錢 曹文奎 朴祐旭一圜 卞德祐一圜 都合金六十五圜三拾錢
合新貨二百八十六圜三十錢

國債報償義務金 集送人員及額數

울도군(鬱島郡)

사상소(士商所)·전재항(田在恒) 각 10환(圜), 김광호(金光鎬) 5환, 남치수(南致洙)·김장하(金鏘河)·홍재찬(洪在燦)·김용배(金溶培) 각 4환, 정수연(鄭秀淵) 14환, 김주필(金周弼)·김성윤(金星潤) 각 4환, 안태엽(安泰燁) 6환, 박롱진(朴籠震)·박형진(朴瀅鎭)·김치오(金致五)·윤용호(尹鏞鎬) 각

2환, 정태진(鄭泰震)·황재하(黃在河) 각 1환, 이성추(李誠樞)·김재수(金在洙)·배수·이성진(李誠震) 각 2환, 김대영(金大永)·허모(許模)·김벽수(金璧壽)·박인수(朴仁洙)·김정현(金正賢), 이양문(李良文)·한병학(韓秉鶴)·김두한(金杜漢)·정우익(丁禹翼)·이석일(李錫一)·한병관(韓秉寬)·서각수(徐角洙)·이봉래(李鳳來)·김정원(金貞源)·황지용(黃地鎔)·김경제(金慶濟)·손덕간(孫德幹) 각 1환, 박용수(朴龍洙) 2환, 홍재현(洪在現)·문경수(文警洙)·정대승(丁大昇) 각 1환, 박진수(朴鎭洙) 1환 20전(錢), 김병조(金秉朝) 2환, 신재형(申在馨)·박성민(朴成敏) 각 1환, 김정익(金鼎翼)·김황영(金黃榮)·권홍우(權洪祐)·안상금(安尙今)·김철규(金喆圭)·김윤곤(金潤坤)·장희식(張希植)·홍근섭(洪根燮) 각 2환, 주창희(朱昌熙) 4환, 최원수(崔源洙)·안기찬(安基燦)·김채호(金采昊) 각 1환, 안재훈(安在勳) 3환, 오명옥(吳命玉)·남유춘(南有春)·임정화(林正華)·김상근(金相勤)·장영욱(張泳郁)·정현우(鄭鉉佑) 각 1환, 한필주(韓弼周) 1환 20전, 정치조(鄭治朝)·박상호(朴相鎬)·조영수(趙永秀)·전홍기(田洪基)·김원준(金元俊)·최진원(崔鎭元) 각 1환, 안사선(安士善) 2환, 문대일(文大一)·김상준(金祥俊)·정기선(鄭基善) 각 1환, 최대원(崔大元) 2환, 이형곤(李亨坤)·송재희(宋在禧)·김동수(金東洙)·조해붕(曹海鵬)·박필원(朴弼源)·이원숙(李元淑)·이치방(李致芳)·김운선(金云善)·김인목(金仁穆)·백영규(白永圭)·백세형(白世亨) 각 1환, 김병일(金炳鎰) 4환, 김용대(金龍大)·김우삼(金友三)·황종하(黃鍾河) 각 2환, 박인필(朴仁弼) 1환 40전, 김덕근(金德根)·이현기(李鉉기)·박사옥(朴士玉)·윤자선(尹滋善) 각 1환, 노창수(魯昌守) 6환, 이근민(李根敏) 2환 20전, 조문규(曹文奎)·박우욱(朴祐旭) 1환, 변덕우(卞德祐) 1환. 도합 금(金) 65환 30전.

합 신화(新貨) 266환 30전.

[197] 1908년 4월 21일 | 황성신문

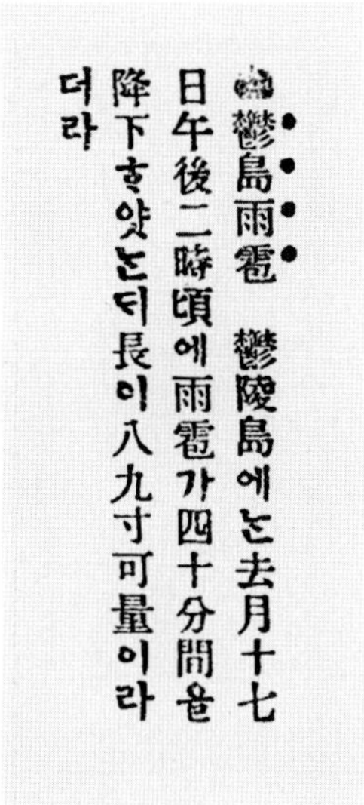
◎鬱島雨雹 鬱陵島에ᄂᆞᆫ去月十七日午後二時頃에雨雹가四十分間을降下ᄒᆞ얏ᄂᆞᆫᄃᆡ長이八九寸可量이라더라

鬱島雨雹

울릉도에는 지난달 17일 오후 2시경에 우박이 40분 동안 떨어졌는데, 길이가 8~9촌(寸) 가량이라더라.*

* 같은 내용의 기사로 『대한매일신보(한글판)』 1908년 4월 22일 「울도박지」가 있음.

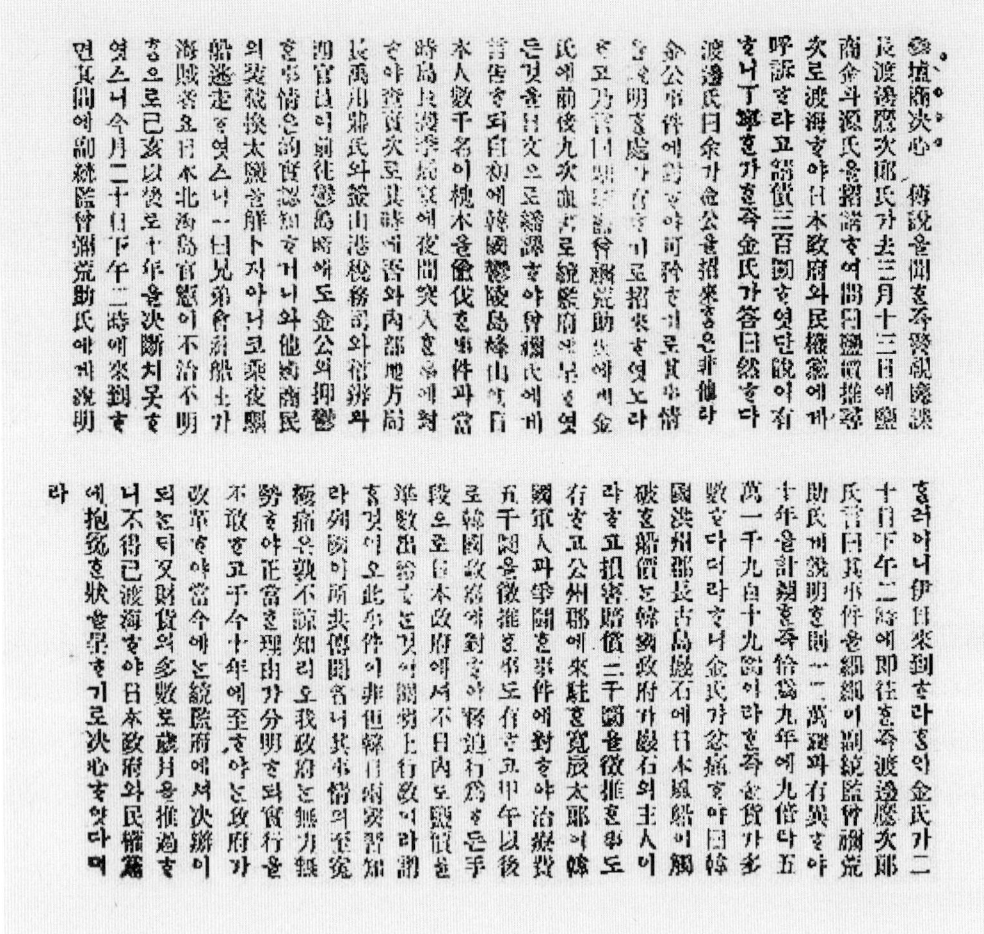

◎鹽商決心 傳說을聞ᄒᆞᆫ즉警視廳課長渡邊鷹次郎氏가去三月十三日에鹽商金斗源氏을招請ᄒᆞ여問曰鹽價推尋次로渡海ᄒᆞ야日本政府와民權黨에게呼訴ᄒᆞ라고請償三百圓ᄒᆞ엿단說이有ᄒᆞ니丁寧ᄒᆞᆫ가ᄒᆞᆫ즉金氏가答曰然ᄒᆞ다渡邊氏曰余가金公을招來ᄒᆞᆷ은非他라金公事件에對ᄒᆞ야可矜ᄒᆞ기로其事情을說明ᄒᆞᆯ處가有ᄒᆞ기로招來ᄒᆞ엿노라ᄒᆞ고乃言曰[illegible]曾禰荒助氏에게金氏에前後九次訴苦로統監府에呈ᄒᆞ엿든것을日文으로繙譯ᄒᆞ야曾禰氏에게請告ᄒᆞ되自初에韓國鬱陵島棒山에셔日本人數千名이槐木을盜伐ᄒᆞᆫ事件과當時島長裵季周家에夜間突入ᄒᆞᆫ事에對ᄒᆞ야賠償次로其時에[illegible]와內部地方局長禹用鼎氏와釜山港稅務司와[illegible]와海官員이前往鬱島時에도金公의抑鬱ᄒᆞᆫ事情은的實認知ᄒᆞ거니와他道商民의裝載換太數을解卜자아니코乘夜驅船逃走ᄒᆞ엿스니一曰兄弟會社船主가海賊者요日本北海島官廳이不治不明ᄒᆞᆷ으로己亥以後로十年을決斷치못ᄒᆞ엿스니今月二十日下午二時에來到ᄒᆞ면其間에副統監曾禰荒助氏에게說明ᄒᆞ려이니伊日來到ᄒᆞ라ᄒᆞᆷ에金氏가二十日下午二時에即往ᄒᆞᆫ즉渡邊鷹次郎氏言曰其事件을細細이副統監曾禰荒助氏게說明ᄒᆞᆫ則一二萬圓과有異ᄒᆞ야十年을計劃ᄒᆞᆫ즉恰爲九年에九倍다五萬一千九百十九圓이라ᄒᆞᆫ즉金貨가多數ᄒᆞ다더라ᄒᆞ니金氏가慾痛ᄒᆞ야曰韓國洪州郡長古島巖石에日本風船이觸破ᄒᆞᆫ船價ᄂᆞᆫ韓國政府가巖石의主人이라ᄒᆞ고損害賠償三千圓을徵推ᄒᆞᆫ事도有ᄒᆞ고公州郡에來駐ᄒᆞᆫ寬辰太郎이韓國軍人과爭鬪ᄒᆞᆫ事件에對ᄒᆞ야治療費五千圓을徵推ᄒᆞᆫ事도有ᄒᆞ고甲午以後로韓國政府에對ᄒᆞ야脅迫行爲ᄒᆞ든手段으로日本政府에서不日內도鹽價을準數出給ᄒᆞᄂᆞᆫ것이國際上行政이라謂ᄒᆞᆯ것이오此事件이非但韓日兩國習知라列國이所共傳聞이니其事情의至寃極痛은孰不諒知리오我政府ᄂᆞᆫ無力無勢ᄒᆞ야正當ᄒᆞᆫ理由가分明ᄒᆞ되實行을不敢ᄒᆞ고于今十年에至ᄒᆞ야ᄂᆞᆫ政府가改革ᄒᆞ야當今에ᄂᆞᆫ統監府에서決辦이되ᄂᆞᆫ데又財貨의多數로歲月을推過ᄒᆞ니不得已渡海ᄒᆞ야日本政府와民權黨에抱寃ᄒᆞᆫ狀을呈ᄒᆞ기로決心ᄒᆞ엿다더라

鹽商決心

전하는 이야기를 들으니 경시청 과장 도변응차랑(渡邊鷹次郎, 와타나베 타카지로)씨가 지난 3월 13일에 염상(鹽商) 김두원씨를 초청하여 묻기를, 소금값을 찾아 받아내기 위하여 바다

를 건너 일본 정부와 민권당(民權黨)에게 호소하려고 300환(圜)을 빌리기를 청하였단 이야기가 있는데 정말인가 하니, 김씨가 대답하기를 그러하다고 하였다. 도변씨가 말하기를, 내가 김공(金公)을 부른 것은 다름이 아니라 김공의 사건에 대해 불쌍하게 여겨 그 사정을 설명할 곳이 있기에 불렀노라 하고, 이내 말하기를, 부통감(副統監) 증니황조(曾禰荒助, 소네 아라스케)씨에게 김씨가 전후 9차의 혈서로 통감부에 바쳤던 것을 일본어로 번역하여 증니씨에게 아뢰었으니, 처음에 한국 울릉도 봉산(峰山)에 일본인 수천 명이 괴목(槐木)을 몰래 벌채한 사건과 당시 도장 배계주의 집에 밤사이 쳐들어간 일에 대하여 실상을 조사할 목적으로 그때 나와 내부 지방국장(地方局長) 우용정씨와 부산항 세무사와 방변(幇辨)과 4명의 관원이 전에 울도에 갔을 때에도 김공의 억울한 사정은 확실하게 인정하고 알고 있었는데, 다른 나라 상민(商民)이 콩으로 바꾸기 위해 소금을 실은 것을 풀지도 않고 밤을 틈타 배를 몰고 도망갔으니, 한편으로 말하면 형제 회사의 선주(船主)가 해적인 것이다. 일본 북해도(北海島)의 관헌(官憲)이 올바르게 다스리지 못하고 사리에 어두워서 기해(己亥, 1899)년 이후로 10년은 결단하지 못하였다. 이번 달 20일 오후 2시에 오면 그사이에 부통감 증니황조(曾禰荒助)씨에게 설명할 터이니 그날 오라고 하였다. 김씨가 20일 오후 2시에 즉시 가자 도변응차랑(渡邊鷹次郎)씨가 말하기를, 그 사건을 세세히 부통감 증니황조(曾禰荒助)씨에게 설명하였는데, 1~2만 환과 다름이 있어 10년의 달수를 계산하니 꼭 9년이 되어 9배라 51,990환이라고 하였더니, 금화가 너무 많다고 하더라 하였다. 김씨가 분통하여 말하길, 한국 홍주군 장고도의 암석에 일본 풍선(風船)이 부딪혀 파손된 배의 가격은 한국 정부가 암석의 주인이라고 하고 손해배상 3,000환을 요구한 일도 있고, 공주군(公州郡)에 주재한 관진태랑(寬辰太郎)이 한국 군인과 다툰 사건에 대하여 치료비 5,000환을 요구한 일도 있고, 갑오(甲午, 1894)년 이후로 한국 정부에 대하여 독촉하던 방법대로 일본 정부에서 며칠 내로 소금값을 액수에 맞춰 내어주는 것이 문명이 발달한 행정이라 할 것이오. 이 사건이 비단 한일 양국만 아는 것이 아니라 여러 나라가 함께 전해 듣는 바이니, 그 사정이 지극히 원통함은 누가 살펴 알지 못하겠습니까. 우리 정부는 힘이 없고 기세도 없어 정당한 이유가 분명하여도 실행을 감히 하지 못하고 지금까지 10년에 이르렀는데, 정부가 개혁하여 이제는 통감부에서 결판이 되는데 또 재화의 다수로 세월을 끌고 있으니, 부득이 바다를 건너 일본 정부와 민권당(民權黨)에 원통함을 담은 소장을 바치기로 결심하였다더라.

[199] 1908년 5월 19일 | 황성신문

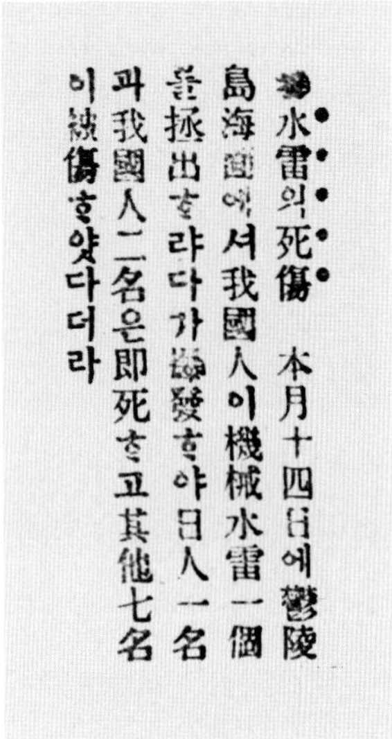

●水雷의死傷● 本月十四日에鬱陵島海面에셔我國人이機械水雷一個를拯出ᄒᆞ라다가爆發ᄒᆞ야日人一名과我國人二名은即死ᄒᆞ고其他七名이被傷ᄒᆞ얏다더라

水雷의 死傷

이번 달 14일에 울릉도 해면에서 우리나라 사람이 기계 수뢰 1개를 꺼내려다가 폭발하여 일본인 1명과 우리나라 사람 2명은 즉사하고 그 외 7명이 상해를 입었다고 하더라.

[200] 1908년 8월 13일 | 황성신문

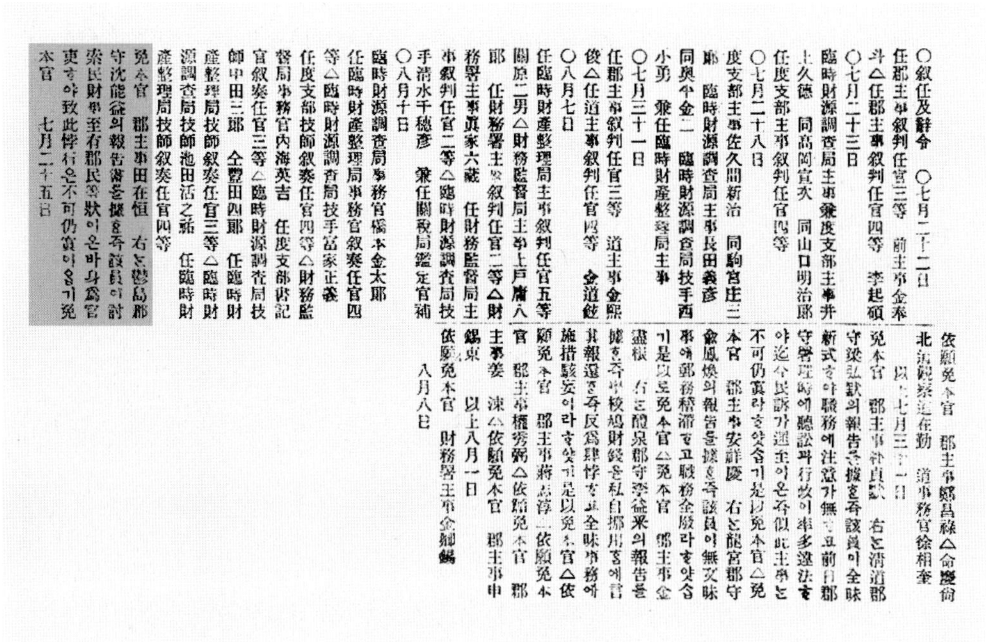

○叙任及辭令 ○七月二十二日
任郡主事叙判任官三等 前主事金奉
斗△任郡主事叙判任官四等 李起碩
○七月二十三日
臨時財源調査局主事兼度支部主事井
上久德 同高岡宜次 同山口明治郞
任度支部主事叙判任官四等
○七月二十八日
度支部主事佐久間新治 同駒宮庄三
郞 臨時財源調査局主事長田義彦
同與斗金二 臨時財源調査局技手西
小勇 兼任臨時財産整理局主事
○七月三十一日
任郡主事叙判任官三等 道主事金熙
俊△任道主事叙判任官四等 金道鉉
○八月七日
任臨時財産整理局主事叙判任官五等
關原二男△財務監督局主事上戸庸八
郞 任財務署主事叙判任官二等△財
務署主事眞家六藏 任財務監督局主
事叙判任官二等△臨時財源調査局技
手清水千穗彦 兼任關稅局鑑定官補
○八月十日
臨時財源調査局事務官橋本金太郞
任臨時財産整理局事務官叙奏任官四
等△臨時財源調査局技手富家正義
任度支部技師叙奏任官四等△財務監
督局事務官內海英吉 任度支部書記
官叙奏任官三等△臨時財源調査局技
師中田三郞 仝豊田四郞 任臨時財
産整理局技師叙奏任官三等△臨時財
源調査局技師池田活之補 任臨時財
産整理局技師叙奏任官四等
免本官 郡主事田在恒 右ᄂᆞᆫ蔚島郡
守沈能益의報告書를據ᄒᆞᆫ즉該員이討
索民財ᄒᆞ야至有郡民等狀이온바身爲官
吏ᄒᆞ야致此悖行은不可仍寘이옵기免
本官 七月二十五日
依願免本官 郡主事鄭昌祿△命慶尙
北道觀察道在勤 道事務官徐相奎
以上七月三十一日
免本官 郡主事朴貞默 右ᄂᆞᆫ淸道郡
守梁弘默의報告를據ᄒᆞᆫ즉該員이全昧
新式ᄒᆞ야職務에注意가無ᄒᆞ고前日郡
守署理時에聽訟과行政이率多違法ᄒᆞ
야迄今民訴가選至이온즉似此主事ᄂᆞᆫ
不可仍寘라ᄒᆞ얏삽기是以免本官△免
本官 郡主事安韺慶 右ᄂᆞᆫ龍宮郡守
兪風煥의報告를據ᄒᆞᆫ즉該員이無文昧
事에郡務稽滯ᄒᆞ고職務全廢라ᄒᆞ얏삽
기是以로免本官△免本官 郡主事金
盡根 右ᄂᆞᆫ醴泉郡守李益來의報告를
據ᄒᆞᆫ즉學校捐財錢을私自挪用홈에詰
其報還ᄒᆞᆫ즉反爲肆悖ᄒᆞ고全昧事務에
施措駭妄이라ᄒᆞ얏기是以免本官△依
願免本官 郡主事蔣志淳△依願免本
官 郡主事權秀弼△依願免本官 郡
主事姜 涑△依願免本官 郡主事申
錫東 以上八月一日
依願免本官 財務署主事金鼎鎬
八月八日

叙任及辭令

(전략)

군(郡) 주사(主事) 전재항(田在恒)을 본관(本官)에서 면직함. 이 사람은 울도 군수 심능익의 보고서를 따르면 해당 관원이 백성의 재산을 토색(討索)하여 군민들이 하소연하기에 이르렀다. 관리의 몸으로 있으면서 패악한 행동에 이르는 것은 그대로 둘 수 없기에 본관에서 면직한다. 7월 25일.

(201) 1908년 10월 17일 | 대한매일신보(한글판)

◉론셜

▲한국에 열두활불

녜젹에 슈양대가 묘구려를 침범ᄒᆞᆯ제 묘구려 대장 을지문덕의 휘하에 도승닐곱이 잇셔셔 쳥쳔강물을 맛녀 평디를 몬들고 슈ᄉᆞ나라군ᄉᆞ 일빅삼십만명이 반쯤 건너올때에 물이 좃디에 느려오게ᄒᆞ니 슈ᄉᆞ나라군ᄉᆞ가 몰수히 ᄲᅡ져 죽은지라 이런고로 당시에 압록[illegible] 닐곱 도승을 닐곱 활불노 존봉ᄒᆞ엿다더니 이제 열두활불이 잇셔셔 나라[illegible] ᄉᆞ랑ᄒᆞ고 동포를 ᄉᆞ랑ᄒᆞ야 삼쳔리 동토에 크게 ᄌᆞ비를 베프럿스니 우리는 이 쳔만동포에게 널니 고ᄒᆞ여 ᄉᆞ쳔만 순으로 그압헤셔 졀을ᄒᆞ게ᄒᆞ노라

열두활불은 누구이뇨 동양쳑식회사위원 황헌도에 김영락 오형근씨와 평안남도에 박슌흠 황업쎠와 평안북도에 리윤셜 리[illegible]원씨와 젼라남도에 김형옥 박원규씨와 함경남도에 죠근호 박최중씨와 함경북도에 손셔헌 한홍셔씨 등이라

ᄃᆡ뎌 동양쳑회샤 법이 반포된후로 젼국이 떠들고 그 모호ᄒᆞᆫ 구졀과 리롭지못ᄒᆞᆫ 됴건에ᄃᆡᄒᆞ야 정부관인은 슈슈방관ᄒᆞ고 유지ᄉᆞ는 합구결셜ᄒᆞ더니 거연히 이 열두사ᄅᆞᆷ이 쳑식위원의 직임을가지고 일본에가셔 두나라 위원회에셔 힘써 반ᄃᆡᄒᆞᆫ결과로 그회샤법의 셜명셔를 엇엇는ᄃᆡ 그 젼문이 이러ᄒᆞ더라

동양쳑식쥬식회샤법

일본국 동양쳑식쥬식회샤법 뎨삼십일됴와 한국 동양쳑식쥬식회샤법 뎨삼십이됴와 동양쳑식쥬식회샤뎡관 뎨오십이됴에 규뎡ᄒᆞᆫ 그회샤의 영업ᄒᆞ는 ᄯᅳᆺ은 별지와 ᄀᆞᆺᄒᆞ니 참고ᄒᆞ기 위ᄒᆞ여 통지홈

명치 ᄉᆞ십일년 구월이십륙일

일본대장셩

동양쳑식쥬식회샤 셜립위원 좌하

동양쳑식쥬식회샤영업셜명

동양쳑식쥬식회샤는 한국 농업의 발달ᄒᆞ기를 위ᄒᆞ며 ᄯᅩ 황무디를 긔간ᄒᆞ야 리용ᄒᆞ기를 쥬장ᄒᆞ야 그 방법을 실힝ᄒᆞ는ᄃᆡ 필요ᄒᆞᆫ것과 ᄯᅩ상당ᄒᆞᆫ 일본사ᄅᆞᆷ 얼마를 ᄎᆞᄎᆞ 한국에 이주케ᄒᆞ여 농ᄉᆞ법을실디로 한국인에게 젼ᄒᆞ고져홈이라 그런고로 이회샤가 셜립된은 한국사ᄅᆞᆷ과 일본사ᄅᆞᆷ이 ᄒᆞᆷᄭᅴ 리익을 밧을지라 회샤는 한일량국 정부에셔 ᄉᆞᄉᆞ 사ᄅᆞᆷ의 ᄌᆞ격으로 그 영업을 허락ᄒᆞᆫ것인즉 그회샤는 아모륵별ᄒᆞᆫ권력이 업슬지라 그런고로 그회샤는그회샤 뎡관 뎨오십이됴 뎨이호ᄃᆡ로 그영업에 필요ᄒᆞᆫ토디를 사고져ᄒᆞ면 한국에 잇는 ᄯᅡᆼ임쟈와 ᄃᆡ등의 ᄌᆞ격으로써 교셥ᄒᆞ여 량편에셔 ᄯᅳᆺ에 합ᄒᆞᆫ후에 상당ᄒᆞᆫ 갑슬 주고 그ᄯᅡ를 살거시오 억지로ᄒᆞ는 방법을 쓰지아니ᄒᆞᆯ터인즉 한국인은 그 회샤로 인ᄒᆞ야 ᄌᆞ긔의 ᄯᅡ를 침해ᄒᆞ는폐단을 밧지아니ᄒᆞᆯ거시오 ᄯᅩ 회샤에셔 영업에 긴요ᄒᆞᆫᄯᅡᆼ을 빌어쓰고져ᄒᆞᆯᄯᅢ에도 아모 억지로ᄒᆞ는 슈단을 쓰지아니ᄒᆞ고 토디를 사는ᄯᅢ와 ᄀᆞᆺ치ᄒᆞᆯ터인고로 회샤가 셜립되여도 한국인은 근심ᄒᆞᆯ거시업ᄂᆞ니라

ᄯᅩ 뎡관 뎨오십이됴 뎨삼호에 쳑식ᄒᆞ기위ᄒᆞ야 필요ᄒᆞᆫᄯᅡᆼ을 경영ᄒᆞ고 관리ᄒᆞᆫ다홈은 회샤와 소유디와 ᄌᆞ본쥬가 ᄌᆞ본금으로드린 토디와 회샤에셔 빌어쓰는 토디를 평쟉ᄒᆞ고 ᄀᆡ량ᄒᆞ여 쓴다홈이오 한국인이 법ᄃᆡ로 임쟈가 되고 회샤에셔는 샹관이 업는ᄯᅡᆼ을 억지로 쓰는거슬 허락지 아니ᄒᆞᆫᄯᅳᆺ은 명ᄇᆡᆨᄒᆞ고 회샤에셔 이런법에 어긔는 힝위를ᄒᆞ면 한일량국 정부에셔 그회샤와 놉흔임원에게 샹당ᄒᆞᆫ 법을 써셔 금지홈은 못지말고 알지니라

ᄯᅩ 뎡관 뎨오십이됴 뎨오호에 한인과 일인의 이쥬민을 모집ᄒᆞ고 분비ᄒᆞᆫ다홈은 농업에 뎍당ᄒᆞ며 인구가 희쇼ᄒᆞᆫ 디방에 이쥬ᄒᆞ기를 ᄇᆞ라는 인민이 잇스면 회샤에셔 그 이쥬홈을 쥬션ᄒᆞ는거시오 그 이쥬코져 ᄒᆞ는쟈는 일본인이나 한국인이나 구별홈이 업스나 그러나 이ᄭᅩᆺ으로 이쥬코져ᄒᆞ는쟈를 억지로 뎌ᄭᅩᆺ으로 이쥬케ᄒᆞ는일은 한일량국 정부에셔 결단코 회샤에 허락지 아니ᄒᆞᆯ터이라

그런고로 회샤가 셜립되여도 한국인은 그ᄯᅡ이나 거류ᄒᆞ는ᄃᆡ는 터럭만치도 침해를 밧을 념려가 업스니 한국인은 엇던 사ᄅᆞᆷ이든지 안심ᄒᆞᆯ타ᄒᆞ엿더라

이것을 볼진ᄃᆡ 그 회샤에셔 토디 매매와 빌어쓰는ᄃᆡ 억지로홈이 업슬지며 한국사ᄅᆞᆷ은 다른곳에 억지로 옴기지 아닐지며 ᄯᅩ 민유토디는 그 회샤의 침해를 당치아닐지니 장ᄒᆞ다 열두사ᄅᆞᆷ이여

슉묘죠시졀에 일본 ᄃᆡ마도쥬가 울릉도를 침탈ᄒᆞᆯ거놀 죠뎡에셔 겁을내여 버혀주고져ᄒᆞ는ᄃᆡ ᄒᆞᆫ노 동ᄅᆡ 슈영병졸 안룡복씨가 단신으로 ᄃᆡ마도에 건너가셔 긔묘ᄒᆞᆫ 계칙으로 ᄃᆡ마도쥬를 굴복케ᄒᆞ고 울릉도를 보젼ᄒᆞ엿더니 이제이 열두사ᄅᆞᆷ은 그 일와 어려옴과 그 공와 큼이 안씨보다 지나는도다

더 훈련ᄒᆞᆫ 뎐업 ᄒᆞᆫ쳑 ᄃᆡ신들에 이런사ᄅᆞᆷ이 잇셧더면 나라가 이디경이 되지아니ᄒᆞ엿슬지며 벼슬이 놉고 권리가 즁ᄒᆞᆫ 지금 정부대관즁에 이런사ᄅᆞᆷ이 잇스면 나라이 이디경에 니르지 아니ᄒᆞ리로다

더 경긔 츙쳥 경상 강원 각도위원들은 그 심장이 엇더ᄒᆞ여 이런 큰 의리관두ᄒᆞᆫ 일에 놈의 일보듯ᄒᆞᆫ쟈도 잇고 혹이 열두사ᄅᆞᆷ을 반ᄃᆡᄒᆞᆫ쟈도 잇셧다ᄒᆞ니 오호ㅣ라 뎌사ᄅᆞᆷ들은 역둔토를 내여 주던쟈보다 못ᄒᆞ지 아니ᄒᆞ도다

론셜 - 한국에 열두 활불

옛적에 수(隋) 양제(煬帝)가 고구려를 침범할 때 고구려 대장 을지문덕(乙支文德)의 휘하에 도승 일곱이 있어서, 청천강(淸川江)의 물을 말려 평지를 만들고 수나라 군사 130만 명이 반쯤 건너올 때에 물이 졸지에 내려오게 하니, 수나라 군사가 모조리 빠져 죽은지라. 이런 까닭으로 당시에 인민들이 이 7명의 도승을 일곱의 활불(活佛)로 존봉(尊奉)하였다더니, 이제 열둘의 활불이 있어서 나라를 사랑하고 동포를 사랑하여 삼천리 동토에 크게 자비를 베풀었으니 우리는 2천만 동포에게 널리 고하여 4천만의 손으로 그 앞에서 절을 하게 하노라.

열둘의 활불은 누구이냐. 동양척식주식회사(東洋拓殖株式會社)의 위원(委員)으로 황해도에 김영탁(金泳澤), 오형근(吳亨根)씨와 평안남도에 백순흠(白舜欽), 황업(黃業)씨와 평안북도에 이윤실(李允實), 이택원(李宅源)씨와 전라남도에 김형옥(金衡玉), 박원규(朴源奎)씨와 함경남도에 도근호(都近浩), 박희중[박희풍(朴熙豐)의 오기]씨와 함경북도에 손서헌(孫瑞憲), 한홍석[한횡석(韓弦錫)의 오기]씨 등이라.

대저 동양척식회사의 법이 반포된 후로 전국이 떠들고 그 모호한 구절과 이롭지 못한 조건에 대하여, 정부 관인은 수수방관하고 유지사는 함구결설(緘口結舌)하더니 거연히 이 열두 사람이 척식위원의 직임을 가지고 일본에 가서 두 나라 위원회에서 힘써 반대한 결과로 그 회사법의 설명서를 얻었는데, 그 전문이 이러하더라.

일본국 동양척식주식회사법 제11조와 한국 동양척식주식회사법 제12조와 동양척식주식회사정관 제52조에 규정한 그 회사의 영업하는 뜻은 별지와 같으니 참고하기 위하여 통지함.

1908년(明治 41년) 9월 26일 일본 대장성(大藏省)

동양척식주식회사 설립위원 좌하(座下)

동양척식주식회사 영업 설명

동양척식주식회사는 한국 농업이 발달하기를 위하며 또 황무지를 기간(起墾)하여 이용하기를 주장하여 그 방법을 실행하는 데 필요한 것과 또 상당한 일본 사람 얼마를 차차 한국에 이주하게 하여 농사법을 실제로 한국인에게 전하고자 함이라. 그런 까닭으로 이 회사가 성립됨은 한국 사람과 일본 사람이 함께 이익을 받을지라.

회사는 한일 양국 정부에서 사인(私人)의 자격으로 그 영업을 허락한 것이니 그 회사는 아무 특별한 권력이 없을지라. 그런 까닭으로 그 회사는 그 회사 정관 제52조 제2호대로 그 영업에 필요한 토지를 사고자 하면, 한국에 있는 땅의 임자와 대등한 자격으로써 교섭하여 양편에서 뜻에 합한 후에 상당한 값을 주고 그 땅을 살 것이오. 억지로 하는 방법을 쓰지 않을 것이니, 한국인은 그 회사로 인하여 자기의 땅을 침해하는 폐단을 받지 아니할 것이오. 또 회사에서 영업에 긴요한 땅을 빌려 쓰고자 할 때에도 아무 억지로 하는 수단을 쓰지 않고 토지를 사는 때와 같이 할 것이므로, 회사가 성립되어도 한국인은 근심할 것이 없느니라.

또 정관 제52조 제3호에 척식하기 위하여 필요한 땅을 경영하고 관리한다 함은 회사의 소유지와 고본주(股本主)가 고본금(股本金)으로 드린 토지와 회사에서 빌려 쓰는 토지를 경작하고 개량하여 쓴다 함이오. 한국인이 법대로 임자가 되고 회사에서는 상관이 없는 땅을 억지로 쓰는 것을 허락하지 않는 뜻은 명백하고, 회사에서 이런 법에 어기는 행위를 하면 한일 양국 정부에서 그 회사의 높은 임원에게 상당한 법을 써서 금지함은 묻지 말고 알 것이라.

또 정관 제52조 제5호에 한인(韓人)과 일인(日人)의 이주민을 모집하고 분배한다 함은 농업에 적당하며, 인구가 희소한 지방에 이주하기를 바라는 인민이 있으면 회사에서 그 이주하는 것을 주선하는 것이오. 그 이주하고자 하는 자는 일본인이나 한국인이나 구별함이 없으나, 그러나 이곳으로 이주하고자 하는 자를 억지로 저곳으로 이주하게 하는 일은 한일 양국 정부에서 결단코 회사에 허락하지 아니할 것이라.

그러므로 회사가 성립되어도 한국인은 그 땅이나 거류하는 데는 터럭만치도 침해를 받을 염려가 없으니 한국인은 어떤 사람이든지 안심하라 하였더라.

이것을 보면 그 회사에서 토지 매매와 빌려 쓰는데 억지로 하는 것이 없으며, 한국 사람은 다른 곳에 억지로 옮기지 않으며, 또 민유(民有) 토지는 그 회사의 침해를 당하지 않으니, 장하다! 열두 사람이여.

숙묘조(肅廟朝) 시절에 일본 대마도주(對馬島主)가 울릉도를 침탈하였는데 조정에서 겁을 내어 베어 주고자 하는데, 홀로 동래(東萊) 수영(水營) 병졸 안용복(安龍福)씨가 단신으로 대마도에 건너가서 기묘한 계책으로 대마도주를 굴복하게 하고 울릉도를 보전하더니, 이제 이 열두 사람은 그 일의 어려움과 그 공의 큼이 안씨(安氏)보다 지나는도다.

저 흔천동지(掀天動地)하던 전일의 훈척대신들에게 이런 사람이 있었다면 나라가 이 지경이 되지 않았을 것이며, 벼슬이 높고 권리가 중한 지금 정부 대관 중에 이런 사람이 있으면 나라가 이 지경에 이르지 않았으리다.

저 경기, 충청, 경상, 강원의 각 도 위원들은 그 심장이 어떠하여 이런 큰 의리관두(義理

闕頭)한 일에 남의 일 보듯 하는 자도 있고, 혹은 열두 사람을 반대한 자도 있었다 하니, 오호라! 저 사람들은 역둔토(驛屯土)를 내어 주던 자보다 못하지 아니하도다.

[202] 1909년 4월 25일 | 황성신문

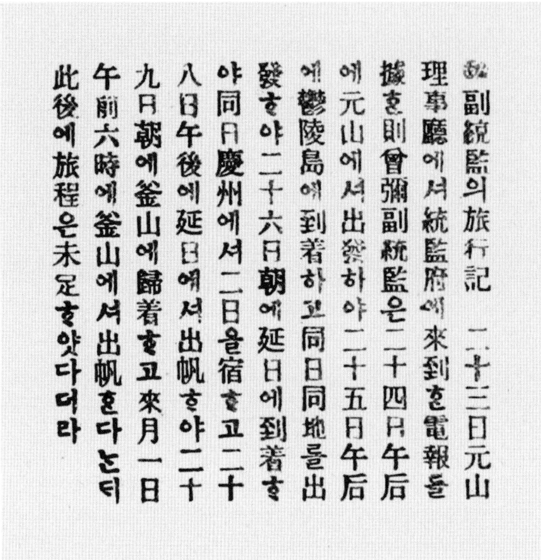

副統監의旅行記　二十三日元山理事廳에서統監府에來到ᄒᆞᆫ電報를據ᄒᆞᆫ則曾彌副統監은二十四日午后에元山에서出發하야二十五日午后에鬱陵島에到着하고同日同地를出發ᄒᆞ야二十六日朝에延日에到着ᄒᆞ야同日慶州에서二日을宿ᄒᆞ고二十八日午後에延日에서出帆ᄒᆞ야二十九日朝에釜山에歸着ᄒᆞ고來月一日午前六時에釜山에서出帆ᄒᆞᆫ다ᄂᆞᆫᄃᆡ此後에旅程은未定ᄒᆞ얏다더라

副統監의 旅行記

23일 원산 이사청(理事廳)에서 통감부에 도착한 전보에 따르면, 증니황조(曾禰荒助) 부통감(副統監)은 24일 오후에 원산에서 출발하여 25일 오후에 울릉도에 도착하고, 같은 날 그곳에서 출발하여 26일 아침에 연일(延日)에 도착하여 같은 날 경주에서 2일을 숙박하고 28일 오후에 연일에서 출범하여 29일 아침에 부산으로 돌아오고, 다음 달 1일 오전 6시에 부산에서 출범한다는데 이후의 여정은 미정하였다더라.

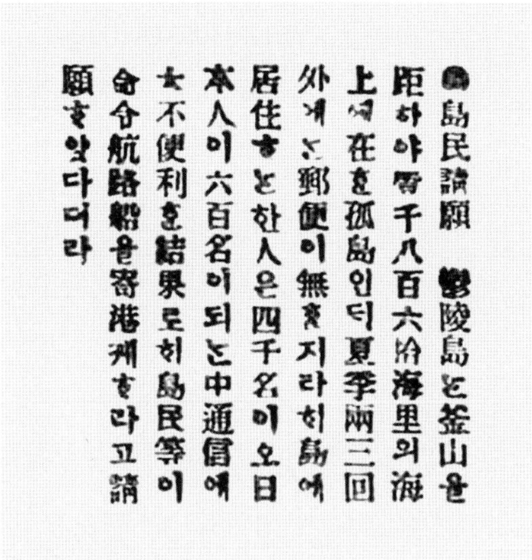

◎島民請願 鬱陵島と釜山을距하야零千八百六拾海里의海上에在혼孤島인딕夏季兩三回外에と郵便이無혼지라該島에居住하と한人은四千名이오日本人이六百名이되と中通信에太不便利혼結果로該島民等이命令航路船을寄港케하라고請願하얏다더라

島民請願

울릉도는 부산(釜山)과 거리가 1,860해리(海里)의 해상에 있는 외딴 섬인데, 하계에는 2~3회 외에 우편이 없는지라, 그 섬에 거주하는 한국인은 4,000명이요, 일본인이 600명이 되는 중 통신이 많이 편리하지 않은 결과로, 그 섬의 백성들이 항로선(航路船)에 명령하여 기항하게 하라고 청원하였다더라.

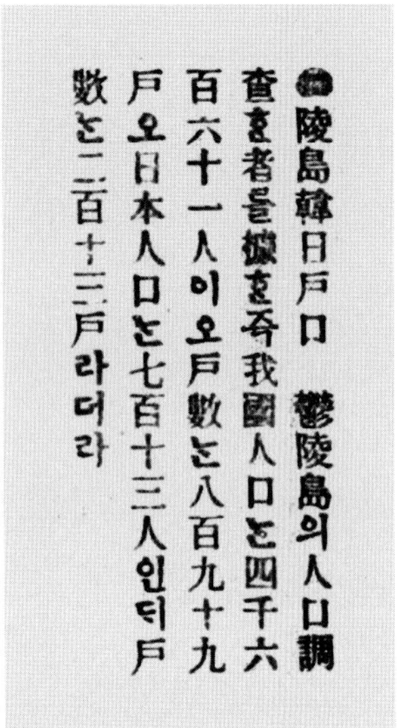

鬱陵島韓日戶口 鬱陵島의人口調査ᄒᆞᆫ者를據ᄒᆞᆫ즉我國人口는四千六百六十一人이오戶數는八百九十九戶오日本人口는七百十三人인ᄃᆡ戶數는二百十三戶라더라

鬱陵島韓日戶口

울릉도의 인구 조사한 것에 따르면 우리나라 인구는 4,661명이고 호구 수는 899호(戶)요, 일본 인구는 713명인데 호구 수는 213호라더라.

(205) 1909년 6월 26일 | 대한매일신보

●金斗源氏의鳴冤書
咸鏡南道元山港居商民金斗
源氏가新任曾彌統監에게呈
書ᄒᆞᆫ全文이如左ᄒᆞ니
斗源은韓國元山海隅之一商民
이라素以商業資生이온바往在
己亥九月分에慶尙北道에기郡
毛至金變童家에셔貿鹽해千八
十八桶을積置矣러니不謂에貴
國人木村源壹郞兄弟가社船主
가來我懇請曰往干鬱島ᄒᆞ야以
還換太明利益不少오且聚船裝
載則船價亦乘이라ᄒᆞ기積鹽이
千八十八桶을際同年六月六日
에該船에裝載ᄒᆞ고同月念六日
계到泊于鬱島則日已暮矣라船
主乙吉이言曰鹽은明日下陸矣
리니例應ᄒᆞᆯ가發陸寄宿ᄒᆞ라ᄒᆞ
기無少疑慮ᄒᆞ고如其言登陸ᄒᆞ
야其島島長裵季周後家沈永秀
家에就宿ᄒᆞ고翌日平明에出往
埠頭則船主乙吉이業已驅鹽船
乘夜逃走이온지라茫々大海에
無處可尋이오나
大抵船舶은某國을勿論ᄒᆞ고私
籍이否有ᄒᆞ야不可ᄒᆞ고飛遁走故
로四處辭探則同年秋에該船이
貴國北海道沃崎느군리에住籍
이的確無疑ᄒᆞᆫ지라然ᄒᆞ오나其
時斗源이行資全空ᄒᆞ고亦關於
兩國간商業上關係故로我國京
城에上來ᄒᆞ야外部大臣朴齊純
閣下께ᄒᆞ上項見失鹽價金額五
千壹百九十壹圓九十錢을日本
ᄋᆡ乙吉處에推擇以給之意로申
訴이온바因此貴國公館에照會
이옵더니貴公館셔此事實을
調査ᄒᆞ야日本北海道島根縣隱崎
國沃崎느군리附近地方官에게
照會이옵던지該地方官答照會
內開에韓國元山金斗源事件에
對ᄒᆞ야木村源壹郞과同行船主
乙吉等을招致査實則的確無疑
이오나相續人金之助의財産을
詳探ᄒᆞᆫ즉其親族이貧困ᄒᆞ야
當場糊口도艱難ᄒᆞᆫ模樣이라云
々이온바其時貴國公使林權助
氏가此模糊ᄒᆞᆫ辭意로我國政府
에對ᄒᆞ야金斗源恤金이라稱ᄒᆞ
고金幾百圓을送交ᄒᆞ얏스나斗
源은當場ᄒᆞᆫ鹽價를推擇ᄒᆞᆷ은可
ᄒᆞ거니와
所謂恤金은甘受ᄒᆞᆯ理가無ᄒᆞ옵
기斗源이屢次本國政府에請願
ᄒᆞ야右金額을林公使에게還送
ᄒᆞᆫ事件이有ᄒᆞ고其後貴公館書
記官國分象太郞시가屢年間에
斗源을數爲招致ᄒᆞ야再三談辨
ᄒᆞ고幾日間容俟ᄒᆞ라ᄒᆞ더니其
後美國總督會으로暫往歐洲ᄒᆞ미
다가現方統監府參書官으로住
在ᄒᆞ옵기屢次致書ᄒᆞ오나聽若
不聞ᄒᆞ고無半辭答書ᄒᆞ니此無
奈幾何斗源而然乎아計此事
가至于本年則為幾年也니計劃
兩十年에備ᄒᆞ야現額이五萬壹
千九百餘九圓가오니此非但韓
日兩國之所知라抑大下之所共
傳聞也니豈非至冤且屈乎아且
再昨年分에統監府總務官鶴
原定吉시가來日本外務大臣

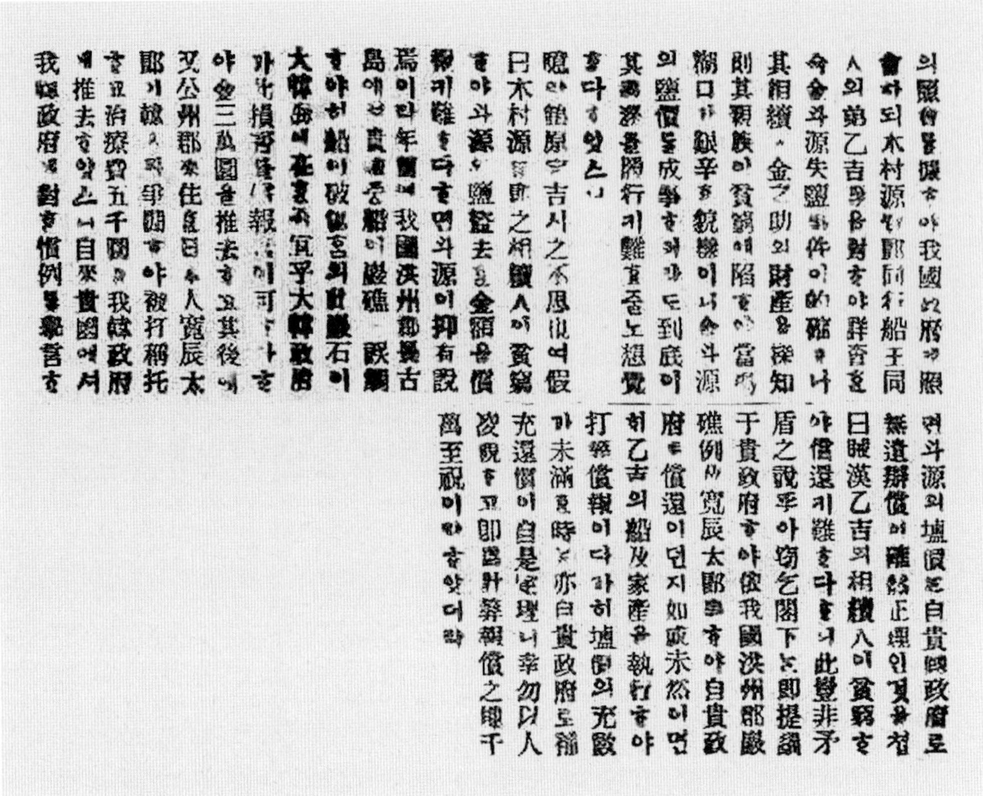

金斗源氏의 鳴冤書

함경남도 원산항에 사는 상민 김두원씨가 새로 부임한 증미[曾彌, 증니(曾禰)의 오기] 통감(統監)에게 쓴 장서(長書)의 전문이 다음과 같다.

두원은 한국 원산의 바다 구석에 있는 한 상민이다. 평소 상업으로 생계를 꾸리는데 지난 기해년(己亥年, 1899) 5월경에 경상북도 장기군 모포 김쌍동의 집에서 판매할 소금 1,088통(桶)을 쌓아 두었는데, 뜻밖에 귀국(貴國)의 목촌원일랑(木村源一郎) 형제 회사의 선주(船主)가 와서 우리에게 간절히 청하며 말하기를 울도에 가서 소금을 콩으로 교환하면 이익이 적지 않고, 또한 그 배에 실으면 선가(船價) 또한 저렴하다고 운운하기에 그 소금 1,088통을 음력으로 같은 해 6월 6일에 그 배에 싣고 같은 달 16일에 울도에 정박하고, 이미 날이 저물어서 선주 을길(乙吉)이 말하기를, 소금은 다음 날 내릴 것이니 염려하지 말고 상륙해서 숙소에 가라고 하기에 조금도 의심하지 않고 그 말처럼 상륙해서, 당시 도장 배계주씨의 뒷집인 심기수의 집에 취숙(就宿)하고, 다음 날 새벽에 부두에 나가니 선주 을길이 이미 염선(鹽船)을 몰고 밤을 틈타 도주하였다. 망망대해 어느 곳에 있는지 찾을 수가 없었으나,

대저 선박은 어느 나라를 물론하고 사적(私籍)이 각각 있어서 멀리 떠날 수 없는 까닭으로 여러 곳을 상세히 찾아보니, 올해 가을에 그 배가 귀국의 북해도(北海道) 옥기(沃崎) 느군리(원문대로 임)에 주적(住籍)이 의심할 바 없이 확실하였다. 그러나 그때 두원이 행자(行資)가 전부 비었고 또한 양국 사이의 상업상 관계이기 때문에 우리나라 경성(京城)에 올라가서, 외부대신 박제순 각하에게 상항(上項)의 잃어버린 소금값 5,190원 90전을 일본인 을길의 집에 추봉(推捧)하여 지급하도록 하는 뜻으로 고소하였는데, 이로 인하여 귀국의 공관(公館)에 조회하였더니 귀 공관에서 이 사실을 근거하여, 일본 북해도 도근현(島根縣) 은기국(隱崎國)의 옥기(沃崎) 느군리 부근 지방관에게 조회하였는데, 그 지방관이 조회에 답하는 내개(內開, 봉투 안에 든 편지)에 한국 원산의 김두원 사건에 대하여 목촌원일랑과 동행한 선주 을길 등을 불러들여 사실을 조사하니 의심할 바 없이 확실하였으나, 상속인 금지조(金之助)의 재산을 상세히 살펴보니 그 친족이 빈곤에 빠져 당장 입에 풀칠하는 것도 괴로운 모양이라고 운운하는데, 그때 귀국 공사(公使) 임권조(林權助, 하야시 곤스케)씨가 이 모호한 사의(辭意)를 우리 정부에 대하여 김두원 휼금(恤金)이라 칭하고 100원을 넘겨 주었으나, 두원은 마땅히 받아야 할 소금값을 추봉함은 가능하지만,

이른바 휼금을 감수할 뜻이 없기에, 두원이 누차 일본 정부에 청원하여 위의 금액을 임(林, 하야시) 공사에게 환송한 사건이 있었고, 그 후 귀 공관 서기생 국분상태랑(國分象太郞, 고쿠분 쇼타로)씨가 몇 년 동안에 두원을 여러 번 불러 거듭 담판하고 몇 달 동안 기다리라고 하였다. 그 후 미국 참서관(參書官)으로 잠시 구주(歐洲)로 옮겼다가 지금 통감부(統監府) 참서관으로 주재하였기에 누차 글을 보냈으나, 듣고도 못 들은 듯하고 간단한 말 한마디가 없으니 이 어찌 멸시하지 않는다고 두원이 여기겠는가. 이 일을 헤아려보니 올해에 이르기까지 1년이 되었고 달수를 세어 10년에 10배를 하여 지금 액수가 51,919원이니, 이는 비단 한일 양국만 알아야 할 바가 아니라 온 천하가 함께 전해 들어야 할 만한 일이니, 어찌 원통하고 억울하지 않겠는가. 또 재작년에 통감부 총무장관(總務長官) 학원정길(鶴原定吉, 쓰루하라 사다키치)씨가 재차 일본 외무대신(外務大臣)의 조회에 의거하여 우리나라 정부에 조회하기를, 목촌원일랑과 동행한 선주 동인(同人)의 동생 을길 등에 대하여 상세히 조사하니, 지금 김두원이

소금을 잃은 사건이 적확하나 그 상속인 금지조의 재산을 탐지해 보니 그 친족이 빈궁에 빠져 당장 입에 풀칠하는 것도 간신히 하는 모양이니, 김두원의 소금값을 성사하더라도 도저히 그 의무를 이행하기 어려운 줄로 생각한다고 하였다.

아! 학원정길씨는 그렇게 하기를 생각하지 말기를. 가령 목촌원일랑의 상속인이 빈궁하여 두원의 소금을 훔쳐 간 금액을 갚기 어렵다고 말하더라도 두원이 그렇게 이야기할 만한 이유가 있는 것이다. 몇 해 전에 우리나라 홍주군(洪州郡) 장고도(長古島)에서 귀국의 풍선(風船)이 암초에 부딪쳐서 그 배를 깨지게 만든 이 암석이 대한의 바다에 있는데, 마땅히 대한 정부가 이 손해를 갚아야 함이 옳다고 하여 금(金) 30,000환(圜)을 추거하고, 그 후에 또 공주군(公州郡)에 내왕한 일본인 관진태랑(寬辰太郎, 유타카 타쓰타로)이 한국인과 다투어 구타를 당하였다는 구실로 치료비 5,000환을 우리 한국 정부에 추거하였으니, 원래부터 귀국에서 우리 한국 정부에 대한 관례를 들어 말하면, 두원의 소금값은 귀국 정부로부터 모조리 변상하는 것이 확연히 정당한 도리인 것인데, 번번이 말하기를 도적놈 을길의 상속인이 빈궁하여 상환하기 어렵다 하니, 이 어찌 모순의 말이 아니라 하겠는가. 바라옵건대 각하께서는 즉시 귀 정부에 제의하여 우리나라 홍주군 암초의 예와 관진태랑의 사건에 의거하여 귀 정부로부터 보상하게 하든지, 만일 그렇지 않으면 그 을길의 배와 가산을 집행하여 보상할 것을 계산하고, 그 소금값의 수치에 미치지 못할 때는 역시 귀 정부로부터 보충하여 보상하는 것이 당연한 정리이니, 아무쪼록 남을 깔보지 말고 즉시 보상할 것을 계산하기를 간절히 바란다고 하였더라.*

---

* 같은 내용의 기사로 『황성신문』 1909년 6월 26일 및 27일 「擅商又鳴」이 있음.

[206] 1909년 8월 5일 | 황성신문

○敍任及辭令 ○七月二十六日
任郡主事敍判任官四等 前副敎員白
亨道
○七月二十八日
佐藤久米一 松尾喜作 岡本賀太郎
任燈臺局看守敍判任官五等
○七月二十九日
中村昇亮 任臨時財產整理局主事兼
度支部主事敍判任官三等△任稅關港
務醫官補敍判任官三等 中村信太郎
○七月二十九日
財務署主事深津精一郎 仝岡崎卓
仝岩倉守男 仝小池良雄 兼任財務
監督局主事
○七月三十一日
任羅州郡守敍奏任官四等 正三品朴
潤東△任靈光郡守敍奏任官四等 郡
主事金禎泰△任南平郡守敍奏任官四
等 郡主事曹秉瑀△任旌義郡守敍奏
任官四等 府主事金冕秀△任順天郡
守敍奏任官三等 靈巖郡守李秉輝△
任靈巖郡守敍奏任官四等 六品金相
大△任寶城郡守敍奏任官四等 吳在
永△任河東郡守敍奏任官四等 郡主
事金烘琢△任龍南郡守敍奏任官三等
鬱島郡守沈能益△任鬱島郡守敍奏任
官四等 警部全泰興△任安邊郡守敍
奏任官四等 前主事金勉弼△任高原
郡守敍奏任官四等 前主事李 鎰△
任三水郡守敍奏任官四等 警部劉鎭
世△結城顯彥 青篤世 任判事敍奏
任官三等△河野曉 吉田眞策 任檢
事敍奏任官四等△任親衛府主事敍判
任官二等 前軍部主事李錫晉△前軍
部主事安鐘均 仝張在植 任親衛府
主事敍判任官三等△前軍部主事金相
益 仝許 敏 任親衛府主事敍判任
官四等
掌禮院禮式官高羲誠 仝 極在學 釜
山에出張을命홈 (以上七月二十四日
宮內府)△命雲山郡在勤(七月二十六
日內部) 郡主事白亨道△前奉理官
申錫麟 前巨濟郡守李敎承 前熊川
郡守尹榮玉、前漢城府參書官金宇鉉
前巨濟郡守高義駿 前昌原府尹李
琦 解慶尙南道鎭海灣調査委員△德
源府尹趙秉敎 解元山防備隊海軍用
地調査委員 以上七月三十一日內部)
△命司稅局勤務 度支部事務官森山
誠之△財務監督局事務官吉田政治
命元山財務監督局在勤 (以上七月二
十六日度支部)△依願免本官(八月一
日度支部) 燈臺局主事小林謙藏

敍任及辭令

(전략)

△ 울도 군수 심능익(沈能益)을 용남(龍南) 군수로 임명하고 주임관 3등(三等)에 서임한다.

△ 경부(警部) 전태흥(全泰興)을 울도 군수로 임명하고 주임관 4등(四等)에 서임한다.

(후략)

〔207〕 1909년 8월 8일 | 대한매일신보(한글판)

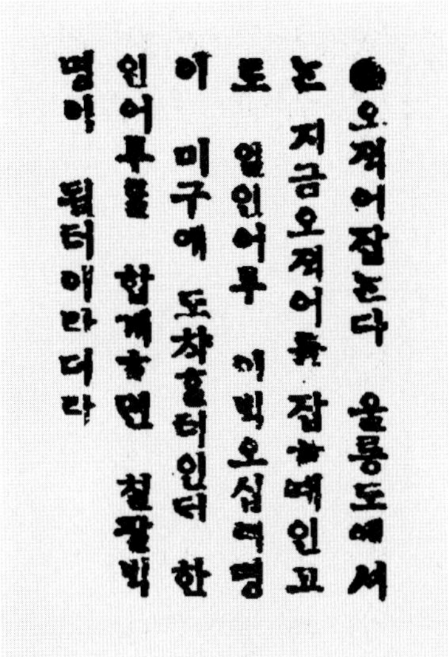

●오젹어잡ᄂᆞᆫ다 울릉도에셔ᄂᆞᆫ 지금오젹어ᄅᆞᆯ 잡ᄒᆞᆯ 때인고로 일인어부 이ᄇᆡᆨ오십여명이 미구에 도착ᄒᆞᆯ터인ᄃᆡ 한인어부ᄅᆞᆯ 합계ᄒᆞ면 칠팔ᄇᆡᆨ명이 될터이라더라

오젹어 잡는다

울릉도에서는 지금 오징어(원문은 '오적어')를 잡을 때이므로 일본인 어부 250여 명이 미구(未久)에 도착할 것인데 한국인 어부를 합계하면 700~800명이 될 것이라더라.

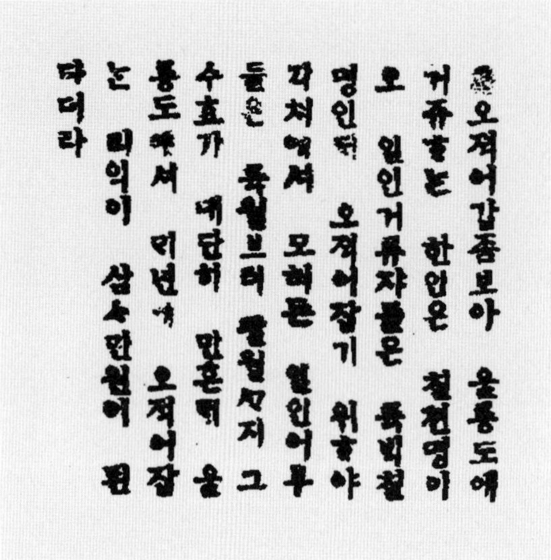
◎오젹어갑좀보아 울릉도에 거류하는 한인은 칠쳔명이오 일인거류쟈들은 륙백칠명인대 오젹어잡기 위하야 각쳐에서 모혀든 일인어부들은 륙월브터 팔월까지 그 수효가 대단히 만흔대 울릉도에서 매년에 오젹어잡는 리익이 삼사만원이 된다더라

오젹어 갑 좀 보아

울릉도에 거주하는 한국인은 7,000명이고, 일본인 거류자들은 607명인데 오징어를 잡기 위하여 각 처에서 모여든 일본인 어부들은 6월부터 8월까지 그 수효가 대단히 많은데, 울릉도에서 매년에 오징어 잡는 이익이 3~4만원이 된다더라.

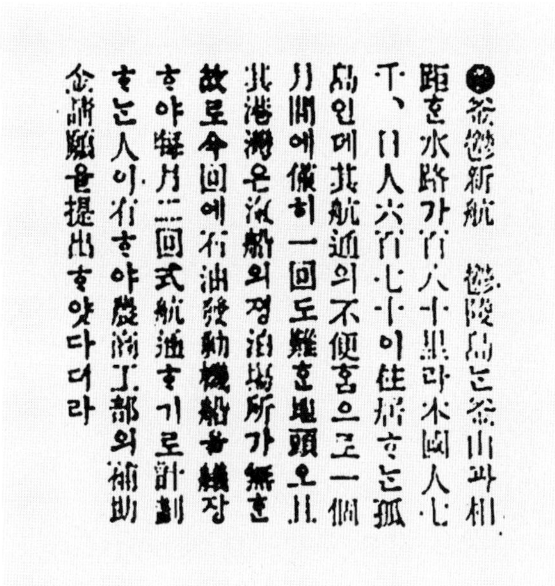
◉釜鬱新航 鬱陵島는釜山과相距훈水路가百八十里라本國人七千、日人六百七十이住居ᄒᆞ는孤島인데其航通의不便홈으로一個月間에僅히一回도難훈地頭오且其港灣은汽船의정泊場所가無훈故로今回에石油發動機船[illegible]繫장ᄒᆞ야每月二回式航通ᄒᆞ기로計劃ᄒᆞ는人이有ᄒᆞ야農商工部의補助金請願을提出ᄒᆞ얏다더라

釜鬱新航

울릉도는 부산과 서로 떨어진 거리가 바닷길이 180리(里)고, 우리나라 사람이 7,000명, 일본인이 670명이 주거하는 외딴 섬인데, 그 항로의 불편함으로 1개월 동안 겨우 1회도 어려운 지경이오. 또 그 항만은 기선(汽船)의 정박 장소가 없는 까닭에 이번에 석유발동기선(石油發動機船)이 정박하여 매월 2회씩 항통(航通)하기로 계획하는 사람이 있어 농상공부의 보조금 청원을 제출하였다더라.

〔210〕 1909년 8월 21일 ㅣ 황성신문

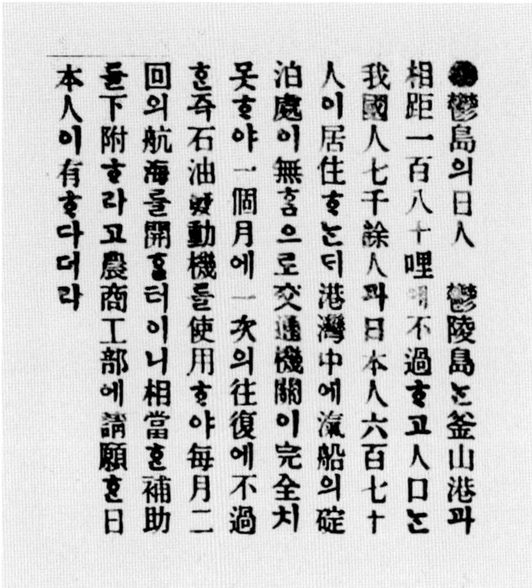

●鬱島의日人　鬱陵島는釜山港과相距一百八十哩에不過ᄒᆞ고人口는我國人七千餘人과日本人六百七十人이居住ᄒᆞ는ᄃᆡ港灣中에滊船의碇泊處이無홈으로交通機關이完全치못ᄒᆞ야一個月에一次의往復에不過ᄒᆞᆫ즉石油發動機를使用ᄒᆞ야每月二回의航海를開ᄒᆞᆯ터이니相當ᄒᆞᆫ補助를下附ᄒᆞ라고農商工部에請願ᄒᆞᆫ日本人이有ᄒᆞ다더라

鬱島의 日人

울릉도는 부산항과 서로 떨어진 거리가 180리(里)에 불과하고, 인구는 우리나라 사람이 7,000여 명과 일본인 670명이 거주하는데, 항만에 기선(滊船)의 정박처가 없으므로 교통기관이 완전하지 못하여 1개월에 한 번의 왕복에 불과하여, 석유발동기(石油發動機)를 사용하여 매월 2회의 항해를 시작할 터이니, 상당한 보조를 하부하라고 농상공부에 청원한 일본인이 있다더라.

[211] 1909년 8월 22일 | 황성신문

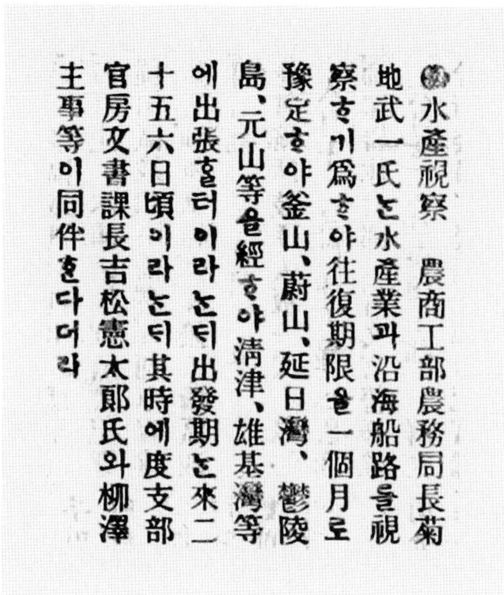

◎水産視察　農商工部農務局長菊地武一氏는水産業과沿海船路를視察ᄒᆞ기爲ᄒᆞ야往復期限을一個月로豫定ᄒᆞ야釜山、蔚山、延日灣、鬱陵島、元山等을經ᄒᆞ야淸津、雄基灣等에出張ᄒᆞᆯ터이라는ᄃᆡ出發期는來二十五六日頃이라는ᄃᆡ其時에度支部官房文書課長吉松憲太郞氏와柳澤主事等이同伴ᄒᆞᆫ다더라

水産視察

농상공부 농무국장 국지무일(菊地武一, 기쿠치 타케이치)씨는 수산업과 연해 선로를 시찰하기 위하여 왕복 기한을 1개월로 예정하여, 부산, 울산, 연일만(延日灣), 울릉도, 원산 등을 지나 청진(淸津), 웅기만(雄基灣) 등에 출장할 것이라는데, 출발 시기는 오는 25~26일경이라는데 그때 탁지부관방(度支部官房) 문서과장(文書課長) 길송헌태랑(吉松憲太郞, 요시마쓰 켄타로)씨와 유택(柳澤) 주사(主事) 등이 동반한다더라.

[212] 1909년 9월 1일 | 신한민보

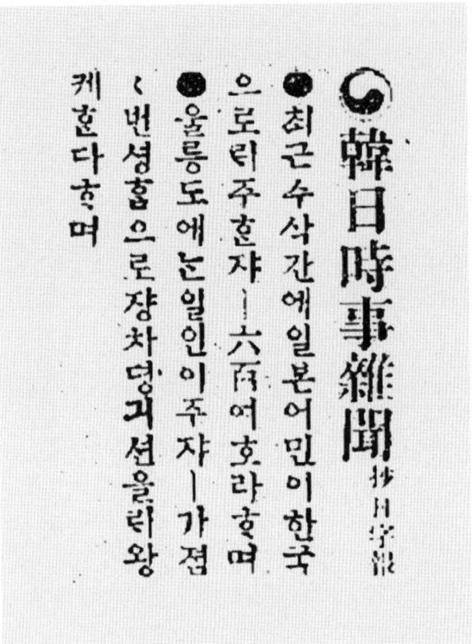

韓日時事雜聞 抄日字報

●최근수삭간에일본어민이한국으로ᄅᆡ주ᄒᆞᆫ쟈ㅣ六百여호라ᄒᆞ며

●울릉도에ᄂᆞᆫ일인이주자ㅣ가졈〻번셩ᄒᆞᆷ으로쟝차뎡긔션을ᄅᆡ왕케ᄒᆞᆫ다ᄒᆞ며

韓日時事雜聞

● 최근 몇 달 간에 일본 어민이 한국으로 내주(來住)한 자가 600여 호(戶)라 하며

● 울릉도에는 일본인 이주자가 점점 번성하므로 장차 정기선을 내왕케 한다 하며

[213] 1909년 9월 4일 | 황성신문

壚商長書 大韓帝國元山港壚商金斗源氏가去陽八月二十一日下午三点에日本內閣總理大臣桂太郞氏의게郵便登記로嗚冤흔全文이如左흐니伏以天下之人有匹夫匹婦不獲其所則若已推而納諸溝中盖古今君子不忍之心也今斗源雖草野之賤可伍於匹夫也閣下素已著名於貴國政黨則今日行政意必不讓於古今君子不忍之心也然則斗源之不獲其所至于今日而可謂甚矣雖以閣下之察不能明見萬里則安知其不獲之情狀而哀憐之乎斗源之抱痛含冤日夜哀鳴十一年于玆矣其非痛之迫哀之至一聲長叫豈至於此乎世人之有耳者聞之而非不慘焉惻焉以若閣下之仁聞之之日其所戚戚倘復如何玆斗源萬里一紙含聲告哀伏乞平心舒氣少推恕焉斗源韓國元山港一商民也素以商業資生矣往在光武三年(即明治三十一年)陰曆五月頃貿鹽一千八十八桶積貨于慶尙北道長鬐郡毛浦金雙童家矣意外貴國人木村源一郞兄弟會社船主來到懇請曰往于鬱島以鹽換太則利益不少且裝載渠船則船貰亦廉云云矣斗源信之該鹽一千八十八桶同年陰六月六日裝載該船同月十六日到泊鬱島則日已暮矣船主乙吉屬言曰鹽可明日下陸矣登陸寄宿爲好云云故如其言登陸就宿于其時島長裵季周後家沈基秀處翌平明出往阜頭則船主乙吉已駈鹽船乘夜逃走耳海水茫茫無處可尋(未完)

壚商長書

대한제국 원산항 염상(壚商) 김두원씨가 지난 양력 8월 21일 오후 3시에 일본 내각 총리대신(総理大臣) 계태랑(桂太郎, 가쓰라 타로)씨에게 우편 등기로 원통함을 부르짖은 전문이 다음과 같다.

엎드려 아뢰건대 천하의 사람들은 평범한 사람이라도 살 곳을 얻지 못하면 자신이 구렁텅이 속으로 빠져들어간 것 같이 여겼으니, 대개 고금(古今)의 군자의 '불인지심(不忍之心)'입니다. 지금 두원은 비록 초야에서 비천해도 평범한 사람의 하나라고 할 수 있습니다. 각하께서는 본디 이미 귀국 정당에서 저명하시니, 지금 행정하는 뜻은 반드시 고금 군자의 '불인지심'보다 못하지 않을 것입니다. 그런데 두원이 얻지 못한 바가 오늘에 이르렀으니, 가히 심하다고 할 수 있습니다. 비록 각하가 살피더라도 만 리(里)까지 밝게 볼 수는 없으니, 어찌 얻지 못하는 상황을 알고 가엾게 여기시겠습니까. 두원이 원통함을 머금고 낮, 밤으로 슬피 운 지가 11년이 되었습니다. 비통함에 절박하여 슬픔에 크게 울부짖어도 어찌 여기에 이르겠습니까. 세인들이 귀가 있으니 그것을 듣는다면 비참하고 측은하다 할 것입니다. 만약 각하의 인자함을 듣던 날에는 그 근심하는 바가 어떠하겠습니까. 이에 두원이 만 리에서 한 장의 종이에 슬픔을 알아주기를 바라는 소리를 담았으니, 마음을 가라앉히시고 미루어 헤아려 주시길 엎드려 빕니다. 두원은 한국 원산항의 한 상민(商民)이고, 평소 상업으로 생계를 꾸립니다. 지난 광무(光武) 3년[1899(즉, 명치 32년)] 음력 5월경에 소금을 거래하려고 1,088통(桶)을 경상북도 장기군 모포 김쌍동의 집에 쌓아 두었는데, 뜻밖에 귀국 사람인 목촌원일랑(木村源一郎)의 형제 회사 선주가 간절히 청하기를, 울도(鬱島)에 가서 소금을 콩으로 교환하면 이익이 적지 않고 저들의 배에 실으면 선박의 운임도 또한 저렴하다고 운운하였습니다. 두원은 그것을 믿고 그 소금 1,088통(桶)을 같은 해 음력 6월 6일에 그 배에 싣고, 같은 달 16일에 울도에 정박하였는데, 곧 날이 저물었습니다. 선주(船主) 을길(乙吉)의 부하가 말하기를, 소금은 다음 날 내릴 수 있다고 하고, 있다고 하고 상륙해서 숙소에 가는 것이 좋겠다고 운운하여, 그 말대로 상륙해서 당시 도장 배계주의 뒷집 심기수의 집에서 묵었습니다. 다음 날 새벽에 부두로 가 보니, 선주 을길이 소금을 실은 배를 몰고 밤을 틈타 도주하였습니다. 바다가 아득하여 어느 곳에 있는지 찾을 수가 없었습니다. (미완)

◎鹽商長書 (續)

大抵船舶勿論某國各有其籍不可無形掩迹矣四處詳探則同年秋該船住籍的確露出於貴國北海道沃崎郡地而其時斗源行籤金空僞到我國京城乙吉處賊失驗價五千一百九十一圓本錢推捧以給之還申訴于外部大臣朴齊純氏矣追撥貴國北海道島根縣隱崎郡沃崎郡附近地方官答照會內以金斗源事件木村源一郞及同行船主乙吉招致審査則的確無疑但相縱人金之助貧乏無聊云云而其時貴公使林權助氏此牒緝稱以金斗源恤金盜金幾百圓則以義恩之當捧塩價受之可也所謂恤金於理不當故即其時却之矣其後貴公館書記本國分象太郎爲歷招致斗源再三說辦謂以幾百圓容俟矣其後移任于奏議參書官今又旋任統監府參書官故以其曾歷於而總若不聞初無一辭如何斗源雖賤微亦人也以人待人豈非過度耶爲計此事已至十一年之久則逐歲計利十年十倍之全金額今爲五萬一千九百十九圓矣此非但韓日兩國之所知而抑世界之所共傳聞者其至冤且屈可謂天爲神明亦所共鑑也獨貴公使與統監府參書官之聽且掩耳者尙深怪焉耳豈斗源窶不動人言不以誠而至于此耶抑貴國官吏愛人有遐邇同異之別耶貴政府現執東洋之牛耳主唱全國之平和則亦必無如是之理矣斗源執訴叩地長年掩抑之餘今年六月二十五日頃又是伸訴于新任統監曾禰荒助閣下而退待數日尙無如何措處於是斗源竊自思之曰古來政治家民有冤則使之伸爲有訴則使之審爲今日政治家則反是而民有訴而若不聽有冤而若不知此乃二十世紀文明政治之本領耶不然則貴國官吏之一瞻含糊不可容可否者前縱後聽之柄似也何若是之甚也斗源之情至于今日哀極而氣衰痛切而力弱行行乞宿亦不得自由溝壑之外更無餘地勢既至此不容可悉不得不一向閣下而告之乃已也蓋斗源一冥頑之民也新世界文明政策則固已昧如而以古君子不忍人之政望於閣下而已閣下亦當以不忍人之政毅施於斗源也雖然第對閣下而特有一級焉再昨年頃統監府總務長官鶴原定吉擬此事照會我政府曰木村源一郞同行船主乙吉之盜鹽事件的確無疑而但相縱人金之助家力貧乏壞價辦償難服者云云設如此蓋鶴原定吉氏之不思也甚矣斗源請因貴國已行之例而申辦之年前貴國風船誤觸于我國洪州郡長古島岩礁而被傷此乃曰韓國岩礁之故受償我國庫金三千圓其後我國公州郡來駐日本人寬辰太郞與我國人爭鬪稱托治療費受償我國庫金五千圓以此觀之彼相縱人金之助之貧富與否初不擧論而自貴政府欲報償乃是貴法之當然而向鶴之指此指彼矛盾說去必是一二個人之私見未必非貴政府之全體政見也伏乞閣下留神省察該壞償五萬一千九百十九圓照數出給庶免不獲其所而死則千萬幸甚否不知裁無任祈祝証案新聞紙三片追附鹽察爲ᄒ소셔ᄒ얏다더라 (完)

鹽商長書(續)

대저 선박은 어느 나라를 막론하고 각기 등록명부[籍]가 있어서 무형(無形)이거나 자취를 감출 수 없습니다. 여러 곳을 상세히 찾아보니 같은 해 가을에 그 배가 귀국의 북해도(北海道) 옥기군[沃崎郡, 오키(隱岐郡)의 오기]에 간 기록이 확실하였습니다. 그때 두원의 행탁(行橐, 여행할 때 노자를 넣어놓는 주머니)이 전부 비어 겨우 우리나라 경성에 도달하여, 을길이 훔쳐간 소금값 5,191환(圜) 90전(錢)을 추징하여 지급하도록 하는 뜻으로 외부대신 박제순씨에게 신소(申訴)하였습니다. 얼마 뒤에 귀국의 일본 북해도, 도근현(島根縣), 은기국(隱崎國), 옥기군의 부근 지방관이 답하는 조회의 내용을 접하였더니, 김두원 사건에 대하여 목촌원일랑(木村源一郎)과 동행한 선주 을길 등을 불러들여 사실을 살펴보니 의심할 바 없이 확실하다고 하였습니다. 다만 상속인 금지조(金之助)가 빈핍(貧乏)하고 무료(無聊)하다고 운운하니, 그때 귀국 공사 임권조(林權助)가 김두원에 대한 휼금이라며 모호하게 말하면서 몇백 환을 보냈습니다. 마땅히 소금값을 받는 것이 옳다고 생각하여, 이른바 휼금이라는 것은 이치에 맞지 않으므로 그 즉시 거절하였습니다. 그 후 귀 공사관 서기생 국분상태랑(國分象太郞)씨가 두원을 누차 불러 거듭 담판하고 몇 달간 기다리라고 말하였습니다. 그 후 미국 참서관(參書官)에 이임(移任)하고 지금은 또 통감부 참서관으로 선임(旋任)하였으므로, 그 사실을 여러 차례 서신을 보냈으나, 듣고도 못 들은 척하고 애초에 한마디 말도 없으니 어찌합니까. 아무리 두원이 천미(賤微)하더라도 사람입니다. 사람이 사람을 대하는 것이 어찌 이렇게 지나치지 않겠습니까. 제가 이 일을 헤아려보니 이미 11년이라는 기간에 이르렀고, 달마다 이익을 헤아려 10년에 10배를 하면 모든 금액이 지금 51,919환이 됩니다. 이는 비단 한일 양국만 알아야 할 바가 아니라 또한 온 세계가 함께 전해 듣고 원통하고 억울하다고 할 것이며, 천지신명께서도 또한 함께 보는 바입니다.

귀 공사와 통감부 참서관(參書官)이 귀를 막고 듣지 않고 있는 것은 심히 괴이할 뿐입니다. 어찌 두원이 이와 같이 움직이지 않고 불성실한 사람들 때문에 슬퍼하지 않을 수 있겠습니까. 또한 귀국 관리의 애민(愛民)에는 멀고 가까움과 같음과 다름이 있습니다. 귀 정부가 지금 동양의 우두머리가 되어 전국의 평화를 주창하고 있지만, 역시 이와 같은 도리는 있을 수 없습니다. 두원이 오랫동안 땅을 치며 참고 있다가 올해 6월 25일 무렵 다시 신임 통감(統監) 증니황조(曾禰荒助, 소네 아라스케) 각하에게 다시 소송하고 물러나 수일을 기다렸으나 아직 어떤 조치도 없었으므로, 두원이 혼자 생각하며 말하길 '고래부터 정치가는 백성에게 원통함이 있으면 호소하게 하였고 소송한 것이 있으면 심판해 주었는데, 이에 반해 지금의 정치가는 백성이 소송해도 듣지 않고 원통함이 있어도 모르는 것이 20세기 문명 정치의 근본이구나. 그렇지 않으면 귀국 관리가 모두 입에 죽을 머금은 듯 아무 말도 하지 않고 있는 것이 앞서와 마찬가지임이 어찌 이리 심할까'라고 하였습니다. 지금 두원의 사정이 매우 서글프고 기운이 쇠하고 힘을 잃어 잠자리를 구걸하기에 이르렀으며, 또한 구렁에 빠져 자유롭지 못할 뿐 아니라 다시 힘을 얻을 여지가 없습니다. 이미 이와 같은 상황에 이르렀으므로 부득불 각하에게 모두 말씀드립니다. 두원은 어리석고 완고한 백성 중 하나로, 신세계 문명 정책에 고루하고 어둡습니다. 옛날 군자의 불인인지정(不忍人之政, 남의 고통을 차마 묵과하지 못하는 정치)을 각하에게 바라며, 두원에게도 마땅히 불인인지정을 베풀어 주시기를 바랍니다. 그렇지만 각하에게 특별히 한 말씀 드리겠습니다. 재작년경 통감부(統監府) 총무장관 학원정길(鶴原定吉, 원문에는 '鶴源定吉'로 오기)이 이 일을 우리 정부에 조회하여 말하길, 목촌원일랑(木村源一郎)과 동행했던 선주 을길(乙吉)의 소금 도취(盜取) 사건은 의심할 여지없이 확실한 것이나 상속인 금지조(金之助)가 가난하므로 소금값 변상을 이행하기 어렵다는 등의 말을 했습니다. 이는 학원정길씨가 매우 잘못 생각하고 한 말입니다. 두원은 귀국이 이전에 행한 사례에 따라 소송한 것입니다. 예전에 귀국 풍선(風船)이 우리나라 홍주군 장고도에서 암초에 부딪혀 파손되었을 때, 한국의 암초 때문에 일어난 일이라 하여 우리나라 국고에서 배상금 3,000원을 받아갔습니다. 그 후 우리나라 공주군(公州郡)에 와서 사는 일본인 관진태랑(寬辰太郎, 유타카 다쓰타로)과 우리 국민이 싸움을 하였을 때, 치료비 배상 명목으로 우리나라 국고금 5,000환을 받아갔습니다. 이로써 보았을 때 상속인 금지조가 부자인지 아닌지를 따지는 것은 애당초 말이 되지 않습니다. 귀 정부가 보상을 요구한 것은 귀국 법으로서는 당연한 것입니다. 이전 일과 지금 일이 모순되지 않습니다. 이것은 한두 사람의 사견(私見)이 아닙니다. 귀 정부의 전체적인 관점입니다. 엎드려 바라옵건대 각하(閣下)께서는 잘 살펴 소금값 51,919원을 계산해 주시어 죽지 않게 해 주시오면 천만다행이겠습니다. 말로는 판별하기 어려워 증거로 신문 3부를 추가로 붙여드리니 감찰(鑒察)하여 주시옵소서, 하였다더라. (완)*

---

* 같은 내용의 기사로 『대한매일신보』 1909년 8월 29일 및 8월 31일 「壚商又冤」이 있음. 단 1909년 8월 21일 김두원이 일본 내각총리대신 가쓰라 타로에게 송부한 탄원서 내용의 일부만 수록됨.

(215) 1909년 11월 13일 | 황성신문

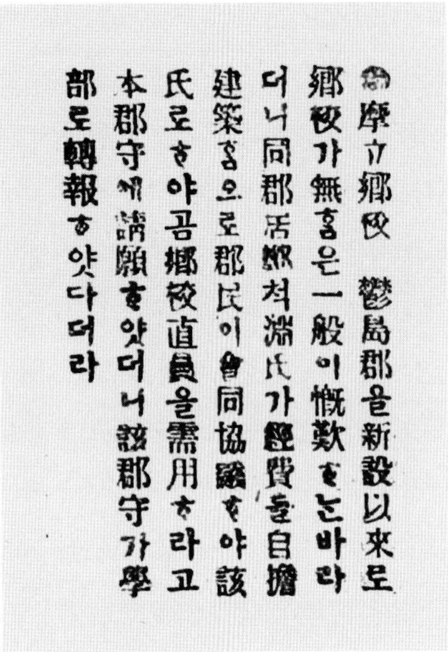

◎摩立鄕校　鬱島郡을新設以來로鄕校가無홈은一般이慨歎ᄒᆞᄂᆞᆫ바라더니同郡居鄭척淵氏가經費를自擔建築홈으로郡民이會同協議ᄒᆞ야該氏로ᄒᆞ야곰鄕校直員을需用ᄒᆞ라고本郡守께請願ᄒᆞ얏더니該郡守가學部로轉報ᄒᆞ얏다더라

摩立鄕校

울도군을 신설한 이래로 향교가 없음은 일반이 개탄하는 것이라더니, 같은 군(郡)에 거주하는 정척연(鄭척淵)씨가 경비를 부담하여 건축함으로 군민(郡民)이 회동, 협의하여 그 사람으로 하여금 향교 직원을 수용(需用)하라고 본 군수(郡守)에게 청원하였더니 그 군수가 학부(學部)로 전보(轉報)하였다더라.

[216] 1909년 11월 13일 | 황성신문

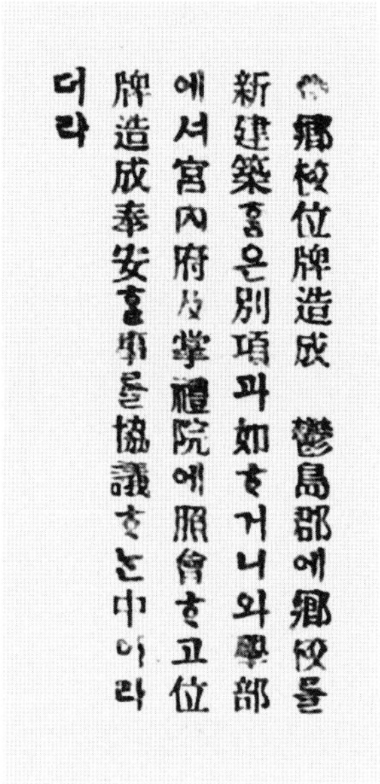

◎鄕校位牌造成　鬱島郡에鄕校를新建築홈은別項과如ᄒᆞ거니와學部에서宮內府及掌禮院에照會ᄒᆞ고位牌造成奉安ᄒᆞᆯ事를協議ᄒᆞᄂᆞᆫ中이라더라

鄕校位牌造成

울도군에 향교를 새로 건축함은 별항과 같으니, 학부에서 궁내부(宮內府)와 장례원(掌禮院)에 조회하고 위패를 조성하여 봉안할 것을 협의하는 중이라더라.

(217) 1909년 12월 22일 | 대한매일신보

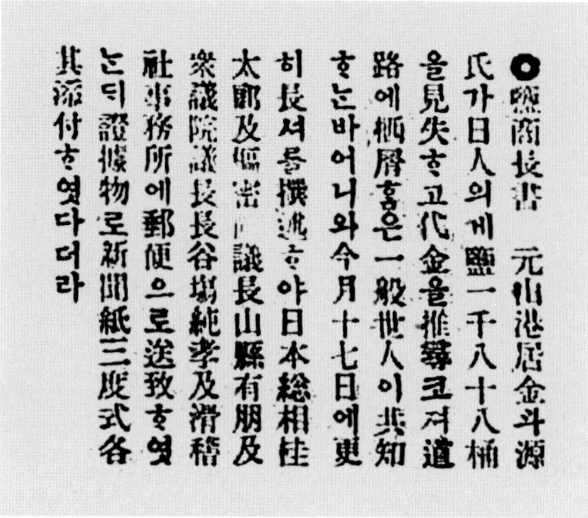
◉鹽商長書 元山港居金斗源
氏가日人의게鹽一千八十八桶
을見失ᄒᆞ고代金을推尋코져遑
路에栖屑홈은一般世人이共知
ᄒᆞᄂᆞᆫ바어니와今月十七日에更
히長書를撰述ᄒᆞ야日本總相桂
太郞及樞密院議長山縣有朋及
衆議院議長長谷場純孝及滑稽
社事務所에郵便으로送致ᄒᆞ엿
ᄂᆞᆫᄃᆡ證據物로新聞紙三度式各
其添付ᄒᆞ엿다더라

鹽商長書

원산항에 거주하는 김두원(金斗源)씨가 일본인에게 소금 1,088통을 잃어버리고 대금(代金)을 찾아 받고자 도로에서 떠도는 일은 세상 사람이 다 아는 바, 이번 달 17일에 다시 장서(長書)를 찬술(撰述)하여 일본 총리대신[總相] 계태랑(桂太郎, 가쓰라 타로)과 추밀원(樞密院) 의장 산현유붕(야마가타 아리토모, 山縣有朋), 중의원(衆議院) 의장 장곡장순효(長谷場純孝, 하세바 스미타카)와 활계사(滑稽社) 사무소에 우편으로 보냈는데, 증거물로 신문지 3부씩을 각기 첨부하였다더라.

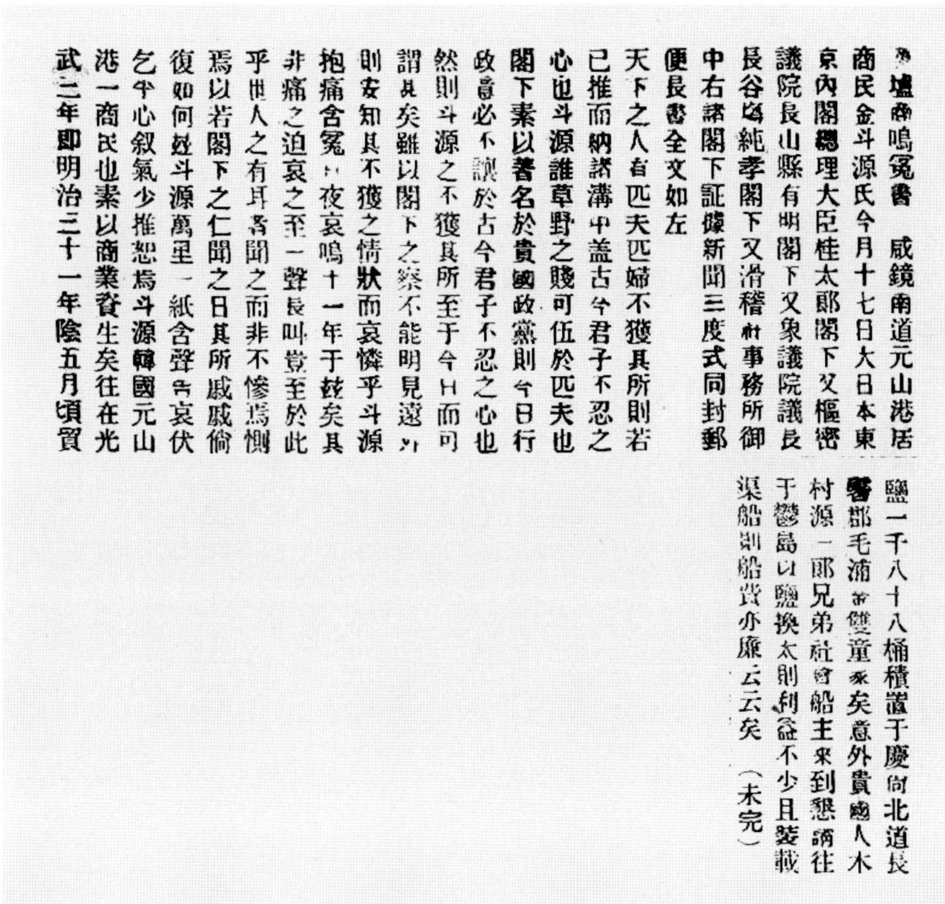

◎壚商鳴冤書 咸鏡南道元山港居商民金斗源氏今月十七日大日本東京內閣總理大臣桂太郞閣下又樞密議院長山縣有明閣下又象議院議長長谷塲純孝閣下又滑稽村事務所御中右諸閣下証據新聞三度式同封郵便長書全文如左

天下之人有匹夫匹婦不獲其所則若已推而納諸溝中盖古今君子不忍之心也斗源誰草野之賤可伍於匹夫也閣下素以著名於貴國政黨則今日行政當必不讓於古今君子不忍之心也然則斗源之不獲其所至于今日而可謂甚矣雖以閣下之察不能明見遠外則安知其不獲之情狀而哀憐乎斗源抱痛含冤日夜哀鳴十一年于玆矣其非痛之迫哀之至一聲長叫豈至於此乎世人之有耳者聞之而非不慘焉惻焉以若閣下之仁聞之日其所戚戚倘復如何玆斗源萬里一紙含聲告哀伏乞平心叙氣少推恕焉斗源韓國元山港一商民也素以商業資生矣往在光武二年即明治三十一年陰五月頃貿鹽一千八十八桶積置于慶尙北道長鬐郡毛浦而雙童丞矣意外貴國人木村源一郞兄弟社會船主來到懇請往于鬱島以鹽換太則利益不少且裝載渠船則船貲亦廉云云矣 (未完)

壚商鳴寃書

함경남도 원산항에 거주하는 상민(商民) 김두원씨가 이번 달 17일 대일본 동경(東京, 도쿄)에 내각 총리대신 계태랑(桂太郎) 각하(閣下), 또 추밀의원장(樞密議院長) 산현유명(山縣有明, 야마가타 아리토모) 각하, 또 상의원(象議院) 의장(議長) 장곡장순효(長谷場純孝, 하세바 스미타카) 각하 또 활계사(滑稽社) 사무소 등 열거한 여러 각하에게 증거 신문 3부씩을 동봉하여 장서(長書)를 우편으로 보냈으니, 전문은 다음과 같다.

천하의 사람들은 평범한 사람이라도 살 곳을 얻지 못하면 자신이 구렁텅이 속으로 빠져 들어간 것 같이 여겼으니, 대개 고금(古今) 군자의 '불인지심(不忍之心)'입니다. 지금 두원은 비록 초야에서 비천해도 평범한 사람의 하나라고 할 수 있습니다. 각하께서는 본디 이미 귀국 정당에서 저명하시니, 지금 행정하는 뜻은 반드시 고금 군자의 '불인지심'보다 못하지 않을 것입니다. 그런데 두원이 얻지 못한 바가 오늘에 이르렀으니, 가히 심하다고 할 수 있습니다. 비록 각하가 살피더라도 먼 지방까지 밝게 볼 수는 없으니, 어찌 얻지 못하는 상황을 알고 가엾게 여기시겠습니까. 두원이 원통함을 머금고 낮, 밤으로 슬피 운 지가 11년이 되었습니다. 비통함에 절박하여 슬픔에 크게 울부짖어도 어찌 여기에 이르겠습니까. 세인들이 귀가 있으니 그것을 듣는다면 비참하고 측은하다 할 것입니다. 만약 각하의 인자함을 듣던 날에는 그 근심하는 바가 어떠하겠습니까. 이에 두원이 만 리에서 한 장의 종이에 슬픔을 알아주기를 바라는 소리를 담았으니, 마음을 가라앉히시고 미루어 헤아려주시길 엎드려 빕니다. 두원은 한국 원산항의 한 상민(商民)이고, 평소 상업으로 생계를 꾸립니다. 지난 광무(光武) 3년(1899) 즉, 명치(明治) 31년 음력 5월경에 소금을 거래하려고 1,088통(桶)을 경상북도 장기군 모포 김쌍동의 집에 쌓아 두었는데, 뜻밖에 귀국 사람인 목촌원일랑(木村源一郎)의 형제 회사선(會社船)에서 간절히 청하기를, 울도에 가서 소금을 콩으로 교환하면 이익이 적지 않고 저들의 배에 실으면 선박의 운임도 또한 저렴하다고 운운하였습니다. (미완)

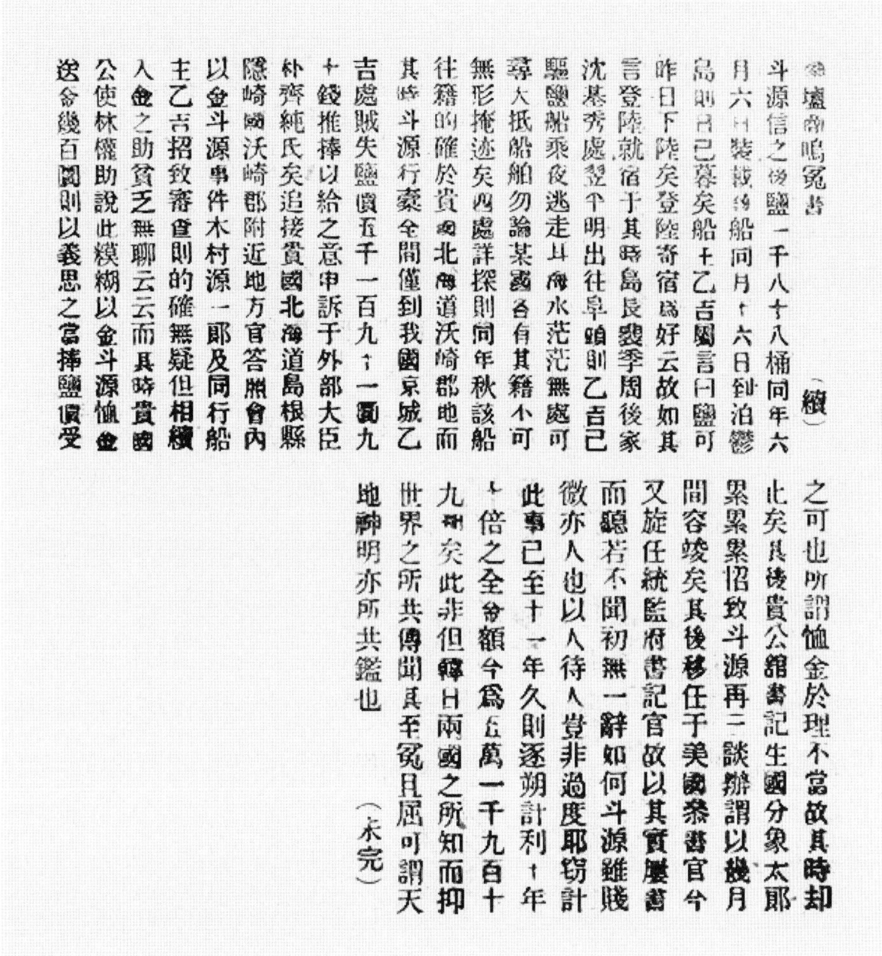
鹽商鳴寃書 (續)

斗源信之後鹽一千八十八桶同年六月六日裝載於船同月十六日到泊鬱島則日已暮矣船主乙吉謂言曰鹽可昨日下陸矣登陸寄宿爲好云故如其言登陸就宿于其時島長裴季周後家沈碁秀處翌朝明出往阜頭則乙吉已驅鹽船乘夜逃走以海水茫茫無處可尋大抵船舶勿論某國各有其籍不可無形掩迹矣四處詳探則同年秋該船往籍的確於貴國北海道沃崎郡地而其時斗源行橐全間僅到我國京城乙吉處賊失鹽價五千一百九十一圓九十錢推捧以給之意申訴于外部大臣朴齊純氏矣追接貴國北海道島根縣隱崎國沃崎郡附近地方官答照會內以金斗源事件木村源一郎及同行船主乙吉招致審查則的確無疑但相續入金之助貧乏無聊云云而其時貴國公使林權助說此模糊以金斗源恤金送給幾百圓則以義思之當捧鹽價受之可也所謂恤金於理不當故其時却此矣其後貴公館書記生國分象太郞累累累招致斗源再三談辦謂以幾月間容竢矣其後移任于美國參書官今又旋任統監府書記官故以其實屢書而聽若不聞初無一辭如何斗源雖賤微亦人也以人待人豈非過度耶竊計此事已至十一年久則逐朔計利十年十倍之全金額今爲五萬一千九百十九圓矣此非但韓日兩國之所知而抑世界之所共傳聞其至寃且屈可謂天地神明亦所共鑑也 (未完)

鹽商鳴寃書(續)

두원(斗源)은 그것을 믿고 그 소금 1,088통(桶)을 같은 해 음력 6월 6일에 그 배에 싣고 같은 달 16일에 울도(鬱島)에 정박하였는데, 이미 날이 저물었습니다. 선주(船主) 을길(乙吉)의 부하가 말하기를, 소금은 다음 날 내릴 수 있다고 하고, 상륙해서 숙소에 가는 것이 좋겠다고 운운하여, 그 말대로 상륙해서 당시 도장 배계주의 뒷집 심기수의 집에서 묵었습니다. 다음 날 새벽에 부두로 가 보니, 선주 을길이 소금을 실은 배를 몰고 밤을 틈타 도주하였습니다. 바다가 아득하여 어느 곳에 있는지 찾을 수가 없었습니다. 대저 선박은 어느 나라를 물론하고 각기 등록[籍]이 있어서 무형(無形)이거나 자취를 감출 수 없습니다. 여러 곳을 상세히 찾아보니 같은 해 가을에 그 배가 귀국의 북해도(北海道) 옥기군(沃崎郡)에 간 기록이 확실하였으며, 그때 두원의 행탁(行橐, 여행할 때 노자를 넣어놓는 주머니)이 전부 비어 겨우 우리나라 경성(京城)에 도달하였고, 을길이 훔쳐간 소금값 5,190환(圜) 90전(錢)을 추봉(推捧)하여 지급하도록 하는 뜻으로 외부대신 박제순씨에게 신소(申訴)하였습니다. 얼마 뒤에 귀국의 일본 북해도, 도근현(島根縣), 은기국(隱崎國), 옥기군의 부근 지방관이 답하는 조회의 내용을 접하였더니, 김두원 사건에 대하여 목촌원일랑과 동행한 선주 을길 등을 불러들여 사실을 살펴보니 의심할 바 없이 확실하다고 하였습니다. 다만 상속인 금지조가 빈핍(貧乏)하고 무료(無聊)하다고 운운하니, 그때 귀국 공사 임권조(林權助)가 김두원에 대한 휼금이라며 모호하게 말하면서 몇백 환을 보냈습니다. 이치상으로 생각해 보니 마땅히 받아야 할 소금값을 추봉하는 것은 가능하지만, 이른바 휼금이라는 것은 이치에 부당하므로 그 즉시 거절하였습니다. 그 후 귀 공관 서기생 국분상태랑(國分象太郎)씨가 두원을 누차 불러 거듭 담판하고 몇 달간 기다리라고 말하였습니다. 그 후 미국 참서관(參書官)에 이임(移任)하고 지금은 또 통감부 참서관으로 선임(旋任)하였으므로 그 사실을 누차 썼으나, 듣고도 못 들은 듯하고 애초에 한마디 말도 없으니 어찌합니까. 아무리 두원이 천미(賤微)하더라도 사람입니다. 사람이 사람을 대하는 것이 어찌 과도하지 않다고 하겠습니까. 제가 이 일을 헤아려보니 이미 11년이라는 기간에 이르렀고, 달마다 이익을 헤아려 10년에 10배를 하면 모든 금액이 지금 51,919환이 됩니다. 이는 비단 한일 양국만 알아야 할 바가 아니라 또한 온 세계가 함께 전해 듣고 원통하고 억울하다고 할 것이며, 가히 천지신명께서도 또한 공감(共鑑)할 바입니다. (미완)

㨟商鳴冤書 (續)

獨貴公使與統監府書記官之聽且掩耳若罔深怪焉而豈斗源哀不動人言不以誠而牟于此耶抑貴國官吏愛人遐邇同異之別耶貴政府現執東洋牛耳主唱全局之和平亦必無如是之理矣斗源執此叩首長年掩抑之餘年六月二十五日頃又呈伸訴于前任統監曾彌荒助閣下而退待數月尙無如何措處於是斗源自思之曰古來政治家民有冤則使之伸焉有訴則使之審焉日政治家反是而民有訴而若不聽有冤而若不知此乃一世紀文明政治之本領耶不然則貴國官吏之一體含糊不言可否者爲繼後應之相似也何若是甚也斗源之情至于今哀極而氣衰病切而力弱行包宿亦不得自由壑溝之外更無餘地勢旣至此亦言可恐擧再籲貴閣總理大臣桂太郞閣下亦無一言也蓋斗源一冥頑之也但世界文明政策則固已昧而古君子忍人之所望於閣下而已閣亦豈以忍人之政與於斗源也然對閣下而特有一證焉再昨領統監府總務長官鶴原定吉據此事照會我政府日本人木村源一郞同船主乙之盜鹽事件的確無疑而但相續人金之助力貧乏鹽價辦償勢難履行云云知言鶴原長吉氏之不思也甚矣斗源論因農商己行之例而申辦之年前貴風船誤觸于我國洪州郡長古島岩礁而破傷此乃曰韓國岩礁云故受償我國庫金三于其後我國公州郡來駐日本人寬辰太郞與我國人爭鬪稱托治療費受償我國庫金五千圜以此觀之彼相續人金之助貧富與否初無論而自貴政府依數辦償乃是貴法之當然而向之指此指彼矛盾說去必是一二個人之私見未必非貴政府之全體政見也伏乞閣下留神省察提議于貴政府鹽價五萬一千九百十七圜照數出給庶免不獲其所而死千萬幸言不知裁無任祈祝이라ᄒᆞ얏다더라

(完)

㨟商鳴冤書(續)

귀 공사와 통감부 참서관(參書官)이 귀를 막고 듣지 않고 있는 것은 심히 괴이할 뿐입니다. 어찌 두원이 이와 같이 움직이지 않고 불성실한 사람들 때문에 슬퍼하지 않을 수 있겠습니까. 애당초 귀국 관리의 애민(愛民)에는 멀고 가까움과 같음과 다름이 있습니다. 귀 정부가 지금 동양의 우두머리가 되어 전국의 평화를 주창하고 있지만, 역시 이와 같은 도리는 있을

수 없습니다. 두원이 오랫동안 땅을 치며 참고 있다가 올해 6월 25일 무렵 다시 신임 통감(統監) 증니황조(曾禰荒助) 각하에게 다시 소송하고 물러나 수일을 기다렸으나, 아직 어떤 조치도 없었으므로, 두원이 혼자 생각하며 말하길, '고래부터 정치가는 백성에게 원통함이 있으면 호소하게 하였고 소송한 것이 있으면 심판해 주었는데, 이에 반해 지금의 정치가는 백성이 소송해도 듣지 않고 원통함이 있어도 모르는 것이 20세기 문명 정치의 근본이구나, 그렇지 않으면 귀국 관리가 모두 입에 죽을 머금은 듯 아무 말도 하지 않고 있는 것이 앞서와 마찬가지임이 어찌 이리 심할까'라고 하였습니다. 지금 두원의 사정이 매우 서글프고 기운이 쇠하고 힘을 잃어 잠자리를 구걸하기에(원문은 '包宿'으로 오기) 이르렀으며 또한 구렁에 빠져 자유롭지 못할 뿐 아니라 다시 힘을 얻을 여지가 없습니다. 이미 이와 같은 상황에 이르러 귀 내각총리대신 계태랑(桂太郎) 각하께 모두 갖추어 다시 구하였으나, 역시 한마디 말씀이 없었습니다. 두원은 어리석고 완고한 백성 중 하나로, 신세계 문명 정책에 고루하고 어둡습니다. 옛날 군자의 불인인지정(不忍人之政, 남의 고통을 차마 묵과하지 못하는 정치)을 각하에게 바라며, 두원(斗源)에게도 마땅히 불인인지정을 베풀어 주시기를 바랍니다. 그렇지만 각하에게 특별히 한 말씀 드리겠습니다. 재작년 경 통감부 총무장관 학원정길(鶴原定吉)이 이 일을 우리 정부에 조회하여 말하길, 목촌원일랑(木村源一郎)과 동행했던 선주 을길(乙吉)의 소금 도취(盜取) 사건은 의심할 여지없이 확실한 것이나, 상속인 금지조(金之助)가 가난하므로 소금값 변상을 이행하기 어렵다는 등의 말을 했습니다. 이는 학원정길씨가 매우 잘못 생각하고 한 말입니다. 두원은 귀국이 이전에 행한 사례에 따라 소송한 것입니다. 예전에 귀국 풍선(風船)이 우리나라 홍주군(洪州郡) 장고도(長古島)에서 암초에 부딪혀 파손되었을 때 한국의 암초 때문에 일어난 일이라 하여 우리나라 국고에서 배상금 3,000환을 받아갔습니다. 그 후 우리나라 공주군(公州郡)에 와서 사는 일본인 관진태랑(寬辰太郎)과 우리 국민이 싸움을 하였을 때 치료비 배상 명목으로 우리나라 국고에서 금 5,000환을 받아갔습니다. 이로써 보았을 때 상속인 금지조가 부자인지 아닌지를 따지는 것은 애당초 말이 되지 않습니다. 귀 정부가 보상을 요구한 것은 귀국 법으로서는 당연한 것입니다. 이전 일과 지금 일이 모순되지 않습니다. 이것은 한 두 사람의 사견(私見)이 아닙니다. 귀 정부의 전체적인 관점입니다. 엎드려 바라옵건대 각하(閣下)께서는 살펴 귀 정부에 제의하여 소금값 51,919원을 계산해 주시어 죽지 않게 해 주시오면 천만다행이겠습니다. 말로는 판별하기 어려우나 간절히 빌고 소망합니다, 하였다더라. (완)

긔셔-바다를 보고 감동홈이 잇다
관희싱

답답하게 산골에 처하여 쳐다보면 머리 위에 하늘은 손바닥만큼 크고 내려다보면 발아래에 땅은 멍석만큼 넓으며, 앞산은 이마를 부딪치고 뒷산은 덜미를 누르니, 들리는 것은 나무꾼의 노래와 소먹이꾼의 초적 소리뿐이며, 만나는 자는 김매는 늙은이와 꼴 베는 생원님뿐이다. 이 속에서 10여 년을 생장(生長)한 자가 무엇을 알리오. 비록 낡은 책장 속에 남은 글자로 인하여 천지가 크고 넓은 줄을 약간 알았으나, 다만 꿈속 같이 희미할 뿐이러니.

우연히 일이 있어 경부철도의 차를 타고 부산에 가서 바다를 보니, 오호라! 하늘은 어디까지 넓으며 땅은 어디까지 한정하였는가. 산악이 아무리 높다 하여도 바다를 보던 눈으로 보니 기껏해야 조그마한 언덕이요, 강하가 아무리 크다 하여도 바다를 보던 눈으로 보면 기껏해야 적은 개천 물이로다. 장하다. 바다를 보는 것이여. 맹자(孟子)의 말씀에 바다를 본 자에게는 물을 말하기 어렵다 하시고, 서양 선비의 말씀에 바다는 사람의 생각을 넓게 하는 자라 한 것이 어찌 까닭이 없는 말씀이라 하리오. 그러므로 나는 생각하기를, 나의 거적자리에 떨어지던 날은 곧 나의 처음 세상에 나던 날이요, 나의 오늘날 바다를 보던 날은 곧 나의 두 번 세상에 나던 날이라 하여, 내가 이에 상쾌함이 지나서 노래를 부르며 즐거움이 지나서 춤을 추다가, 홀연 한 가지 비감(悲感)한 마음이 나서 눈물이 흐름을 깨닫지 못하였다니. 슬프다. 이 바다가 이름은 대한(大韓)의 바다라 하나, 그 실상은 대한의 바다가 아니로다.

지금 세계 각국에서 통행하는 규례가 어느 나라든지 육지에서 바다를 향하여 바다의 리수(里數)로 3리까지는 그 나라에 속한 □이라 하나, 저 열강국의 세력을 보건대, 그 관할하는 바다 밖에 넘어 나가도다. 영국은 대서양을 돌아 태평양까지 가서 인도와 오스트레일리아 등 지방을 차지하였고, 미국은 태평양을 넘어 가서 필리핀 군도를 병탄하였으며, 그 외에 독일, 프랑스, 러시아, 오스트리아, 스페인, 포르투칼 등 각국도 모두 망망한 만 리 바다를 지나서 그 권세를 확장하는데, 이 바다는 우리 집 문 앞에 있는 바다요, 3리 안에 있는 바다라. 우리나라에 소속됨이 분명한데 고기잡이하는 권리도 우리에게 있지 않으며, 배를 부리는 권리도 우리에게 있지 않으며, 지척에 다니는 것도 마음대로 못하도다.

태곳적에는 어찌하였는지 상고할 수 없으나, 삼국(三國) 이후의 사기(史記)를 보면 바다 위에 권리를 주장한 일을 가히 볼 것이다. 그러므로 장수왕(長壽王) 때에 원위(元魏)의 사신이 바다로 좇아 백제(百濟)에 가는 것을 허락하지 않았으며, 신라(新羅)의 사신이 바다로 좇아 당(唐)나라에 가다가 흔히 고구려(高句麗)에 잡혔는데, 그때 소속되는 바다를 몇 리로 정함은 사기에 기록하지 않았으나, 바다의 권리를 중하게 여김은 가히 알겠으며, 고려(高麗) 이후로는 외국과 다투는 일이 매우 드물었으므로 나라 사람들이 바다를 경홀(輕忽)하게 여겼으나, 선묘조(宣廟朝) 임진년(壬辰年, 1592)의 난에 왜인이 육지에 오르고자 하는데 충무공(忠武公)이 강경하게 막으며 말하길, “우리나라 바다에 있는 우리 군사를 누가 감히 물러가게 하리오” 하였으며, 숙묘조(肅廟朝) 때에 동래(東萊) 수영(水營) 병졸 안용복(安龍福)씨가 울릉도 연안에 와서 고기잡이하는 왜인을 쫓아 보내었으니, 소속한 바다에 권리를 보전할 생각은 잠시 이 두 사람의 흉중(胸中)에 있었고, 그 후로는 인민의 지기(志氣)가 타락하여 녹두알 만한 눈이 육지

밖에는 한 걸음도 나가지 못하여, 저 망망한 바다 가운데에서 고래가 싸우든지 용이 다투든지 알지도 못하고 알고자 하지도 않다가, 결국 오늘날에 이르러서 무수한 어별(魚鼈)은 이웃집 주방에 찬물로 이바지하며, 허다한 보패(寶貝)는 지나가는 객인의 주머니로 들어가고, 우리 집 형제는 육지 안에서만 칩복(蟄伏)하여 자유롭게 출입도 못하느니. 오호라! 어찌 가히 슬프지 않으리오.

바다 하늘을 향하여 홀로 휘파람을 불다가 우울함을 견디지 못하여 무료하게 붓을 들어 이 의론을 초(抄)하여 우리 동포로 하여금 바다에 대한 감정을 일으키고자 하노라.

[222] 1910년 3월 2일 | 경남일보

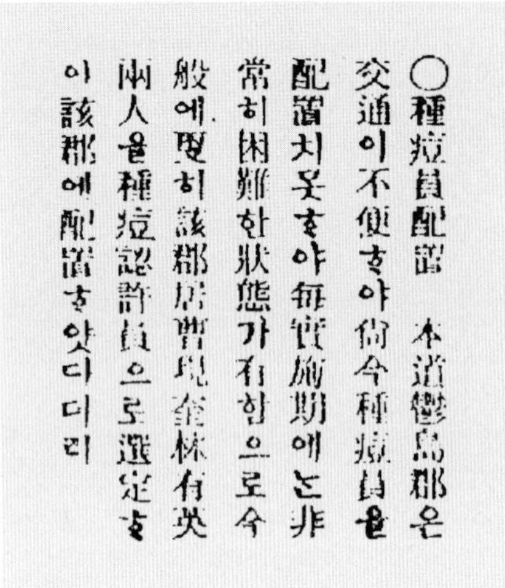
○種痘員配置　本道鬱島郡은交通이不便ᄒᆞ야尙今種痘員을配置치못ᄒᆞ야每實施期에ᄂᆞᆫ非常히困難한狀態가有함으로今般에更히該郡居曹現奎林有英兩人을種痘認許員으로選定ᄒᆞ야該郡에配置ᄒᆞ얏다더라

種痘員配置

본도(本道) 울도군(鬱島郡)은 교통이 불편하여 지금까지 종두원(種痘員)을 배치하지 못하여 매번 실시하는 시기에 비상히 곤란한 상태가 있으므로 이번에 다시 그 군(郡)에 거주하는 조현규(曹現奎), 임유영(林有英)의 2명을 종두 허가원으로 선정하여 해당 군에 배치하였다더라.

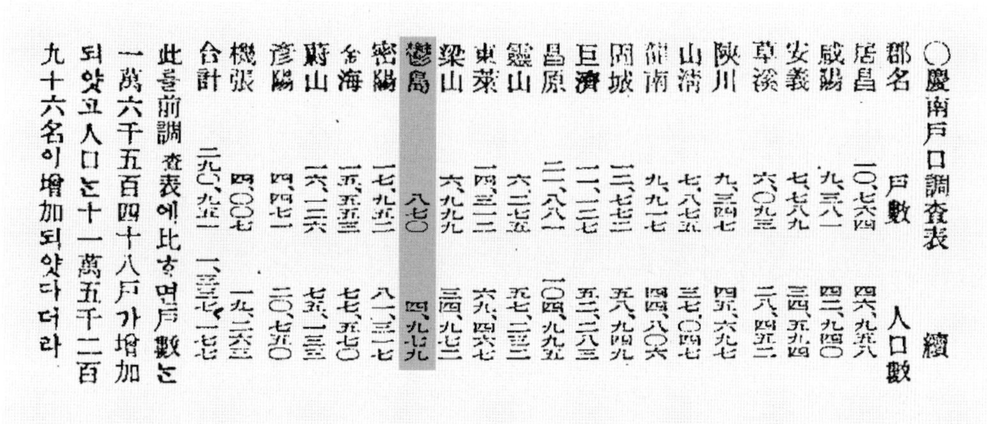

○慶南戶口調査表 續

郡名	戶數	人口數
居昌	一〇,七六四	四六,九五八
咸陽	九,三八一	四二,九四〇
安義	七,七八九	三四,五九四
草溪	六,〇九三	二八,四五二
陜川	九,三四七	四五,六九七
山淸	七,八七五	三七,〇四七
龍南	九,九一七	四四,八〇六
固城	一二,七七二	五八,九四九
巨濟	一一,一二七	五二,二八三
昌原	二一,八八一	一〇四,九九五
靈山	六,二七五	五七,二三二
東萊	一四,三一二	六九,四六七
梁山	六,九九九	三四,九七二
鬱島	八七〇	四,九七九
密陽	一七,九五二	八一,三一七
金海	一五,五五三	七七,五七〇
蔚山	一六,一二六	七五,一三三
彦陽	四,四七一	二〇,七五〇
機張	四,〇〇七	一九,二六三
合計	二九〇,九五一	一,三三七,一七七

此를前調査表에比ᄒ면戶數는一萬六千五百四十八戶가增加되얏고人口는十一萬五千二百九十六名이增加되얏다더라

慶南戶口調査表(續)

군명(郡名)	호수	인구수	군명(郡名)	호수	인구수	군명(郡名)	호수	인구수
거창(居昌)	10,764	46,958	고성(固城)	12,772	58,949	밀양(密陽)	17,952	81,317
함양(咸陽)	9,381	42,940	거제(居濟)	11,127	52,283	김해(金海)	15,553	77,570
안의(安義)	7,789	34,594	창원(昌原)	21,881	104,995	울산(蔚山)	16,126	75,133
초계(草溪)	6,093	28,452	영산(靈山)	6,275	57,232	언양(彦陽)	4,471	20,750
합천(陜川)	9,347	45,697	동래(東萊)	14,312	69,467	기장(機張)	4,007	19,263
산청(山淸)	7,875	37,047	양산(梁山)	6,999	34,972	합계	290,951	1,337,177
용남(龍南)	9,917	44,806	울도(鬱島)	870	4,979			

이것을 지난번 조사표에 비교하면 호수는 16,548호가 증가되었고, 인구는 115,296명이 증가되었다더라.

◎韓商又鳴　咸鏡南道元山港居商民金斗源氏今月二十日大日本東京內閣總理大臣桂郎閣下又衆議院長長谷場純孝閣下証據新聞三度式同封郵便長書如左

伏以金斗源屢陳情狀仰想俯燭書而夫天賦至公故萬物咸仰其德法律至明故國民必服其心而天不至公則萬物何得其生法不至明則國民何服其心哉金斗源不過是海隅一個商民也閣下現今代有名與高等官人也至公之天道至明之法律仰想必在於閣下高明智鑑商鑑之中矣金斗源於光武三年(卽明治三十一年)陰九月中旬慶北道長鬐郡毛浦에貯藏積置墻一千八十八桶同年陰六月六日貴國人木村源一郎兄弟의社船主乙吉詐欺載船到鬱島乘夜逃走厥後該船住籍的確露出於日本北海道沃崎郡地其時墻價金額五千一百九十一圓九十錢全乙吉處推捧以給之意韓國外部大臣朴齊純氏照會於貴國公館則公使林權助氏據此照飭於貴國北海道島根縣隱崎國沃崎郡附近地方官招致乙吉審査則事雖的確但相續人金之助貧乏無所云云林公使說此模糊滑以金斗源慰安送幾百圓故斗源以義思之當捧墻價受之可也所謂慰金於理不當卽時却之其後公館書記生國分象太郞屢招斗源再三談辦謂以幾月容俟矣移任于貴國統監府今又旋任統監府參書官故屢屢致懇若不聞且再昨年統監府總務長官鶴原定吉氏歷次日本外務大臣照會據亦照於韓政府徵意內木村源一郎同行船主同人弟乙吉等與金斗源失驗事件雖是的確其相續人陷於貧窮糊口艱辛體假腹하야爲難云云金斗源之前後受屈豈不切痛哉年前貴國風船誤觸岩礁受償我國埠金三千圓及寬辰太郞治療費受償我國庫金五千圓以此觀之閣下高明識見應不使金斗源必至於飢渴之境矣竊惟此事已至十二年之久則逐朔計利十年도倍之全金額今爲五萬一千九百十九圓且因此損害가亦至不少故斗源寃積山高痛流海深此非但韓日兩國之所共知而世界耳目公佈相傳天地神明亦爲照臨唯貴公使與參書官總且掩耳者或付厚薄而然乎斗源只伏冀至公至明之法律具由鳴寃于貴國統監閣下迄無回下繼又一訴于閣下未承答下故玆又四次訴陳一一垂察於憐亟須提議于貴政府後卽償五萬一千九百十九圓照數計劃報給千萬祈懇之至라ᄒᆞ엿다더라

鹽商又鳴

함경남도 원산항에 거주하는 상민 김두원씨가 이번 달 20일에 대일본 동경(東京) 내각 총리대신 계랑[桂郎, 계태랑(桂太郎)의 오기] 및 중의원장 장곡장순효(長谷場純孝, 하세바 스미타카) 각하에게 증거 신문 3부씩을 동봉하여 장서(長書)를 우편으로 보냈으니, 전문은 다음과 같다.

김두원이 엎드려 재차 진정(陳情)하오며 비추어 봐주시기를 바랍니다. 무릇 천도(天道)는 공정하기에 만물(萬物)이 그 덕을 우러르며, 법률은 밝음으로 국민이 마음으로부터 복종합니다. 하늘이 공정하지 않으면 만물이 어찌 그 삶을 얻을 수 있고, 법이 밝지 못하면 국민이 어찌 그 마음을 받들어 복종하겠습니까. 김두원은 바닷가 한 구석에 사는 일개 상민에 불과합니다. 각하께서는 현시대의 저명한 고등관료입니다. 천도의 공정함과 법률의 밝음이 필시 각하의 고명한 지혜와 식견, 헤아림 속에 있기를 바랍니다.

김두원이 광무(光武) 3년(1899, 명치 32년*) 음력 5월 중 경상북도 장기군 모포 김쌍동의 집에 소금 1,088통(桶)을 쌓아 두었는데, 같은 해 음력 6월 6일에 귀국 사람인 목촌원일랑(木村源一郎)의 형제 회사 배 주인인 을길(乙吉)이 울도에서 소금 실은 배를 타고 밤에 몰래 도망갔습니다. 그 배의 도해 기록을 통해 일본 북해도(北海道) 옥기군(沃崎郡)으로 간 것이 밝혀졌습니다.

그때 소금값 5,191환 90전 모두 을길로부터 추봉(推捧)하여 달라는 한국 외부대신 박제순씨의 조회에 대하여 귀국 공사 임권조(林權助)씨가 귀국 북해도(北海道) 도근현(島根縣) 은기국[隱崎國, 오키노쿠니, 오키군(隱岐郡)의 오기] 옥기군(沃崎郡) 부근의 지방관이 을길(乙吉)을 불러 조사하도록 조치하였습니다. 그리고 조회 내용대로 사건이 있었음은 확실하나 상속인 금지조(金之助)가 가난해서 아무것도 없다는 말을 하며 임(林) 공사는 김두원에게 모호하게 휼금(恤金)이라고 하면서 몇백 환(圜)을 보내 줄 것이니 소금값 대신 받으라고 하기에, 김두원은 마땅히 소금값을 받는 것이 옳다고 생각하고 휼금을 받는 것은 이치에 맞지 않는다고 하며 받지 않았습니다.

그 후 공사관 서기생 국분상태랑(國分象太郎)이 김두원을 불러 누차 담판하며 몇 달을 기다리라고 했으나, 이후 그가 미국 참서관(叅書官)으로 이임(移任) 했고, 지금 다시 통감부 참서관으로 선임(旋任)하였으므로 그 사실을 여러 차례 서신으로 보냈으나, 듣고도 못 들은 척했

---

* 원문에는 명치 21년으로 되어 있음.

습니다. 또 재작년에 일본 외무대신의 조회에 따라 통감부 총무장관 학원정길(鶴原定吉)씨가 누차 한국 정부에 알리기를, 목촌원일랑 동행 선주인 목촌의 동생 을길 등으로 인한 김두원의 소금을 도난 사건이 있었음은 확실하나, 그 상속인이 입에 풀칠하기도 어려울 정도로 가난하여 소금값을 변상하기 어렵다는 말을 해 왔습니다. 김두원의 전후 사정이 이런즉 어찌 분하지 않겠습니까. 몇 해 전 귀국 풍선(風船)이 암초와 부딪혔을 때 배상금으로 우리나라 국고금 3,000환을 받아 갔고, 관진태랑(寬辰太郞)은 치료비로 우리나라 국고금 5,000환을 받아 갔습니다. 이로 보건대 각하의 고명한 식견대로 처리해주지 않으면 김두원은 필히 곤궁의 구렁텅이로 빠질 것입니다. 이 일은 이미 12년도 더 된 일이기 때문에 소급해서 계산하면 10년에 이자 10배를 하여 총 금액이 지금 51,919환이 되며 또 이로 인한 손해 배상금 역시 적지 않습니다. 두원의 원망도 높은 산과 같이 쌓이고 고통이 넘쳐 깊은 바다가 될 정도입니다. 이는 한일 양국이 모두 알고 있는 일이며 세계의 이목이 쏠려있는 일이며, 천지신명 역시 살펴보고 있습니다. 귀 공사와 참서관이 듣고도 못 들은 척하는 것이 혹시 시간이 지난 일이라 그런 것입니까. 두원이 엎드려 바라옵기는 공명한 법률로서 이 원통함을 증니(曾禰, 소네) 통감 각하에게 호소하였으나 답변이 없고, 다시 각하에게 상소하였으나 아직 답변을 받지 못하였으므로 다시 4차 탄원을 하오니, 불쌍히 여기시어 살펴 헤아려주시고 귀 정부에서 소금값 51,919환을 계산해 주시길 간절히 빕니다라고 하였다더라.

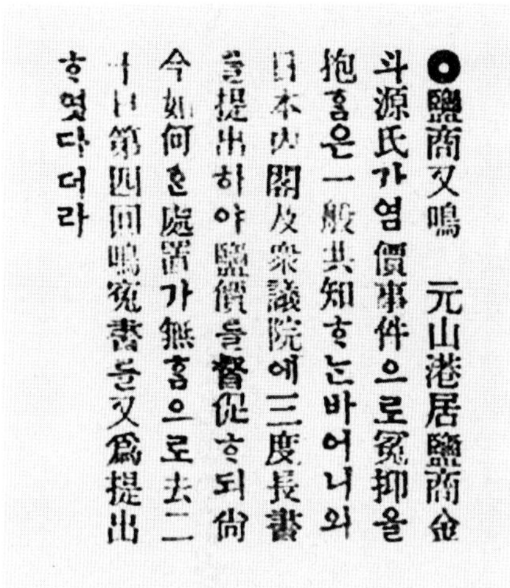

◎鹽商又鳴 元山港居鹽商金斗源氏가염價事件으로寃抑을抱ᄒᆞᆷ은一般共知ᄒᆞᄂᆞᆫ바어니와日本内閣及衆議院에三度長書ᄅᆞᆯ提出하야鹽價ᄅᆞᆯ督促ᄒᆞ되尙今如何ᄒᆞᆫ處置가無ᄒᆞᆷ으로去二十日第四回鳴寃書ᄅᆞᆯ又爲提出ᄒᆞ엿다더라

鹽商又鳴

원산항(元山港) 거주 소금 상인 김두원씨가 소금값 사건으로 원통한 일이 있었음은 모두 알고 있는 바이거니와, 일본 내각과 중의원에 세 번 장서(長書)를 제출하여 소금값 주기를 독촉하였는데 지금까지 어떠한 조치가 없으므로, 지난 20일에 다시 제4차 명원서(鳴寃書)를 제출하였다고 하더라.

[226] 1910년 7월 19일 | 황성신문

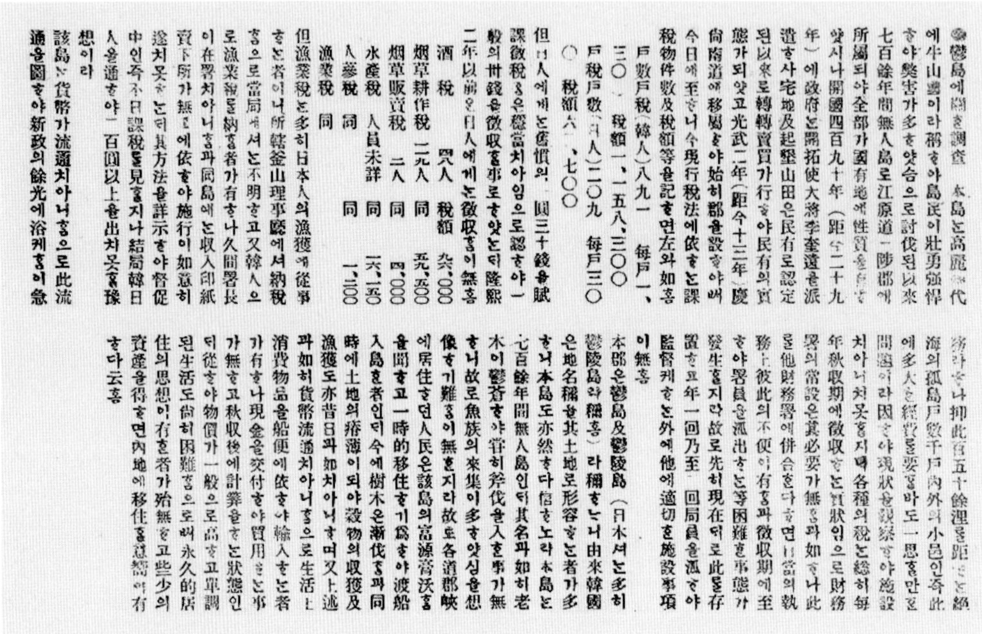

◎鬱島에關ᄒᆞᆫ調査 本島ᄂᆞᆫ高麗時代에牛山國이라稱ᄒᆞ야島民이壯勇强悍ᄒᆞ야弊害가多ᄒᆞ얏슴으로討伐된以來七百餘年間無人島로江原道三陟郡에所屬되야全部가國有地에性質을有ᄒᆞ얏시나開國四百九十年(距今二十九年)에政府ᄂᆞᆫ開拓使大將李奎遠을派遣ᄒᆞ사宅地及起墾山田은民有로認定된以來로轉轉賣買가行ᄒᆞ야民有의實態가되얏고光武二年(距今十三年)慶尙南道에移屬ᄒᆞ야始히郡을設ᄒᆞ야ᄡᅥ今日에至ᄒᆞ니今現行稅法에依ᄒᆞᄂᆞᆫ課稅物件數及稅額等을記ᄒᆞ면左와如홈

戶數戶稅(韓人)八九一 每戶一、三〇、 稅額一、一五八、三〇〇

戶稅戶數(日人)二〇九 每戶三〇○ 稅額六、七〇〇

但日人에게ᄂᆞᆫ舊慣의一圓三十錢을賦課徵稅ᄒᆞᆷ은穩當치아님으로認ᄒᆞ야一般의卅錢을徵收ᄒᆞᄂᆞᆫ事로ᄒᆞ얏ᄂᆞᆫ대隆熙二年以前은日人에게ᄂᆞᆫ徵收홈이無홈

酒 稅 四八人 稅額 六六、〇〇〇

烟草耕作稅 二九人 同 五九、五〇〇

烟草販賣稅 二人 同 四、〇〇〇

水産稅 人員未詳 同 一六、一五〇

人蔘稅 同 同 一、二〇〇

漁業稅 同

但漁業稅ᄂᆞᆫ多히日本人의漁獲에從事ᄒᆞᄂᆞᆫ者이나所轄釜山理事廳에서納稅홈으로當局에서ᄂᆞᆫ不明ᄒᆞ고又韓人으로漁業稅를納ᄒᆞᄂᆞᆫ者가有ᄒᆞ나久間署長이在署치아니홈과同島에ᄂᆞᆫ收入印紙賣下所가無홈에依ᄒᆞ야施行이如意히遂치못ᄒᆞᄂᆞᆫ더其方法을詳示ᄒᆞ야督促中인즉不日課稅를見ᄒᆞᆯ지나結局韓日人을通ᄒᆞ야一百圓以上을出치못ᄒᆞᆯ豫想이라

該島ᄂᆞᆫ貨幣가流通치아니홈으로此流通을圖ᄒᆞ야新政의餘光에浴케홈이急務라ᄒᆞ나抑此在五十餘浬를距ᄒᆞᆫ絶海의孤島戶數千戶內外의小邑인즉此에多大ᄒᆞᆫ經費를要ᄒᆞᆯ바도一思ᄒᆞᆯ만ᄒᆞᆫ問題이라因ᄒᆞ야現狀을觀察ᄒᆞ야施設치아니치못ᄒᆞᆯ지며各種의稅ᄂᆞᆫ總히每年秋收期에徵收ᄒᆞᄂᆞᆫ實狀인으로財務署의常設은其必要가無홈과如ᄒᆞ나此를他財務署에併合ᄒᆞᆫ다ᄒᆞ면日當의執務上彼此의不便이有홈과徵收期에至ᄒᆞ야署員을派出ᄒᆞᄂᆞᆫ等困難ᄒᆞᆫ事態가發生ᄒᆞᆯ지라故로先히現在되로此를存置ᄒᆞ고年一回乃至二回局員을派ᄒᆞ야監督케ᄒᆞᄂᆞᆫ外에他에適切ᄒᆞᆫ施設事項이無홈

本郡은鬱島及鬱陵島(日本셔ᄂᆞᆫ多히鬱陵島라稱홈)라稱ᄒᆞᄂᆞ니由來韓國은地名稱을其土地로形容ᄒᆞᄂᆞᆫ者가多ᄒᆞ니本島도亦然ᄒᆞ다信ᄒᆞ노라本島ᄂᆞᆫ七百餘年間無人島인ᄃᆡ其名과如히老木이鬱蒼ᄒᆞ야嘗히斧伐을入ᄒᆞᆫ事가無ᄒᆞ니故로魚族의來集이多ᄒᆞ얏싱을想像ᄒᆞ기難홈이無ᄒᆞᆫ지라故로各道郡峽에居住ᄒᆞ던人民은該島의富源膏沃홈을聞ᄒᆞ고一時的移住ᄒᆞ기爲ᄒᆞ야渡船入島ᄒᆞᆫ者인ᄃᆡ今에樹木은漸伐홈과同時에土地의瘠薄이되야穀物의收獲及漁獲도亦昔日과如치아니ᄒᆞ며又上述과如히貨幣流通치아니홈으로生活上消費物品을船便에依ᄒᆞ야輸入ᄒᆞᄂᆞᆫ者가有ᄒᆞ나現金을交付ᄒᆞ야買用ᄒᆞᄂᆞᆫ事가無ᄒᆞ고秋收後에計筭을ᄒᆞᄂᆞᆫ狀態인ᄃᆡ從ᄒᆞ야物價가一般으로高ᄒᆞ고單調된生活도尙히困難홈으로ᄡᅥ永久的居住의思想이有ᄒᆞᆫ者가殆無ᄒᆞ고些少의資産을得ᄒᆞ면內地에移住ᄒᆞᆯ意嚮이有ᄒᆞ다云홈

鬱島에 關ᄒᆞᆫ 調査

본도(本島)는 고려 시대에 우산국(牛山國)이라 불렀는데, 도민이 굳세고 용감하며 사나워서 폐해가 많았으므로, 토벌된 이래 700여 년간 무인도로 강원도 삼척군에 소속되어 전부가 국유지(國有地)의 성질을 가졌으나, 개국(開國) 490년(1881년, 지금으로부터 29년 전)에 정부는 개척사대장(開拓使大將) 이규원(李奎遠)을 파견하여 택지(宅地)와 산전(山田)의 기간(起墾)을 민유(民有)로 인정한 이래로 이리저리 매매가 이루어져 민유의 상태가 되었고, 광무(光武) 2년(1898년, 지금으로부터 13년 전) 경상남도에 이속하여 비로소 군(郡)을 설치하여 오늘에 이르니, 이제 현행하는 세법(稅法)에 의하여 과세하는 물건의 수와 세액 등을 기록하면 다음과 같음.

호수(戶數)	호세(戶稅)	(한국인) 891 매호 1,300	세액 1,158,300
호세	호수*	(일본인) 209 매호 300	세액 62,700

다만 일본인에게는 구관(舊慣)대로 1원(圓) 30전(錢)을 부과, 징세함은 온당치 않음으로 인하여 일반의 30전을 징수할 것으로 하였는데, 융희(隆熙) 2년(1908) 이전은 일본인에게는 징수함이 없음.

주세(酒稅)	48인	세액	96,000
연초경작세	119인	세액	59,500
연초판매세	2인	세액	4,000
수산세(水産稅)	인원 미상	세액	16,150
인삼세	인원 미상	세액	1,200
어업세	인원 미상		

다만 어업세는 많은 일본인이 어획에 종사하는 자이니 부산 이사청의 관할로 납세함으로 당국에서는 확실하지 않고, 또 한국인으로 어업세를 납부할 자가 있으나 오랫동안 서장(署長)이 임명되지 않았고, 이 섬에서는 수입인지(収入印紙) 매하소(賣下所)가 없음에 따라 시행이 뜻대로 이루지 못하였는데, 그 방법을 상세히 알려 독촉 중인데, 며칠 내로 과세를 당할 것이나 결국 한국, 일본 사람을 통하여 100원(圓) 이상 나오지는 못할 예상이다.

해당 섬은 화폐가 유통하지 않으므로 이 유통을 도모하여 신정(新政)의 여광(餘光)을 입도록 함이 급무라 하지만, 이 150여 해리나 떨어져 있는 절해(絶海)의 외딴 섬은 호수 1,000호 내외의 소읍(小邑)이니, 이에 다대한 경비를 필요한 것도 생각할 만한 문제다. 이로 인한 현상을 관찰하여 시설하지 않을 수 없으니, 각종의 세(稅)는 모두 매년 추수기에 징수하는 실상임으로 재무서(財務署)의 상설은 그 필요가 없는 것과 같으나, 이를 다른 재무서에 병합한다 하면 일당(日當)의 집무상 피차의 불편이 있고, 징수기에 이르러 서원(署員)을 파출하는 등으로 인한 곤란한 사태가 발생할 것이다. 그러므로 먼저 현재대로 이를 존치하고, 연 1회나 ◎회

---

* 원문에서는 '戶稅 戶數'로 썼으나, 앞과 같이 '戶數 戶稅'의 순서가 맞음.

국원(局員)을 파견하여 감독하게 하는 것 외에 다른 적절한 시설 사항이 없다.

본군(本郡)은 울도와 울릉도(일본에서는 많이 울릉도라 칭함)라 부르는데, 원래 한국은 지역의 명칭을 그 토지로 형용하는 자가 많으니, 본도(本島)도 또한 그러하다고 믿노라. 본도는 700여 년간 무인도였는데 그 이름과 같이 노목(老木)이 울창하여 일찍이 도끼로 나무를 베러 들어온 일이 없으므로 어족(魚族)이 모인 것이 많았음을 상상하기 어렵지 않은지라. 그러므로 각 도, 군의 골짜기에 거주하던 인민은 그 섬의 부유한 자원과 기름진 땅을 듣고 일시적으로 이주하기 위하여 배를 타서 섬으로 들어온 자들인데, 이제 수목을 차츰 베고 동시에 토지가 척박해져 곡물의 수획과 어획도 또한 지난날과 같지 않으며, 또 상술한 것과 같이 화폐를 유통하지 않으므로 생활상 소비 물품을 배편에 의지하여 수입하는 자가 있으나, 현금을 교부하여 매용(買用)하는 자가 없고 추수 후에 계산을 하는 상태인데, 따라서 물가가 일반적으로 높고 단조로운 생활도 더욱 곤란함으로 영구적 거주의 사상이 있는 자가 거의 없고, 매우 적은 자산이라도 얻으면 내지에 이주할 의향이 있다고 함.

| 찾아보기

인명

사항

일제침탈사 자료총서 05

일제의 독도·울릉도 침탈 자료집(4)

–신문기사(1897~1910)

초판 1쇄 인쇄 2020년 11월 20일
초판 1쇄 발행 2020년 11월 30일

엮은이 동북아역사재단
발행처 동북아역사재단

등록 제312-2004-050호(2004년 10월 18일)
주소 서울시 서대문구 통일로 81 NH농협생명빌딩
전화 02-2012-6065
팩스 02-2012-6189
홈페이지 www.nahf.or.kr
표지디자인 역사공간
제작·인쇄 역사공간

ISBN 978-89-6187-568-4 94910
978-89-6187-567-7 (세트)